파이썬으로 경험하는

빅데이터 분석과 머신러닝

이영호 · 이수현 지음

생능출판

파이썬으로 경험하는 **빅데이터 분석과 머신러닝**

초판발행 2021년 2월 15일
제1판4쇄 2025년 8월 8일

지은이 이영호, 이수현
펴낸이 김승기, 김민수
펴낸곳 (주)생능출판사 / **주소** 경기도 파주시 광인사길 143
출판사 등록일 2005년 1월 21일 / **신고번호** 제406-2005-000002호
대표전화 (031)955-0761 / **팩스** (031)955-0768
홈페이지 www.booksr.co.kr

책임편집 신성민 / **편집** 이종무, 최동진 / **디자인** 유준범, 노유안
마케팅 최복락, 심수경, 차종필, 백수정, 송성환, 최태웅, 명하나, 김민정
인쇄 · 제본 교보 p&b

ISBN 978-89-7050-480-3 93000
정가 27,000원

머리말

제가 몸담고 있는 가천대 길병원 로비에는 로봇이 걸어 다닙니다. 초롱초롱 눈망울이 귀여운 이 친구의 이름은 '페퍼'입니다. 감정 인식이 가능한 페퍼는 소프트뱅크가 개발한 세계 최초 휴머노이드 소셜 로봇입니다. 페퍼는 병원 본관 로비와 인공지능 암센터에 배치되어 환자를 응대하고 다양한 건강 정보를 제공하며 무균실, 중환자실 등 일반인 접근이 어려운 병실에서 환자들의 신체적 건강뿐만 아니라 감성까지 도와주고 있습니다. 뿐만 아닙니다. IBM 인공지능 의사 '왓슨'은 길병원 최전선 임상 현장에서 이미 오래전부터 활약하고 있습니다.

이제 인공지능 기술은 선택의 문제가 아닙니다. 앞으로 얼마나 더 많은, 또 얼마나 더 똑똑한 '페퍼'와 '왓슨'이 쏟아져 나올지 상상해 보십시오. 우리 주변은 벌써 '스마트' 또는 '지능형'과 같은 수식어를 단 사물로 가득하며, 이런 인공지능 기술의 진화는 이미 제어하기 힘들 정도의 가속도를 얻으며 미래로 달려가고 있습니다.

이런 인공지능 기술의 핵심은 빅데이터 머신러닝입니다. 쉬운 개념은 아닐지 모르나 결코 낯선 단어는 아니죠. 인터넷 클릭 몇 번이면 관련 지식들이 쏟아지니까요. 하지만 막상 빅데이터 머신러닝을 배우려고 시도해 본 사람이라면, 이 기술에 접근하기가 생각보다 쉬운 일이 아님을 깨닫게 됩니다. 빅데이터, 통계, 머신러닝 기술은 밀접하게 연관되어 있기는 하나, 각자 나름의 영역을 분명하게 가지고 있습니다. 입문자들에게 이런 특성은 뛰어넘기 어려운 벽으로 작용합니다.

'빅데이터 머신러닝 기술'이 어려운 데에는 이유가 있습니다. 각 영역의 특성을 이해하고 기본기를 탄탄히 하지 않은 채 시작하기 때문입니다. 기본 이론을 단순히 암기하거나 소홀히 지나친다면, 이 중요한 미래 기술을 내 것으로 만들기 힘듭니다. 시중에는 이미 훌륭한 빅데이터 인공지능 관련 책들이 많이 나와 있습니다. 하지만 복잡한 수학 이론을 별다른 도움 없이 이해할 수 있는 경력자들을 위한 책이 대부분이라는 점은 교육 현장에서 학생들의 어려움을 직접 보고 듣는 입장에서 매우 안타까운 일이었습니다.

이 책은 빅데이터 머신러닝 기초 이론부터 파이썬으로 차근차근 눈으로 보며 실습하는 것을 목표로 합니다. 복잡한 프로그래밍은 최소화하고 가장 유명한 데이터들로 판다스, 시본, 케라스, 텐서플로 등 인기 있는 파이썬 라이브러리를 경험할 수 있습니다. 나아가 클라우드 머신러닝을 활용한 최신 기술들도 실습할 수 있습니다. 기본 이론을 이해하고 실습을 통해 차근차근 경험을 쌓아 나가기만 한다면, 빅데이터 머신러닝이라는 거창한 이름이 만만한 친구처럼 편안해질 날은 생각보다 빨리 옵니다. 그때까지 이 책이 여러분의 짐을 나눠지고 지름길을 찾아주는 착한 안내자 역할을 해 줄 수 있기를 기원합니다.

2021년 2월
이영호, 이수현 드림

강의 계획안

파이썬을 활용하여 실습을 진행합니다.
빅데이터 분석과 머신러닝 이론과 실습을 동시에 제공합니다.

1 빅데이터와 머신러닝 연계 수업

- 빅데이터와 머신러닝의 전반적인 내용을 학습합니다.
- 이론은 간단히, 실습 중심으로 진행합니다.

주차	교재	주요 내용
1주	1장	빅데이터와 머신러닝 관련 기술 소개
2주	2장	파이썬 개발 환경 준비 및 분석 보고서 만들기
3주	3장	파이썬 데이터 다루기
4주	4장	데이터 준비와 다루기
5주	5장	데이터 보기
6주	6장	데이터 클린징
7주	7장	데이터 탐색
8주	중간고사	
9주	8장	데이터 시각화
10주	9장	파이프라인 데이터 분석
11주	10장	스몰데이터 세상 통계
12주	11장	통계에서 머신러닝으로
13주	12장	머신러닝 핵심
14주	13장	머신러닝 모델
15주	14장~15장	딥러닝과 텐서플로, 미래 머신러닝
16주	기말고사	

2 빅데이터 분석 중심 수업

- 빅데이터 분석에 필요한 데이터 중심으로 학습합니다.
- 파이프라인 절차를 따라 빅데이터 분석을 학습합니다.
- 통계 이론과 실습으로 머신러닝을 이해할 수 있습니다.

주차	교재	주요 내용
1주	1장	빅데이터와 머신러닝 관련 기술 소개
2주	2장	파이썬 개발 환경 준비 및 분석 보고서 만들기
3주	3장	파이썬 데이터 다루기
4주	4장	데이터 준비
5주	4장	데이터 응용과 활용
6주	5장	데이터 보기
7주	6장	데이터 클린징
8주	중간고사	
9주	7장	데이터 탐색
10주	8장	기본 데이터 시각화
11주	8장	응용 데이터 시각화
12주	9장	파이프라인 데이터 분석
13주	10장	스몰데이터 세상 통계 이론
14주	10장	스몰데이터 세상 통계 실습
15주	11장	통계에서 머신러닝으로
16주	기말고사	

3 머신러닝 중심 수업

- 머신러닝에 필수적인 데이터 이해를 사전 학습합니다.
- 통계를 통해 머신러닝 개념을 이해합니다.
- 파이썬 기반 머신러닝 이론과 실습을 학습합니다.

주차	교재	주요 내용
1주	1장	빅데이터와 머신러닝 관련 기술 소개
2주	2장	파이썬 개발 환경 준비 및 분석 보고서 만들기
3주	6~7장	데이터 클린징, 데이터 탐색
4주	8장~9장	데이터 시각화, 파이프라인 데이터 분석
5주	10장	스몰데이터 세상 통계 이론
6주	10장	스몰데이터 세상 통계 실습
7주	11장	통계에서 머신러닝으로
8주	중간고사	
9주	12장	머신러닝 이론 및 기초
10주	12장	머신러닝 핵심 기술
11주	13장	머신러닝 모델
12주	13장	머신러닝 최적화
13주	14장	딥러닝 모델
14주	14장	텐서플로
15주	15장	클라우드 머신러닝, 코랩
16주	기말고사	

강의 자료 다운로드 안내

생능출판사 홈페이지(www.booksr.co.kr)에서 강의 자료와 데이터, 소스 코드를 다운로드받을 수 있습니다.

차례

01장 | 빅데이터와 인공지능

02장 | 빅러닝 환경

04장 | 데이터 준비

05장 | 데이터 보기

06장 | 데이터 클리닝

07장 | 데이터 탐색

10장 | 스몰데이터 통계

11장 | 통계에서 머신러닝으로

12장 | 머신러닝 핵심

13장 | 머신러닝 모델

15장 | 미래 머신러닝

01장 빅데이터와 인공지능

1. 빅데이터와 인공지능 그리고 머신러닝
2. 인공지능 시대 기술
3. 데이터 사이언티스트

1 빅데이터와 인공지능 그리고 머신러닝

공상과학 영화에 단골손님으로 나오는 자율주행차량은 최근 기술 발전에 힘입어 더 이상 상상의 산물이 아니라 이제 일상 현실로 자리 잡고 있습니다. 자율주행차량은 주변 환경을 실시간으로 파악하고 차량 스스로 결정을 내려 운행이 가능한 도로를 질주하는 컴퓨터가 되고 있습니다.

도로를 달리는 컴퓨터

반도체 생산회사 인텔은 '오토모빌리티(Automobility)'라는 자동차 쇼에서 미래 자율주행 차량은 하루 8시간마다 약 40TB의 데이터를 생성하고 소비할 것이라 했습니다.[1] 오늘날 평균적인 보통 사람들은 비디오, 채팅, 기타 인터넷 사용으로 하루에 약 1.5GB를 사용합니다. 반면 자율주행차량 한 대는 2,666명의 인터넷 사용자와 비슷한 데이터를 단 하루에 만들어 내고 있습니다.

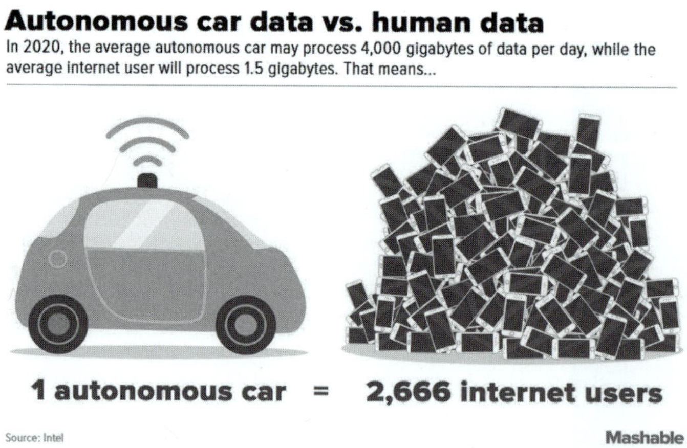

[그림 1-1] 자율주행차량 데이터

1) https://www.networkworld.com/article/3147892/one-autonomous-car-will-use-4000-gb-of-dataday.html

자율주행차량이 데이터를 생산하는 도로 위 컴퓨터가 된 이유는 수백 가지 차량용 센서 때문입니다. 카메라는 20~40Mbps를, 레이더는 10~100Kbps 데이터를 생성합니다. 이러한 데이터가 없으면 자율주행차량은 단지 매우 수동적인 방식으로 움직이는 기계에 불과할 것입니다. 이미 자동차 업계 전문가들은 "수많은 데이터가 오고 있다."고 했으며, 미래 석유인 데이터는 오늘날 사람들이 상상하는 그 이상보다 훨씬 더 많이 생산될 것입니다.

〈표 1-1〉 국제자동차기술자협회 자율주행 단계

구분	0단계	1단계	2단계	3단계	4단계	5단계
명칭	수동	운전자 보조	일부 자동화	조건부 자동화	높은 자동화	완전 자동화
운전자 개입	항상	항상	항상	요청 시	특정 상황	없음
기술	없음	ADAS*	ADAS	ADS*	ADS	ADS
회사			테슬라	우버	웨이모	

*ADAS(Advanced Driver Assistance System) *ADS(Automated Driver System)

컴퓨팅 파워

수십 년 전이라면 현실적으로 불가능했던 일이 현실화되고 있습니다. 시중에 판매되는 컴퓨터 중앙처리장치(CPU: Central Processing Unit)는 1990년과 2010년 사이에 거의 5,000배가 빨라졌습니다. 그 덕분에 노트북에서도 작은 딥러닝 모델을 실행시킬 수 있게 되었습니다. 하지만 컴퓨터 비전이나 음성 인식에서 사용되는 일반적인 딥러닝 모델들은 노트북에 비해 10배 이상의 계산 능력이 필요합니다. 2000년대에 NVIDIA와 AMD 같은 그래픽 전문 회사들이 현실을 접목한 비디오 게임의 그래픽 성능을 높이기 위해 대용량 고속 병렬 칩[그래픽처리장치(GPU: Graphics Processing Unit)]을 개발하는 데 수십억 달러를 투자하고 있습니다. 이런 칩은 복잡한 3D 장면을 실시간으로 화면에 구현하려는 목적으로만 설계된 저렴한 슈퍼컴퓨터와 같습니다. 그래서 그래픽 처리 기술의 하드웨어 분야는 병렬 애플리케이션의 대형 CPU가 소량의 GPU로 대체되고 있습니다. 대부분 많은 수의 행렬 곱셈으로 구성된 심층 신경망도 높은 수준으로 병렬화가 필요하며, 이에 딥러닝 산업은 GPU를 넘어서 더 효율적이고 특화된 딥러닝 칩에 투자하기 시작했습니다. 구글은 텐서처리장치(TPU: Tensor Processing Unit) 프로젝트를 공개했는데, 이 칩은 심층 신경망을 실행하기 위해 완전히 새롭게 설계한 것으로 최고 성능을 가진 기존 GPU보다 10배 이상 빠른 속도와 효율적인 에너지 소비로 또 다른 머신러닝 하드웨어 발전을 선도하기도 했습니다.

빅데이터와 인공지능의 발전

머신러닝 혁명이 원자력 발전의 엔진이라면 데이터는 이 엔진에 필요한 연료입니다. 데이터는 지난 수년간 저장 장치의 급격한 발전과 더불어 폭증했습니다. 또한 인공지능을 위한 대량의 데이터를 수집하고 배포할 수 있는 인터넷 인프라가 시장의 판도를 바꾸었습니다. 대기업들이 사용하는 이미지 비디오 데이터, 자연어 데이터는 인터넷 없이는 수집할 수 없으며 초연결 시대 사물인터넷(IoT: Internet of Things) 기기들의 머신에서 수집되는 데이터도 급격히 증가할 것으로 예상됩니다. 이런 데이터의 발전 과정을 살펴보겠습니다.

〈표 1-2〉 세대별 데이터 기술의 발전

구분	1세대	2세대	3세대	4세대
기술	OLTP	OLAP/DW	빅데이터	AI
연도	~1999	2000	2007	2016~
대상	정형	정형(다차원)	정형-비정형	지능화 데이터

1) 1세대

초기 데이터는 기업의 비즈니스 데이터인 정형 데이터가 중심이 되어 정보를 가공 처리했습니다. 데이터베이스 산업 발전과 함께 성장한 정형 데이터는 비즈니스 업무 처리를 지원하는 온라인거래처리시스템(OLTP: On-Line Transaction Processing)에서 발전하기 시작했습니다.[2] OLTP는 컴퓨터를 통해 데이터베이스를 갱신하거나 조회하는 등의 단위 작업[트랜잭션(Transaction)]을 처리하는 방식을 의미합니다. 신용카드 조회 업무나 자동 현금 지급 등 금융 산업 관련 부문에서 시작했기 때문에 '온라인거래처리'라고 부르게 되었습니다. OLTP 시스템은 조직의 일상적인 작업에서 발생하는 비즈니스 상호 작용을 기록하고, 이 데이터를 검색하여 업무 활용을 지원합니다. 트랜잭션 데이터는 조직의 활동과 관련된 상호 작용을 추

2) Patel JA, Sharma P. Online Analytical Processing for Business Intelligence in Big Data. Big Data. 2020 Dec;8(6):501-518. doi: 10.1089/big.2020.0045. PMID: 33347370.

적하는 정보이며 일반적으로 고객으로부터 수신된 지불, 공급업체로 수행된 비용 관련 수행된 주문, 또는 배달된 서비스와 같은 오늘날 대부분의 비즈니스 트랜잭션을 수행하고 있습니다.

역사적으로 제너럴 일렉트릭(GE) 제조생산라인을 관리하던 찰스 바크만(Charles Bachman)은 1960년 제조생산관리 시스템을 구축하면서 프로그램 로직과 별도로 데이터를 독립적으로 관리하기 위한 IDS(Intergrated Data Store)를 만들었습니다. 이 IDS가 최초의 상용 DBMS(DataBase Management System)로 평가받는데, 그 이유는 디스크 기반의 가상 메모리를 사용해 데이터를 동일한 크기의 페이지로 분할해 메인 메모리의 버퍼 프레임에 불러와 사용했기 때문입니다. 여기서 사용된 버퍼 관리기능은 가장 최근에 액세스한 데이터를 지연 없이 빠르게 사용할 수 있게 함으로써 DBMS 성능에 중요한 역할을 했습니다. 이는 DBMS 탄생과 함께 지금까지 중요한 기술이 되고 있습니다. 이후 IBM에 근무하고 있었던 수학자인 코드(E. F. Codd) 박사는 엔지니어 관점이 아닌 수학자의 관점에서 데이터 관리를 효율적으로 하기 위해서 관계대수의 원리를 이용해 저장하고 조회하는 아이디어를 논문으로 발표합니다. 이를 바탕으로 하는 시스템 R 프로젝트에서 오늘날 관계형 데이터베이스 시스템(RDBMS)이 가져야 되는 대부분의 아키텍처가 만들어졌습니다. ORACLE은 1992년 ORACLE 버전 7을 발표하면서 RDBMS 핵심 기술을 거의 완성하게 되었고 IBM, 마이크로소프트(MS) 등과의 경쟁에서 우위를 지켜 RDBMS의 대명사로 자리매김하게 되었습니다.

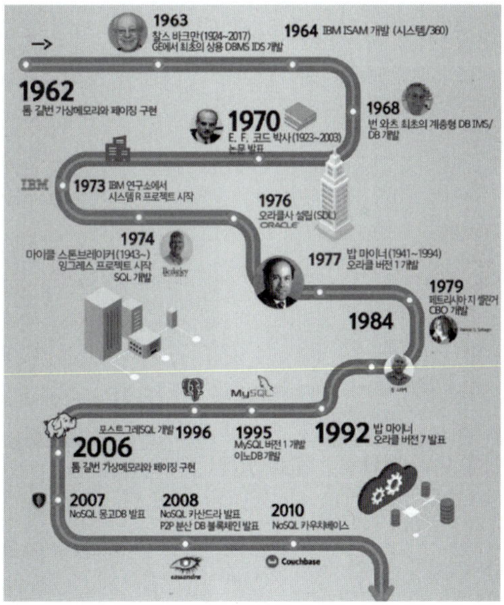

[그림 1-2] 데이터베이스의 시작과 발전[3)]

3) http://www.datanet.co.kr/news/articleView.html?idxno=114558

2) 2세대

OLTP 시스템이 개별 정보의 입력, 조회, 삭제, 수정이 효율적으로 이루어지도록 데이터가 정규화되어 저장되며, 한 번에 소량의 데이터를 처리하는 연산에 초점을 맞춘 반면, OLAP(On-Line Analytical Processing) 시스템[4]은 사용자가 관심을 가지는 주제를 중심으로 분석을 수행하기 위해 보고서 및 계획 작성에 초점을 가지고 있으며 데이터를 다차원적으로 저장합니다. 흔히 비즈니스 인텔리전스(BI)라고도 하는 OLAP 시스템은 대량 데이터에 다양한 패턴으로 접근하고 요약 정보를 빠르게 조회하며 중복 데이터의 저장을 허용하는 기능 등으로 빅데이터 기술이 확산되는 기술적 바탕이 되었습니다.

OLTP에서 비즈니스 트랜잭션을 통해 생성된 데이터들은 대용량 데이터를 고속으로 처리하며 쉽고 다양한 관점에서 추출, 분석할 수 있도록 지원하는 데이터 분석 기술(OLAP)이 필요하게 되었고, 데이터를 분석하여 소비자 패턴, 연령대별의 선호 물품 등을 판별하는 등 기업의 핵심 기술로 발전하게 되는데, 이 시점에 데이터 웨어하우스(DW), 데이터 마트(DM) 등 비즈니스 인텔리전스 기술이 등장하게 되었습니다.

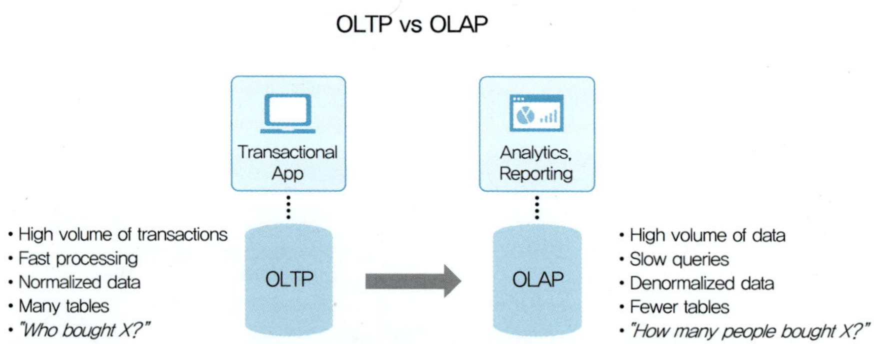

[그림 1-3] OLTP와 OLAP

4) Wu C. Development of a medical informatics data warehouse. AMIA Annu Symp Proc. 2006;2006:1148. PMID: 17238767; PMCID: PMC1839498.

〈표 1-3〉 OLTP와 OLAP 비교

OLTP	OLAP
업무 처리 기반	분석
운영자	의사결정자
데이터 정확도	결과와 속도

3) 3세대

스티브 잡스가 2007년 1월 9일 샌프란시스코 모스콘 센터의 무대에 올라서 애플이 모바일 전화기를 발표한 바로 그 해입니다. 와인 업계에도 품질이 뛰어난 포도가 수확되는 빈티지[(Vintage) 특정 연도]가 있듯 IT 역사에도 빈티지가 있는데 2007년이 바로 그런 해였습니다.

IT 역사상 많은 일이 있었던 2007년

① 2007년 6월 29일 오후 6시, 미국 AT&T 대리점과 애플 매장에서 최초의 아이폰 판매를 시작함.

② 하둡의 등장으로 빅데이터 인프라가 시작됨.

③ 최근 가장 강력한 오픈소스 플랫폼 중에 하나인 깃허브 서비스가 출발함.

④ 마이크로 블로그 업체 트위터는 2007년 자신만의 별도 플랫폼으로 성장함.

⑤ 구글은 2006년 말 유튜브를 인수했고, 모바일 기기를 위한 개방형 플랫폼인 안드로이드를 출범시킴.

⑥ 아마존은 2007년 온라인 서점에 킨들을 출시했고, 2006년 오늘날 전 세계 클라우드 시장 점유율 1등인 아마존웹서비스(AWS)는 클라우드 서비스 EC2와 S3를 출시했으며 2007년 본격적인 서비스를 시작함.

⑦ IBM은 2007년 뉴욕 요크타운 하이츠에 있는 왓슨 연구소에서 본격적인 인지 컴퓨팅인 왓슨의 시대를 출발함.

⑧ 2007년 인텔은 마이크로 칩에 하이케이와 메탈 게이트 소재인 비실리콘 계열을 도입하여 반도체 업계의 무어의 법칙을 뛰어넘음

⑨ 2007년 DNA 염기서열분석에 들어가는 비용이 극적으로 떨어지기 시작한 해임. 2001년 한 사람의 게놈을 분석하는데 1억 달러가 들었는데, 2017년 생명과학의 전설로 불렸던 영국의 생화학자 프레데릭 생어(Frederick Sanger)가 DNA 염기서열분석 기술을 개발한 지 40주년이 되는 해에 100달러 게놈 시대가 시작됨.

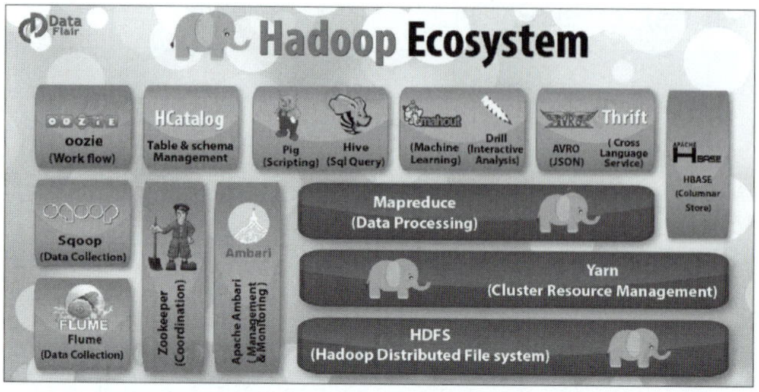

[그림 1-4] 빅데이터의 시작 하둡과 그 생태계[5]

4) 4세대

2016년 3월 16일 인공지능과 인간의 대결로 이목을 집중시킨 '알파고'와 이세돌 9단의 대결이 있었습니다. 그 결과 데이터로 무장한 인공지능 알파고가 승리했습니다. 이 사건은 빅데이터가 아니라 머신러닝을 통한 '데이터 분석'의 힘을 보여주는 압도적 사례였고 구글, 아마존, IBM 등의 기업들은 이미 빅데이터를 기반으로 인공지능의 수익 모델을 만들어 내고 있습니다.

인공지능 의사 왓슨(Watson)

필자가 소속한 가천대 길병원은 국내 최초로 인공지능 의사 IBM Watson for Oncology(이하 WfO)를 도입했습니다. 의료진은 8개 암 진료 지원을 위한 WfO를 사용하여 빠르게 환자의 진료 기록에서 주요 정보를 확인 및 관련 근거를 파악하고 치료 방법에 활용하고 있습니다.

WfO는 저명한 암 전문의(엄밀히 말하면 미국 NCCN에서 제공하는 암 진료 가이드라인)들의 암 치료 전문 지식과 인공지능인 IBM Watson을 빠른 속도를 결합하여 임상 의사가 환자를 위해 맞춤형 암 치료를 고려할 때 유용하게 활용하고 있습니다. WfO는 관련 지침, 우수 사례, 의학 저널 및 교과서의 정보가 포괄적으로 포함되어 있는 인공지능 솔루션입니다. 의학적 근거를 환자의 진료 기록에 포함된 정보로 평가하고, 사용 가능한 여러 항암 치료 방법을 신뢰도 수준별로 제시하고, 그에 대한 근거를 제공합니다. 이를 기반으로 암 연구자들은 자신의 전문 지식과 비교

5) https://data-flair.training/blogs/hadoop-ecosystem-components/

하여 가장 적합한 치료 방법을 찾고 있습니다. IBM은 WfO 이외에도 유전체 분석을 위한 Watson for genomics 등 헬스케어 분야에 여러 가지 인공지능 솔루션을 계속 개발하고 있습니다.

IBM Watson

2 인공지능 시대 기술

4차 산업혁명 시대의 모든 기술이 그렇듯 빅데이터와 인공지능도 별개 기술이 아니며 모두 거미줄처럼 연결된 융합 기술입니다.

인공지능 머신러닝 딥러닝과 빅데이터

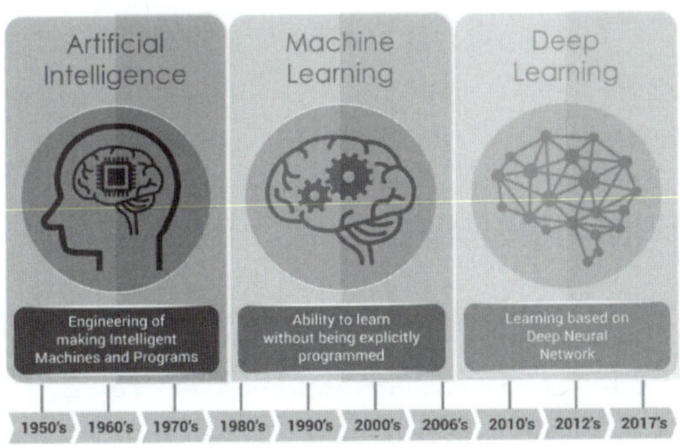

[그림 1-5] 인공지능 구분

인공지능	• 일반적으로 사람이 수행하는 지능적인 작업을 자동화하기 위한 연구 활동을 말함. • 명시적인 규칙을 충분하게 많이 만들어 인공지능을 만드는 방법을 심볼릭 AI(symbolic AI)라고 하며, 1950~80년대까지 AI 분야의 지배적인 패러다임이며, 1980년대에는 전문가 시스템(expert system)이 인기를 끌었음. • 심볼릭 AI를 대체하기 위한 새로운 방법이 바로 머신러닝임.

머신러닝	• "프로그래머가 직접 만든 규칙(rule) 대신 컴퓨터가 데이터를 보고 자동으로 규칙을 학습할 수 있을까?"라는 질문이 머신러닝의 패러다임이 되었음. • 데이터에서 통계적 구조를 찾은 뒤, 이 작업을 자동화하기 위한 규칙을 만드는 과정을 말함. • 머신러닝은 명시적으로 프로그래밍 되는 것이 아니라 훈련(training) 과정을 통해 완성됨
딥러닝	• 딥러닝은 머신러닝에서 가장 중요한 단계인 피처 엔지니어링(feature engineering)을 자동화하기 때문에 문제를 더 해결하기 쉽게 함. • 피처 엔지니어링은 사람이 수동으로 데이터의 표현을 만드는 방법임. • 딥러닝에서는 작업 흐름을 단순화시켜 간단한 모델로 대체할 수 있으며, 데이터로부터 학습하는 방법으로 성장함.

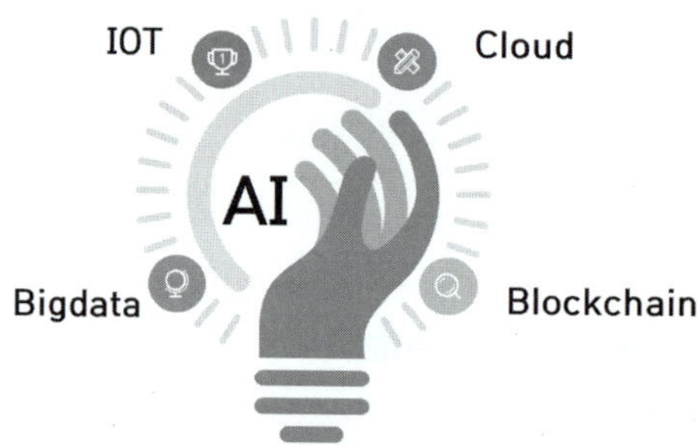

[그림 1-6] 인공지능 시대 기술들

인공지능 센서가 되는 사물인터넷(IoT)

사물인터넷은 새로운 기술이 아닌 기존에 있는 기술을 응용하는 융합 신기술 분야입니다. 최근 사물인터넷은 데이터, 인공지능, 블록체인, 클라우드 기술 등이 융합되어 '지능형 사물인터넷' 형태로 발전하고 있습니다. 사물인터넷은 사물의 상태를 전달하는 연결형 사물인터넷의 제한된 기능에서 발전해, 다른 IoT 기기들과 상호 소통하며 주변 상황 인지와 자율적 대응까지 수행하는 방향이 될 것입니다. 이는 인간 개입이 최소화된 '자율형 사회 진입' 의 시작을 의미하기도 합니다.

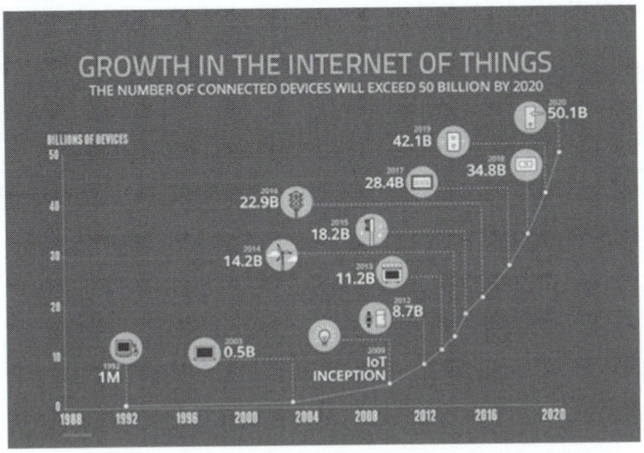

[그림 1-7] AI와 IoT[6)]

사물인터넷 기술은 1단계 연결형(connectivity), 2단계 지능형(intelligence), 3단계 자율형(autonomy)으로 진화할 것입니다. 오늘날은 1단계 연결형 사물인터넷을 지나 2단계를 맞이하고 있습니다. 사물인터넷의 연결성(connectivity)은 제품과 기기의 센서, 프로세서, 스토리지, 소프트웨어와 같은 스마트 요소들을 통해 모니터링, 제어, 최적화를 가능하게 합니다. 연결성 자체만으로는 학습을 촉진시킬 수 없지만 그 기반을 마련하기도 합니다. 많은 사물인터넷 애플리케이션이 클라우드나 데이터센터에 데이터를 전송할 때 데이터를 분석, 모델링하고 인-사이트를 적용하고, 이를 통해 결과를 추출한 뒤 수정된 알고리즘을 기기로 전달합니다. 결국 인공지능을 통한 지능형 사물인터넷의 기회는 학습과 개인화를 동시에 촉진시키는 미래가 될 것입니다.

인공지능 확산 핵심 인프라 클라우드

모든 서비스와 제품이 인공지능에 접목되는 '인공지능 에브리웨어' 시대도 머지않아 보이는 시점에서 클라우드 컴퓨팅이 주목받고 있습니다. 클라우드가 인공지능 구현에 필수적인 머신러닝 툴을 이용할 수 있는 플랫폼이 됐기 때문입니다. 글로벌 클라우드 빅4 업체인 아마존웹서비스(AWS), 마이크로소프트(MS), 구글, IBM 등은 경쟁적으로 인공지능 기능을 제공

6) https://www.bbvaopenmind.com/en/technology/artificial-intelligence/the-last-mile-of-IoT-artificial-intelligence-ai/

하고 있습니다. 최근 클라우드 업체들은 일반 개발자들도 누구나 쉽게 머신러닝 기술을 자신의 애플리케이션에 적용할 수 있도록 지원하는 데 집중하고 있습니다. 아마존웹서비스(AWS), 마이크로소프트(MS), 구글, IBM 등 대표적인 거대 IT 기업들이 클라우드 시장의 강자라는 공통점을 가지고 있는 것은 결코 우연이 아닙니다. 인공지능을 이용하기 위해서는 수많은 데이터를 저장할 공간과 컴퓨팅 성능이 필요하고, 클라우드는 이를 충족시키는 가장 적합한 플랫폼이기 때문입니다. 동시에 인공지능 기술이 발전하면, 이를 적용한 클라우드 서비스 또한 발전할 것입니다. 성능, 유연성, 안정성이라는 여러 강점을 내세우며 기업 IT 시장에서 클라우드의 입지는 점점 더 커져 갈 것이며 현재 가속 페달을 밟고 달리는 클라우드에 더욱 막강한 '엔진'이 될 것입니다. 인공지능은 클라우드가 필요하고, 클라우드는 인공지능에서 꽃을 피울 수 있을 것이기 때문에 향후 클라우드와 인공지능은 동반 성장이 예상됩니다. 인공지능, 머신러닝은 클라우드 성장을 견인하고, 클라우드는 인공지능과 머신러닝의 확산에 속력을 더해 줄 것으로 기대됩니다.

인공지능 원료 빅데이터

인공지능은 우리 시대의 가장 큰 변화를 일으키는 힘 중에 하나입니다. 물론 인공지능이 세계를 좋은 방식으로 바꿀지, 그렇지 않을지에 대한 논의가 있음에도 한 가지 동의하는 점은 빅데이터가 없는 인공지능은 무용지물이라는 것입니다. 인공지능 기술은 수십 년 동안 존재해 왔지만, 원재료인 데이터가 폭발적으로 증가함에 따라 엄청난 속도로 발전할 수 있게 되었습니다. 매일 수십억 건에 달하는 구글 검색을 통해 구글은 오타 및 검색 성향 등을 배울 수 있는 데이터를 실시간으로 대량 수집하고 있으며, 애플 시리와 MS 코타나의 언어 습득에 도움을 주는 수십억 시간의 음성 데이터가 없었다면 언어 이해는 기초적인 수준에 머물렀을 것입니다. 매년 우리가 만들어 내는 데이터는 두 배로 증가하고 있고, 10년 후에는 지구 인구의 20배가 넘는 1,500억 개의 네트워크 센서가 존재할 것으로 예측됩니다. 이 데이터는 인공지능이 인간의 생각과 느낌을 이해하는 데 도움을 주고 학습 속도를 향상시킬 뿐만 아니라 데이터 분석을 자동화할 수 있게 해 줄 것입니다. 더 많은 데이터를 처리할수록 더 많이 배워 궁극적으로는 더 정확해지는 것입니다. 이제 인공지능은 인간의 개입이 없는 학습 능력을 가지게 되었습니다.

더 안전한 블록체인 기반 인공지능[7)]

오늘날 인공지능 기술은 여러 한계가 있습니다. 검증되지 않은 학습 데이터들이 많아지면 오류도 커질 수밖에 없어서 결국에는 잘못된 의사결정을 내리는 경우도 많아질 것입니다. 이런 상황에서 인공지능을 만든 회사는 왜 그렇게 되었는지를 설명하지 않을 가능성이 높습니다. 대규모 데이터를 보유한 거대 서비스 회사들은 시스템이 어떻게 돌아가는지 외부에 공개할 필요성을 느끼지 못하며 법적인 의무도 없습니다. 여기서 블록체인은 새로운 혁신의 도구로 떠오를 수 있습니다. 블록체인 네트워크에 올라오는 데이터들은 모두 사실에 기반한 것들입니다. 여러 사람들에 의해 검증되었고 삭제와 변경도 할 수 없는, 이 데이터들을 인공지능이 활용하면 보다 정확한 미래 분석이 가능해질 것입니다.

인공지능과 블록체인의 융합은 다양한 분야에 적용할 수 있습니다. 블록체인 기반 인공지능 프로젝트들은 여전히 초기 개발 단계입니다. 그러나 블록체인이 확산될수록 탈중앙화된 시장에서 공유되는 데이터들도 늘어날 가능성이 높습니다. 블록체인에 공유되는 데이터가 늘어날수록 이를 활용한 인공지능 파워는 커지게 될 것입니다. 물론 구글 같은 거대 IT 기업들이 만든 진입 장벽을 단기간에 뛰어넘는 것은 쉽지 않은 일일 것입니다. 그러나 사용자들이 자신의 정보가 가진 가치, 특히 개인 정보로 돈을 벌 수 있는 기회가 있다는 것을 알게 된다면, 인공지능 블록체인 프로젝트에 대한 관심이 커질 것으로 전망됩니다.

의료산업에서 블록체인과 인공지능은 개인의 신분 공개 없이 의료 정보 공유 시 유용하게 사용될 수 있습니다. 블록체인 프로토콜을 사용하여 데이터를 선택적으로 공유하게 되면 의사가 환자의 전체 병력을 병원에 상관없이 분석할 수 있게 될 것입니다. 블록체인이 의료산업에 새로운 혁신을 제공하여 각 의료기관 연구자들이 개인 정보에 대한 걱정 없이 빅데이터를 통해 원하는 연구를 집중할 수 있는 미래를 상상해 봅니다.

7) Kumar R, Wang W, Kumar J, Yang T, Khan A, Ali W, Ali I. An Integration of blockchain and AI for secure data sharing and detection of CT images for the hospitals. Comput Med Imaging Graph. 2020 Nov 10;87:101812. doi: 10.1016/j.compmedimag.2020.101812. Epub ahead of print. PMID: 33279761.

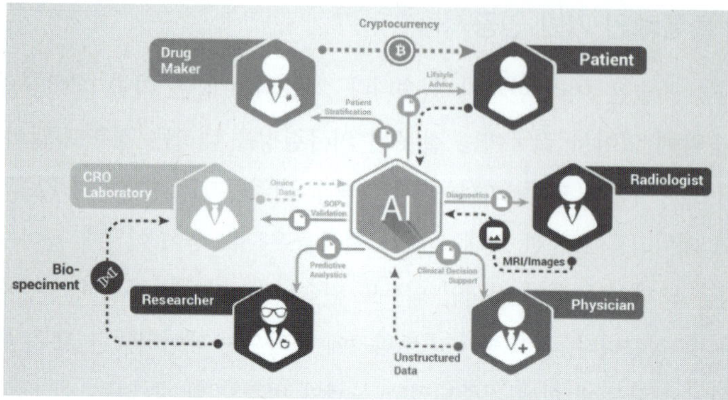

[그림 1-8] 블록체인과 인공지능이 결합된 의료 혁신[8]

3 데이터 사이언티스트

빅데이터 머신러닝(이하 빅러닝)을 위한 지식들

빅러닝은 데이터 수집과 구축, 큐레이션, 통계 분석과 머신러닝 등의 다양한 기술과 지식을 활용하여 복잡한 데이터로부터 인사이트를 얻거나 지능화된 시스템을 구현하기 위한 모든 업무를 총칭하는 개념입니다. 데이터 사이언티스트가 되기 위해서는 다음과 같은 내용을 학습해야 합니다.

〈표 1-4〉 빅러닝 지식

분야	빅러닝 학습 범위
인공지능 관련	· 빅데이터란 무엇인가? · 머신러닝이란 무엇인가? · 인공지능은 어떻게 발전했는가? · 데이터 분석이란 무엇인가? · 데이터 사이언스란 어떤 분야인가? · 머신러닝 기술 몇 가지를 설명하시오.

8) https://www.fintechnews.org/how-can-ai-blockchain-and-machine-learning-go-hand-in-hand/

통계학 기본	· 데이터 구조, 요약, 변수 · 샘플링, 확률 통계 기본 · 범주형, 연속형 구분 · 선형, 다중, 로지스틱 회귀에 대한 이해
데이터 분석 도구 (파이썬, R 등) 사용 능력	· 데이터 클린징 · 데이터 가져오기 및 내보내기 · 데이터 조작(sorting, filtering, 변수 추출 등) · 데이터 시각화 기술
EDA 이해	· 단병량, 다변량 데이터 분석 · 데이터 스토리텔링 기술
학습 모델	· 지도 학습, 비지도 학습, 준지도 학습, 강화 학습 등
빅데이터 기술	· 빅데이터 처리 기술, 빅데이터 관련 환경 · 하둡, 스파크 하이브 등
딥러닝 기술	· ANN, NLP, CNN, 텐서플로우 기술, OPEN CV
데이터 프로젝트 경험	· 프로젝트 결과 보고서 · 모델 생성과 선택 · 데이터 수집, 클린징, 준비 경험 등
인공지능 수학	· 행렬, 벡터, 미분, 적분, 편미분, 집합

데이터 기술자 시대

세계 최대 온라인 상거래 플랫폼 알리바바 그룹의 마윈 회장은 DT(Data Technology) 즉, 데이터기술의 신봉자입니다. 마윈 회장은 최근 국제 세미나에서 세상은 지금 IT 시대에서 DT 시대로 가고 있다고 선언했습니다. 기존 IT 시대의 정보화 혁명이 정보 제어나 관리를 바탕으로 비즈니스 기회를 만들었다면, DT 시대에는 데이터 기반 대중 서비스와 생산 효율성 중심으로 4차 산업이 발전하게 된다는 것입니다. 결국 미래 시대에 경쟁은 조직이 보유하고 있는 데이터가 기업에 얼마나 많은 가치를 창출하느냐가 중요하다는 것입니다. 알리바바는 데이터를 활용해 돈을 버는 일이 미래의 핵심 가치가 될 것이라 예상하고, 기업 탄생 초기부터 클라우드 컴퓨팅과 빅데이터 산업에 막대한 투자를 감행했습니다. 마윈 회장이 말하는 데이터 기술은 인공지능과 결합된 개인화 데이터 분석을 통해 고객을 사전에 파악하고, 이들에게 물건을 파는 것이며, 고객의 다음 행동을 미리 예측하는 기술 등일 것입니다.

데이터 사이언티스트

데이터 사이언티스트(Data Scientist)들은 보통 88%가 석사 학위를, 46%는 박사 학위를 보유하고 있습니다. 데이터 사이언티스트에게 파이썬, R 등 프로그래밍 언어는 필수입니다. 하둡 플랫폼(Hadoop Platform), SQL 데이터베이스에 대한 지식도 필요하며 비정형 데이터(소셜 미디어, 영상, 음성 등)를 다룰 수 있는 능력 또한 매우 중요합니다. 여기에 통계 분석과 수학은 추론적 통계 및 실험 설계도 알아야 합니다. 머신러닝과 데이터 랭글링(wrangling) 기술은 원천 데이터를 매핑하고 데이터를 보다 편리하게 사용할 수 있는 다른 형식으로 변환하는 데 활용되기 때문에 중요합니다. 또한 조직 및 고객과의 의사소통 방법과 데이터 시각화 기술도 필요합니다. 하지만 너무 걱정하지는 마세요! 이런 사람은 전 세계 어디에도 없습니다.

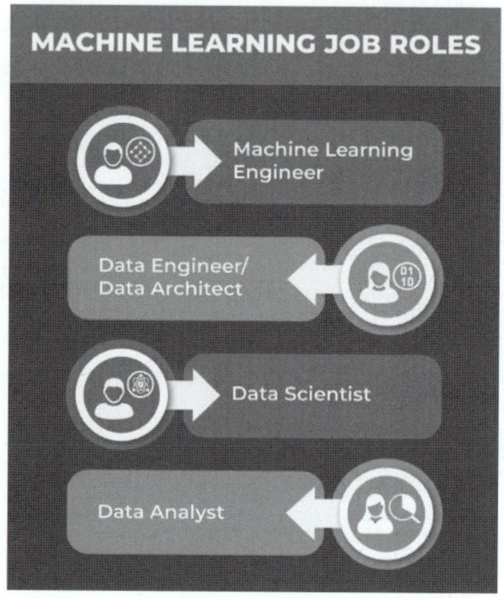

[그림 1-9] 빅데이터와 머신러닝 전문가의 역할[9)]

빅러닝 파이프라인

빅데이터 분석과 머신러닝은 마법이 아닙니다. 데이터와 알고리즘, 그리고 알고리즘을 통해 데이터를 처리함으로써 만들어지는 모델만 있을 뿐입니다. 빅러닝 상자 내부에 대해 더 잘 이해할수록 데이터가 예측으로 변환되는 과정의 각 단계를 더 정확히 이해할 수 있고 빅러닝 모델이 갖는 힘은 더 강력해질 것입니다. 데브옵스(DevOps) 분야에도 소스 코드 작성에서 배포에 이르기까지 소프트웨어의 진행 과정을 설명하는 빌드 파이프라인이란 것이 있고, 일반 개발자에게는 코드 파이프라인이 있는 것처럼, 데이터 사이언티스트에게는 빅데이터 머신러닝 솔루션을 통해 흐르는 빅러닝 파이프라인이 있습니다. 이 파이프라인을 이해

9) https://www.mygreatlearning.com/blog/what-is-machine-learning/

하는 것이 빅데이터와 머신러닝을 파악하기 위한 가장 효과적인 방법입니다. 우리도 이 파이프라인을 지나가면서 이론을 학습하고 실습해보겠습니다.

[그림 1-10] 빅데이터 분석 및 머신러닝 파이프라인

연습문제

1 빅러닝 시대 컴퓨팅 파워의 발전 과정을 설명하시오.

2 세대별 빅데이터와 인공지능의 발전을 정리하시오.

3 OLTP와 OLAP를 구분하여 설명하시오.

4 2007년 IT 기술의 혁신 사례를 몇 가지로 설명하시오.

5 인공지능 시대와 관련된 기술을 설명하시오.

6 사물인터넷 IoT와 인공지능의 관계를 설명하시오.

7 블록체인이 인공지능의 발전에 중요한 이유를 설명하시오.

8 빅러닝 파이프라인을 설명하시오.

9 빌드 파이프라인과 코드 파이프라인을 설명하시오.

02장 빅러닝 환경

1. 빅러닝 분석 도구
2. 개발 환경 준비
3. 분석 보고서 만들기

1 빅러닝 분석 도구

빅러닝 분석 도구와 기술들은 본격적인 빅데이터 머신러닝 활용에 있어 필수적입니다.

빅러닝 도구 필수 조건

① 데이터 포맷 지원

대부분의 분석 솔루션이 테이블 데이터를 처리할 수 있으며, 이들 테이블에는 보통 숫자, 문자열, 시간 등 다양한 데이터형이 포함될 수 있습니다. 또한 테이블 형태의 데이터 처리에 필요한 필터링(filtering), 정렬(sorting), 조인(joining), 합계(aggregation) 등의 연산을 제공합니다. 기본 연산의 조합으로 해결 가능한 데이터 처리 작업의 경우에는 기존의 솔루션을 최대한 활용하는 것도 바람직합니다.

② 속도와 용량

한 번에 처리 가능한 데이터의 크기(Volume/Throughput) 관점에서는 빅데이터 솔루션의 대표 주자로 각광받는 하둡은 거의 무한대의 용량을 처리할 수 있으며, 인덱스 및 클러스터 구축 여부에 따라 RDBMS 역시 테라바이트급의 데이터를 저장 및 처리할 수 있습니다. 기타 도구들은 메모리 한도 내에서 작업이 가능한데, 커스텀 코드의 한계는 있습니다.

③ 확장성

필요한 경우 새로운 함수를 구현해 사용할 수 있는 다양한 프로그래밍 환경을 제공합니다. 최근에는 판다스, 넘파이, 심파이 등을 포함하는 파이썬 기반의 솔루션이 많이 사용되고 있습니다. 범용 프로그래밍 언어인 파이썬의 특성상 분석에 사용한 코드를 웹 서비스 등 다른 시스템과 통합하기 쉬운 장점이 있습니다.

④ 지원

예측/시각화 이외에 부가적인 기능이라 할 수 있는 시각화 기능의 경우 R이나 파이썬이 가장 강력한 기능을 제공하지만, 기본적인 기능은 엑셀에서도 제공합니다. 하둡이나 데이터베이스를 사용하는 경우에도 별도의 패키지를 통해 이런 기능을 제공받을 수 있는데 이들 플랫폼과 별도로, 시각화 및 통계 모델링에는 많은 패키지나 라이브러리가 나와 있으므로 용도에 따라 찾아 사용합니다. 일반 사용자를 위한 패키지 중에서는 타블로 프로그래머를 위한 라이브러리 중에는 D3.js가 널리 사용되고 있습니다.

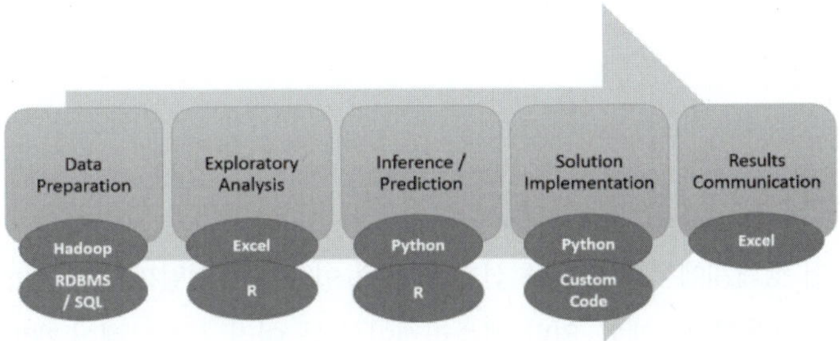

[그림 2-1] 빅러닝 파이프라인별 도구

파이썬과 R

데이터 분석에 파이썬과 R 중에서 어떤 것을 사용해야 하나요? 데이터 사이언티스트들이 가장 많은 받는 질문입니다. 파이썬은 가장 인기 있는 프로그래밍 언어로 부상하고 있고, R은 여전히 많은 데이터 분석가들이 선호하는 언어입니다. 이들은 빅러닝 작업에 따라 서로 다른 장단점이 있기 때문에 프로젝트에 따라 적절히 선택하면 됩니다. 파이썬은 주로 데이터 분석 결과를 다른 웹 애플리케이션에 접목하거나 통계적인 코드를 데이터베이스에 포함시켜야 할 때 사용합니다. 필요한 패키지나 라이브러리를 불러오고 조합하여 분석 목적에 맞는 작업을 수행할 수 있으며 직관적인 프로그래밍 언어로 초보자도 쉽게 배울 수 있다는 강점이 있습니다. R은 연구 목적의 업무에 최적화되어 있지만 많은 종류의 데이터 분석에도 편리하다는 장점이 있습니다.

〈표 2-1〉 파이썬과 R 비교

구분	파이썬	R
장점	• 특정 주제나 용도에 국한되지 않은 배우기 쉬운 언어 • 다양한 용도의 언어	• 데이터 시각화 • 라이브러리 생태계 • 데이터 사이언스의 통용어
단점	• 시각화 • 데이터 분야 도전자 파이썬	• 느린 속도 • 어렵다

결론은 파이썬

데이터 과학 언어 생태계에서 파이썬을 선호하게 된 이유가 무엇일까요? 파이썬은 스크립트 작성과 프로세스 자동화, 웹 개발, 일반 애플리케이션 등 여러 소프트웨어 개발 영역에서 지속적으로 인기를 얻어 왔기 때문일 것입니다. 오늘날 파이썬은 데이터 과학 분야를 위한 표준 프로그래밍 언어가 되어 가고 있습니다. 파이썬이 범용 프로그래밍 언어의 장점은 물론 매트랩과 R 같은 특정 분야를 위한 스크립팅 언어의 편리함을 함께 가지고 있기 때문입니다.

① 단순 프로그래밍

파이썬의 성공 스토리는 언어의 간소함에서 시작했습니다. 파이썬이 처음 만들어졌을 때 주된 목표는 읽고 쓰기 쉬운 언어였습니다. 코드는 쓰는 것보다 읽는 경우가 많고, 특히 개발팀이 바뀌는 경우에는 다른 개발자로부터 빅러닝 애플리케이션을 넘겨받을 때 적은 노력이 필요한 언어로써 단순성에서 우수합니다. 좋은 파이썬 코드는 이런 필요를 충족하며 다른 언어보다 더 뛰어납니다.

② 풍부한 라이브러리

파이썬이 빅러닝 핵심 툴이 된 주요 이유 중 하나는 풍부한 라이브러리와 프레임워크입니다. 유명한 판다스 및 사이킷-런(Scikit-learn)부터 텐서플로우(TensorFlow), CNTK, 아파치 스파크 MLlib(Apache Spark MLlib) 등 알려진 머신러닝 및 딥러닝(Deep Learning) 프레임워크 대부분이 파이썬의 영역에 있거나 파이썬 API를 지원합니다. 파이토치 등은 그 이름에서 알 수 있듯이 특별히 파이썬을 염두에 두고 만들어졌습니다. 그러면서도 우수한 성능까지 지원합니다.

③ 느린 파이썬 그래도 좋다

많은 사람이 파이썬을 "편리하지만 빠르지는 않다."라고 말합니다. 대부분은 맞는 말인데 파이썬은 개발 편의성 대신에 순수한 성능을 선호합니다. 그렇다면 파이썬이 가장 빠른 언어가 아닌데도 빅러닝과 같은 연산 집약적인 작업에 사용하는 이유는 무엇일까요? 대답은 간단합니다. 연산 집약적인 작업을 처리하는 것은 파이썬이 아니기 때문입니다.

④ 애플리케이션 개발

파이썬에서 가장 대표적인 웹 프레임워크 중 하나인 장고(django), 플라스크(flask) 등을 이용하면 신속하고 빨리 웹 애플리케이션을 개발할 수 있습니다. 장고 프레임워크는 웹 프로그래밍에 필요한 개념 정리가 뛰어나며 빠르게 웹을 개발할 수 있도록 프로그래밍 프레임을 생성, 데이터베이스 연동, 관리자모드 운영 등을 편리하게 해결합니다.

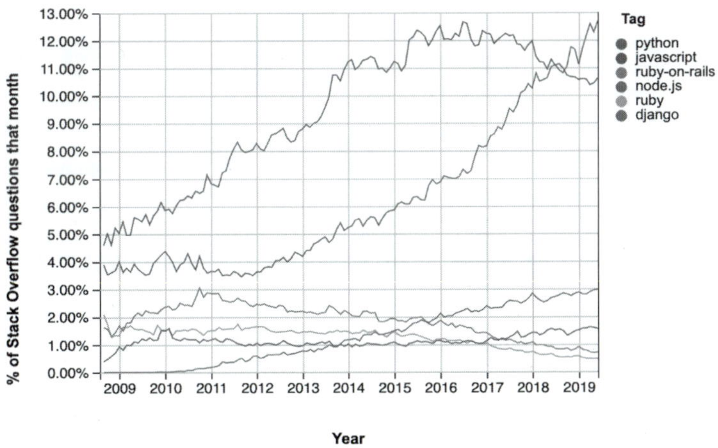

[그림 2-2] 파이썬 트렌드[1)]

1) https://www.monterail.com/blog/what-is-python-and-why-is-it-so-popular

2 개발 환경 준비

개발 환경은 아나콘다 배포판을 설치하고 주요 파이썬 라이브러리를 설치하면서 시작합니다. 아나콘다 배포판은 빅데이터 및 머신러닝에 가장 잘 호환되는 파이썬 기능들을 포함하기 때문에 기존 파이썬이 설치되어 있다면 제거하고 아나콘다 배포판을 설치하는 것이 좋습니다. 아나콘다 배포판에는 사이파이(SciPy), 넘파이(NumPy), 넘바(Numba) 등 상용 및 과학 분야[2] 파이썬 작업에 가장 많이 사용되는 라이브러리가 상당수 포함되어 있으며, 맞춤 패키지 관리 시스템[3]을 통해 더 많은 라이브러리에 액세스할 수 있는데, 아나콘다가 차별화되는 점은 이러한 모든 조각을 통합하는 방식입니다.

아나콘다 배포판 준비

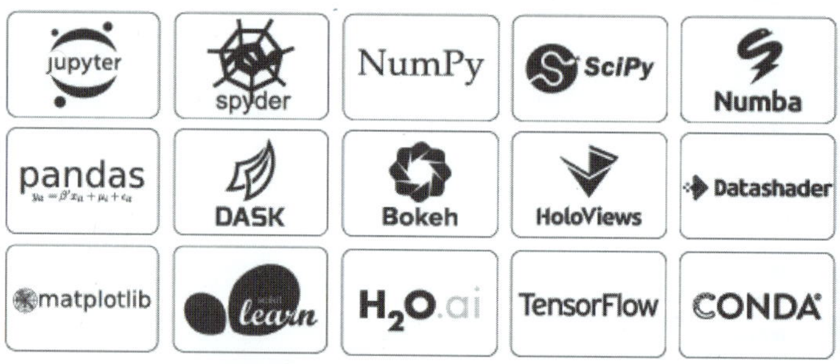

[그림 2-3] 아나콘다 배포판 오픈 소스

2) Sun Q, Zhang X, Banerjee S, Bao P, Barbry M, Blunt NS, Bogdanov NA, Booth GH, Chen J, Cui ZH, Eriksen JJ, Gao Y, Guo S, Hermann J, Hermes MR, Koh K, Koval P, Lehtola S, Li Z, Liu J, Mardirossian N, McClain JD, Motta M, Mussard B, Pham HQ, Pulkin A, Purwanto W, Robinson PJ, Ronca E, Sayfutyarova ER, Scheurer M, Schurkus HF, Smith JET, Sun C, Sun SN, Upadhyay S, Wagner LK, Wang X, White A, Whitfield JD, Williamson MJ, Wouters S, Yang J, Yu JM, Zhu T, Berkelbach TC, Sharma S, Sokolov AY, Chan GK.

3) Recent developments in the PySCF program package. J Chem Phys. 2020 Jul 14;153(2):024109. doi: 10.1063/5.0006074. PMID: 32668948.

파이썬 공식 홈페이지 대신 데이터 사이언스 플랫폼에서 가장 유명한 파이썬 아나콘다 배포판(Anaconda Distribution) 설치를 따라 해 보겠습니다. 오픈소스인 아나콘다 배포판은 윈도우(Windows), 리눅스(Linux), 맥(Mac OS X)에서 파이썬/R 데이터 과학 및 기계 학습을 수행하는 가장 쉬운 방법이며 동시에 전 세계 천 5백만 명 이상의 사용자가 있는 데이터 사이언스 개발, 테스트 및 교육에 대한 업계 표준 플랫폼입니다. 다만, 단일 머신에서만 사용할 수 있습니다.[4]

- 1,500개 이상의 Python/R 데이터 과학 패키지를 빠르게 다운로드
- Conda로 라이브러리, 종속성 및 환경 관리
- Scikit-learn, TensorFlow 및 Theano를 사용하여 기계 학습 및 딥러닝 모델 개발 및 교육
- Dask, NumPy, Pandas 및 Numba를 사용하여 확장성 및 성능으로 데이터 분석
- Matplotlib, Bokeh, Datashader 및 Holoviews를 사용하여 결과 시각화

1) 버전 선택과 다운로드

https://www.anaconda.com/에 접속하여 다운로드 사이트로 이동합니다. 윈도우(Windows), 리눅스(Linux), 맥(Mac OS X) 중 자신의 환경에 적합한 운영체제를 선택합니다. 64-bit와 34-bit에 해당하는 파이썬 버전을 선택하여 다운로드합니다. 400M가 넘는 파일이므로 시간이 다소 소요됩니다.

4) https://www.anaconda.com/distribution/

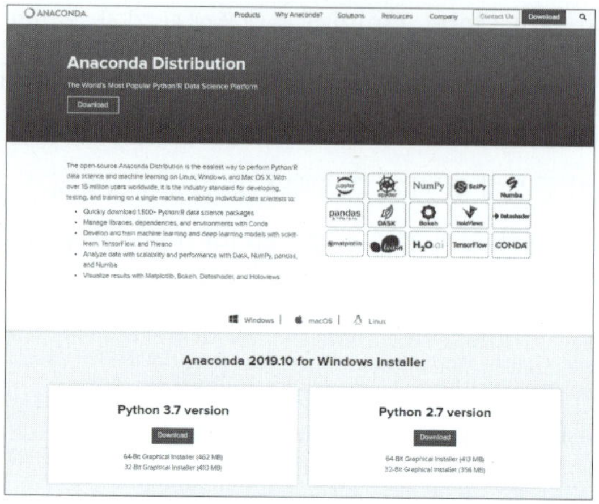

[그림 2-4] 버전 선택

2) 설치 시작과 동의

설치 파일을 다운로드하면 [NEXT]를 클릭하여 설치를 시작합니다. 아나콘다 이용약관을 확인하고 동의하여 다음을 진행합니다.

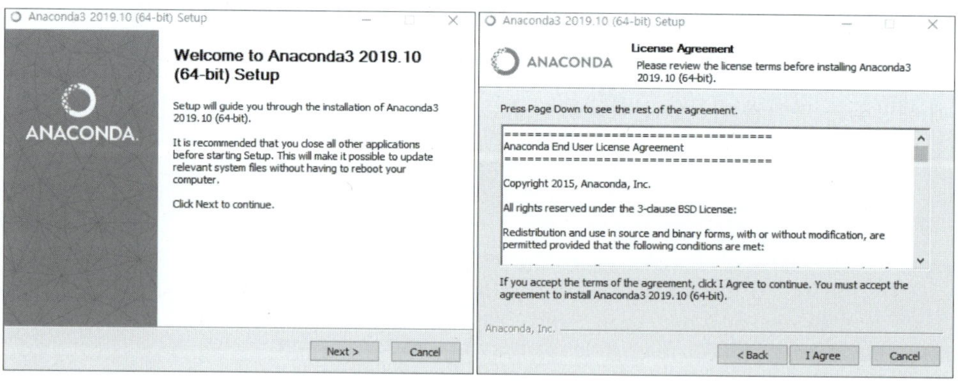

[그림 2-5] 시작과 동의

3) 사용자 선택과 경로 지정

단일 사용자를 선택하고 다음을 클릭합니다. 저장 경로를 지정하거나 제공한 경로에 저장 경로를 선택합니다.

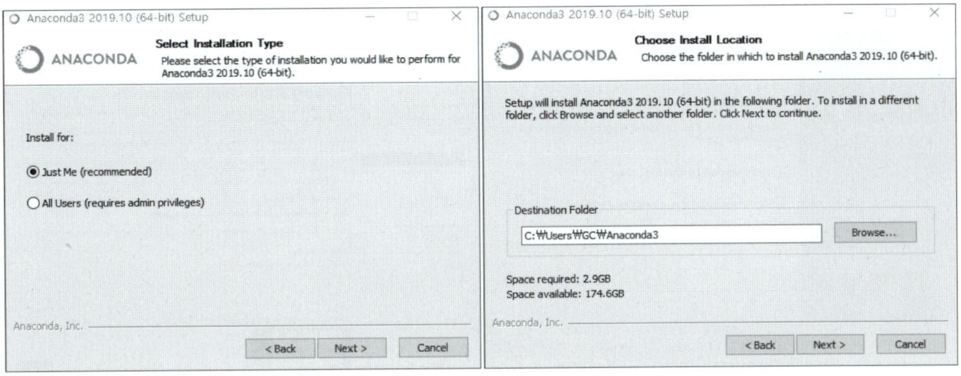

[그림 2-6] 사용자 선택과 경로

4) 옵션과 설치 진행

고급 옵션 선택은 지정된 옵션을 선택하여 다음을 진행합니다. 다음 압축 파일을 해제하여 설치를 진행합니다. 주의할 점은 대부분 개발 환경과 마찬가지로 환경변수 설정이 어렵다면 [그림 2-7]에서 옵션 환경변수 설정을 체크하고 진행합니다.

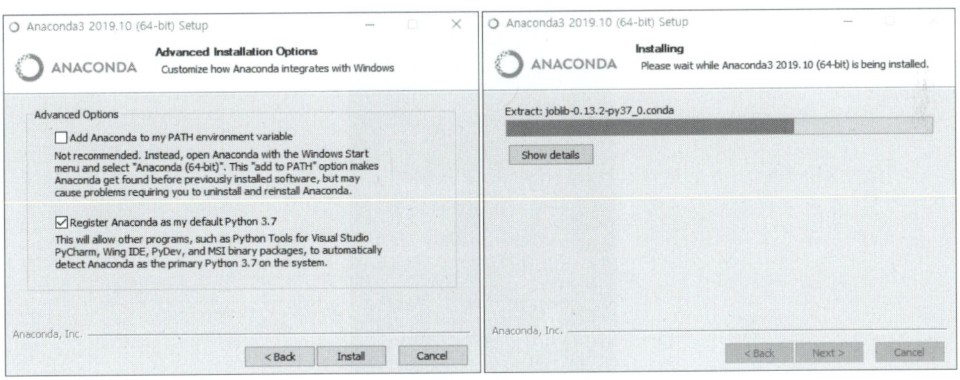

[그림 2-7] 옵션 선택과 설치 진행

5) 설치 완료

설치가 완료되면 [Finish]를 클릭한 후 아나콘다 웹페이지를 소개하는 브라우저 창이 열리며 관련 정보들을 확인할 수 있습니다.

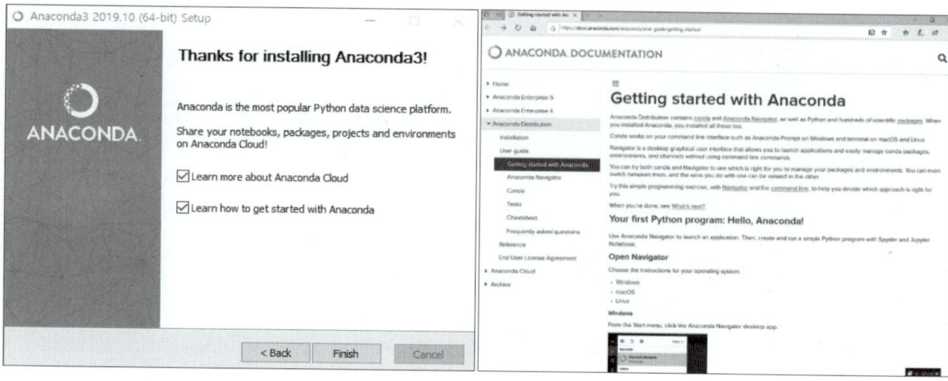

[그림 2-8] 설치 완료 및 시작

6) 설치 확인

윈도우 시작 화면에서 Anaconda3(64-bit) 폴더를 클릭하고 하단과 같이 관련 소프트웨어들이 설치되었는지 확인합니다.

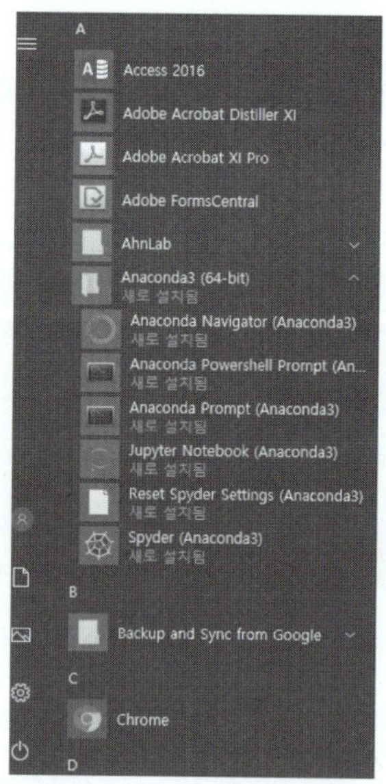

[그림 2-9] 설치 모듈 확인

7) 아나콘다 파이썬 버전 확인

아나콘다 배포판을 설치하고 프롬프트로 버전을 확인할 수 있습니다.

〉python --verion

[그림 2-10] 파이썬 버전 확인

파이썬 모듈과 패키지

파이썬을 배우다 보면 모듈, 패키지, 파이썬 표준 라이브러리와 같은 용어를 접하게 되는데 서로 비슷한 개념이지만 약간의 차이가 있습니다. 건물을 지을 때 시멘트나 철근이 필요하다고 해서 만들 필요가 없는 것처럼 모든 부품이나 재료는 이미 만들어진 것을 사서 쓰는 것이 효율적입니다. 오늘날 대부분의 프로그램도 마찬가지여서 필요한 모든 부분을 한 사람이 만드는 경우는 거의 없으며 여러 가지 프로그램에 공통적으로 사용되는 부분은 해당 분야의 전문가가 미리 만들어 놓은 프로그램을 가져다 사용하는 것이 현명한 선택입니다. 다른 프로그램 제작에 사용하기 위해 미리 만들어진 프로그램의 집합을 라이브러리(Library)라고 합니다. 파이썬에서는 라이브러리라는 용어 대신 패키지(Package)라는 말도 자주 사용합니다.

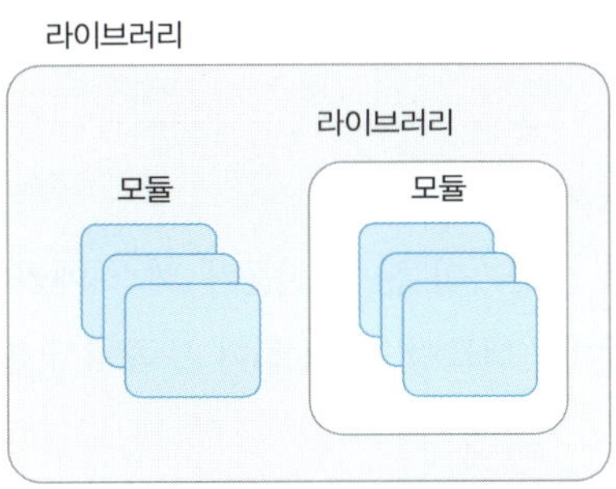

[그림 2-11] 파이썬 라이브러리와 모듈

① 파이썬 표준 라이브러리

특정 기능과 관련된 여러 모듈을 묶은 것으로 파이썬에 기본으로 설치된 모듈과 패키지, 내장 함수를 묶어서 파이썬 표준 라이브러리(PSL: Python Standard Library)라고 합니다.

② 모듈(module)

모듈은 특정 기능을 .py 파일 단위로 작성한 것으로 데이터, 함수, 클래스 등이 포함된 파일입니다. 자주 사용하는 Print()와 같은 함수는 내장 함수(Built in function)를 활용했지만, 외부의 라이브러리(모듈)을 사용하기 위해서는 따로 임포트(import)하는 작업이 필요합니다.

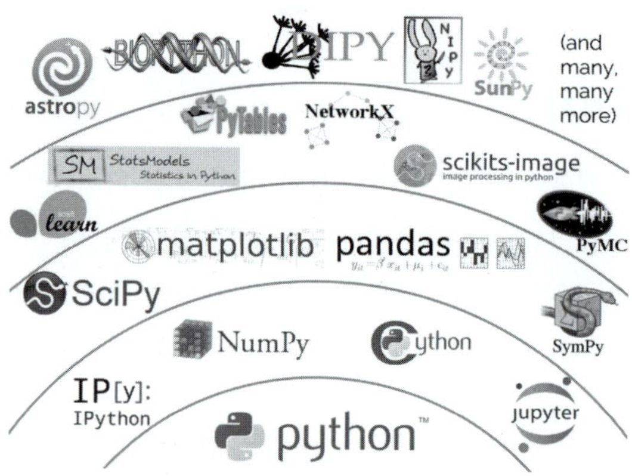

[그림 2-12] 파이썬 대표 라이브러리[5]

파이썬 주요 라이브러리

1) 판다스

판다스(Pandas)는 월스트리트 금융가의 분석 전문가 웨스 매키니(Wes McKnney)가 개발했습니다. 회사에서 사용하는 데이터 핸들링 툴(엑셀)이 부족해서 판다스를 개발했다고 합니다.

5) https://www.fiverr.com/the_faisalkhan/do-any-python-library-task

판다스는 파이썬에서 데이터 핸들링 분야에서 가장 인기 있는 패키지로 행과 열의 정형 데이터 즉, 2차원 데이터 처리에 사용됩니다. 데이터베이스 산업의 발전과 함께 판다스 또한 많은 부분이 넘파이 기반으로 작성되었는데 넘파이보다 편리하게 데이터 핸들링을 가능하게 합니다. 판다스는 파이썬에서 제공하는 대표적인 데이터 핸들링 도구이며 여러 가지 중에 핵심 개체인 데이터프레임[(Data Frame) 행과 열로 이루어진 2차원 데이터를 담는 데이터 구조체]을 필수로 이해해야 합니다.

[그림 2-13] 판다스

```
설치: pip install pandas
사용: import pandas as pd
```

2) 맷플롯립

맷플롯립(Matplotlib)은 파이썬 시각화 표준 패키지이며 맷플롯립은 파이썬에서 그래프 등 시각화 이미지 등을 표현할 때 사용합니다.

[그림 2-14] 맷플롯립

```
설치: pip install matplotlib
사용: import matplotlib.pyplot as plt
```

3) 시본

시본(Seaborn) 패키지는 맷플롯립 패키지에서 지원하지 않는 시각화 라이브러리를 지원합니다. 통계용 차트 및 컬러 맵 추가, 고급 통계 차트를 그리는 통계용 시각화 기능을 제공합니다.

```
설치: pip install seaborn
사용: import seaborn as sns
```

4) 넘파이

넘파이(NumPy)는 파이썬 과학 패키지이며, 대부분의 머신러닝 패키지들이 넘파이를 기반으로 구현된 필수 패키지입니다. 넘파이는 Numerical Python의 약어로 선형대수, 배열 등 수학 연산에 필요한 필수 함수들 외에 자료형이 고정된 다차원 배열 클래스(n-dimensional array)와 벡터화 연산(vectorized operation)을 지원하며 수학 연산을 위한 기본적이고 중요한 패키지입니다.

[그림 2-15] 넘파이

```
설치: pip install numpy
사용: import numpy as np
```

5) 사이파이

사이파이(SciPy)는 고급 수학 함수, 수치적 미적분, 미분 방정식 계산, 최적화, 신호 처리 등에 사용하는 다양한 과학 기술 계산 기능을 제공합니다. 사이파이 패키지는 Numeric 패키지에 기반을 두고 만들어진 다양한 수치 해석 패키지들을 2001년에 통합, 재정리하여 만들었습니다.

[그림 2-16] 사이파이

```
설치: pip install SciPy
사용: import scipy as sp
```

6) 심파이

심파이(SymPy) 패키지는 숫자를 더하거나 빼는 수치 연산이 아니라 인수 분해, 미분, 적분 등 심볼릭 연산 기능을 제공합니다.

[그림 2-17] 심파이

```
설치: pip install sympy
사용: import sympy as sym
```

7) 머신러닝, 딥러닝 패키지

사이킷런(Scikit-learn)은 머신러닝 학습용 패키지입니다. 대부분의 머신러닝 모형을 제공하므로 파이썬으로 머신러닝을 공부하는 데 최적의 학습 도구입니다. 사이킷런의 장점은 다양한 머신러닝 모형 즉, 알고리즘을 하나의 패키지에서 모두 제공하고 있다는 점입니다.

설치: pip install scikit–learn
사용: import sklearn as sk

텐서플로(Tensorflow)는 2015년 구글에서 개발한 텐서플로 신경망 모형 등의 딥러닝 모형을 위한 파이썬 패키지입니다. 심볼릭 연산과 그래프 연산 모형, GPU를 사용한 연산 등을 제공하므로 대량 연산을 필요로 하는 딥러닝 학습에 필수 패키지입니다.

케라스(Keras) 패키지는 텐서플로 패키지를 쉽게 사용할 수 있도록 도와주는 고수준 패키지입니다. 케라스를 사용하면 쉽게 신경망 모형을 구현할 수 있습니다. 원래 독자적인 패키지이지만 지금은 텐서플로에 통합되었습니다.

파이토치(PyTorch)는 2016년 딥러닝 라이브러리인 토치(Torch)에 기반하여 만들어진 패키지입니다. 텐서플로와 같은 저수준 API와 케라스와 같은 고수준 API를 같이 제공합니다. 머신러닝 과정에서 좀 더 상세히 알아보겠습니다.

파이썬에는 데이터 분석 삼총사로 불리는 머신러닝 알고리즘을 소개하기 위한 패키지 이외에 회귀분석 및 시계열 처리를 위한 고전적 데이터 분석 패키지, 딥러닝을 지원하는 티아노(Theano) 등이 있습니다.

8) 스태츠모델

스태츠모델(Statsmodels)은 검정 및 추정(test and estimation), 회귀분석(regression analysis), 시계열분석(time-series analysis) 등 다양한 통계 분석 기능을 제공하는 파이썬 패키지입니다. 특히 회귀분석의 경우 R 스타일의 모형 기술을 가능하게 하는 patsy 패키지를 포함하고 있어 기존에 R에서만 가능했던 회귀분석과 시계열분석 방법론을 그대로 파이썬에서 사용할 수 있습니다.

설치: pip install statsmodels
사용: import statsmodels.api as sm

9) 지오판다스

지리정보 데이터 즉, GIS(Geospatial Information System)는 좌표, 주소, 도시, 우편번호 등 위치 정보를 모두 포함하는 분야입니다. 지오판다스(GeoPandas)는 파이썬에서 지리정보 데이터 처리를 위한 기하학적 연산과 시각화 등을 돕는 패키지인데, 이름으로도 알 수 있듯이 지오판다스는 판다스와 유사합니다. 판다스 이외 지리정보를 위한 두 가지 자료형으로 GeoSeries와 GeoDataFrame이 추가로 있습니다. 방법에 큰 차이가 없고 지리정보 데이터 분석에 유용한 속성과 메서드가 존재합니다.

```
설치: pip install geopandas
사용: import geopandas as gpd
```

10) 텍스트 분석

소이 NLP(Soynlp)[6]는 한국어 텍스트 분석을 위한 파이썬 패키지 중 하나입니다. 한글 텍스트 분석 분야에서 가장 유명한 KONLPy에서 제공하는 형태소 분석기는 형태소 기반으로 문서를 토큰화할 수 있는 기능을 제공하지만, 새롭게 만들어진 미등록 단어들은 인식이 잘 되지 않는 단점이 있습니다. 이를 해결하기 위해 사용자 사전에 단어를 등록하는 절차를 거쳐야 하는데, Soynlp는 이러한 과정을 지원하기 위해 사용자 사전과 형태소 분석 없이 Cohesion(Character n-gram) 기반으로 토큰화할 수 있는 기능을 제공합니다. 텍스트 분석에 관심 있다면 한 번 찾아보기를 권합니다.

```
설치: pip install soynlp
사용: import geopandas as gpd
```

6) https://github.com/lovit/soynlp

통합 IDE

1) 통합 IDE

파이썬을 위한 다양한 IDE[(Integrated Development Environment) 통합개발환경]가 존재합니다. 어떤 IDE를 선택할지는 개인의 취향과 IDE의 장단점에 따라 다릅니다.

〈표 2-2〉 파이썬 통합 IDE

IDE	특징
주피터 Jupyter	• 통합 개발 환경이라기보다는 웹에서 파이썬 코드 작성 도구로, 마크다운 문서 작성이 가능한 웹 애플리케이션임. • 웹상에서 파이썬 코드를 작성하고 그 결과의 확인이 가능하며 아나콘다 배포판에 포함되어 있음.
스파이더 Spyder	• 아나콘다 배포판에서 제공되는 툴로 과학기술 계산용으로 특화되어 있음. • 간단하게 사용할 수 있는 IDE이고, 크로스플랫폼이며 무료임.
파이참 PyCharm	• 가장 많은 사용자가 있는 파이썬 IDE이고, 크로스플랫폼이며 무료 및 유료 버전 있음. • 가장 많은 선택을 받는 IDE이고, 다양한 확장 기능을 설치할 수 있음.
비주얼 스튜디오 Visual Studio Code	• Visual Studio Code에 Python을 설치하면 파이썬 IDE로 사용할 수 있고, 다양한 확장 기능을 설치할 수 있음 • 최근 사용자층이 늘어나고 있는 IDE이고, 크로스플랫폼이며 무료임
Visual Studio PTVS	• Visual Studio에 PTVS 확장을 설치하면 파이썬 IDE로 사용할 수 있음 • 최고의 Windows 용 IDE이고, 개인 개발자는 무료이며 그 외는 상용임

2) 주피터 노트북

주피터 노트북은 프로그램 코드를 웹 브라우저에서 실행할 수 있는 대화식 환경을 지원합니다. 편리함 때문에 탐색적 데이터 분석에 적합합니다. 기본적인 몇 가지를 먼저 알아보겠습니다.

■ 모드

주피터 노트북에는 코드를 편집할 때 2가지 모드가 있습니다. 하나는 셀 선택 모드(Command Mode)라고 해서 셀을 편집할 수 있는 모드입니다. 다른 하나는 코드 입력 모드(Edit Mode)로 셀 안의 내용을 편집할 때 사용하는 모드입니다. 어떤 모드인지는 색깔로 구별이 가능하며 셀이 파란색일 때는 셀 선택 모드, 초록색일 때는 코드 입력 모드입니다.

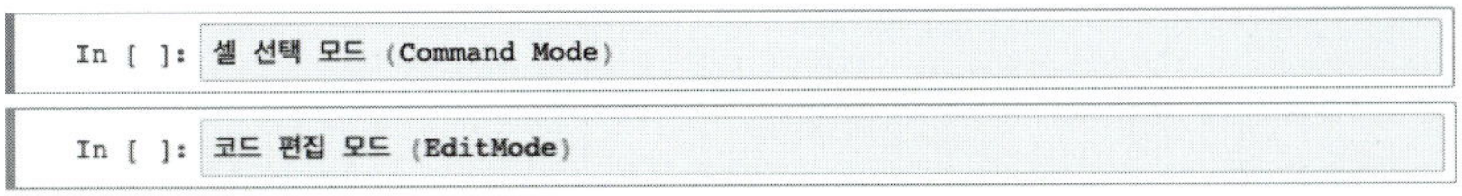

[그림 2-18] 주피터 노트북 모드

〈표 2-3〉 주피터 노트북 모드별 편리한 단축키

모드	내용	단축키
셀 선택 [ESC]	셀 추가	위에 셀 추가[a], 아래에 셀 추가[b],
	셀 삭제	dd
	복사/잘라내기	잘라내기[x], 복사하기[c], 붙여넣기[p]
	아래 셀과 합치기	shift + m
	셀 타입 변경	마크다운[m], 코드[y]
	파일 저장	ctrl + s 또는 s
	코드 편집 모드	[enter]
코드 편집	실행	셀 실행[ctrl + enter] 코드 실행[shift + enter] 실행 취소[ctrl + z], 셀 다시 실행[ctrl + y]
	커서에서 셀 나누기	shift + ctrl + −
	셀 선택 모드로 가기	esc 또는 ctrl + m
	주석 처리	crtl + /

■ 주피터 노트북 환경 설정

① 기본 환경 설정

주피터 노트북의 환경 설정을 전에 파이썬을 아나콘다 배포판으로 설치하였다면 주피터 노트북 환경 설정 경로가 없기 때문에 jupyter notebook-generate-config를 실행하여 환경 설정 경로를 만듭니다.

② 테마

주피터 노트북을 실행하면 기본으로 흰색 바탕으로 실행됩니다. 주피터 노트북의 테마를 변경하고 싶다면 jupyterthemes를 설치하면 됩니다. 설치하는 방법은 pip install jupyterthemes를 실행하고 'jt -l'을 명령 터미널에서 실행하면 적용할 수 있는 총 9개 테마를 확인할 수 있습니다. 테마를 적용할 때는 'jt -t 테마 이름'을 입력해서 변경합니다.

chesterish, grade3, gruvboxd, gruvboxl, monokai, oceans16, onedork, solarizedd, solarizedl

- 주피터 필수 추천 단축키

① tab

입력 중에 tab을 클릭하면, 해당하는 함수들이 리스트(list) 됩니다.

② shift + tab

shift + tab을 입력하면 해당 함수의 설명을 볼 수 있습니다. 잘 사용하지 않는 함수는 파라미터들이 잘 기억나지 않을 때 유용하게 쓸 수 있는 단축키입니다.

③ Esc + h

주피터 노트북 단축키를 확인할 수 있는 단축키

④ 명령어?(shift + enter)

명령어 파라미터 확인

3) 주피터 랩

주피터 랩은 주피터 프로젝트의 차세대 웹 기반 사용자 인터페이스입니다. 기존 주피터 노트북보다 한 단계 진화했습니다. 특별한 설치 없이 테스트할 수 있는 페이지도 있으니 확인해 보시기 바랍니다.[7] 주피터 랩의 주요 특징은 다음과 같습니다.

① 탐색기 제공

② 화면 분할 제공으로 다른 코드 비교 가능

③ ipynb 이외의 파일 읽기

④ local server 없이 실행 가능

7) https://jupyter.org/try

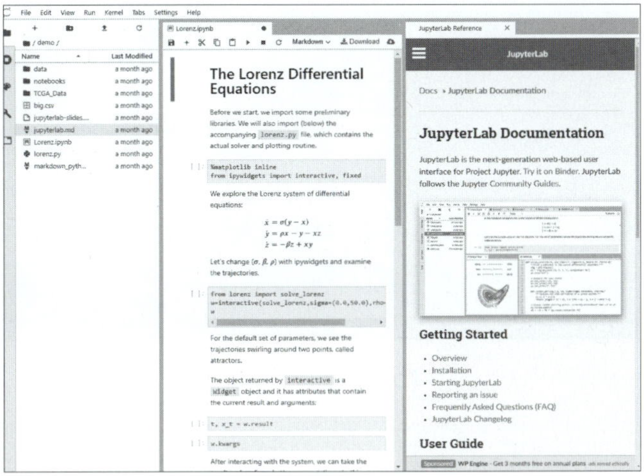

[그림 2-19] 주피터 랩

4) 스파이더

스파이더(Spyder)는 아나콘다 배포본에 포함되어 있는 IDE입니다. 에디터와 콘솔을 지원하기 때문에 작업을 편하게 수행할 수 있습니다. 또한, 프로젝트, 디버깅, 헬프, 변수 보기(variable explorer) 등 다양한 편의 기능을 제공합니다. 스파이더는 대화형 창(콘솔)으로 표준 파이썬 콘솔을 확장한 IPython 콘솔을 사용하며 편집기에서 편집하다가 스크립트를 전체 수행하거나 일부 영역을 선택한 후 그 부분만 수행할 수 있습니다. 스파이더는 디폴트로 한 개의 인스턴스만 수행할 수 있습니다. 여러 개를 동시에 실행하는 것이 편한데 이를 위해서는 Preference/General/Advanced Settings에서 Use a single instance의 체크를 해제하면 됩니다. 아래 스파이더 창의 왼쪽은 (1) script Editor이며, 오른쪽 상단에는 (2) Variable Explorer, File Exployer, Help tab이 차례대로 있습니다. 오른쪽 하단에는 (3) Python console, History log, Ipython console이 있습니다. 아래처럼 그냥 Spyder default layout을 그대로 사용할 수도 있고, 마우스로 특정 창을 드래그해서 원하는 위치에 이동시킬 수 있습니다. 대형 모니터를 사용하는 분이라면 화면 창을 개인 취향에 맞게 이리저리 옮기면서 크기도 조절해서 사용하면 됩니다.

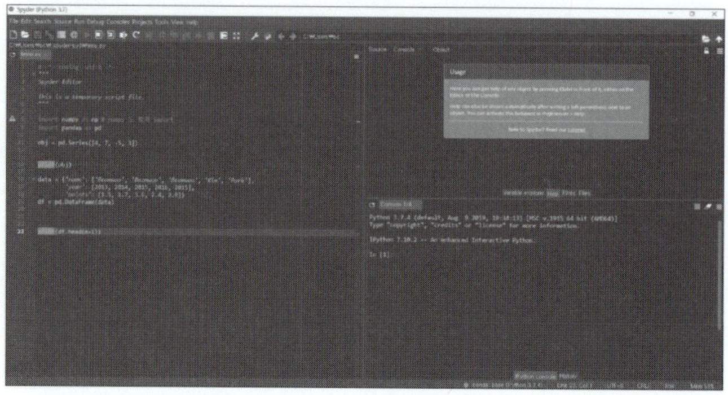

[그림 2-20] 스파이더

3 분석 보고서 만들기

데이터 분석 결과는 코드와 결과물(그래프) 등이 기반이 되는 분석 보고서로 최종 완성됩니다. 데이터 분석 보고서는 동일한 분석 과정에 따른 결과를 보장하는 재현성(Reproducibility)이 중요한 요소입니다. 데이터 작업을 포함한 컴퓨터 작업에서 데이터 사이언티스트나 프로그래머들은 소스 코드를 편집하고 이를 실행하는 과정에서 '플레인 텍스트'를 선호합니다. 플레인 텍스트(예 윈도우 메모장 텍스트)는 단순 문자들로만 구성됩니다. 프로그래밍 언어로 표현된 소스 코드는 서식을 포함하지 않고 임의로 부여된 서식도 없는데 통합 IDE 같은 텍스트 에디터는 코드를 분석하고 자동적으로 품사별로 색을 표현합니다. 이 기능을 '코드 하이라이팅'이라고 합니다. 무미건조한 텍스트의 나열일 뿐인 코드가 화려해 보이는 이유가 여기에 있습니다. 반면 플레인 텍스트는 범용적으로 문자로만 구성된 문서로 어디에나 저장할 수 있고, 어떤 텍스트 에디터로도 편집할 수 있는 장점이 있습니다.

마크업

플레인 텍스트를 이해했다면 마크업 언어를 알아보겠습니다. 마크업 언어는 '마크(Mark)'로 지정된 언어로 '태그(Tag)'로 되어 있습니다. HTML, XML 등 대표적 마크업 언어들은 문서의 구조를 정의합니다. 즉 문서의 골격에 해당하는 부분을 작성하는 데 사용합니다. HTML은 콘텐츠 내용(텍스트), 의미, 기타 서식(폰트 등) 모두를 나타낼 수 있는 사용자 친화적 마크업 언어(하이퍼텍스트의 사용이 강조됨)이고, XML은 마크업 언어 그 자체라기보다는 다른 마크업 언어를 생성하는데 사용되는 표준으로, 사용자에 의해 임의 태그 정의가 가능한 특징이 있습니다.

마크다운

반면 마크다운은 텍스트 기반의 마크업 언어입니다. 2004년 존 그루버에 의해 만들어졌으며 쉽게 쓰고 읽을 수 있고 HTML로 변환이 가능한 장점이 있습니다. 특수 기호와 문자를 이용한 매우 간단한 구조의 문법을 사용하여 웹에서도 보다 빠르게 콘텐츠를 작성하고 보다 직관적으로 인식할 수 있습니다. 마크다운이 최근 각광받기 시작한 이유는 깃허브(https://github.com) 덕분입니다. 깃허브의 저장소에 관한 정보를 기록하는 README.md는 깃허브를 사용하는 사람이라면 누구나 가장 먼저 접하게 되는 마크다운 문서입니다. 마크다운을 통해서 설치 방법, 소스 코드 설명, 이슈 등을 간단하게 기록하고 가독성을 높일 수 있다는 강점이 부각되면서 여러 곳에서 사용되고 있습니다.

〈표 2-4〉 마크다운 장단점

장점	단점
• 간결하여 별도의 도구 없이 작성이 가능하며 다양한 형태로 변환이 가능함. • 텍스트로 저장되기 때문에 용량이 적어 보관이 용이함. • 텍스트 파일이기 때문에 버전관리시스템을 이용하여 변경 이력을 관리할 수 있음 . • 지원하는 프로그램과 플랫폼이 다양함.	• 표준이 없음. • 표준이 없기 때문에 도구에 따라서 변환 방식과 결과물이 다름. • 모든 HTML 마크업을 대체하지 못함.

주피터 노트북 마크다운 보고서 작성

파이썬을 셀에서 작성하기 시작하려면 먼저 노트북을 열고 파이썬3(Python3)로 new 문서를 오픈합니다. 기본적으로 노트북에서 #으로 주석도 사용할 수 있지만, 주석 글자는 글자의 폰트 크기 등을 조정할 수 없는 등 단점이 많아 가독성이 많이 떨어지게 됩니다. 여기에 주피터 노트북은 마크다운 기능을 제공합니다. 아래와 같이 실습해 보겠습니다.

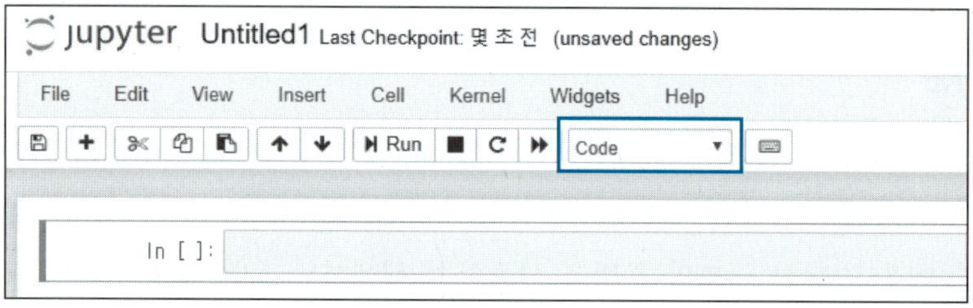

[그림 2-21] 모드 선택

1) 시작

코드를 마크다운으로 변경하고 '주피터 노트북 분석 보고서 작성'이라고 입력해 보겠습니다.

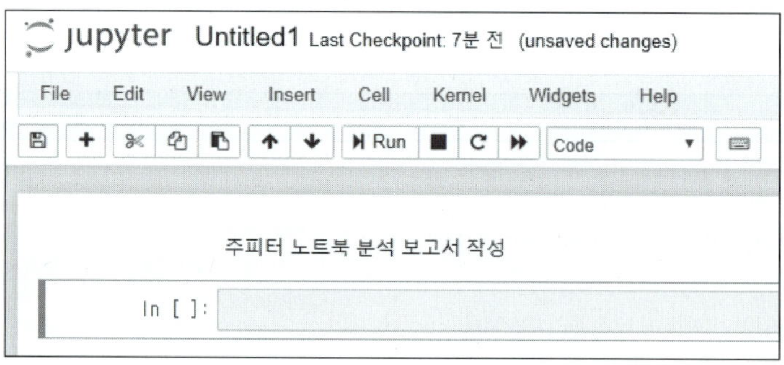

[그림 2-22] 마크다운 보고서 시작

2) 문단 제목용 글자 사이즈 조절

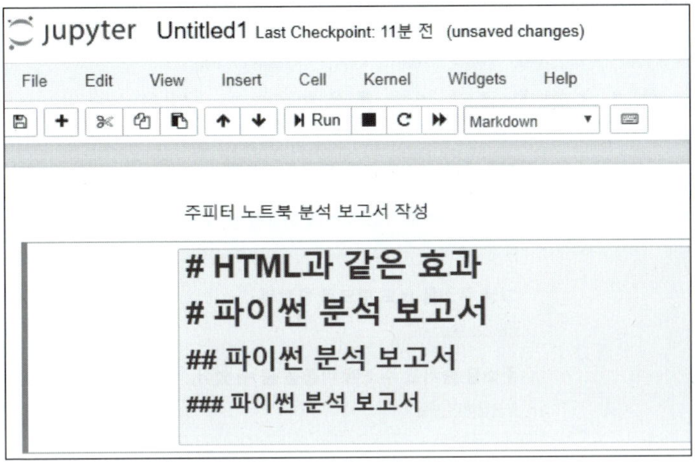

[그림 2-23] 마크다운 글자 사이즈

3) 강조

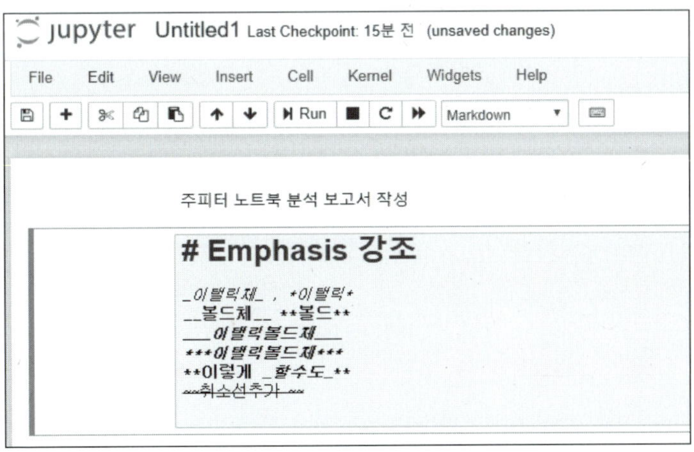

[그림 2-24] 마크다운 강조

4) 링크 추가

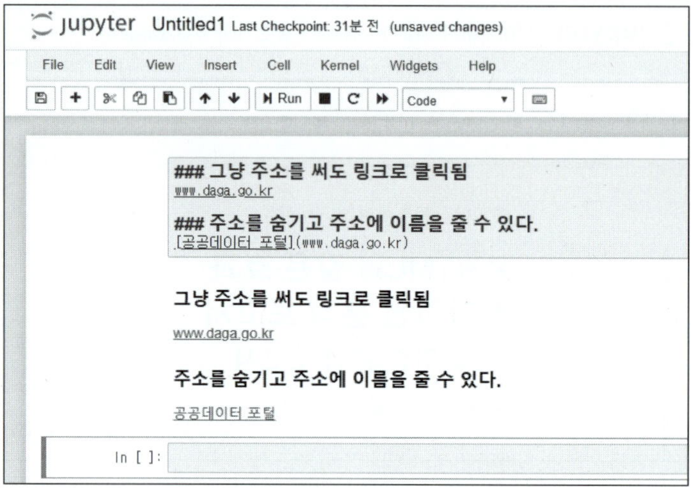

[그림 2-25] 마크다운 링크

연습문제

1 빅러닝 도구로 파이썬과 R의 장단점을 비교하시오.

2 빅러닝 도구들을 나열하시오.

3 파이썬의 장점을 설명하시오.

4 파이썬 라이브러리와 모듈을 설명하시오.

5 파이썬 대표적 라이브러리를 조사하시오.

6 통합 IDE의 종류와 장단점을 비교하시오.

7 재현성(Reproducibility)의 의미를 설명하시오.

8 플레인 텍스트(Plain text)의 사례를 설명하시오.

9 마크업과 마크다운의 차이점을 비교하여 설명하시오.

03장 파이썬 데이터

1. 파이썬 데이터 다루기
2. 변수와 자료형
3. 함수와 모듈

1 파이썬 데이터 다루기

데이터 표현

일반적으로 취급하는 데이터는 모두 기계 성능과 상관없이 디지털 세계 컴퓨터를 통해 이루어집니다. 컴퓨터에서 처리하는 혹은 컴퓨터가 지원하는 데이터의 표현 방식에 따른 구분은 먼저 수치 데이터와 비수치 데이터로 구분할 수 있습니다. 수치 데이터는 주로 산술, 논리 연산 과정으로 사용되며 고정된 정수와 부동 소수점인 실수로 구성됩니다. 빅데이터 이전 스몰데이터 시대에 많은 데이터들이 수치 데이터를 통해 정보를 표현해 왔습니다. 통계학, 수학 모두 수치 데이터에 기반하여 발전한 학문입니다. 하지만 빅데이터 시대가 도래하여 대용량 데이터를 처리할 수 있는 인프라가 만들어지고 그동안 소외되었던 비수치 데이터 세상이 도래했습니다. 비수치 데이터는 우리가 일상생활에서 표현하는 문장과 같은 텍스트 데이터와 소리나 영상 등과 같은 멀티미디어 데이터로 구성되어 있습니다.

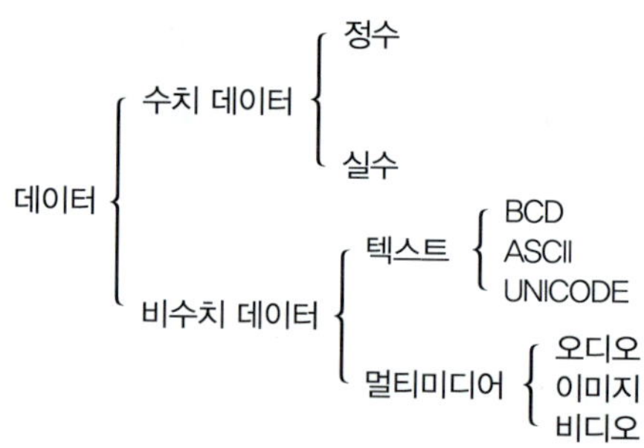

[그림 3-1] 데이터 표현

기본 연산

빅러닝은 많은 수학 연산을 수행해야 합니다. 파이썬 개발 환경 주피터 노트북으로 간단히 계산기 기능을 실습해 보겠습니다. 기본 연산으로 더하기, 빼기, 곱하기, 나누기 등을 실습합니다.

〈표 3-1〉 산술 연산

연산자	기능
+	덧셈
-	뺄셈
*	곱하기
**	거듭제곱
/	나누기
//	나누기 연산 후 소수점 이하의 수를 버리고, 정수 부분의 수만 구함.
%	나누기 연산 후 몫이 아닌 나머지를 구함.

```
# 결과 출력을 위해 Print 함수를 사용
# 기본 연산
print(123 + 456)
print(100 * 1004)
```

```
579
100400
```

```
# 정수형 상수의 표현 범위는 제한이 없음
# CPU 레지스터로 표현할 수 있는 크기보다 큰 정수를 다룰 때는 연산 속도가 느려짐
print(2 ** 64)
```

```
18446744073709551616
```

```
# 정확히 나누어 떨어지지 않는 경우, 파이썬에서는 소수점 15자리까지 표현
print(5048 / 123)
```

```
41.040650406504064
```

```
# 소수점 이하의 수를 모두 버리고 몫만 나타낼 때 '//' 연산자를 사용
print(5048 // 123)
```

```
41
```

```
# 나머지를 구할 때 '%' 연산자를 사용
print(33 % 5)
```

```
3
```

논리 연산

컴퓨터 작업을 하다 보면 참, 거짓을 판단해야 할 때가 많습니다. 참은 맞다, 거짓은 틀리다(아니다)를 표현합니다. 이와 같이 참(True), 거짓(False)을 나타내는 연산을 논리 또는 불린(Boolean)이라 합니다.

〈표 3-2〉 논리 연산

연산자	설명	사례
and	논리 AND 연산: 둘 다 참일 때만 참	(a and b) = False
or	논리 OR 연산: 둘 중 하나만 참이어도 참	(a or b) = True
not	논리 NOT 연산: 논리 상태를 반전	not(a and b) = True

```
# and
print(True and True)
print(True and False)
print(False and True)
print(False and False)
```

```
True
False
False
False
```

```
# or
print(True or True)
print(True or False)
print(False or True)
print(False or False)
```

```
True
True
True
False
```

```
# not
print(not True)
print(not False)
```

```
False
True
```

비교 연산

〈표 3-3〉 비교 연산

연산자	설명	사례
==	값이 동일하다.	(a == b) → false
!=	값이 동일하지 않다.	(a != b) → true
>	왼쪽 값이 오른쪽 값보다 크다.	(a > b) → false
<	왼쪽 값이 오른쪽 값보다 작다.	(a < b) → true
>=	왼쪽 값이 오른쪽 값보다 크거나 동일하다.	(a >= b) → false
<=	왼쪽 값이 오른쪽 값보다 작거나 동일하다.	(a <= b) → true

```
# 비교 판단
print(5 > 2)
```

```
True
```

```
# 숫자 비교
print(7 == 7)    # 7과 7이 같은지 비교
print(7 != 5)    # 7과 5가 다른지 비교
```

```
True
True
```

```
# 문자 비교
print('Python' == 'Python')
print('Python' == 'python')
print('Python' != 'python')
```

```
True
False
True
```

```
# 부등호 비교
print(1 > 2)     # 1이 2보다 큰지 비교
print(1 < 2)     # 1이 2보다 작은지 비교
print(1 >= 1)    # 1이 1보다 크거나 같은지 비교
print(1 <= 1)    # 1이 1보다 작거나 같은지 비교
```

```
False
True
True
True
```

```python
# 객체 비교
print(1 == 1.0)
print(1 is 1.0)
print(1 is not 1.0)
```

```
True
False
True
```

2 변수와 자료형

변수

빅러닝에서 가장 중요한 것이 데이터라고 했으니 먼저 데이터를 담을 상자가 필요합니다. 이렇게 숫자, 문자와 같은 자료를 넣을 수 있는 상자를 변수라고 하고, 상자에 이름을 붙여 변수명이라 합니다. 컴퓨터 내부에는 임시 저장 공간(메모리)에 변수가 저장됩니다. 다른 대부분의 프로그램 언어와 마찬가지로 파이썬은 등호(=)를 통해 변수로 데이터를 지정합니다.

X(변수명) = 5(값)

← 할당

[그림 3-2] 변수 할당

X=5이라고 입력하면 5가 들어있는 변수 X가 생성됩니다. '변수명 = 값' 형식으로 변수가 만들어지는 동시에 값이 할당(저장)됩니다.

변수명은 원하는 대로 명명하면 되지만 몇 가지 규칙을 지켜야 합니다.

- ✓ 대소 문자를 구분해야 합니다.
- ✓ _(밑줄 문자)로 시작할 수 있습니다.
- ✓ 영문 문자와 숫자를 사용할 수 있습니다.
- ✓ 문자부터 시작해야 하며 숫자부터 시작하면 안 됩니다.
- ✓ 특수 문자(+, -, *, /, $, @, &, % 등)는 사용할 수 없습니다.
- ✓ 파이썬의 키워드(if, for, while, and, or 등)는 사용할 수 없습니다.

```
# 변수 만들기(할당)
x = 155
print(x)
```

```
155
```

```
y = 'Hello, Python!'
print(y)
```

```
Hello, Python!
```

```
# 여러 변수 만들기(할당)
## 변수명1, 변수명2, 변수명3 = 값1, 값2, 값3 형식으로 변수를, (콤마)로 구분
한 뒤 각 변수에 할당될 값을 지정
## 변수와 값의 개수는 동일하게 하고 나열된 순서대로 값이 할당되며 만약 변수
와 값의 개수가 맞지 않으면 에러가 발생
x, y, z = 100, 200, 300
print(x)
print(y)
print(z)
```

```
100
200
300
```

```
# 변수 삭제(메모리 할당 해제)
# 변수 삭제는 del을 사용
# 변수 x를 삭제하여 변수가 없어졌으므로 x가 정의되지 않았다는 메시지와 함께
NameError가 발생(리스트 사용 시 유용)
x = 10
```

```
del x
print(x)
```

```
---------------------------------------------------------------------------
NameError                                 Traceback (most recent call last)
<ipython-input-17-54e076bcb7dd> in <module>
      3 x = 10
      4 del x
----> 5 print(x)

NameError: name 'x' is not defined
```

자료형

변수에 이름을 붙여서 메모리에 변수를 할당했습니다. 메모리에 저장된 변수는 다양한 종류일 수 있습니다. 예를 들어, 사람의 나이는 숫자 값으로 저장되고 자신의 주소는 문자로 저장됩니다. 모든 프로그래밍 언어는 다양한 데이터 유형을 자료형(Data Type)으로 처리합니다. 파이썬은 자료형에 대해 사용되는 표준 자료형을 가지고 있습니다. 데이터 분석 관점에서 다섯 가지 데이터 유형이 있으며 간단히 실습을 통해 자료형을 확인해 보겠습니다.

① Numbers

② String

③ List

④ Tuple

⑤ Dictionary

그냥 변수에 할당하면 안 될까? 왜 자료형이 필요할까?

필요 이상으로 그릇이 크거나 필요 이하로 그릇이 작으면 적절하지 않은 것처럼 변수도 자료를 담는 그릇이기 때문에 적절한 그릇을 사용해야 부족함이나 낭비가 없습니다. 그래서 자료의 크기에 따라 자료를 담을 저장 공간의 크기도 구분하여 공간의 낭비를 줄이고 자료를 안정적으로 담아두기 위해 필요한 것이 변수의 자료형입니다. 오늘날 일반 프로그램이나 데이터베이스 등 컴퓨터를 기반으로 하는 많은 프로그램에서 자료형이 필수적인 이유입니다.

프로그램 내장 방식(Stored Program Concept)

존 폰 노이만(John von Neumann)은 헝가리 출신으로 미국에서 활동한 수학자입니다. 양자 역학, 함수 해석학, 집합론, 위상수학, 컴퓨터 과학, 수치해석, 경제학, 통계학 등 여러 분야에 걸쳐 다양한 업적을 남겼습니다. 폰 노이만 구조, 혹은 프로그램 내장 방식이란 이름으로 잘 알려져 있는 컴퓨터 구조는 컴퓨터를 직업으로 하는 모든 이들이 한 번쯤은 들어보는 컴퓨터 역사의 가장 중요한 이름입니다. 그리고 이 구조가 제창된 1941년부터 오늘날 거의 모든 컴퓨터들은 구조만 복잡해졌지, 이 방식을 이용하고 있습니다. 폰 노이만 구조 방식은 중앙처리장치(CPU)와 한 개의 메모리를 사용하여 처리하는 현대의 범용 컴퓨터들이 사용하는 구조 모델입니다. 변수를 메모리에 할당한다는 개념이 여기서 출발했습니다.

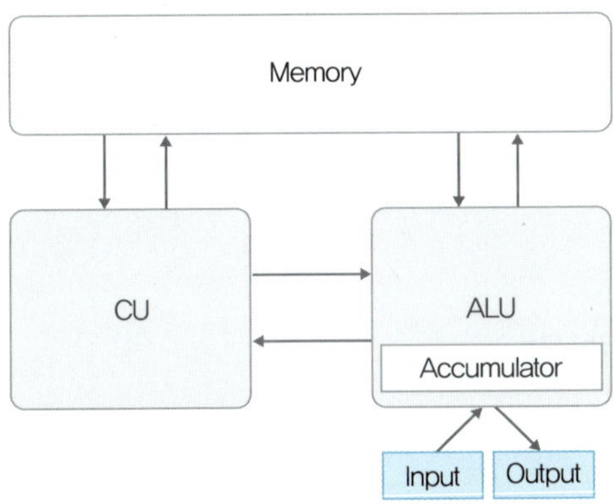

[그림 3-3] 폰 노이만 기본 구조

1) Numbers

number 타입은 숫자 값을 저장합니다. long 타입에 소문자 l을 사용할 수도 있지만, 숫자 1과 혼동을 피하기 위해 대문자 L을 사용합니다.

- ✓ int(부호 있는 정수)
- ✓ long(int보다 긴 정수, 8, 16진수 표현 가능)
- ✓ float(부동 소수점이 있는 실수)
- ✓ complex(복소수)

```
int_var1 = 1
print(int_var1)
```

```
1
```

```
int_var2 = -10
print(int_var2)
```

```
-10
```

```
float_var1 = 15.20
print(float_var1)
```

```
15.2
```

```
float_var2 = 70.2-1E12
print(float_var2)
```

```
-999999999929.8
```

```
complex_var1 = 3.14j
print(complex_var1)
```

```
3.14j
```

```
complex_var2 = 4.53e1-7j
print(complex_var2)
```

```
(45.3-7j)
```

2) Strings

- ✓ 문자열은 인용부호 사이에 있는 문자의 연속된 집합으로 식별합니다.
- ✓ 인용부호로 단일(') 또는 이중(") 따옴표를 사용합니다.
- ✓ [ ] [:]을 사용하여 문자열의 하위 집합을 사용할 수 있습니다.
- ✓ index는 0부터 전체 길이에서 -1한 것까지입니다.
- ✓ '+' 기호는 문자를 더하는 것, '*' 기호는 문자를 반복하는 것입니다.

```
str = 'Hello World!'
print(str)
```

```
Hello World!
```

```
print(str[0])
```

```
H
```

```
print(str[2:5])
```

```
llo
```

```
print(str[2:])
```

```
llo World!
```

```
print(str * 2)
```

```
Hello World!Hello World!
```

```
print(str + "TEST")
```

```
Hello World!TEST
```

3) List

- ✓ list는 복합 데이터 유형에 가장 유용합니다.
- ✓ 리스트 내의 항목은 쉼표(,)로 구분하고 ([ ]) 사각 괄호 안에 포함되어 있습니다.
- ✓ C의 배열과 비슷하며 리스트에 속하는 모든 항목이 서로 다른 데이터 유형이 될 수 있습니다.
- ✓ [ ] [:] 을 사용하여 리스트를 액세스할 수 있습니다.
- ✓ 리스트의 index는 0부터 전체 항목 수에서 −1한 것까지입니다.
- ✓ '+' 기호는 연결 연산자, '*' 기호는 반복 연산자입니다.

```
list = [ 'abcd', 786 , 2.23, 'john', 70.2 ]
tinylist = [123, 'john']
print (list)
```

```
['abcd', 786, 2.23, 'john', 70.2]
```

```
print (list[0])
```

```
abcd
```

```
print (list[1:3])
```

```
[786, 2.23]
```

```
print (list[2:])
```

```
[2.23, 'john', 70.2]
```

```
print (tinylist * 2)
```

```
[123, 'john', 123, 'john']
```

```
print (list + tinylist)
```

```
['abcd', 786, 2.23, 'john', 70.2, 123, 'john']
```

4) Tuples

- ✓ 튜플은 리스트와 유사한 또 다른 순서 데이터 형식입니다.
- ✓ 튜플 내의 항목은 쉼표(,)로 구분, (()) 괄호 안에 포함되어 있습니다.
- ✓ C의 배열과 비슷하며 튜플에 속하는 모든 항목이 서로 다른 데이터 유형이 될 수 있습니다.
- ✓ [ ] [:] 을 사용하여 리스트를 액세스할 수 있습니다.
- ✓ 튜플의 index는 0부터 전체 항목 수에서 -1한 것까지입니다.
- ✓ '+' 기호는 연결 연산자, '*' 기호는 반복 연산자입니다.
- ✓ 리스트와의 차이점은 읽기 전용입니다.

```
tuple = ( 'abcd', 786, 2.23, 'john', 70.2 )
tinytuple = (123, 'john')
print (tuple)
```

```
['abcd', 786, 2.23, 'john', 70.2]
```

```
print (tuple[0])
```

```
abcd
```

```
print (tuple[1:3])
```

```
[786, 2.23]
```

```
print (tuple[2:])
```

```
[2.23, 'john', 70.2]
```

```
print (tinytuple * 2)
```

```
[123, 'john', 123, 'john']
```

```
print (tuple + tinytuple)
```

```
['abcd', 786, 2.23, 'john', 70.2, 123, 'john']
```

5) Dictionary

- ✓ dictionary(어원사전)는 쌍으로 만든 테이블 형식의 일종입니다.
- ✓ 연관 배열이나 해시처럼 작동 및 키 값(key-value) 쌍으로 구성합니다.
- ✓ key는 문자열, 숫자를 많이 사용합니다.
- ✓ value는 모든 유형과 임의의 파이썬 개체일 수 있습니다.

```
dict = { }
dict['one'] = "This is one"
dict[2]     = "This is two"
tinydict = {'name':'john', 'code':6734, 'dept':'sales'}
print (dict['one'])
```

```
This is one
```

```
print (dict[2])
```

```
This is two
```

```
print (tinydict)
```

```
{'name': 'john', 'code': 6734, 'dept': 'sales'}
```

```
print (tinydict.keys())
```

```
dict_keys(['name', 'code', 'dept'])
```

```
print (tinydict.values())
```

```
dict_values(['john', 6734, 'sales'])
```

6) 판다스와 파이썬 자료형

지금까지 파이썬 중심 자료형을 살펴보았습니다. 하지만 주로 사용하게 될 데이터 분석 구조 판다스는 파이썬과 비슷하지만 자료형 이름이 다소 차이가 있으니 아래를 확인해봅니다.

〈표 3-4〉 판다스와 파이썬 자료형 비교

내용	판다스 자료형	파이썬 자료형
문자열	object	string
정수	int64	int
소수점 숫자	float64	float
날짜	datetime64	datetime

3 함수와 모듈

함수

컴퓨터 프로그래밍을 하다 보면 똑같은 내용을 반복해서 작성할 때가 자주 있는데 이때가

함수가 필요한 때입니다. 즉 반복적으로 사용되는 기능을 한 그룹으로 묶어 "입력값이 있을 때 수행 결과를 반환한다." 는 기능을 함수로 생각하면 됩니다.

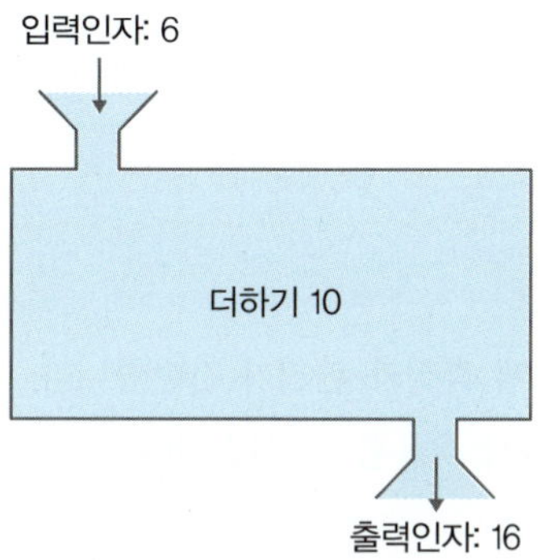

[그림 3-4] 함수 기본

```
def 함수명(매개변수):
    <수행할 문장1>
    <수행할 문장2>
    ...
```

```
# 함수 이름은 add이고 입력으로 2개의 값을 받음
# 결과는 2개의 입력을 더한 값임
def add(a, b):
    return a + b
a = 3
b = 4
c = add(a, b)
print(c)
```

```
7
```

모듈

모듈(Module)이란 함수나 변수 또는 클래스를 모아 놓은 파일입니다. 모듈은 다른 파이썬 프로그램에서 불러와 사용할 수 있게 만든 파이썬 파일입니다. 파이썬으로 빅러닝 작업을 할 때 많은 모듈을 사용합니다. 이미 만들어 놓은 모듈을 사용할 수도 있고 직접 만들어서 활용할 수도 있습니다.

1) 모듈 사용의 장점

- ✓ 모듈로 나누면 프로그램 작성과 관리가 간단합니다.
- ✓ 이미 작성된 코드를 다시 사용할 수 있습니다.
- ✓ 공동 작업이 편리합니다.

2) 모듈 사용

모듈을 바로 파이썬에 사용할 수 있는 것은 아닙니다. 사용하려면 해당 모듈을 파이썬에서 사용할 수 있도록 설정하는 명령을 실행해야 합니다. 파이썬에서 모듈을 사용하도록 설정하는 것을 모듈 임포트(Import)라고 합니다. 모듈을 임포트하려면 다음 명령을 실행합니다.

```
import 모듈 이름
import 모듈 이름 as 모듈 별명
from 모듈 이름 import 모듈 함수
```

임포트할 때 사용하는 이름은 일반적으로 부르는 모듈 이름과 다를 수 있습니다. 예를 들어 Scikit-learn은 sklearn이라는 이름으로 임포트해야 합니다. 모듈 이름은 추후 모듈 안의 함수들을 사용할 때 계속 사용됩니다. 그래서 이름이 너무 길면 import ~ as ~ 명령을 사용하여 짧은 모듈 별명을 사용할 수도 있습니다.

3) 모듈 만들기

다음과 같이 주피터 노트북 별도 파일로 add와 sub 함수만 있는 모듈 mo1.py(파이썬 파일)를 만들고 C:\ 디렉터리(주피터 노트북 실행 폴더)에 저장합니다. mo1.py 파일이 바로 모듈입니다. 주의할 점은 반드시 mo1.py를 저장한 주피터 노트북 실행 디렉터리에서 모듈을 불러와야 mo1.py 파일을 읽을 수 있습니다.

```
# 새 노트북 창을 열어 mo1.py 모듈 만들기
# File-Download as-Python(mo1.py) 파이썬 파일로 저장하기
def add(a, b):
    return a + b
def sub(a, b):
    return a-b

# 모듈 불러오기
import mo1
print(mo1.add(3, 4))
print(mo1.sub(4, 2))
```

```
7
2
```

```
from mo1 import add
add(3, 4)
```

```
7
```

연습문제

1 수치 데이터와 비수치 데이터의 차이를 설명하시오.

2 비수치 데이터의 발전 이유를 설명하시오.

3 변수의 할당과 컴퓨터 구조의 관련성을 설명하시오.

4 폰 노이만 컴퓨터 구조를 설명하시오.

5 논리 연산과 비교 연산의 사례를 설명하시오.

6 파이썬 자료형(Data type)을 설명하시오.

7 파이썬 자료형 리스트와 튜플의 차이점을 설명하시오.

8 딕셔너리 자료형의 예제를 만들어 보시오.

9 파이썬과 판다스 자료형의 차이를 설명하시오.

10 파이썬 함수 개념을 설명하고, 2개의 입력값을 더하는 함수를 만들고 출력하시오.

04장 데이터 준비

1 데이터 이해

빅데이터 시대가 되면서 수치 중심의 데이터는 기술 발전으로 대량의 텍스트와 이미지, 음성 등 모든 산업 분야에서 만들어지는 빅데이터를 처리할 수 있게 되었습니다. 데이터는 고정 형식이 아니며 먼저 수집되는 데이터 유형을 확인해야 합니다. 유형별 저장 및 처리 기술별로 데이터를 파악하는 것도 중요하기 때문입니다.

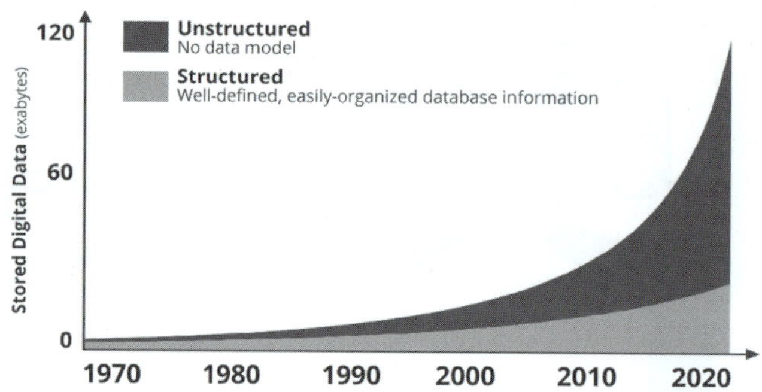

[그림 4-1] 데이터의 발전[1)]

데이터 분석을 위한 데이터는 규격화된 형식에 따라 다음과 같이 정형(Structured), 반정형(Semi-Structured), 비정형(Unstructured)로 분류할 수 있습니다.

- 정형: 테이블과 같이 완전하게 규격화된 형식에 저장된 데이터
- 반정형: 테이블과 같이 규격화된 형식에 저장되어 있지는 않지만 내부 형식을 가진 데이터이며 한글이나 워드 등으로 작성한 데이터 혹은 페이스북이나 카카오톡 등 SNS에 사용자들이 생성한 데이터
- 비정형: 규격화된 형식에 저장되어 있지 않은 자유로운 데이터이며 빅데이터와 인공지능 세상이 시작되면서 가장 가파른 증가를 보이고 있는 데이터

1) https://www.m-files.com/blog/what-is-structured-data-vs-unstructured-data/

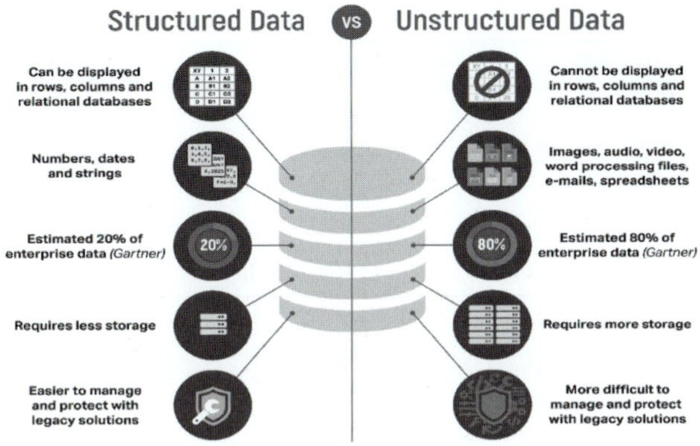

[그림 4–2] 데이터 사례[2)]

〈표 4–1〉 데이터 비교

형식	설명	사례
정형	고정된 형식으로 저장된 데이터	엑셀, 관계형 DB
반정형	고정된 형식은 아니지만 기본 구조가 있는 데이터	XML, HTML, JSON
비정형	고정된 형식이 없는 데이터	문서, 이미지, 동영상

정형 데이터

정형 데이터(Structured data)는 미리 정해진 형식으로 구조화된 데이터입니다. 행과 열로 표현되는 데이터를 저장하는 엑셀 시트나 RDBMS 테이블이 정형 데이터의 대표적인 예라고 할 수 있습니다.

반정형 데이터

반정형 데이터(Semi-structured data)는 특정한 형식에 따라 저장된 데이터이지만 정형 데이터와 달리 형식에 대한 설명을 함께 제공해야 합니다. 따라서 구조를 해석하는 파싱(일종의 번역) 과정이 필요하며 파일 형태로 저장됩니다. XML, JSON 등이 대표적인 사례입니다.

2) https://www.igneous.io/blog/structured-data-vs-unstructured-data

〈표 4-2〉 반정형 데이터

XML 사례	JSON 사례

〈도서정보〉
〈도서명〉 머신러닝 〈/도서명〉
〈가격〉 20,000 〈/가격〉
〈출판사〉 생능출판사〈/출판사〉
〈/도서정보〉
	{
	"도서명" : 머신러닝
	"가격" : 20,000
	"출판사" : 생능출판사
	}

비정형 데이터

비정형 데이터(Unstructured data)는 정해진 구조가 없이 저장된 데이터입니다. 빅데이터의 대부분을 차지하는 텍스트, 영상, 이미지, SNS 등이 대표적인 사례입니다.

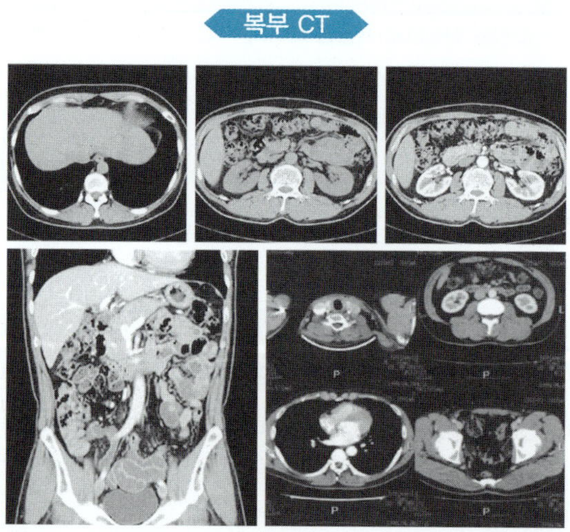

[그림 4-3] 의료 영상 CT 이미지

2 데이터 소스

데이터 구하기

데이터 형식과 유형의 다양성만큼 빅데이터 시대 데이터 발생 소스도 기하급수적으로 늘어났습니다. 구분해서 알아보고 실습해 보겠습니다.

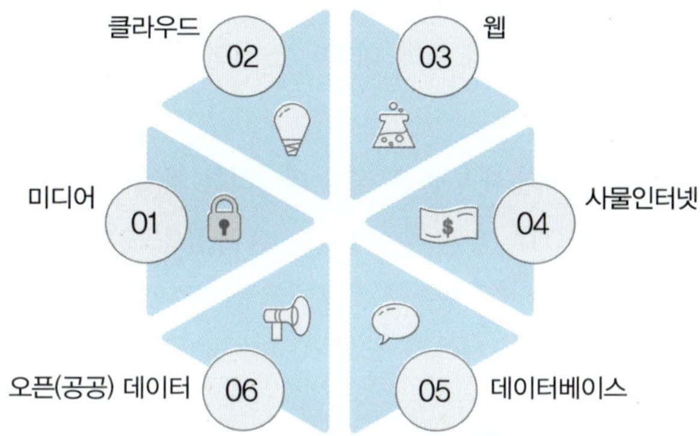

[그림 4-4] 대표적 데이터 소스[3)]

① 미디어

미디어는 구글, 페이스북, 트위터, 유튜브, 인스타그램 등과 같은 SNS 및 이미지, 비디오, 오디오 및 팟캐스트와 같은 데이터입니다. 미디어 데이터들은 사용자 상호 작용 측면에서 대한 분석을 위한 통찰력을 제공합니다.

② 클라우드

클라우드는 정형 및 비정형 데이터를 가지고 있고 비즈니스에 실시간 정보들을 제공합니다. 클라우드 컴퓨팅은 컴퓨터 관리에 유연성과 확장성을 제공하며 퍼블릭 또는 프라이빗 클라우드에 빅데이터를 저장하고 운영할 수 있어 효율적이고 경제적인 데이터 소스가 되고 있습니다.

3) https://www.allerin.com/blog/top-5-sources-of-big-data

③ 웹

모바일을 포함한 웹은 일반인들도 광범위하고 쉽게 액세스할 수 있는 빅데이터의 거대한 소스입니다. 인터넷 데이터는 방대한 양과 다양한 사용성을 보장하며 웹 크롤링이나 로그 분석 기술로 데이터를 확보할 수 있습니다.

④ 사물인터넷 데이터

사물인터넷에서 생성된 콘텐츠 또는 데이터는 점점 더 귀중한 빅데이터 소스가 될 것입니다. 사물인터넷 데이터들은 인간의 개입이 없이 정확한 정보를 생성하므로 최근 발전을 거듭하고 있는 센서와 함께 데이터 소스의 가장 중요한 부분이 될 것입니다.

⑤ 데이터베이스

오늘날 기업 분석 업무의 대부분은 정형 데이터를 차지하는 데이터베이스에서 추출합니다. 일반적으로 ETL(Extract, Transform, Load) 과정으로 데이터를 확보합니다.

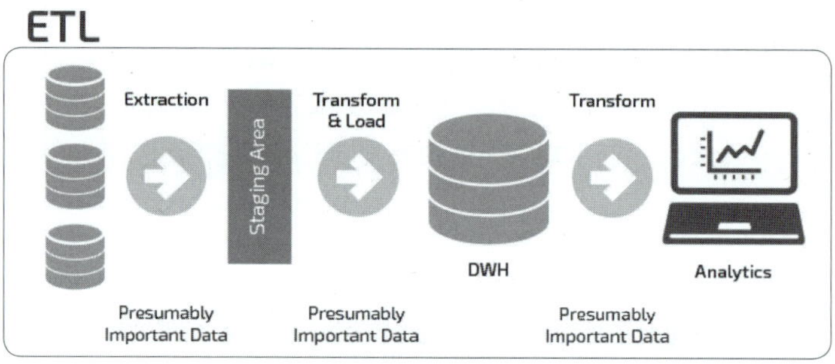

[그림 4-5] ETL 절차[4)]

⑥ 공공 데이터/API

공공 데이터는 '열린 데이터' 또는 '오픈 데이터'를 의미합니다. 오픈 개념의 데이터 소유자 또는 제공자가 데이터를 사용할 수 있도록 허용하고 있는데 대한민국 공공 데이터 포탈, 서울 열린 데이터 광장, 캐글 등이 여기에 해당합니다.

4) https://panoply.io/data-warehouse-guide/3-ways-to-build-an-etl-process/

오픈 데이터

빅러닝 분야에도 컴퓨터 프로그래밍 시작 과정에서 가장 쉽게 접하는 'Hello World'와 같은 오픈 데이터가 있습니다. 파이썬 라이브러리 또는 캐글 등 머신러닝 실습에 많이 사용되는 데이터셋을 소개합니다.

1) 아이리스

아이리스[붓꽃 (iris)]에 대한 데이터입니다. 꽃잎의 각 부분은 너비와 길이 등을 측정한 데이터이며 150개의 행으로 구성되어 있습니다. 아이리스 꽃은 [그림 4-6]과 같습니다. (데이터프레임 150행×5열)

[그림 4-6] 붓꽃

〈표 4-3〉 붓꽃 설명

변수	설명	변수 구분
sepal Length	꽃받침의 길이	
sepal Width	꽃받침의 너비	
petal Length	꽃잎의 길이	
petal Width	꽃잎의 너비	
Species	꽃의 종류	Setosa, Versicolor, Virginica 3종

2) 타이타닉

캐글에서 입문자에게 튜토리얼로 가장 많이 추천하는 데이터가 타이타닉(Titanic: Machine Learning from Disaster)입니다. 이 데이터는 타이타닉호 침몰 당시의 승객 명단 데이터가 제공되는데, 아래와 같이 생존자의 이름, 성별, 나이, 티켓 요금, 생사 여부 등의 정보가 포함되어 있습니다. 이 데이터를 통해 생존자의 생사 여부와 다른 데이터들 간의 연관성을 분석하여 생존에 영향을 미치는 요소를 찾아내거나 예측할 때 많이 사용됩니다. 데이터가 비교적 분석에 용이한 형식이며 오래된 데이터로 여러 사용자들이 온라인 강의 노트 형식으로 공개한 것이 많아서 데이터 분석 입문 및 이해에 적합합니다. (데이터프레임 891행×15열)

〈표 4-4〉 타이타닉 데이터

변수	설명	변수 구분
survival	생존 여부	0 = No; 1 = Yes
pclass	티켓의 클래스	1 = 등급, 2 = 등급, 3 = 등급
sex	성별	male, female
age	나이	
sibSp	함께 탑승한 형제, 배우자의 수	형제 수 + 배우자 수
parch	함께 탑승한 부모, 아이의 수	부모 수 + 자녀 수
ticket	티켓 번호	
fare	탑승 요금	
cabin	객실 번호	
embarked	탑승 항구	C = Cherbourg, Q = Queenstown, S = Southampton

3) 팁

팁(tips) 데이터는 어떤 식당에서 팁을 지불한 고객 데이터 세트입니다. 캐글[5]에도 기본 설명이 되어 있습니다. (데이터프레임 244행×7열)

〈표 4-5〉 팁 데이터

변수	설명	변수 구분
total_bill	지급한 총액	
tip	팁 금액	
sex	성별	0=male, 1=female
smoker	흡연 여부	0=No, 1=Yes

5) https://www.kaggle.com/ranjeetjain3/seaborn-tips-dataset

day	요일	3=Thur, 4=Fri, 5=Sat, 6=Sun
time	낮, 밤	0=Day, 1=Night
size	고객 수	

4) MNIST

MNIST[6]는 이미지 인식 분야에서 가장 많이 사용하는 데이터입니다. 손 글씨로 작성된 우편번호를 기계가 자동 인식할 수 있도록 하기 위해 미국에서 만든 학습용 데이터입니다. 28×28 크기의 0~9 사이의 숫자 이미지와 이에 해당하는 레이블로 구성된 데이터로 MNIST 데이터는 데이터의 양이 적당하고 문제 정의가 간단하여 빅러닝을 공부하는 사람들이 자주 사용하는 데이터입니다.

- 분류의 사람이 필기체로 작성한 0~9까지의 숫자 이미지에 대해 적힌 숫자 값을 식별하기
- 학습 데이터
    - 입력값: 0~9까지 필기체로 작성된 숫자 이미지
    - 출력값(레이블, 클래스): 이미지에 적힌 실제 숫자 값
- 주요 문제: 이미지와 같이 데이터의 특성(feature)은?

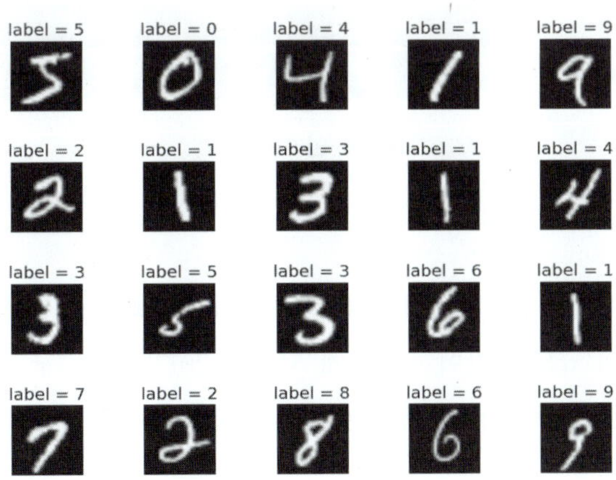

[그림 4-7] MNIST 데이터

6) https://corochann.com/mnist-dataset-introduction-1138.html

5) CIFAR-10/CIFAR-100

CIFAR-10과 CIFAR-100은 8천만 장의 소형 이미지 데이터셋입니다.[7] 이 이미지를 이용해 다양한 머신러닝 기법을 테스트할 수 있습니다. CIFAR-10은 60000 32x32 컬러 이미지로 10개 클래스(airplane, automobile, bird, cat, deer, dog, frog, horse, ship, and truck: [그림 4-8])로 구성되고 50,000개의 훈련 이미지와 10,000개의 테스트 이미지가 있습니다. 데이터셋은 5개 훈련 배치 셋과 한 개 테스트 배치 셋으로 구분되며, 각 셋은 10,000개의 이미지입니다. 테스트 배치 셋은 선택된 1,000개의 임의 이미지가 포함되어 있습니다. 훈련 배치 셋은 각 클래스별로 5,000개의 이미지로 구성됩니다.

[그림 4-8] CIFAR-10

6) 캐글(Kaggle)

캐글(Kaggle)은 2010년 설립된 빅데이터 솔루션 경진 대회 플랫폼입니다. 빅데이터의 성장과 함께 캐글의 규모도 같이 성장하게 되었고, 2017년 3월, 구글은 캐글을 인수했습니다. 기업 및 단체에서 상금을 걸고 데이터와 해결 과제를 등록하면, 데이터 사이언티스트들이 이를 해결하기 위해 모델을 개발하고 경쟁하는 시스템입니다. 캐글에 가면 많은 도전 과제들이 기다리고 있는 것을 확인할 수 있습니다. 관심 있는 과제를 골라서 누

7) https://www.cs.toronto.edu/~kriz/cifar.html

구나 경쟁에 참여할 수 있습니다. 다만, 큰 상금이 걸린 과제들은 대부분 난이도가 매우 높습니다. 처음 캐글에 입문하시는 분이라면 가장 많이 사용되는 사례이며 유명한 타이타닉 예제를 추천합니다.

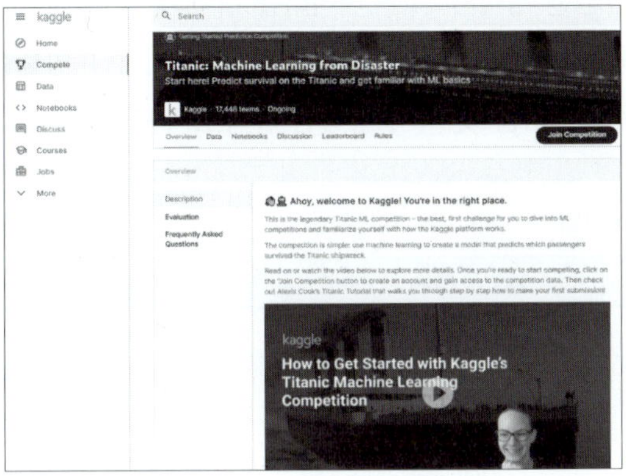

[그림 4-9] 데이터 보물 창고 캐글(Titanic 예제)

[그림 4-9] Titanic 예제의 Overview에 해당 도전 과제들이 설명되어 있습니다.

- 목적은 "죽은 사람, 산 사람을 예측하고 0 혹은 1 로 분류해라."
- 경쟁에서 사용할 점수는 산 사람/죽은 사람 예측의 정확도이다.
- 제출할 답변의 형식은 승객 아이디와 생사 여부, 두 개 컬럼이 있는 csv 파일이다.

[그림 4-9] Titanic Data에 대한 설명이 있습니다.

- 트레이닝 세트와 테스트 세트가 주어진다.
- 각 데이터 세트에는 승객 개인별로 9개의 특징이 주어진다.
- 트레이닝 세트에는 승객의 생사 여부가 추가로 들어 있다.
- 각 특징에 대한 설명이 들어 있다

Notebooks에 캐글의 Competition에서 필요한 패키지가 모두 설치되어 있고 데이터도 이미 올라가 있습니다.

3 데이터 불러오기

대부분 데이터 작업은 직접 데이터를 만들기보다는 외부에서 대용량 데이터를 불러와서 사용합니다. 판다스는 다양한 형식의 외부 데이터를 불러와 정형 데이터 구조(앞으로 학습할 데이터프레임)로 변환하는 기능을 제공합니다. 판다스 데이터 입출력을 요약하면 다음과 같습니다.[8] 가장 자주 사용되는 몇 가지 형식만 알아도 무방합니다.

〈표 4-6〉 판다스 불러오기 파일

형식	설명	불러오기	쓰기
text	CSV	read_csv	to_csv
text	JSON	read_json	to_json
text	HTML	read_html	to_html
text	Local clipboard	read_clipboard	to_clipboard
binary	MS Excel	read_excel	to_excel
binary	OpenDocument	read_excel	
binary	HDF5 Format	read_hdf	to_hdf
binary	Feather Format	read_feather	to_feather
binary	Parquet Format	read_parquet	to_parquet
binary	Msgpack	read_msgpack	to_msgpack
binary	Stata	read_stata	to_stata
binary	SAS	read_sas	
binary	Python Pickle Format	read_pickle	to_pickle
SQL	SQL	read_sql	to_sql
SQL	Google Big Query	read_gbq	to_gbq

CSV 파일

CSV란 Comma-Separated Values의 약자로써 CSV 파일은 각 라인의 컬럼들이 콤마로 분리된 텍스트 파일 포맷입니다. 형식은 스프레드시트와 데이터베이스에 대한 가장 일반적인 가

8) https://pandas.pydata.org/pandas-docs/stable/user_guide/io.html

져오기 및 내보내기 형식입니다. CSV 형식은 특별한 표준이 없어 각기 다른 애플리케이션에 의해 만들어지고 사용되는 데 차이가 있습니다. 하지만 단순하며 쉬운 간편성 때문에 많이 사용되고 있습니다. 실습 데이터 세트[9]는 서울 열린 데이터 광장에서 가지고 왔으며, 실습을 위해 일부 업데이트하였습니다. (실습 데이터는 저장위치 C:/data 기준으로 작업합니다.)

> 서울특별시 공공자전거 대여 이력 정보입니다. 자전거 이동 경로에 대한 데이터 분석이 가능하도록 연도별, 대여소별, 자전거별 대여 이력 원천 데이터를 제공합니다.
> (2015년 최초 공공자전거 서비스부터 2019년 11월까지 제공 중)

〈표 4-7〉 데이터 보기

변수명
자전거번호
대여일시
대여소번호
대여소명
대여거치대
반납일시
반납대여소번호
반납대여소명
반납거치대
이용시간
이용거리

CSV 파일 읽기 명령으로 다운로드 받은 'C:/data/bicycle.csv' 파일을 불러올 수 있습니다. 판다스 read_csv() 함수에 확장자(.csv)를 포함하여 파일경로(파일명)를 입력하면 CSV 파일을 읽어 와서 데이터프레임으로 변환합니다. 파일을 불러 결과를 출력하면 'bicycle.csv'에 포함된 데이터를 확인할 수 있습니다.

9) https://data.seoul.go.kr/dataList/OA-15182/F/1/datasetView.do

CSV 파일 읽기 명령: pd.read_csv('파일경로/이름')

```
# 판다스 라이브러리 불러오기
import pandas as pd
# 파일경로를 찾고 변수 file_path에 저장
file_path= 'C:/data/bicycle.csv'

# read csv() 함수로 데이터프레임 변환
df1 = pd.read_csv(file_path, engine='python')
df1
```

	자전거번호	대여일시	대여소번호	대여소명	대여거치대	반납일시	반납대여소번호	반납대여소명	반납거치대	이용시간	이용거리
0	SPB-23220	2019-11-01 8:48	646	장한평역 1번출구 (국민은행앞)	3.0	2019-11-01 9:01	3	중랑센터	7.0	12.0	1100.0
1	SPB-16216	2019-11-04 8:38	646	장한평역 1번출구 (국민은행앞)	2.0	2019-11-04 8:56	3	중랑센터	2.0	7.0	1420.0
2	SPB-21097	2019-11-04 8:46	646	장한평역 1번출구 (국민은행앞)	1.0	2019-11-04 8:57	3	중랑센터	7.0	10.0	NaN
3	SPB-22292	2019-11-05 8:34	646	장한평역 1번출구 (국민은행앞)	1.0	2019-11-05 8:45	3	중랑센터	NaN	10.0	1380.0
4	SPB-07935	2019-11-05 12:29	512	뚝섬역 1번 출구 옆	11.0	2019-11-05 12:39	3	중랑센터	7.0	10.0	1650.0
...	...	...	...	...	...	...	...	...	...	...	...
415	SPB-12116	2019-11-15 4:22	112	극동방송국 앞	5.0	2019-11-15 4:33	101	(구)합정동 주민센터	1.0	11.0	2200.0
416	SPB-17768	2019-11-15 9:31	103	망원역 2번출구 앞	14.0	2019-11-15 9:37	101	(구)합정동 주민센터	NaN	5.0	NaN
417	SPB-18841	2019-11-15 20:40	113	홍대입구역 2번출구 앞	24.0	2019-11-15 20:53	101	(구)합정동 주민센터	1.0	12.0	2280.0
418	SPB-24467	2019-11-15 21:55	152	마포구민체육센터 앞	18.0	2019-11-15 22:05	101	(구)합정동 주민센터	1.0	10.0	1180.0
419	SPB-17570	2019-11-15 22:16	391	정동길입구	7.0	2019-11-15 23:04	101	(구)합정동 주민센터	5.0	48.0	8100.0

[알아두면 도움 되는 방법]

- **TSV**

  TSV는 TAB으로 분리된 형식의 text 파일을 의미합니다. 해당 내용만을 다루기 위한 모듈이 파이썬에는 준비되어 있지는 않기 때문에 CSV 모듈을 사용합니다.

- **판다스 한글 처리**

  판다스에서는 다양한 파일을 읽어서 데이터를 변환하는 일이 많습니다. 특히 실습과 같이 CVS 파일을 읽어 데이터프레임으로 변환하여 처리하는 방법이 자주 사용됩니다. 파일 안의 문자열이 한글일 때 파이썬은 utf-8로 인코딩을 처리한 후에 데이터프레임으로 전환해야 합니다. 인코딩은 방식에 따라 utf-8, euc-kr, cp949을 사용합니다. 다음과 같이 데이터프레임을 구성합니다.
데이터프레임 = pd.read_csv('newfile1.csv', encoding='utf-8')

EXCEL 파일

Excel 파일(확장자.xlsx) 행과 열은 데이터프레임의 행, 열로 일대일 대응됩니다. CSV와 마찬가지로 판다스 데이터 분석 라이브러리 판다스를 이용하여 Excel 파일의 데이터를 불러오는 방법에 대하여 알아보겠습니다.

Excel 읽기를 참고하여 다운로드 받은 'C:/data/bicycle.xlsx' 파일을 불러올 수 있습니다. 판다스 read_excel() 함수로 확장자(.xlsx)를 포함하여 파일경로(파일명)를 입력하면 Excel 'bicycle.xlsx' 파일을 읽어 와서 데이터프레임으로 변환합니다. 파일을 불러오면 768행×9컬럼의 'diabetes.xlsx' 데이터셋을 확인할 수 있습니다. 엑셀에 시트가 여러 개일 때는 시트명 파라미터를 통해서 원하는 시트를 불러올 수 있습니다.

Excel 파일 읽기 명령: pd.read_excel('파일경로/이름')

```
import pandas as pd

file_path= 'C:/data/bicycle.xlsx'
df2 = pd.read_excel(file_path, encoding='CP949')

# 데이터프레임 출력
df2
```

	자전거번호	대여일시	대여소번호	대여소명	대여거치대	반납일시	반납대여소번호	반납대여소명	반납거치대	이용시간	이용거리
0	SPB-23220	2019-11-01 08:48:31	646	장한평역 1번출구 (국민은행앞)	3.0	2019-11-01 09:01:24	3	중랑센터	7.0	12.0	1100.0
1	SPB-16216	2019-11-04 08:38:39	646	장한평역 1번출구 (국민은행앞)	2.0	2019-11-04 08:56:33	3	중랑센터	2.0	7.0	1420.0
2	SPB-21097	2019-11-04 08:46:37	646	장한평역 1번출구 (국민은행앞)	1.0	2019-11-04 08:57:35	3	중랑센터	7.0	10.0	NaN
3	SPB-22292	2019-11-05 08:34:59	646	장한평역 1번출구 (국민은행앞)	1.0	2019-11-05 08:45:45	3	중랑센터	NaN	10.0	1380.0
4	SPB-07935	2019-11-05 12:29:00	512	뚝섬역 1번 출구 옆	11.0	2019-11-05 12:39:37	3	중랑센터	7.0	10.0	1650.0
...	...	...	...	...	...	...	...	...	...	...	...
415	SPB-12116	2019-11-15 04:22:13	112	극동방송국 앞	5.0	2019-11-15 04:33:40	101	(구)합정동 주민센터	1.0	11.0	2200.0

416	SPB-17768	2019-11-15 09:31:48	103	망원역 2번출구 앞	14.0	2019-11-15 09:37:56	101	(구)합정동 주민센터	NaN	5.0	NaN
417	SPB-18841	2019-11-15 20:40:40	113	홍대입구역 2번출구 앞	24.0	2019-11-15 20:53:46	101	(구)합정동 주민센터	1.0	12.0	2280.0
418	SPB-24467	2019-11-15 21:55:13	152	마포구민체육센터 앞	18.0	2019-11-15 22:05:40	101	(구)합정동 주민센터	1.0	10.0	1180.0
419	SPB-17570	2019-11-15 22:16:08	391	정동길입구	7.0	2019-11-15 23:04:53	101	(구)합정동 주민센터	5.0	48.0	8100.0

JSON 파일

JSON(확장자.json)은 JavaScript Object Notation의 약자로써 자바스크립트 문법에 영향을 받아 개발된 가벼운 데이터 표현 방식입니다. JSON은 데이터를 교환하는 한 포맷으로써 그 단순함과 유연함 때문에 널리 사용되고 있으며 특히 웹 브라우저와 서버 사이의 데이터를 교환하는 데 자주 활용됩니다. 앞서 파이썬도 키 값(key-value) 쌍으로 대응 관계를 나타내고 있는 자료형을 가지고 있으며, 이러한 자료 구조를 딕셔너리(Dictionary)라고 했습니다. JSON은 구조가 중첩되는 방식에 따라 옵션을 다르게 적용하기도 합니다. JSON 파일을 불러오면 다음과 같이 'read.json'에 포함된 데이터셋을 확인할 수 있습니다.

JSON 파일 읽기 명령: pd.read_json('파일경로/이름')

```
import pandas as pd
file_path= 'C:/data/read.json'
df3 = pd.read_json(file_path)

# 데이터프레임 출력
df3
```

	1.FirstName	2.LastName	3.Age	4.University	5.Courses
0	Gildong	Hong	20	Gachon University	{'Classes': ['Probability', 'Generalized Linea...
1	Gildong	Hong	20	Gachon University	{'Classes': ['Data Structure', 'Programming', ...

4 데이터 저장하기

CSV 파일 저장

판다스 데이터프레임은 2차원 배열로 구조화된 데이터이기 때문에 2차원 구조를 갖는 CSV 파일로 변환할 수 있습니다. 판다스의 csv 파일로 저장하려면 to_csv()를 사용합니다.

CSV 파일 저장 명령: df.to_csv('파일경로/이름')

```
# 데이터 불러오기
import pandas as pd
file_path= 'C:/data/bicycle.csv'
df4= pd.read_csv(file_path, encoding='CP949')

# to_csv 함수를 사용 csv 파일로 내보내기
# data 폴더에 sample_data.csv 저장
df4.to_csv('C:/data/sample_data.csv')

# 저장 파일 확인
file_path= 'C:/data/sample_data.csv'
df5 = pd.read_csv(file_path)
print(df5)
```

```
     Unnamed: 0      자전거번호            대여일시  대여소번호                대여소명  대여거치대  \
0             0  SPB-23220   2019-11-01 8:48    646  장한평역 1번출구 (국민은행앞)    3.0
1             1  SPB-16216   2019-11-04 8:38    646  장한평역 1번출구 (국민은행앞)    2.0
2             2  SPB-21097   2019-11-04 8:46    646  장한평역 1번출구 (국민은행앞)    1.0
3             3  SPB-22292   2019-11-05 8:34    646  장한평역 1번출구 (국민은행앞)    1.0
4             4  SPB-07935  2019-11-05 12:29    512         뚝섬역 1번 출구 옆   11.0
..          ...        ...              ...    ...                ...    ...
415         415  SPB-12116   2019-11-15 4:22    112            극동방송국 앞    5.0
416         416  SPB-17768   2019-11-15 9:31    103         망원역 2번출구 앞   14.0
417         417  SPB-18841  2019-11-15 20:40    113       홍대입구역 2번출구 앞   24.0
418         418  SPB-24467  2019-11-15 21:55    152        마포구민체육센터 앞   18.0
419         419  SPB-17570  2019-11-15 22:16    391             정동길입구    7.0

                반납일시  반납대여소번호        반납대여소명  반납거치대  이용시간    이용거리
0      2019-11-01 9:01        3          중랑센터    7.0  12.0  1100.0
1      2019-11-04 8:56        3          중랑센터    2.0   7.0  1420.0
2      2019-11-04 8:57        3          중랑센터    7.0  10.0     NaN
3      2019-11-05 8:45        3          중랑센터    NaN  10.0  1380.0
4     2019-11-05 12:39        3          중랑센터    7.0  10.0  1650.0
..                 ...      ...           ...    ...   ...     ...
415    2019-11-15 4:33      101  (구)합정동 주민센터    1.0  11.0  2200.0
416    2019-11-15 9:37      101  (구)합정동 주민센터    NaN   5.0     NaN
417   2019-11-15 20:53      101  (구)합정동 주민센터    1.0  12.0  2280.0
418   2019-11-15 22:05      101  (구)합정동 주민센터    1.0  10.0  1180.0
419   2019-11-15 23:04      101  (구)합정동 주민센터    5.0  48.0  8100.0
```

EXCEL 파일 저장

데이터프레임의 행과 열은 Excel 파일의 행과 열로 일대일로 대응되며 판다스의 데이터프레임을 Excel 파일로 저장하려면 to_excel()를 사용합니다.

Excel 파일 저장 명령: to_excel('파일경로/이름')

```
# 데이터 불러오기
import pandas as pd
file_path= 'C:/data/bicycle.xlsx'
df6= pd.read_excel(file_path, encoding='CP949')

# to_excel 메소드를 사용하여 excel 파일로 내보내기
# 파일명은 sample_data1.xlsx로 저장
df6.to_excel('C:/data/sample_data1.xlsx')
```

JSON 파일 저장

데이터프레임을 JSON 파일로 저장하려면 to_json() 함수를 이용합니다.

JSON 파일 읽기 명령: to_json('파일경로/이름')

```
# 데이터 불러오기
import pandas as pd
file_path= 'C:/data/read.json'
df7= pd.read_json(file_path)
df7

# to_json() 메소드를 사용하여 JSON 파일로 내보내기
# 파일명은 sample_data_json.json로 저장
df7.to_json ('C:/data/sample_data_json.json')
```

피클 저장하기

피클(Pickle)은 파이썬의 모든 객체를 파일로 저장할 수 있는 방법입니다. 보통 머신러닝 사이킷런 라이브러리를 통해 모델을 학습시키고, 저장할 때 많이 사용합니다. 판다스 데이터프레임뿐만 아니라 리스트, 딕셔너리 등 모든 객체를 저장할 수 있으며 데이터프레임을 저장할 때는 to_pickle, 불러올 때는 read_pickle이라는 함수를 사용합니다.

```
df.to_pickle("df.pkl")
df = pd.read_pickle("df.pkl")
```

```
import pickle
import pandas as pd

temp = pd.DataFrame({'a':[1], 'b':[2]})

# 데이터 저장
temp.to_pickle('filename.pkl')

# 데이터 로드
data = pd.read_pickle('filename.pkl')
```

5 공공 데이터 OPEN API

공공 데이터 포털은 행정안전부에서 운영하는 공공 데이터 통합 제공 시스템이며 공공 기관이 생성 또는 취득하여 관리하고 있고 공공 데이터를 한 곳에서 제공하는 통합 창구입니다. 정부에서 공개하여 다양한 공공 데이터를 누구나 편리하고 쉽게 사용할 수 있도록 제공하는 것을 목적으로 합니다. 포털에서는 국민들이 쉽고 편리하게 공공 데이터를 이용할 수 있도록 파일 데이터, 오픈 API, 시각화 등의 방식으로 제공하고 있으며, 누구라도 쉽고 편리한 검색을 통해 원하는 공공 데이터를 빠르고 정확하게 찾을 수 있습니다. 실습을 위해 대한민국 공공 데이터 포털(https://www.data.go.kr/)에서 제공하는 데이터를 이용해 보겠습니다.

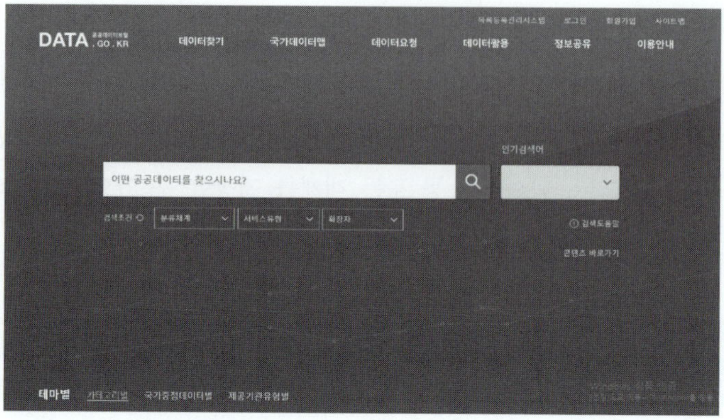

[그림 4-10] 대한민국 공공 데이터 포털

공공 데이터 서비스 이용 방법

공공 데이터를 활용하는 방법으로 파일 데이터와 OPEN API 데이터가 있는데 먼저 차이점을 확인해보겠습니다.

1) 파일 데이터

파일 데이터를 활용하여 공공 데이터 포털에 접속해 간편하게 다운로드할 수 있으며, 이메일이나 웹페이지로 연결해 손쉽게 공공 데이터를 이용할 수 있습니다. 공공 데이터 포털에서는 로그인할 필요 없이 곧바로 신청, 이용할 수 있습니다.

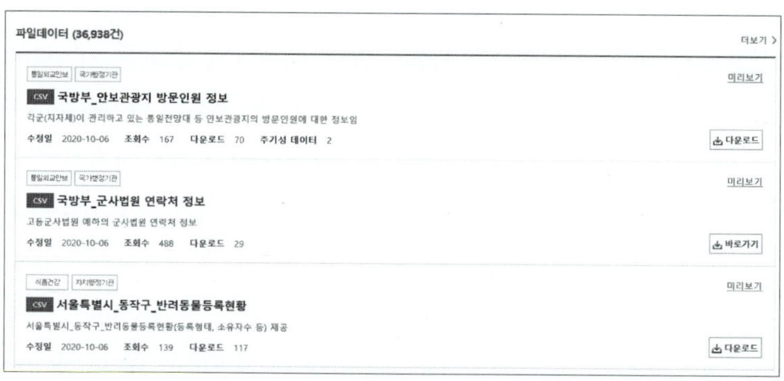

[그림 4-11] 파일 데이터 다운로드

2) 오픈 API

API는 Application Programming Interface의 약자로 응용 프로그래밍 인터페이스를 의미합니다. 다양한 응용 프로그램에 사용할 수 있는 운영 체제, 혹은 프로그래밍 언어가 제공하는 기능을 제어할 수 있게 만든 인터페이스입니다. 오픈 API란 누구나 사용할 수 있도록 공개된 API를 의미합니다. 데이터를 표준화하고 프로그래밍해 외부 소프트웨어 개발자나 사용자들과 공유하는 프로그램으로 개방된 오픈 API를 이용해 다양하고 재미있는 서비스나 애플리케이션, 다양한 형태의 플랫폼을 개발할 수 있습니다. 오픈 API 활용은 업데이트가 빈번하고 이용자가 많은 대용량 데이터를 제공해야 할 때, 혹은 공공 데이터 포털을 통한 계정 발급이 필요할 때 사용할 수 있습니다. 날씨나 교통 정보 등 실시간 업데이트 되는 데이터를 제공 받을 수 있고, 개발자나 사용자들이 쉽게 활용할 수 있어 개발 비용 절감, 개발 기간 단축 등 다양한 장점이 있습니다.

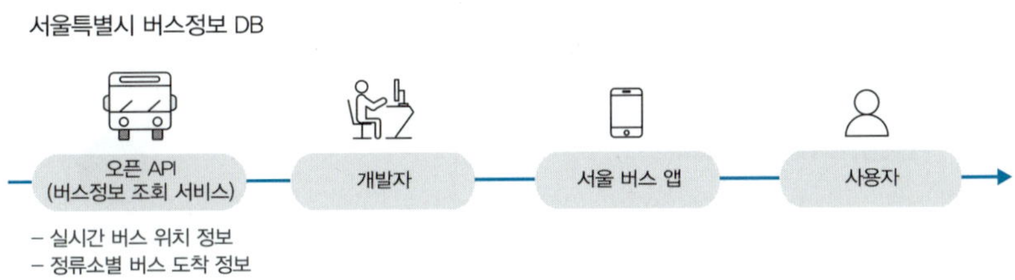

[그림 4-12] 오픈 API 활용 사례

〈표 4-8〉 파일 데이터와 OPEN API

구분	파일 데이터	OPEN API
장점	편리성	지속적인 업데이트
단점	일회성	API 프로그램 개발

공공 데이터 이용 방법

1) 회원 가입

공공 데이터 포털 사이트 회원 가입을 합니다.

2) 데이터 검색

회원 로그인한 후 활용할 데이터로써 키워드를 '약국정보서비스'로 검색합니다.

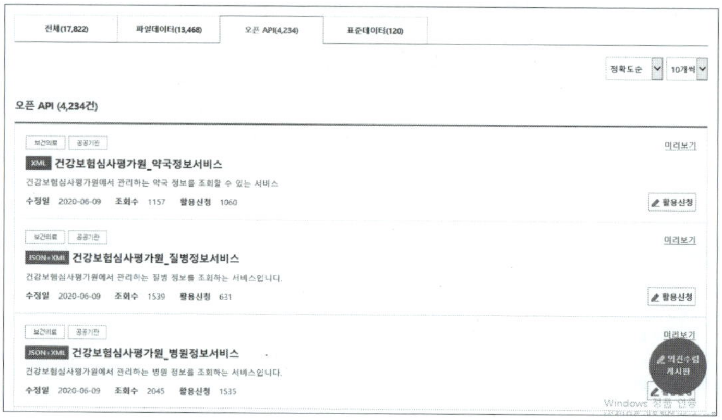

[그림 4-13] 정보 검색

'약국정보서비스' 키워드에 해당하는 오픈 API는 2건으로 확인이 되며 그 중 '건강보험심사평가원 약국정보서비스'에 대한 활용을 신청합니다.

3) 오픈 API 활용 신청

검색한 '건강보험심사평가원 약국정보서비스'를 클릭하여 상세 페이지를 확인하면 '활용신청' 버튼을 확인할 수 있고 '활용신청'을 하면 간단한 정보들을 요구하지만 입력 후, 활용 신청을 하면 됩니다. 입력해야 하는 정보는 '활용목적', '상세기능정보'를 간단히 선택하면 됩니다.

활용 신청을 진행하면 오픈 API 활용에 대한 승인이 이루어지며 승인은 '자동승인'과 '심의승인' 2가지 유형이 있습니다. 테스트해 보고자 하는 오픈 API는 '자동승인'으로, 활용 신청 즉시 사용이 가능합니다.

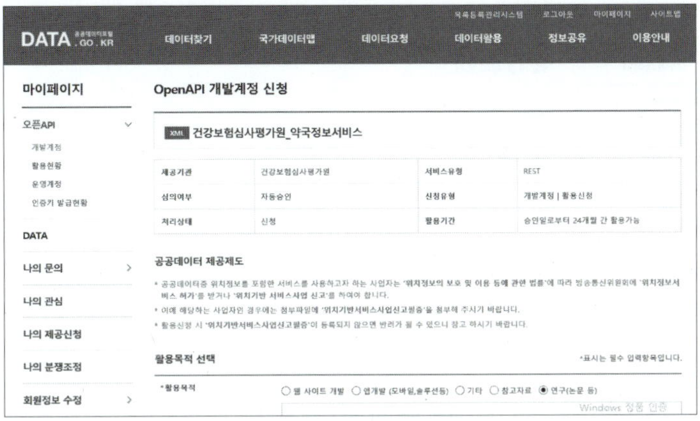

[그림 4-14] 신청 승인

- 자동승인: 별도 확인 없이 승인되며 신청과 동시에 자동으로 승인되는 경우를 의미하며 활용 신청 건에 대해 제공 기관 담당자의 별도 확인 없이 신속하게 승인 처리를 받을 수 있습니다.
- 심의승인: 신청 후 2~3일 후 결과가 통보되며 활용 신청 건에 대해 제공 기관 담당자의 '승인'이 완료되어야 오픈 API를 활용할 수 있습니다. 신청 후 보통 2~3일 정도 소요가 되며 승인 여부는 회원 가입 시 등록한 이메일로 통보합니다.

4) 오픈 API 인증키 발급 확인

활용 신청이 완료되면 오픈 API를 사용하기 위한 인증키가 발급이 되고 마이페이지에서 확인할 수 있습니다. 해당 페이지 하단에 보면 브라우저에서 테스트를 해 볼 수 있는 기능을 제공하고 있습니다.

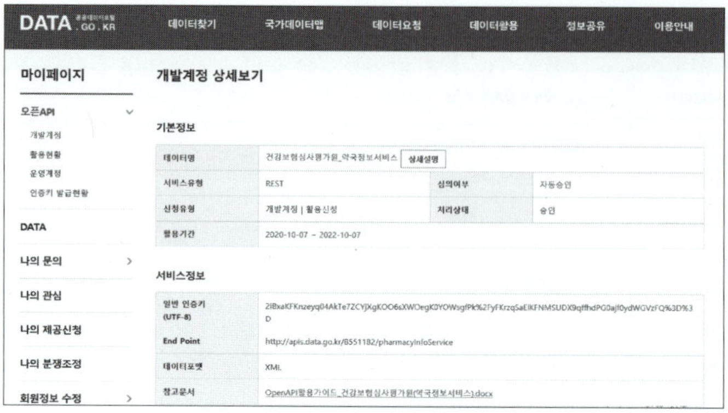

[그림 4-15] API 키 확인

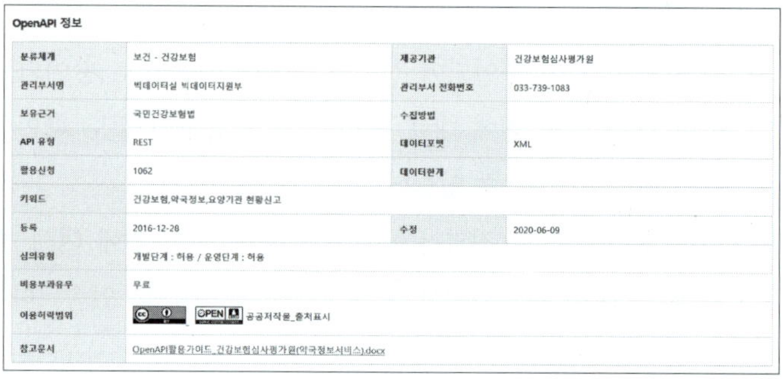

[그림 4-16] API 키 기능

미리보기를 누르면 아래와 같이 약국에 대한 기본 정보를 가져올 수 있습니다.


```
<?xml version="1.0" encoding="UTF-8" standalone="true"?>
- <response>
  - <header>
      <resultCode>00</resultCode>
      <resultMsg>NORMAL SERVICE.</resultMsg>
    </header>
  - <body>
    - <items>
      - <item>
          <addr>서울특별시 중랑구 봉화산로 215 1층 (신내동)</addr>
          <clCd>81</clCd>
          <clCdNm>약국</clCdNm>
          <distance>.5478450769582605437588497466708942455</distance>
          <emdongNm>신내동</emdongNm>
          <estbDd>20001222</estbDd>
          <postNo>02054</postNo>
          <sgguCd>110019</sgguCd>
          <sgguCdNm>중랑구</sgguCdNm>
          <sidoCd>110000</sidoCd>
          <sidoCdNm>서울</sidoCdNm>
          <telno>02-3422-3097</telno>
          <XPos>127.0965492</XPos>
          <YPos>37.6076585</YPos>
          <yadmNm>온누리건강약국</yadmNm>
          <ykiho>JDQ4MTg4MSM1MSMkMSMkNCMkMDMkMzgxOTYxIzExIyQxIyQ3IyQ4MiQyNjEyMjIjODEjJDEjJDYjJDgz</ykiho>
        </item>
      </items>
      <numOfRows>10</numOfRows>
      <pageNo>1</pageNo>
      <totalCount>1</totalCount>
    </body>
</response>
```


[그림 4-17] API 정보 확인

5) 공공 데이터 테스트 기본 코드

파이썬으로 REST API를 요청하는 기본 코드는 아래와 같으며 urllib 라이브러리를 사용하였습니다.

```
# 파이썬으로 REST API를 요청
import pandas
from bs4 import BeautifulSoup
import requests
from openpyxl.workbook import Workbook
apikey= " 개인별로 발급받은 API 키 입력 "

# 약국정보서비스 API
api =
"http://apis.data.go.kr/B551182/pharmacyInfoService/getParmacyBasisList?serviceKey=2iBxaKFKnzeyq04AkTe7ZCYjXgKOO6sXWOegK0YOWsgfPk%2FyFKrzqSaEiKFNMSUDX9qffhdPG0ajf0ydWGVzFQ%3D%3D&pageNo=1&numOfRows=10&sidoCd=110000&sgguCd=110019&emdongNm=%EC%8B%A0%EB%82%B4%EB%8F%99&yadmNm=%EC%98%A8%EB%88%84%EB%A6%AC%EA%B1%B4%EA%B0%95&type=json&APPID={key}"

# 약국 정보 리스트
list_drugs =["병원명","종별코드명","시도명","주소","전화번호"]
i=0
for list_drug in list_drugs:
        url = api.format(list_drugs=list_drug, key=apikey)
        req= requests.get(url)
        re = req.text
        soup = BeautifulSoup(re, 'html.parser')

        # 병원명
        yadmnm = soup.find_all('yadmnm')
        # 종별코드명
        sggucdnm = soup.find_all('sggucdnm')
        # 시도명
        sidocdnm= soup.find_all('sidocdnm')
        # 주소
```

```
        addr = soup.find_all('addr')
        # 전화번호
        telno = soup.find_all('telno')

print ("병원명:", yadmnm)
print ("종별코드명:", sggucdnm)
        print ("시도명:", sidocdnm)
        print ("주소:", addr)
        print ("전화번호:", telno)
```

```
병원명: [<yadmnm>온누리건강약국</yadmnm>]
종별코드명: [<sggucdnm>중랑구</sggucdnm>]
시도명: [<sidocdnm>서울</sidocdnm>]
주소: [<addr>서울특별시 중랑구 봉화산로 215 1층 (신내동)</addr>]
전화번호: [<telno>02-3422-3097</telno>]
```

URI를 만들기 위해 사용할 ServiceKey와 url 변수를 선언합니다. ServiceKey는 공공 데이터 포털 사이트에서 발급받은 키를 입력하면 됩니다. url은 제공하는 기능별로 호출 주소가 다르기 때문에 API 가이드를 확인하고 url를 정의합니다.

API 키 인증 없이 API 정보 가지고 오기

API 마이크로 서비스 기업인 Apilayer에서 공개한 Restcountries 프로젝트는 전 세계 국가 관련 정보를 API 키 없이 JSON 형식 데이터로 제공하고 있습니다. 정보를 요청하면 국가명, 수도, 전화번호 등의 국가 정보를 가지고 옵니다. 다음과 같이 실습해 보겠습니다.

```
import pandas as pd
import requests
url_temp="https://restcountries.eu/rest/v1/name/"
country ="South Korea"
url = url_temp + country
r = requests.get(url)
print(r.text)
```

```
[{"name":"South Korea","topLevelDomain":[".kr"],"alpha2Code":"KR","alpha3Code":"KOR","callingCodes":["8
2"],"capital":"Seoul","altSpellings":["KR","Republic of Korea"],"region":"Asia","subregion":"Eastern Asi
a","population":51448183,"latlng":[37.0,127.5],"demonym":"South Korean","area":100210.0,"gini":31.3,"timezon
es":["UTC+09:00"],"borders":["PRK"],"nativeName":"대한민국","numericCode":"410","currencies":["KRW"],"langua
ges":["ko"],"translations":{"de":"Südkorea","es":"Corea del Sur","fr":"Corée du Sud","ja":"大韓民国","it":"C
orea del Sud"},"relevance":"1.5"}]
```


```
# 데이터프레임으로 JSON 확인
df = pd.read_json(r.text)
df
```

	name	topLevelDomain	alpha2Code	alpha3Code	callingCodes	capital	altSpellings	region	subregion	population	...	
0	South Korea	[.kr]	KR	KOR	[82]	Seoul	[KR, Republic of Korea]	Asia	Eastern Asia	51448183	...	10

1 rows × 22 columns

API와 HTTP 프로토콜

인터넷에서 API를 활용하는 기술은 HTTP 프로토콜을 통해 이루어집니다. 웹이나 모바일에서 정보를 주고받는 과정은 사용자(클라이언트)와 서버의 통신 등 보이지는 않지만 여러 계층과 단계를 진행합니다. HTTP 프로토콜에서 정보를 요청(Request)하는 쪽을 클라이언트라 하고, 정보를 응답(Response)하여 보내는 부분을 서버라고 하며, 이런 구조를 클라이언트/서버라고 합니다. 정보를 요청하는 HTTP 프로토콜의 요청 메시지와 응답 메시지는 어떤 구조로 이루어져 있을까요? 요청 메시지와 응답 메시지 둘 다 메시지 헤더와 메시지 바디로 이루어져 있으며 요청하는 메시지 헤더는 요청하는 방식, URI(경로), 프로토콜 버전, 헤더 필드로 구성되어 있습니다. 또한 메시지는 GET과 POST 두 가지 방식으로 요청할 수 있습니다. 두 방식의 가장 큰 차이점은 GET은 URI(경로)에 데이터를 명시하여 보내지만, POST는 숨겨서 보낸다는 점입니다.

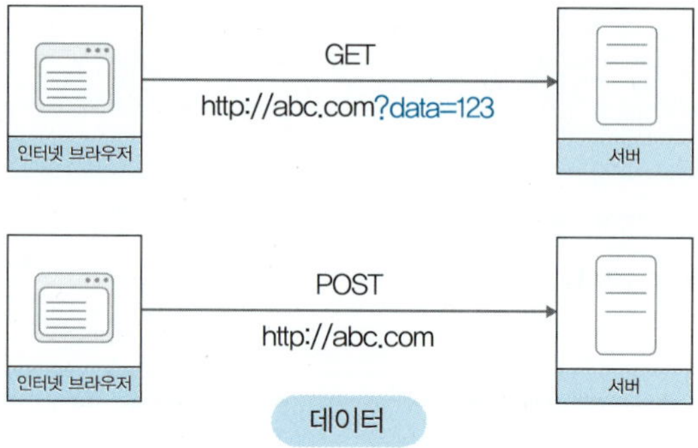

[그림 4-18] GET과 POST 방식 비교

① GET 방식

GET 방식은 URI를 통해 데이터를 전달하기 때문에 같은 URI를 전달하면 서버에는 항상 데이터를 같이 전달합니다.

② POST 방식

GET 방식에는 몇 가지 문제점이 있습니다. 만약 1,000줄이 넘는 블로그 글을 작성하고 데이터를 보내게 되면 전체 주소가 길어지게 되어 브라우저마다 URI의 길이를 제한해야 합니다. 또한 로그인하는 사용자라면 GET의 파라미터를 통해 사용자의 아이디와 비밀번호가 노출되게 됩니다. 이를 해결하기 위해 데이터의 제한이 없고 눈에 보이지 않는 POST 방식을 사용합니다.

③ REST API

REST는 API를 통해 정보의 CRUD[Create(생성), Read(읽기), Update(갱신), Delete(삭제)]가 목적입니다. REST API는 GET과 POST 방식을 확장한 개념입니다. GET이라는 메서드 이름에서 알 수 있듯 데이터를 가져올 때 GET을 사용하고 서버에 어떠한 값이나 상태를 변경하기 위해 POST를 주로 사용합니다. REST API는 이러한 POST의 개념을 더 세분화하여 PUT과 DELETE라는 기능을 추가로 사용합니다. POST는 주로 데이터의 생성, PUT은 데이터의 수정, DELETE는 데이터의 삭제에 사용됩니다. POST, PUT, DELETE는 실질적으로는 메서드 이름을 제외하고는 작동 방식이 동일하지만, 더 명시적인 API를 위해 도입된 것입니다.

〈표 4-9〉 HTTP 기본 기능과 역할

METHOD	역할
POST	POST를 통해 해당 URI를 요청하면 리소스를 생성
GET	GET를 통해 해당 리소스를 조회하고 해당 도큐먼트에 대한 자세한 정보를 가져옴.
PUT	PUT를 통해 해당 리소스를 수정
DELETE	DELETE를 통해 리소스를 삭제

6 파이썬 웹 크롤링

웹 크롤링 이해

웹 크롤링(Crawling) 또는 웹 스크래핑(Scraping)은 웹페이지를 원본 그대고 불러와 웹페이지 내에 데이터를 추출하는 기술입니다. 크롤링(Crawling)은 사전적으로는 '기어 다니는 것'을 뜻하기도 하는데 크롤링 전용 소프트웨어는 웹 크롤러(Crawler)라고 합니다. 파이썬에는 크롤링의 대표적인 라이브러리의 하나로 beautifulsoup가 있습니다. 특히 컴퓨터 프로그래밍이 익숙하지 않은 비전공자들이나 인문 분야 종사자들이 사용하기 간단하기 때문에 인기 있는 라이브러리 중 하나입니다. 웹 데이터를 크롤링하기 위해서는 웹소켓을 이용하여 원하는 웹사이트에 연결 요청을 진행해야 합니다. 연결 요청의 응답으로 웹 서버가 응답(Response)을 보내면 보통 HTML이나 JSON 형식으로 반환합니다. 이렇게 반환된 HTML, JSON 데이터를 BeautifulSoup로 파싱하는 것을 크롤링이라고 합니다. 웹소켓의 대표적인 라이브러리로는 requests, urllib 등이 있습니다. urllib은 파이썬 기본 라이브러리이고 파이썬 2.x 버전에서는 urllib, urllib2로 나누어져 있었는데, 이것이 3.x 버전에 들어서면서 통합되고 개선되었습니다.

```
# 라이브러리 설치
# BeautifulSoup는 별도 설치가 필요한 라이브러리이기 때문에 프롬프트에서 다음과
같이 설치합니다.
pip install requests
pip install BeautifulSoup4
```

BeautifulSoup 기본 설명

〈표 4-10〉 BeautifulSoup 문법

문법	설명
from bs4 import BeautifulSoup	라이브러리 불러오기
a = BeautifulSoup(html소스, 'html.parser')	html 소스를 파이썬으로 파싱(불러오기) a에 저장
a.find('p')	첫 번째 p 태그 찾기
a.find_all('p', class_= , id=)	a에 들어있는 html 소스에서 상/하위 구분 없이 〈p〉태그 모두 추출 class_나 id 옵션을 사용하면 해당하는 class/id의 p 태그만 추출 ex) 일반 html 형식 〈p class="abc" ... ... id = "def" 〉 ... 〈/p〉
a.get_text()	a에 저장된 html 소스 중 태그(〈〉) 밖에 있는 모든 문자 추출
a.p['class']	a에 저장된 html 소스 중 첫 번째 p 태그의 class 속성 내용 확인

네이버 웹 크롤링

1) 네이버 날씨 웹페이지 가져오기

[그림 4-19] 네이버 날씨 웹페이지

```python
from bs4 import BeautifulSoup as bs
from pprint import pprint
import requests

html = requests.get('https://search.naver.com/search.naver?query=날씨')
print(html.text)
```

```
<!doctype html> <html lang="ko"> <head> <meta charset="utf-8"> <meta name="referrer" content="always">  <m
eta name="format-detection" content="telephone=no,address=no,email=no"> <meta name="viewport" content="wid
th=device-width,initial-scale=1.0,maximum-scale=2.0"> <meta property="og:title" content="날씨 : 네이버 통
합검색"/> <meta property="og:image" content="https://ssl.pstatic.net/sstatic/search/common/og_v3.png"> <me
ta property="og:description" content="'날씨'의 네이버 통합검색 결과입니다."> <meta name="description" lang
="ko" content="'날씨'의 네이버 통합검색 결과입니다."> <title>날씨 : 네이버 통합검색</title> <link rel="sho
rtcut icon" href="https://ssl.pstatic.net/sstatic/search/favicon/favicon_191118_pc.ico">  <link rel="searc
h" type="application/opensearchdescription+xml" href="https://ssl.pstatic.net/sstatic/search/opensearch-de
scription.https.xml" title="Naver" /><link rel="stylesheet" type="text/css" href="https://ssl.pstatic.net/
sstatic/search/pc/css/search1_200109.css"> <link rel="stylesheet" type="text/css" href="https://ssl.pstati
c.net/sstatic/search/pc/css/search2_200102.css"> <link rel="stylesheet" type="text/css" href="https://ssl.
pstatic.net/sstatic/search/pc/css/api_atcmp_190612.css"><script type="text/javascript"> if (!String.protot
ype.trim) { String.prototype.trim = function () { return this.replace(/^[₩s₩uFEFF₩xA0]+|[₩s₩uFEFF₩xA0]+$/
g, ''); }; } if (!Array.prototype.indexOf) { Array.prototype.indexOf = function(searchElement, fromIndex)
{ var k; if (this == null) { throw new TypeError('"this" is null or not defined'); } var o = Object(this);
var len = o.length >>> 0; if (len === 0) { return -1; } var n = fromIndex | 0; if (n >= len) { return -1;
} k = Math.max(n >= 0 ? n : len - Math.abs(n), 0); while (k < len) { if (k in o && o[k] === searchElement)
{ return k; } k++; } return -1; }; } if (typeof(encodeURIComponent) != "function") { encodeURIComponent =
function (s) { function toHex (n) { var hexchars = "0123456789ABCDEF" ; return "%%" + hexchars.charAt(n>>
```

2) 파싱

파싱(Parsing)은 원래 의미는 언어학에서 '구문 분석'이라고 합니다. 즉, 문장을 이루고 있는 구성 성분을 분해하고 그들 사이의 관계를 분석하여 문장의 구조를 결정하는 것입니다. 보통 어떤 문장을 분석하거나 문법적 관계를 해석하는 행위를 모두 파싱이라고 하기도 합니다. 또한 파서는 파싱을 수행하는 컴퓨터 프로그램을 의미합니다. 실습을 위해 가지고 온 웹페이지는 HTML 언어로 작성되어 있지만, 파이썬에서 쉽게 분석할 수 있도록 구문 분석 파싱 작업으로 HTML 각 문장을 구분해 보겠습니다. 파싱을 위해 크롬 웹 브라우저 개발자 도구를 활용합니다. 네이버 날씨 페이지에서 F12 버튼을 클릭하면 아래와 같이 현재 웹페이지 요소를 쉽게 분석할 수 있습니다. 다음 [ctrl+shift+c]로 웹페이지 구성 요소를 지정할 수 있고 미세먼지 부분을 마우스로 선택하여 웹페이지 소스를 확인합니다.

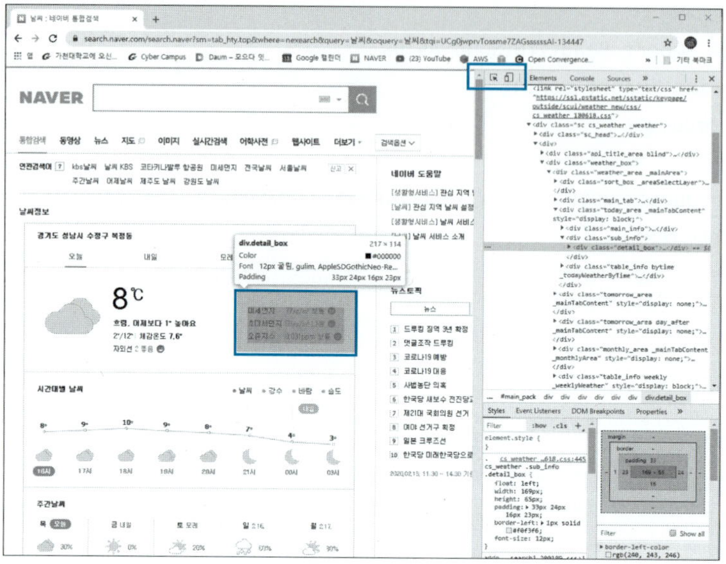

[그림 4-20] 크롬 개발자 도구 영역 선택

우선 추출된 웹페이지 소스 코드에 대한 분석이 필요한데, 보통 HTML 구성은 〈태그 속성 = 속성값〉 텍스트 형식이 가장 기본 구조입니다.

```
태그: div, 속성: class, 속성값: detail_box
```

날씨 웹페이지 데이터에서 BeautifulSoup 문법 중 find(태그, {속성:속성값})를 사용하여 미세먼지 관련 블록 부분만 추출합니다.

```
from bs4 import BeautifulSoup as bs
from pprint import pprint
import requests

html = requests.get('https://search.naver.com/search.naver?query=날씨')
soup = bs(html.text,'html.parser')
```

```
# 미세먼지 관련 블록 추출
dustdata_one = soup.find('div',{'class':'detail_box'})
print(dustdata_one)
```

```
<div class="detail_box"> <dl class="indicator"> <dt><a href="?where=nexearch&amp;sm=tab_etc&amp;query=%EA%B
2%BD%EA%B8%B0%EB%8F%84%20%EC%84%B1%EB%82%A8%EC%8B%9C%20%EC%88%98%EC%A0%95%EA%B5%AC%20%EB%B3%B5%EC%A0%95%EB%8
F%99%20%EB%AF%B8%EC%84%B8%EB%A8%BC%EC%A7%80" nocr="" onclick="return goOtherCR(this, 'a=nco_x7t*4.todustmr&a
mp;r=1&amp;i=88157038_00000065035F&amp;u=' + urlencode(this.href));">미세먼지</a></dt> <dd class="lv2"><span
class="num">77㎍/㎥</span>보통<span class="ico"></span></dd> <dt><a href="?where=nexearch&amp;sm=tab_etc&am
p;query=%EA%B2%BD%EA%B8%B0%EB%8F%84%20%EC%84%B1%EB%82%A8%EC%8B%9C%20%EC%88%98%EC%A0%95%EA%B5%AC%20%EB%B3%B5%
EC%A0%95%EB%8F%99%20%EC%B4%88%EB%AF%B8%EC%84%B8%EB%A8%BC%EC%A7%80" nocr="" onclick="return goOtherCR(this,
'a=nco_x7t*4.todustmr&amp;r=1&amp;i=88157038_00000065035F&amp;u=' + urlencode(this.href));">초미세먼지</a></
dt> <dd class="lv3"><span class="num">59㎍/㎥</span>나쁨<span class="ico"></span></dd> <dt><a href="?where=n
exearch&amp;sm=tab_etc&amp;query=%EA%B2%BD%EA%B8%B0%EB%8F%84%20%EC%84%B1%EB%82%A8%EC%8B%9C%20%EC%88%98%EC%A
0%95%EA%B5%AC%20%EB%B3%B5%EC%A0%95%EB%8F%99%20%EC%98%A4%EC%A1%B4%EC%A7%80%EC%88%98" nocr="" onclick="return
goOtherCR(this, 'a=nco_x7t*4.todustmr&amp;r=1&amp;i=88157038_00000065035F&amp;u=' + urlencode(this.href));">
오존지수</a></dt> <dd class="lv2"><span class="num">0.031ppm</span>보통<span class="ico"></span></dd> </dl>
</div>
```

크롬 개발자 도구에서 확인하면 각 라인이 〈dd〉라는 것을 알 수 있습니다. 미세먼지, 초미세먼지, 오존 지수 정보를 추출하기 위해 BeautifulSoup 문법 중 findAll을 사용합니다. find와 findAll은 사용 방법이 같고 find와 findAll 둘 다 태그만 가지고도 사용할 수 있습니다. 차이는 find는 처음 매칭된 1개만, findAll은 매칭된 모든 것을 추출하여 리스트로 반환합니다. 리스트 길이는 3개고, 0~2 인덱스에 해당되는 값은 각각 미세먼지, 초미세먼지, 오존 지수 라인에 해당합니다.

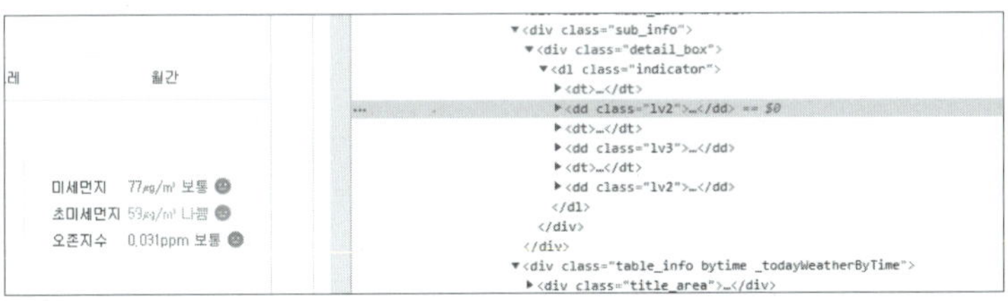

[그림 4-21] 웹 구성 요소 확인

```
rom bs4 import BeautifulSoup as bs
from pprint import pprint
import requests

html = requests.get('https://search.naver.com/search.naver?query=날씨')
soup = bs(html.text,'html.parser')

# 미세먼지 관련 블록 추출
```

```
dustdata_one = soup.find('div',{'class':'detail_box'})

dustdata_all = dustdata_one.findAll('dd')
pprint(dustdata_all)
```

```
[<dd class="lv3"><span class="num">89㎍/㎥</span>나쁨<span class="ico"></span></dd>,
 <dd class="lv3"><span class="num">54㎍/㎥</span>나쁨<span class="ico"></span></dd>,
 <dd class="lv1"><span class="num">0.023ppm</span>좋음<span class="ico"></span></dd>]
```

3) 텍스트 추출

추출한 데이터에서 태그는 삭제하고 중간 수치 값과 단위만 다시 추출합니다. span 태그 속성과 속성값은 class = "num"까지입니다. 그런데 바로 추출하면 코드까지 같이 추출되니 내부 텍스트만 골라내도록 .text 인자를 사용합니다.

[그림 4-22] 추출 텍스트

```
from bs4 import BeautifulSoup as bs
from pprint import pprint
import requests
html = requests.get('https://search.naver.com/search.naver?query=날씨')
soup = bs(html.text,'html.parser')

# 미세먼지 관련 블록 추출
```

```
dustdata_one = soup.find('div',{'class':'detail_box'})

dustdata_all = dustdata_one.findAll('dd')

fine_dust_code = dustdata_all[0].find('span',{'class':'num'})
fine_dust_con = dustdata_all[0].find('span',{'class':'num'}).text

print(fine_dust_code)
print(fine_dust_con)
```

```
<span class="num">89㎍/㎥</span>
89㎍/㎥
```

fine_dust_con 변수에서 미세먼지는 0번 인덱스, 초미세먼지는 1번 인덱스였으니 초미세먼지도 추출해 봅니다.

```
from bs4 import BeautifulSoup as bs
from pprint import pprint
import requests

html = requests.get('https://search.naver.com/search.naver?query=날씨')
soup = bs(html.text,'html.parser')

dustdata_one = soup.find('div',{'class':'detail_box'})
dustdata_all = dustdata_one.findAll('dd')
find_dust_con = dustdata_all[0].find('span',{'class':'num'}).text
ultra_find_dust = dustdata_all[1].find('span',{'class':'num'}).text
print(ultra_fine_dust)
```

```
54㎍/㎥
```

연습문제

1 정형, 반정형, 비정형 데이터 사례를 설명하시오.

2 인공지능의 발전과 더불어 발전하게 될 데이터를 설명하시오.

3 빅데이터 소스를 설명하시오.

4 ETL(Extract, Transform, Load)을 설명하시오.

5 본문에서 사용된 'bicycle.csv'를 사용하여 (1) 파일 읽어 오기, (2) 파일 저장하기를 수행하시오.

6 공공 데이터를 활용하는 방법을 나열하고 장점과 단점을 비교하시오.

7 REST API를 설명하시오.

8 GET, POST API의 장단점을 설명하시오.

9 웹 크롤링이 무엇인지 설명하시오.

10 파싱(Parsing)을 설명하고 사례를 들어 보시오.

05장 데이터 보기

1 판다스 데이터 구조
2 시리즈와 데이터프레임
3 데이터프레임 조작
4 데이터 연결과 병합
5 단일변수 데이터 보기

1 판다스 데이터 구조

우리에게 가장 친숙한 데이터 구조는 어떤 데이터 구조일까요? 대부분 많이 알고 있는 마이크로소프트사의 엑셀 또는 SQL 테이블입니다. 판다스에서는 2차원 행과 열로 이루어진 데이터 구조를 데이터프레임(Dataframe)으로 제공합니다. 데이터프레임은 판다스에서 가장 많이 사용되는 객체이며, 파이썬 데이터 분석에 필수적인 도구입니다. 데이터프레임은 행렬 구조 연산에 최적화된 도구이며 R 데이터프레임에서 유래했습니다. 판다스는 효과적인 데이터 분석을 위한 자료 구조를 크게 세 가지로 지원하고 있습니다. 1차원 자료 구조 시리즈(Series), 2차원 자료 구조인 데이터프레임(DataFrame), 그리고 3차원 자료 구조 패널(Panel)을 지원합니다. 판다스의 데이터프레임을 가장 잘 이해하는 방법은 공식 홈페이지에서 치트시트[(Cheat Sheet) 일종의 커닝 페이퍼]을 활용하는 방법입니다.[1] 해당 시트만 제대로 공부한다면 데이터프레임을 활용한 데이터 전처리 작업에 많은 도움이 될 것입니다.

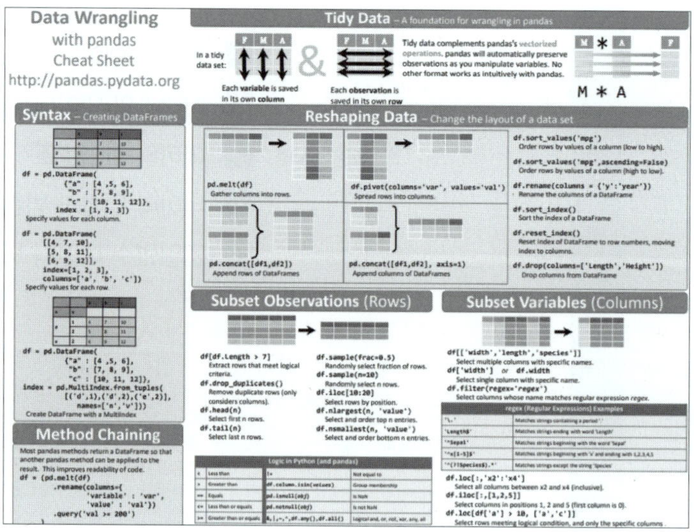

[그림 5-1] 판다스 치트시트

1) https://pandas.pydata.org/Pandas_Cheat_Sheet.pdf

2 시리즈와 데이터프레임

시리즈

시리즈(Series)는 모든 데이터 유형(정수, 문자열, 부동 소수점 숫자, 객체 등)을 저장할 수 있는 1차원 레이블이 지정된 배열입니다. 이때, 열 레이블을 인덱스라고 합니다. 시리즈를 만드는 방법은 딕셔너리, 리스트, 튜플 등으로 만들 수 있습니다. 시리즈는 인덱스와 쌍으로 이루어진 데이터로 구성되어 있습니다.

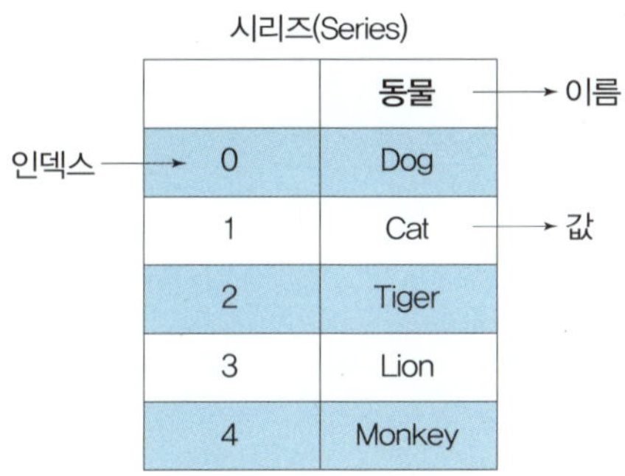

[그림 5-2] 시리즈 구조

```
# 리스트로 만들기 사례
import pandas as pd
sd1 = pd.Series(['Dog','Cat','Tiger','Lion','Monkey'],index=['0','1','2','3','4'])

# 시리즈 데이터 출력
sd1
```

```
0       Dog
1       Cat
2     Tiger
3      Lion
4    Monkey
dtype: object
```

1) 딕셔너리로 만들기

딕셔너리는 {Key : Value}로 값을 저장하고 키 값이 인덱스(index)로, value는 값으로 저장됩니다. 판다스는 내장 함수인 Series()를 활용하여 함수 인자를 전달합니다.

딕셔너리로 시리즈 만들기: pd.Series(딕셔너리)

```
# 라이브러리 불러오기
import pandas as pd

# 딕셔너리로 Series 생성
dict_data = {'a':1,'b':2,'c':3}
sd2 = pd.Series(dict_data)

# 타입 확인
type(sd2)
```

```
pandas.core.series.Series
```

```
# 시리즈 데이터 출력
sd2
```

```
a    1
b    2
c    3
dtype: int64
```

2) 리스트로 만들기

리스트는 딕셔너리와 달리 키 값이 없는 순서 자료형이고 인덱스는 자동으로 0부터 지정됩니다.

리스트로 시리즈 만들기: pd.Series(리스트)

```
import pandas as pd

# 리스트로 Series 생성
list_data=pd.Series(['Dog','Cat','Tiger','Lion','Monkey'],
```

```
index=['0','1','2','3','4'])
sd3= pd.Series(list_data)

# 데이터 확인
sd3
```

```
0       Dog
1       Cat
2     Tiger
3      Lion
4    Monkey
dtype: object
```

3) 튜플로 만들기

튜플도 리스트와 차이는 없습니다. pd.Series() 함수의 옵션으로 index 명을 지정합니다.

튜플로 시리즈 만들기: pd.Series(튜플)

```
import pandas as pd

# 튜플로 Series 생성
tup_data = ('이순신','1991-03-15','남')
sd4 = pd.Series(tup_data, index = ['이름','생년월일','성별'])

# 데이터 확인
sd4
```

```
이름             이순신
생년월일    1991-03-15
성별                남
dtype: object
```

데이터프레임

데이터프레임(DataFrame)은 엑셀 스프레드시트 형태인 행과 열 자료 구조입니다. 각 열(컬럼)에는 서로 다른 종류의 값(숫자, 문자열, 불리언 등)을 가질 수 있습니다. 시리즈가 여러 개

합쳐진 것이라고 보면 됩니다. 데이터프레임은 판다스 기본 구조로 데이터 분석 시 가장 많이 사용하는 자료 구조입니다.

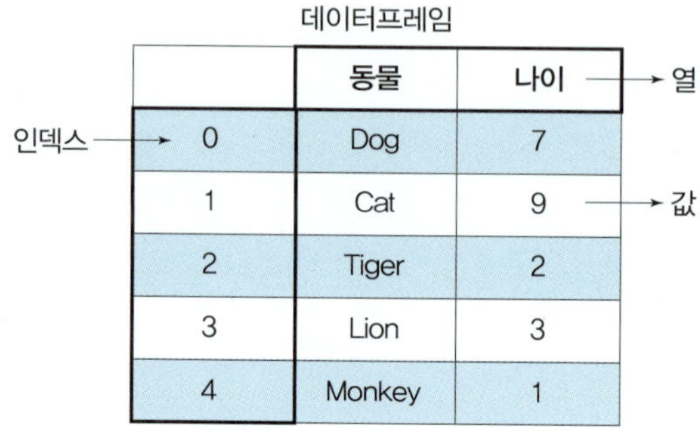

[그림 5-3] 데이터프레임 구조

데이터프레임을 딕셔너리와 리스트로 만드는 것의 차이점은 딕셔너리로 만들면 데이터프레임의 열(column)을 하나씩 쌓아가는 형태이고, 리스트로 만들면 행(row)을 하나씩 쌓아가는 형태라고 생각하면 쉽게 이해할 수 있습니다.

1) 딕셔너리로 만들기

딕셔너리로 데이터프레임 만들기: pd.DataFrame(딕셔너리)

```
import pandas as pd

# 딕셔너리로 데이터프레임 생성
dict_data = {'동물':['Dog','Cat','Tiger','Lion','Monkey'],'나이':[7,9,2,3,1]}
df1 = pd.DataFrame(dict_data)

# 타입 확인
type(df1)
```

```
pandas.core.frame.DataFrame
```

```
# 데이터 확인
print(df1)
```

```
      동물  나이
0      Dog   7
1      Cat   9
2    Tiger   2
3     Lion   3
4   Monkey   1
```

2) 리스트로 만들기

리스트로 데이터프레임 만들기: pd.DataFrame(리스트)

```
import pandas as pd

# 리스트로 데이터프레임 생성
df2=pd.DataFrame([['Dog','7'], ['Cat','9'], ['Tiger','2'], ['Lion','3'],['Monkey','1']],
index = ['0','1','2','3','4'], columns = ['동물','나이'])

# 데이터 확인
df2
```

```
      동물  나이
0      Dog   7
1      Cat   9
2    Tiger   2
3     Lion   3
4   Monkey   1
```

3 데이터프레임 조작

빅데이터 분석과 머신러닝 모델 구축 시 주어진 데이터를 바로 사용하기보다는 원하는 형태로 변형하는 경우가 대부분입니다. 이렇게 데이터를 가공하는 과정을 데이터 전처리(Data Preprocessing)나 데이터 조작(Data Handling, Data Manipulation, Data Wrangling, Data Munging)이라 합니다. 하지만 이 과정은 빅데이터 분석의 단계 중 가장 많은 시간이 소요되는 과정이기도 합니다. 〈Exploratory Data Analysis Forbes〉[2]에서 인용한 설문 결과를 보면 데이터 사이언티스트는 업무 시간 중 80% 정도를 데이터 수집 및 전처리 과정에 사용하지만 동일 설문에서 데이터 분석 업무 중 가장 싫은 단계로 꼽히기도 합니다.

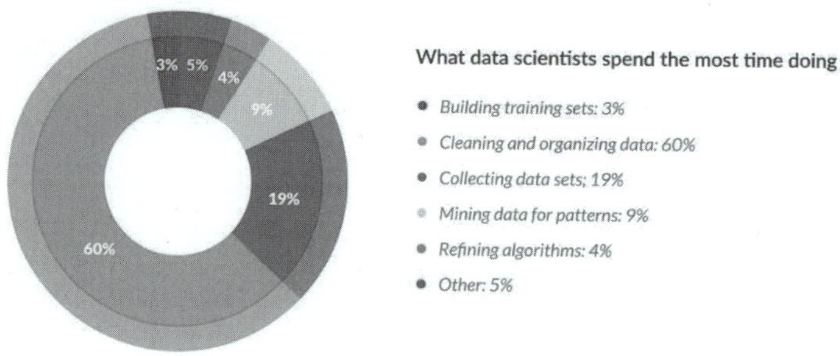

[그림 5-4] 데이터 사이언티스트의 업무 시간

데이터프레임 행과 열

판다스 대표적인 데이터 구조인 데이터프레임은 행과 열로 구성된다고 했습니다. 데이터베이스에서도 마찬가지지만 분야에 따라 데이터프레임 행과 열이 다양한 명칭으로 사용되니 이를 확인해보겠습니다.

- 변수[(Variable) 열, 컬럼, 피처, 특징]: 키(Height), 몸무게(Weight), 성별(Sex), 나이(Age)
- 관측치[(Observation) 행, 로우, 데이터)]: 값을 측정한 단위, 각각의 사람
- 값(Value): 170.1cm, 52kg, 여성

2) https://www.forbes.com/sites/gilpress/2016/03/23/data-preparation-most-time-consuming-least-enjoyable-data-science-task-survey-says/#6f630e766f63

1 변수(열, 컬럼, 피처, 특징)

Name	Sex	Age	Grade	Absence	Blood type	Height	weight
김길동	남자	23	3	유	O	165.3	68.2
이미린	여자	22	2	무	AB	170.1	57
홍길동	남자	24	4	무	B	175	80.1
김철수	남자	23	3	무	AB	182	85.7
손세수	여자	20	1	유	A	168	49.5
박미희	여자	21	2	무	O	162	52
강수진	여자	22	1	무	O	155.2	45.3

2 행, 로우 데이터양

3 관측치

4 변숫값

5 관측값 변숫값

[그림 5-5] 행과 열로 구성된 데이터프레임

행과 열의 크기

데이터프레임에서 행이 많다는 의미는 어떤 의미일까요? 위 데이터를 분석하다가 1억 건 이상의 데이터를 분석하게 되면 어떻게 될까요? 정형 데이터에서 행의 증가는 막대한 컴퓨팅 파워의 증가를 의미합니다. 따라서 행이 늘어나면 컴퓨터의 연산 핵심인 메모리와 CPU를 늘려야 합니다. 그래도 어려우면 클라우드 컴퓨팅의 파워를 빌려야 합니다. 하지만 데이터 분석하는 기법에서 큰 차이는 없습니다.

NO	Name	Sex	Age	Grade	Absence	Blood type	Height	weight
1	김길동	남자	23	3	유	O	165.3	68.2
2	이미린	여자	22	2	무	AB	170.1	57
3	홍길동	남자	24	4	무	B	175	80.1
:								
100,000,000	손세수	여자	20	1	유	A	168	49.5
100,000,001	박미희	여자	21	2	무	O	162	52
100,000,002	강수진	여자	22	1	무	O	155.2	45.3

[그림 5-6] 행의 증가

데이터프레임에서 열의 증가와 감소는 행과는 의미가 다릅니다. 예를 들어 아래 일련번호를 제외하고 8개 열이 4개 열로 감소했다면 분석 대상 변수가 줄어들었다는 의미이지만 데이터 사이언티스트 입장에서 분석 대상 변수 즉, 열이 줄어 분석 시 다양한 조합이 불가능해졌다는 것을 의미합니다. 반면 너무 많은 변수도 분석을 어렵게 할 수 있습니다. 이럴 경우 주성분 분석(PCA: Principal Component Analysis) 등과 같이 특별한 방법으로 변수 축소(쉽게 열을 줄이는)를 고민해야 합니다.

NO	Name	Sex	Blood type	Height
1	김길동	남자	O	165.3
2	이미린	여자	AB	170.1
3	홍길동	남자	B	175
:				
100,000,000	손세수	여자	A	168
100,000,001	박미희	여자	O	162
100,000,002	강수진	여자	O	155.2

[그림 5-7] 열의 감소

깔끔한 데이터

깔끔한 데이터(Tidy data)는 제프 리크(Jeff Leek)가 쓴 책 〈데이터 분석 스타일 기초(The Elements of Data Analytic Style)〉에서 제시한 데이터 분석이 용이한 특징을 가지는 데이터입니다.[3] 깔끔한 데이터는 데이터를 조작하고, 모형화·시각화가 용이합니다. 또한 깔끔한 데이터는 특정한 구조를 갖추고 있는데 변수는 열(column)이고, 관측점은 행(row)이며, 관측 단위에 대한 형태는 테이블(table)로 구성됩니다. 깔끔한 데이터는 결국 데이터 분석을 쉽게 할 수 있는 데이터라 할 수 있습니다.

① 각 변수가 컬럼으로 구성되어 있습니다.

② 각 관측 데이터는 행이 됩니다.

③ 관측 단위에 대한 형태가 테이블로 구성됩니다.

3) http://vita.had.co.nz/papers/tidy-data.pdf

NO	변수	값
김길동	A	1
이미린	A	4
홍길동	A	5
김철수	A	3
손세수	A	2
김길동	B	7
이미린	B	3
홍길동	B	6
김철수	B	5
손세수	B	3

[그림 5-8] 깔끔한 데이터

반면 지저분한(messy) 데이터는 아래와 같습니다.

NO	A	B
김길동	1	7
이미린	4	3
홍길동	5	6
김철수	3	5
손세수	2	3

[그림 5-9] 지저분한 데이터

데이터프레임 확인

1) 요약 정보 보기

데이터 요약 정보 보기는 데이터 분석의 시작입니다. 우선 시본에 내장된 팁 데이터프레임을 가지고 와서 데이터를 살펴봅시다. tips 데이터는 244개 행 인덱스(0~243)와 7개의 열에 관한 정보가 있습니다. Info() 함수는 데이터프레임에 대한 기본 정보를 제공합니다. 클래스 유형, 행 인덱스의 구성, 열 이름의 종류와 개수, 각 열의 자료형과 개수, 메모리 할당량에 관한 정보가 포함됩니다. 데이터프레임 유형은 'pandas.core.frame.DataFrame'이 출력됩니다. 각 열의 이름과 개수, 자료형이 출력되고 자료형(카테고리형 4개, 실수형 2개, 정수형 7개)과 메모리 사용량(7.3 KB)이 출력됩니다.

데이터프레임의 기본 정보 출력: df.info()

```
# 관련 라이브러리 불러오기
import pandas as pd            # 판다스
import seaborn as sns          # 시본

# 데이터 준비 시본에 내장된 팁 데이터
tips = sns.load_dataset("tips")    # 팁 데이터
tips
```

	total_bill	tip	sex	smoker	day	time	size
0	16.99	1.01	Female	No	Sun	Dinner	2
1	10.34	1.66	Male	No	Sun	Dinner	3
2	21.01	3.50	Male	No	Sun	Dinner	3
3	23.68	3.31	Male	No	Sun	Dinner	2
4	24.59	3.61	Female	No	Sun	Dinner	4
...	...	...	...	...	...	...	...
239	29.03	5.92	Male	No	Sat	Dinner	3
240	27.18	2.00	Female	Yes	Sat	Dinner	2
241	22.67	2.00	Male	Yes	Sat	Dinner	2
242	17.82	1.75	Male	No	Sat	Dinner	2
243	18.78	3.00	Female	No	Thur	Dinner	2

244 rows × 7 columns

```
# 데이터프레임의 기본 정보 확인
tips.info()
```

```
<class 'pandas.core.frame.DataFrame'>
RangeIndex: 244 entries, 0 to 243
Data columns (total 7 columns):
total_bill    244 non-null float64
tip           244 non-null float64
sex           244 non-null category
smoker        244 non-null category
day           244 non-null category
time          244 non-null category
size          244 non-null int64
dtypes: category(4), float64(2), int64(1)
memory usage: 7.3 KB
```

2) 행 상·하위 데이터 추출

데이터프레임으로 정리된 데이터셋을 살펴볼 때 실행하는 명령어로 head() 함수가 있습니다. head는 데이터프레임 앞 일부 내용을 출력합니다. 인자로 정수 n을 지정하면 처음 n개

의 행을 출력합니다. 정수 n을 입력하지 않고 head()와 같이 입력하면 지정한 기본 5개의 행을 출력합니다.

특정 행 상위 데이터 추출: df.head(n)

```
# 데이터프레임에서 상위 5개 데이터 추출
tips.head()
```

	total_bill	tip	sex	smoker	day	time	size	smoker_str
0	16.99	1.01	Female	No	Sun	Dinner	2	No
1	10.34	1.66	Male	No	Sun	Dinner	3	No
2	21.01	3.50	Male	No	Sun	Dinner	3	No
3	23.68	3.31	Male	No	Sun	Dinner	2	No
4	24.59	3.61	Female	No	Sun	Dinner	4	No

```
# 데이터프레임에서 상위 2개 데이터 추출
tips.head(2)
```

	total_bill	tip	sex	smoker	day	time	size	smoker_str
0	16.99	1.01	Female	No	Sun	Dinner	2	No
1	10.34	1.66	Male	No	Sun	Dinner	3	No

데이터프레임 하위 데이터를 추출하는 명령어는 tail() 함수가 있습니다.

특정 행 하위 데이터 추출: df.tail(n)

```
# 데이터프레임에서 하위 데이터 추출
tips.tail()
```

	total_bill	tip	sex	smoker	day	time	size	smoker_str
239	29.03	5.92	Male	No	Sat	Dinner	3	No
240	27.18	2.00	Female	Yes	Sat	Dinner	2	Yes
241	22.67	2.00	Male	Yes	Sat	Dinner	2	Yes
242	17.82	1.75	Male	No	Sat	Dinner	2	No
243	18.78	3.00	Female	No	Thur	Dinner	2	No

```
# 데이터프레임에서 하위 3개 데이터 추출
tips.tail(3)
```

	total_bill	tip	sex	smoker	day	time	size	smoker_str
241	22.67	2.00	Male	Yes	Sat	Dinner	2	Yes
242	17.82	1.75	Male	No	Sat	Dinner	2	No
243	18.78	3.00	Female	No	Thur	Dinner	2	No

행 데이터

판다스에서 데이터를 행 단위로 가져오려면 판다스 제공 함수를 사용해야 합니다. 제공하는 함수는 아래와 같이 두 가지입니다.

〈표 5-1〉 행 인덱스 구분

속성	설명	탐색 대상
loc	인덱스 기준으로 행 데이터 읽기	인덱스 이름 예) ['A' : 'D'] →'A', 'B', 'C', 'D'
iloc	행 번호를 기준으로 행 데이터 읽기	정수형 위치 인덱스 예) [1:3] → 1, 2

두 가지 함수 차이를 이해하기 위해서는 인덱스와 행 번호 개념에 대한 이해가 필요합니다.

인덱스와 행 번호란?

판다스 데이터프레임을 보면 다음 형식으로 출력되는데, 박스 안이 인덱스입니다. 현재는 데이터가 숫자 형식으로 순차적으로 정렬되어 있어서 마치 행 번호처럼 보이지만, 인덱스는 문자열로 지정할 수 있고, 숫자도 임의 순서일 수 있습니다. 반면 행 번호는 보이지 않는 일련번호로 되어 있습니다.

인덱스

행 번호

	total_bill	tip	sex	smoker	day	time	size
0	16.99	1.01	Female	No	Sun	Dinner	2
1	10.34	1.66	Male	No	Sun	Dinner	3
2	21.01	3.50	Male	No	Sun	Dinner	3
3	23.68	3.31	Male	No	Sun	Dinner	2
4	24.59	3.61	Female	No	Sun	Dinner	4
...	...	...	...	...	...	...	...
239	29.03	5.92	Male	No	Sat	Dinner	3
240	27.18	2.00	Female	Yes	Sat	Dinner	2
241	22.67	2.00	Male	Yes	Sat	Dinner	2
242	17.82	1.75	Male	No	Sat	Dinner	2
243	18.78	3.00	Female	No	Thur	Dinner	2

244 rows × 7 columns

인덱스를 사용해서 행을 삭제할 때는 drop() 함수를 사용하고 특정 행을 삭제할 때는 () 안에 삭제할 행 이름을 입력하면 됩니다. tips.drop([2]) 같이 2번 인덱스를 삭제하면 행 번호는 0번부터 시작해서 순서대로 나타나지만 인덱스는 데이터 조작에 따라 달라질 수 있습니다.

```
# 2번 인덱스를 삭제하고 새로운 데이터프레임 tips1 생성
tips1 = tips.drop([2])
tips1
```

	total_bill	tip	sex	smoker	day	time	size
0	16.99	1.01	Female	No	Sun	Dinner	2
1	10.34	1.66	Male	No	Sun	Dinner	3
3	23.68	3.31	Male	No	Sun	Dinner	2
4	24.59	3.61	Female	No	Sun	Dinner	4
5	25.29	4.71	Male	No	Sun	Dinner	4
...	...	...	...	...	...	...	...
239	29.03	5.92	Male	No	Sat	Dinner	3
240	27.18	2.00	Female	Yes	Sat	Dinner	2
241	22.67	2.00	Male	Yes	Sat	Dinner	2
242	17.82	1.75	Male	No	Sat	Dinner	2
243	18.78	3.00	Female	No	Thur	Dinner	2

243 rows × 7 columns

행 번호 읽기로 세번째 데이터를 가지고 옵니다.
tips1.iloc[2]

```
total_bill     23.68
tip             3.31
sex             Male
smoker            No
day              Sun
time          Dinner
size               2
Name: 3, dtype: object
```

2번 인덱스가 삭제되어 에러가 발생합니다.
tips1.loc[2]

```
---------------------------------------------------------------------------
KeyError                                  Traceback (most recent call last)
D:₩Anaconda3₩lib₩site-packages₩pandas₩core₩indexes₩base.py in get_loc(self, key, method, toleran
ce)
   2896             try:
-> 2897                 return self._engine.get_loc(key)
   2898             except KeyError:

pandas/_libs/index.pyx in pandas._libs.index.IndexEngine.get_loc()

pandas/_libs/index.pyx in pandas._libs.index.IndexEngine.get_loc()

pandas/_libs/hashtable_class_helper.pxi in pandas._libs.hashtable.Int64HashTable.get_item()

pandas/_libs/hashtable_class_helper.pxi in pandas._libs.hashtable.Int64HashTable.get_item()

KeyError: 2

During handling of the above exception, another exception occurred:

KeyError                                  Traceback (most recent call last)
<ipython-input-18-90eedb51fd20> in <module>
----> 1 tips1.loc[2]
```

1) 인덱스 읽기

loc로 인덱스 데이터를 추출해보겠습니다. 만약 인덱스가 1, 3, 5인 데이터를 한 번에 추출하려면 리스트에 원하는 인덱스를 담아 loc 속성에 전달하면 됩니다.

loc로 행 데이터 추출하기: df.loc[인덱스이름]

데이터프레임에서 프레임에서 인덱스가 0인 데이터 추출
tips.loc[0]

```
total_bill     16.99
tip             1.01
sex           Female
smoker            No
day              Sun
time          Dinner
size               2
Name: 0, dtype: object
```

```
# 1, 3, 5 인덱스를 한번에 가져오기
tips.loc[[1,3,5]]
```

	total_bill	tip	sex	smoker	day	time	size
1	10.34	1.66	Male	No	Sun	Dinner	3
3	23.68	3.31	Male	No	Sun	Dinner	2
5	25.29	4.71	Male	No	Sun	Dinner	4

2) 행 번호 읽기

앞서 loc 인덱스를 사용하여 데이터를 추출했지만, iloc는 데이터 순서를 의미하는 행 번호를 사용하여 데이터를 추출합니다. iloc로 아래와 같이 0번째 행에 해당하는 행 데이터가 추출됩니다. 지금은 인덱스와 행 번호가 동일하여 같은 결괏값이 출력되었습니다.

iloc 속성으로 행 데이터 읽어오기: df.iloc[행 번호]

```
# 데이터프레임에서 0번째 행 데이터 추출
tips.iloc[0]
```

```
total_bill      16.99
tip              1.01
sex            Female
smoker             No
day               Sun
time           Dinner
size                2
Name: 0, dtype: object
```

iloc는 음수를 사용해서 데이터를 추출할 수도 있습니다. 다음은 -1행 번호를 통해 마지막 행 데이터를 추출한 예제이며, 아래와 같이 마지막 행에 해당하는 데이터가 추출된 것을 볼 수 있습니다.

iloc를 통해 마지막 행 데이터 가져오기: df.iloc[-1]

```
# -1을 사용하여 마지막 행 데이터를 추출한 예제
tips.iloc[-1]
```

```
total_bill      18.78
tip                 3
sex            Female
smoker             No
day              Thur
time           Dinner
size                2
Name: 243, dtype: object
```

3) 특정 행 범위 영역을 선택

특정 '행 범위'를 가져오고 싶다면 리스트를 슬라이싱(데이터 일부분을 자른다고 해서 슬라이싱이라고 합니다.) [ ]를 이용할 수 있습니다. tips[0:3]라고 하면 0, 1, 2번째 행을 출력합니다. 데이터프레임의 첫 번째 행을 0번째 행이라고 가정하며 [0:3]이라고 입력했지만 3번째 행을 가져오지 않음에 유의하세요. 또 다른 방법으로 tips.loc[0:3]과 같이 인덱스명을 직접 사용에 해당하는 '행 범위'를 가져올 수도 있습니다. 이때에는 숫자를 이용하여 슬라이싱할 때와 달리 처음과 끝의 행이 모두 포함된 결과를 출력합니다.

df[시작 행:마지막 행]

```
# 행 3개 가지고 오기
# tips[0:3]라고 하면 0, 1, 2번째 행을 출력합니다. 데이터프레임의 첫 번째 행을 0번째 행이라고 가정하며
# [0:3]이라고 입력했지만 3번째 행을 가져오지 않음에 유의하세요.
tips[0:3]
```

	total_bill	tip	sex	smoker	day	time	size	smoker_str
0	16.99	1.01	Female	No	Sun	Dinner	2	No
1	10.34	1.66	Male	No	Sun	Dinner	3	No
2	21.01	3.50	Male	No	Sun	Dinner	3	No

```
# 행 번호를 이용하여 선택하기: .iloc
tips.iloc[0:3]
```

	total_bill	tip	sex	smoker	day	time	size
0	16.99	1.01	Female	No	Sun	Dinner	2
1	10.34	1.66	Male	No	Sun	Dinner	3
2	21.01	3.50	Male	No	Sun	Dinner	3

```
# 인덱스를 이용하여 선택하기: .loc
tips.loc[0:3]
```

	total_bill	tip	sex	smoker	day	time	size	smoker_str
0	16.99	1.01	Female	No	Sun	Dinner	2	No
1	10.34	1.66	Male	No	Sun	Dinner	3	No
2	21.01	3.50	Male	No	Sun	Dinner	3	No
3	23.68	3.31	Male	No	Sun	Dinner	2	No

```
# 인덱스 0부터 3까지의 컬럼 'sex'와 컬럼 'day' 가져오기
tips.loc[0:3,['sex','day']]
```

	sex	day
0	Female	Sun
1	Male	Sun
2	Male	Sun
3	Male	Sun

```
# 특정 인덱스 값의 컬럼 'sex'와 컬럼 'day' 가져오기
tips.loc[0,['sex','day']]
```

```
sex      Female
day         Sun
Name: 0, dtype: object
```

```
# 특정 인덱스 값과 특정 컬럼에 있는 값 가져오기
# .at을 이용할 수도 있습니다.
tips.at[0,'sex']
```

```
'Female'
```

```
# 행과 열을 동시에 선택할 수 있습니다. 다음은 행 번호 기준으로 행과 열 데이
터를 선택하는 예제입니다. 행 번호 3:5로 네 번째 행과 다섯 번째 행을 선택하
며, 열은 0:2로 첫 번째 열과 두 번째 열을 선택합니다.
tips.iloc[3:5,0:2]
```

	total_bill	tip
3	23.68	3.31
4	24.59	3.61

```
# 인덱스 기준으로 행, 열을 지정하면 어떻게 될까요?
# 행과 열의 인덱스를 리스트로 넘겨줄 수도 있습니다. 다음은 두 번째, 세 번째, 다섯 번째 행과, 첫 번째와 세 번째 열을 선택하는 예제
tips.iloc[[1,2,4],[0,2]]
```

	total_bill	sex
1	10.34	Male
2	21.01	Male
4	24.59	Female

```
# 명시적으로 행이나 열 선택 인자에 ':' 슬라이스를 전달하면 다음과 같이 행 또는 열 전체를 가져올 수도 있습니다.
tips.iloc[1:3,:]
```

	total_bill	tip	sex	smoker	day	time	size
1	10.34	1.66	Male	No	Sun	Dinner	3
2	21.01	3.50	Male	No	Sun	Dinner	3

```
tips.iloc[:,1:3]
```

	tip	sex
0	1.01	Female
1	1.66	Male
2	3.50	Male
3	3.31	Male
4	3.61	Female
...	...	...
239	5.92	Male
240	2.00	Female
241	2.00	Male
242	1.75	Male
243	3.00	Female

244 rows × 2 columns

```
# 값 하나를 선택하기 위해서는 특정 행과 열을 지정하는 방식으로 하면 됩니다. 아래의 두 방법 모두 동일한 방법입니다.
tips.iloc[1,1]
tips.iat[1,1]
```

```
1.66
```

4) 조건을 이용하여 선택하기

조건 데이터 추출은 특정한 열의 값들을 기준으로 조건을 만들어 해당 조건에 만족하는 행들만 선택할 수 있는 방법입니다. 조건은 컬럼 데이터를 조건식과 비교하여 데이터를 추출하는 데이터베이스 SQL과 유사합니다. 또한 각 값을 기준으로 조건을 만들 수도 있는데, 이 때에는 행이 선택되는 것이 아니라 데이터프레임의 전체 모양은 유지된 채로 조건에 맞는 값들만 그대로 보여 지고 나머지 값들은 결측치(missing value)로 나타나게 됩니다.

기본 조건식: and(&), or(|), not(~), 비교(==)

```
# 전체 데이터 중 팁이 5달러 이상
tips[tips.tip > 5]
```

	total_bill	tip	sex	smoker	day	time	size
23	39.42	7.58	Male	No	Sat	Dinner	4
44	30.40	5.60	Male	No	Sun	Dinner	4
47	32.40	6.00	Male	No	Sun	Dinner	4
52	34.81	5.20	Female	No	Sun	Dinner	4
59	48.27	6.73	Male	No	Sat	Dinner	4
85	34.83	5.17	Female	No	Thur	Lunch	4
88	24.71	5.85	Male	No	Thur	Lunch	2
116	29.93	5.07	Male	No	Sun	Dinner	4
141	34.30	6.70	Male	No	Thur	Lunch	6
155	29.85	5.14	Female	No	Sun	Dinner	5
170	50.81	10.00	Male	Yes	Sat	Dinner	3
172	7.25	5.15	Male	Yes	Sun	Dinner	2
181	23.33	5.65	Male	Yes	Sun	Dinner	2
183	23.17	6.50	Male	Yes	Sun	Dinner	4
211	25.89	5.16	Male	Yes	Sat	Dinner	4
212	48.33	9.00	Male	No	Sat	Dinner	4
214	28.17	6.50	Female	Yes	Sat	Dinner	3
239	29.03	5.92	Male	No	Sat	Dinner	3

```
# and 조건 - 남자 손님이면서 비흡연자
tips[(tips['sex']=='Male') & (tips['smoker']=='No')]
```

	total_bill	tip	sex	smoker	day	time	size
1	10.34	1.66	Male	No	Sun	Dinner	3
2	21.01	3.50	Male	No	Sun	Dinner	3
3	23.68	3.31	Male	No	Sun	Dinner	2
5	25.29	4.71	Male	No	Sun	Dinner	4
6	8.77	2.00	Male	No	Sun	Dinner	2
...	...	...	...	...	...	...	...
232	11.61	3.39	Male	No	Sat	Dinner	2
233	10.77	1.47	Male	No	Sat	Dinner	2
235	10.07	1.25	Male	No	Sat	Dinner	2
239	29.03	5.92	Male	No	Sat	Dinner	3
242	17.82	1.75	Male	No	Sat	Dinner	2

97 rows × 7 columns

5) 특정 조건 선택

특정 조건 선택 시 'isin' 함수를 많이 사용합니다. 이 함수는 그대로 쓰는 경우보다 데이터 프레임의 컬럼에서 어떤 리스트의 값을 포함하고 있는 것만 걸러낼 때 유용하게 사용됩니다. 해당하는 값이 있으면 True, 없으면 false를 반환합니다.

df.isin(values)

```
# 일요일이면 True
[tips['day'].isin(['Sun'])]
```

```
[0      True
 1      True
 2      True
 3      True
 4      True
        ...
 239    False
 240    False
 241    False
 242    False
 243    False
 Name: day, Length: 244, dtype: bool]
```

```
# 팁을 1달러 지불한 고객
tips[tips['tip'].isin([1])]
```

	total_bill	tip	sex	smoker	day	time	size
67	3.07	1.0	Female	Yes	Sat	Dinner	1
92	5.75	1.0	Female	Yes	Fri	Dinner	2
111	7.25	1.0	Female	No	Sat	Dinner	1
236	12.60	1.0	Male	Yes	Sat	Dinner	2

열 변수

판다스를 통해 데이터프레임의 열 변수를 추출하는 방법을 알아보겠습니다.

1) 열 변수 추출

데이터프레임에서 열 변수를 가져오려면 데이터프레임명 뒤에 대괄호로 지정하여 가져올 수 있습니다.

df.컬럼명 또는 df['컬럼명']

```
# 데이터프레임에서 tip과 size 가지고 오기
tips.tip
```

```
0      1.01
1      1.66
2      3.50
3      3.31
4      3.61
       ...
239    5.92
240    2.00
241    2.00
242    1.75
243    3.00
Name: tip, Length: 244, dtype: float64
```

```
tips['size']
```

```
0      2
1      3
2      3
3      2
4      4
      ..
239    3
240    2
241    2
242    2
243    2
Name: size, Length: 244, dtype: int64
```

2) 여러 개 열 변수 한 번에 추출하기

위에서 살펴본 방법은 한 번에 하나의 열을 가져오는 방식입니다. 판다스에서는 여러 개의 열 데이터를 리스트 형식으로 전달하면 여러 개 열 데이터를 가져오는 방법도 제공합니다. 데이터프레임의 열을 리스트 형식으로 지정하면, 해당 열의 데이터만 추출하여 하위 그룹(subset)에 저장합니다. 여기서는 열이 하나가 아닌 여러 개이므로, 시리즈 형식이 아닌 데이터프레임 형식을 사용하게 됩니다.

df ['컬럼명1', '컬럼명2', '컬럼명n']

```
# 데이터프레임 'total_bill', 'tip', 'day' 열 변수 추출
tips [['total_bill','tip','day']]
```

	total_bill	tip	day
0	16.99	1.01	Sun
1	10.34	1.66	Sun
2	21.01	3.50	Sun
3	23.68	3.31	Sun
4	24.59	3.61	Sun
...	...	...	...
239	29.03	5.92	Sat
240	27.18	2.00	Sat
241	22.67	2.00	Sat
242	17.82	1.75	Sat
243	18.78	3.00	Thur

244 rows × 3 columns

3) 파생변수 만들기

변수를 분석하다 보면 특정한 목적을 위해 기존 변수에서 새로운 변수를 유도하는 경우가 있습니다. 이를 파생변수 혹은 유도변수(Derived variable)라고 하며 많이 사용합니다. 예를 들어 어떤 데이터에 성별 구분이 없어도 주민번호로 데이터를 파생할 수 있습니다.

신규 df.컬럼명 = df.컬럼명 + df.컬럼명

```
# 금액과 팁의 합계인 총액(total) 파생변수 만들기
tips['total'] = tips['total_bill'] + tips['tip']
```

```
0      18.00
1      12.00
2      24.51
3      26.99
4      28.20
       ...
239    34.95
240    29.18
241    24.67
242    19.57
243    21.78
Name: total, Length: 244, dtype: float64
```

4) 열 변수 자료형 확인 및 변환

데이터프레임의 각 컬럼들은 각기 특별한 자료형을 갖고 있습니다. 이는 데이터프레임 내에 있는 dtypes라는 속성을 통해 확인 가능합니다. 파이썬의 기본적인 소수점은 float64로, 기본적은 문자열은 str이 아니라 object라는 자료형으로 가지고 있습니다. 열 변수 형식은 시리즈(Series) 형식이라는 것을 알 수 있습니다. 엑셀처럼 행과 열로 이루어진 데이터 형식을 데이터프레임, 해당 데이터시트의 열 1개를 바로 '시리즈'라고 합니다.

자료형 확인: df.dtype, type(df.컬럼명 또는 df['컬럼명'])
자료형 변환: df.astype

```
# 데이터프레임 자료형 확인
tips.dtypes
```

```
total_bill     float64
tip            float64
sex           category
smoker        category
day           category
time          category
size             int64
dtype: object
```

```
# 데이터프레임 열의 자료형 확인
type(tips.total_bill)
```

```
pandas.core.series.Series
```

```
# 데이터프레임 자료형 변환
# 카테고리형의 흡연 유무를 문자열으로 변환하여 삽입
tips['smoker_str']=tips['smoker'].astype(str)
```

```
total_bill     float64
tip            float64
sex           category
smoker        category
day           category
time          category
size             int64
smoker_str      object
dtype: object
```

[주의] 자료형 중 카테고리형(category)과 문자열(object)의 차이

위 실습에서 흡연 유무를 나타내는 자료형 smoker_str(object) 와 smoker_str(category)와 모두 문자 표기를 의미하는 자료형입니다. 차이가 무엇일까요? 카테고리형은 문자열의 특수한 형태로 이름과 같이 범위가 큰 문자는 문자열(object)로 지정해도 되지만 몇 가지 범주가 가능한 문자열은 즉 범주형 데이터는 카테고리형으로 지정하는 것이 분석 시 용량과 속도 면에서 매우 효율적입니다.

〈표 5-2〉 카테고리형(category)과 문자열(object)의 차이 비교

<table>
<tr><th>문자열 변환 데이터 용량</th><th>카테고리형 변환 데이터 용량</th></tr>
<tr><td>tips.info()</td><td>tips['smoker_str']
=tips['smoker'].astype('category')
tips.info()</td></tr>
<tr><td><class 'pandas.core.frame.DataFrame'>
RangeIndex: 244 entries, 0 to 243
Data columns (total 8 columns):
total_bill 244 non-null float64
tip 244 non-null float64
sex 244 non-null category
smoker 244 non-null category
day 244 non-null category
time 244 non-null category
size 244 non-null int64
smoker_str 244 non-null object
dtypes: category(4), float64(2), int64(1), object(1)
memory usage: 9.2+ KB</td><td><class 'pandas.core.frame.DataFrame'>
RangeIndex: 244 entries, 0 to 243
Data columns (total 8 columns):
total_bill 244 non-null float64
tip 244 non-null float64
sex 244 non-null category
smoker 244 non-null category
day 244 non-null category
time 244 non-null category
size 244 non-null int64
smoker_str 244 non-null category
dtypes: category(5), float64(2), int64(1)
memory usage: 7.6 KB</td></tr>
</table>

데이터 조작

〈표 5-3〉 데이터 조작 명령

함수	기능
df.count()	개수 확인
df.index df.columns df.values	인덱스 보기 변수 보기 데이터 보기
df.sort_values() df.sort_values(ascending=False)	오름차순 내림차순
df.sum()	행, 열 합계

1) 데이터 개수 확인

데이터 행의 개수를 세는 방법으로 count 함수를 사용합니다.(단 NaN 값은 세지 않습니다.)

df.count()

```
# 데이터프레임의 개수 확인
tips.count()
```

```
total_bill    244
tip           244
sex           244
smoker        244
day           244
time          244
size          244
smoker_str    244
total         244
dtype: int64
```

```
len(tips)
```

```
244
```

데이터프레임과 시리즈 개수를 구분하면 아래 표와 같습니다.

〈표 5-4〉 데이터프레임, 시리즈 개수 확인

구분	데이터프레임(df)	시리즈(s)
행 개수 세기	len(df) df.shape[0] len(df.index)	len(s) s.size len(s.index)
열 개수 세기	df.shape[1]	N/A
null 제외 행 개수	df.count()	s.cout()
그룹별 행 개수	df.groupby(…).count()	sgroupby(…).size()
그룹별 null 제외 행 개수	df.groupby(…).count()	s.groupby(…).count()

2) 기타 보기

```
# 데이터프레임 인덱스 보기
tips.index
```

```
RangeIndex(start=0, stop=244, step=1)
```

```
# 데이터프레임 컬럼 보기
tips.columns
```

```
Index(['total_bill', 'tip', 'sex', 'smoker', 'day', 'time', 'size',
       'smoker_str', 'total'],
      dtype='object')
```

```
# 행, 열 구조 보기
tips.values
```

```
array([[16.99, 1.01, 'Female', ..., 2, 'No', 18.0],
       [10.34, 1.66, 'Male', ..., 3, 'No', 12.0],
       [21.01, 3.5, 'Male', ..., 3, 'No', 24.51],
       ...,
       [22.67, 2.0, 'Male', ..., 2, 'Yes', 24.67],
       [17.82, 1.75, 'Male', ..., 2, 'No', 19.57],
       [18.78, 3.0, 'Female', ..., 2, 'No', 21.78]], dtype=object)
```

3) 정렬

정렬(sorting)은 데이터 보기에서 마지막 단계에 종종 사용하는 데이터 확인 과정입니다. 데이터를 정렬하려면 sort_index와 sort_values 메서드를 사용합니다. sort_index는 열 인덱스 값을 기준으로, sort_values는 행 데이터 값을 기준으로 정렬합니다.

데이터프레임 정렬: dataframe.sort_values()
튜플 정렬: sorted(tuple, key)
리스트 정렬: list.sort(), sorted(list)

```
# '지급액' 열(by=' total_bill ')을 기준으로 index(axis=0) 오름차순 정렬하기
tips.sort_values(by=['total_bill'], axis=0)
```

	total_bill	tip	sex	smoker	day	time	size	smoker_str
67	3.07	1.00	Female	Yes	Sat	Dinner	1	Yes
92	5.75	1.00	Female	Yes	Fri	Dinner	2	Yes
111	7.25	1.00	Female	No	Sat	Dinner	1	No
172	7.25	5.15	Male	Yes	Sun	Dinner	2	Yes
149	7.51	2.00	Male	No	Thur	Lunch	2	No
...	...	...	...	...	...	...	...	...
182	45.35	3.50	Male	Yes	Sun	Dinner	3	Yes
156	48.17	5.00	Male	No	Sun	Dinner	6	No
59	48.27	6.73	Male	No	Sat	Dinner	4	No
212	48.33	9.00	Male	No	Sat	Dinner	4	No
170	50.81	10.00	Male	Yes	Sat	Dinner	3	Yes

244 rows × 8 columns

```
# '지급액' 열(by=' total_bill ')을 기준으로 index(axis=0) 내림차순 정렬하기
ascending=False 옵션 추가
tips.sort_values(by=['total_bill'], axis=0, ascending=False)
```

	total_bill	tip	sex	smoker	day	time	size	smoker_str
170	50.81	10.00	Male	Yes	Sat	Dinner	3	Yes
212	48.33	9.00	Male	No	Sat	Dinner	4	No
59	48.27	6.73	Male	No	Sat	Dinner	4	No
156	48.17	5.00	Male	No	Sun	Dinner	6	No
182	45.35	3.50	Male	Yes	Sun	Dinner	3	Yes
...	...	...	...	...	...	...	...	...
149	7.51	2.00	Male	No	Thur	Lunch	2	No
111	7.25	1.00	Female	No	Sat	Dinner	1	No
172	7.25	5.15	Male	Yes	Sun	Dinner	2	Yes
92	5.75	1.00	Female	Yes	Fri	Dinner	2	Yes
67	3.07	1.00	Female	Yes	Sat	Dinner	1	Yes

244 rows × 8 columns

```
# 열 이름을 (알파벳 순서로) 정렬하기: axis=1
tips.sort_index(axis=1)
```

	day	sex	size	smoker	smoker_str	time	tip	total_bill
0	Sun	Female	2	No	No	Dinner	1.01	16.99
1	Sun	Male	3	No	No	Dinner	1.66	10.34
2	Sun	Male	3	No	No	Dinner	3.50	21.01
3	Sun	Male	2	No	No	Dinner	3.31	23.68
4	Sun	Female	4	No	No	Dinner	3.61	24.59
...	...	...	...	...	...	...	...	...
239	Sat	Male	3	No	No	Dinner	5.92	29.03
240	Sat	Female	2	Yes	Yes	Dinner	2.00	27.18
241	Sat	Male	2	Yes	Yes	Dinner	2.00	22.67
242	Sat	Male	2	No	No	Dinner	1.75	17.82
243	Thur	Female	2	No	No	Dinner	3.00	18.78

244 rows × 8 columns

4) 행/열 합계

행과 열의 합계를 구할 때는 sum(axis) 함수를 사용합니다.

df.sum()

```
# 행 합계를 구할 때는 sum(axis=1) 메서드를 사용합니다.
tips.sum(axis=1)
```

```
0      20.00
1      15.00
2      27.51
3      28.99
4      32.20
       ...
239    37.95
240    31.18
241    26.67
242    21.57
243    23.78
Length: 244, dtype: float64
```

```
# 열 합계를 구할 때는 sum(axis=0) 메서드를 사용하는데 axis 인수의 디폴트값
이 0이므로 axis 인수를 생략할 수 있습니다.
tips.sum()
```

```
total_bill                                              4827.77
tip                                                      731.58
sex           FemaleMaleMaleMaleFemaleMaleMaleMaleMaleMaleMa...
smoker        NoNoNoNoNoNoNoNoNoNoNoNoNoNoNoNoNoNoNoNoNoNoNo...
day           SunSunSunSunSunSunSunSunSunSunSunSunSunSunSunS...
time          DinnerDinnerDinnerDinnerDinnerDinnerDinnerDinn...
size                                                        627
smoker_str    NoNoNoNoNoNoNoNoNoNoNoNoNoNoNoNoNoNoNoNoNoNoNo...
RowSum                                                  6186.35
dtype: object
```

행, 열 합계에서 연속형 데이터인(total_bill, tip,size) 총매출액, 총 팁액, 총 손님 수 외에는 분석에 큰 의미가 없습니다. 그러면 어떻게 해야 할까요? 좀 더 추가 분석을 원한다면 그룹 분석이 필요하며 데이터 탐색에서 다시 살펴보겠습니다.

> Axis(축) 설정
>
> 판다스를 사용하다 보면 정렬, 평균 계산, 데이터프레임 열이나 행 삭제 작업을 할 때 axis(축)을 지정해야 합니다. 축을 추가해야 할 때 0을 넣어야 하는지, 1을 넣어야 하는지 고민할 때가 있습니다. 아래와 같이 정리해 보겠습니다.
>
> ```
> aixs=0(index)은 행을 지정합니다.
> - mean 행 평균 구하기
> - drop 행 삭제
> - rank 행 순위 구하기
>
> 반면 aixs=1(columns)은 열을 지정합니다.
> - mean 열 평균 구하기
> - drop 열 삭제
> - rank 열 순위 구하기
> ```

4 데이터 연결과 병합

판다스는 두 개 이상의 데이터프레임을 하나로 결합하는 방식으로 데이터 연결(Concatenate)과 병합(Merge)을 지원합니다.

데이터 연결

연결은 데이터 행을 위, 아래 또는 좌우로 결합하는 방법입니다. 데이터 행을 연결하는 과정을 통해 간단히 두 시리즈나 데이터프레임을 연결할 수 있지만 이 경우 인덱스 값이 중복될 수 있습니다. concat 명령을 사용하면 기준 열(key column) 없이 데이터를 연결(Concatenate)할 수 있습니다.

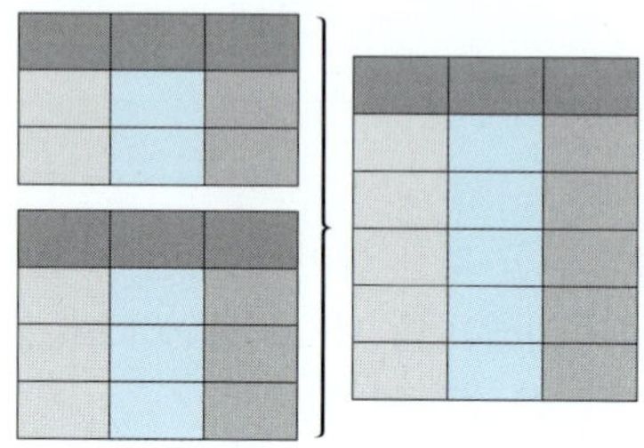

[그림 5-10] 데이터 연결

df.concat()
df.append()

```
# 시리즈를 새로운 행으로 연결합니다.
import pandas as pd
s1 = pd.Series([0, 1], index=['A', 'B'])
s2 = pd.Series([2, 3, 4], index=['c', 'd', 'e'])
s1
```

```
A    0
B    1
dtype: int64
```

```
s2
```

```
c    2
d    3
e    4
dtype: int64
```

```
pd.concat([s1, s2])
```

```
A    0
B    1
c    2
d    3
e    4
dtype: int64
```

```
# 옆으로 데이터 열을 연결하고 싶으면 axis=1로 인수를 설정합니다.
df1 = pd.DataFrame([['Dog','3'], ['Bird','10'], ['Tiger','6'], ['Moose','3']],
                   index = ['0','1','2','3'],
```

```
                     columns = ['동물','나이'])
df1
```

	동물	나이
0	Dog	3
1	Bird	10
2	Tiger	6
3	Moose	3

```
df2 = pd.DataFrame([['집','0'], ['초원','0'], ['수풀','0'], ['초원','1']],
                     index = ['0','1','2','3'],
                     columns = ['사는곳','뿔의 개수'])
df2
```

	사는곳	뿔의 개수
0	집	0
1	초원	0
2	수풀	0
3	초원	1

```
pd.concat([df1, df2], axis=1)
```

	동물	나이	사는곳	뿔의 개수
0	Dog	3	집	0
1	Bird	10	초원	0
2	Tiger	6	수풀	0
3	Moose	3	초원	1

데이터 병합

병합(Merge) 명령은 두 데이터프레임의 공통 열 혹은 인덱스를 기준으로 두 개의 테이블을 병합하는 과정입니다. 이때 기준이 되는 열, 행의 데이터를 키(key)라고 합니다.

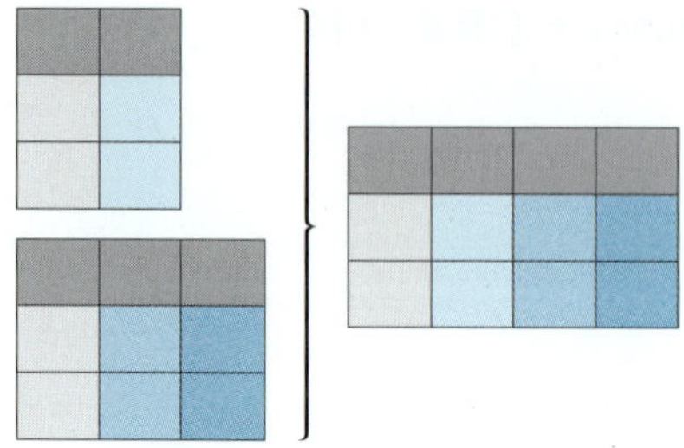

[그림 5-11] 데이터 병합

merge 명령으로 아래 두 데이터프레임 df1, df2를 병합하면 공통 열인 키(고객번호) 열을 기준으로 데이터를 찾아서 결합합니다. 이 때 양쪽 데이터프레임에 모두 키가 존재하는 데이터만 보여주는 inner join 방식을 사용합니다. 병합 개념을 정리하면 다음과 같습니다.

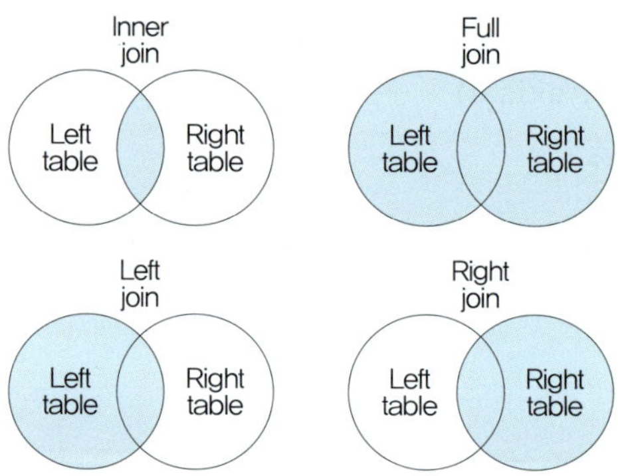

[그림 5-12] 데이터 병합 기준

df.merge()

```
import pandas as pd

# 병합용 데이터프레임 생성
df1 = pd.DataFrame({ '고객번호': [1001, 1002, 1003, 1004, 1005, 1006, 1007],
    '이름': ['강감찬', '홍길동', '이순신', '장보고', '유관순', '신사임당', '세종대왕']
}, columns=['고객번호', '이름'])
df1
```

	고객번호	이름
0	1001	강감찬
1	1002	홍길동
2	1003	이순신
3	1004	장보고
4	1005	유관순
5	1006	신사임당
6	1007	세종대왕

```
df2 = pd.DataFrame({'고객번호': [1001, 1001, 1005, 1006, 1008, 1001],
    '금액': [10000, 20000, 15000, 5000, 100000, 30000]
}, columns=['고객번호', '금액'])
df2
```

	고객번호	금액
0	1001	10000
1	1001	20000
2	1005	15000
3	1006	5000
4	1008	100000
5	1001	30000

```
# inner join
pd.merge(df1, df2, on='고객번호')
pd.merge(df1, df2, how='inner' on='고객번호')
```

	고객번호	이름	금액
0	1001	강감찬	10000
1	1001	강감찬	20000
2	1001	강감찬	30000
3	1005	유관순	15000
4	1006	신사임당	5000

```
# Full join 방식은 키 값이 한쪽에만 있어도 데이터를 출력
pd.merge(df1, df2, how='outer', on='고객번호')
```

	고객번호	이름	금액
0	1001	강감찬	10000.0
1	1001	강감찬	20000.0
2	1001	강감찬	30000.0
3	1002	홍길동	NaN
4	1003	이순신	NaN
5	1004	장보고	NaN
6	1005	유관순	15000.0
7	1006	신사임당	5000.0
8	1007	세종대왕	NaN
9	1008	NaN	100000.0

```
# left, right 방식은 각각 첫 번째, 혹은 두 번째 데이터프레임의 키 값을 모두
보여준다.
pd.merge(df1, df2, how='left', on='고객번호')
```

	고객번호	이름	금액
0	1001	강감찬	10000.0
1	1001	강감찬	20000.0
2	1001	강감찬	30000.0
3	1002	홍길동	NaN
4	1003	이순신	NaN
5	1004	장보고	NaN
6	1005	유관순	15000.0
7	1006	신사임당	5000.0
8	1007	세종대왕	NaN

```
pd.merge(df1, df2, how='right', on='고객번호')
```

	고객번호	이름	금액
0	1001	강감찬	10000
1	1001	강감찬	20000
2	1001	강감찬	30000
3	1005	유관순	15000
4	1006	신사임당	5000
5	1008	NaN	100000

5 단일변수 데이터 보기

데이터 분석은 변수 유형 구분부터 출발합니다. 우선 단일변수와 변수 유형에 따른 분석부터 시작해 보겠습니다. 분석이라고 하지만 데이터의 전반적인 생김새를 보는 정도라고 이해하면 됩니다. 이변수 이상(두 개 이상)이 되면 단순 분석으로는 어렵기 때문에 시각화와 같이 분석되어야 합니다. 이변수 이상부터는 시각화 과정을 추가해 분석해 보겠습니다.

데이터프레임 변수 유형

데이터프레임은 행과 열로 구성되어 있습니다. 데이터 분석에서 변수를 구분해야 하는 이유는 기초 분석과 고급 분석 모두 이변수 형식에 따라 다른 분석 기준을 사용하기 때문입니다.

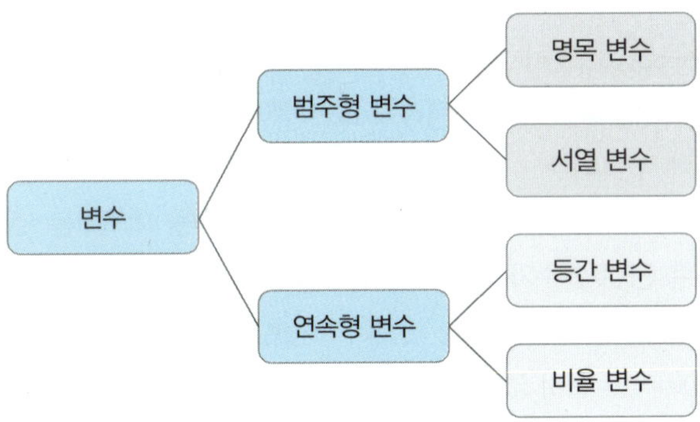

[그림 5-13] 변수(컬럼, 열) 구분

① 범주형 변수

범주형 변수는 사칙연산(평균)의 결과가 의미가 없다는 특징이 있습니다. 예를 들어 성별을 1(남자), 2(여자)로 구분하여 이들의 평균을 구하면 1.5가 됩니다. 여기서 1.5가 어떤 의미일까요? 범주형 변수는 순서 의미의 유무에 따라 명목, 서열 변수로 구분하기도 합니다.

– **명목 변수**: 명목 변수는 수치가 아닌 문자로 표현하는 변숫값으로 동일한 특성을 갖는 대상들이 동일한 수치를 갖는 변수를 명목 데이터라고도 합니다. 성별 구분인 경

우 남자=1, 여자=2라는 수치를 부여한다면 이것이 범주형 데이터에서 명목형 데이터가 됩니다. 명목형 데이터는 사칙연산이 불가능하며 데이터의 순서를 바꾸어도 문제가 되지 않습니다. 성별에서 남자를 2로, 여자를 1로 변경해도 된다는 의미입니다.

- **서열 변수**: 서열 데이터는 명목 데이터와 유사하지만 변수에 순서가 있습니다. 측정 대상의 특성에 따라 순서대로 배열하고, 그 순서에 따라 서열을 부여하면 서열 데이터가 됩니다. 예를 들어 건강 상태에 따라 나쁨=1, 보통=2, 좋음=3으로 수치를 부여한 경우 1, 2, 3의 수치에 상대적 서열 특성을 알 수 있습니다.

② 연속형(수치형) 변수

범주형 대비 연속형 변수의 가장 큰 특징은 사칙연산이 가능합니다. 예로부터 자연현상에 대해 과학적 수치를 부여하는 과정을 '수치화'라고 불렀습니다. 지금도 데이터 분석에 많은 부분이 주로 연속형과 같은 수치형 데이터를 대상으로 합니다. 이 수치형 연속 데이터는 절대적 기준점의 존재 여부에 따라 다시 등간 변수, 비율 변수로 구분됩니다.

- **등간 변수**: 등간 변수는 구간 데이터라고 하는데, 해당 속성에 절대적 원점이 존재하지 않으며 비율의 의미가 존재하지 않는 데이터입니다. 대표적인 예로 온도가 있습니다. 온도에서 '0'이라는 의미는 온도가 없는 것을 의미하지는 않습니다. 절대적 기준점인 0을 의미하는 것이 아니라 상대적 간격인 '0'을 의미하는 것이기 때문입니다.
- **비율 변수**: 등간 변수가 연속형 변수에서 절대적 기준점을 없었다면 비율 변수는 절대적 기준점이 존재하고 비율 계산이 가능한 데이터입니다. 예를 들어 대학 학력고사 점수가 0이라면 전혀 없음을 의미하고 100점은 50점의 두 배라고 이해하면 됩니다.

변수 유형별 데이터 분석

〈표 5-5〉 변수 유형 분석 구분

변수	설명	변수 유형	분석
(단)일변수	한 개 변수 분석	범주	빈도분석, 교차분석
		연속	기술통계
이변수	두 개 변수 분석	연속/연속	상관분석
		범주/범주	카이제곱
		연속/범주	다변량분석

다변수	세 개 이상 분석	연속형 3개	다변량분석
		연속형 일변수 범주형 이변수	다변량분석

범주형

범주형 변수의 분석의 첫 단계는 변수의 빈도(Frequency)와 전체 데이터 빈도를 확인합니다.

1) 빈도분석

단일 범주형 변수 기술 분석의 첫 번째 과정은 범주형 변숫값의 빈도를 파악하는 것입니다. 빈도는 대상 자료에서 반복하는 횟수를 기록하는 것으로 빈도분석을 통해 전반적 분포를 살펴보면서 전체 데이터의 구성을 파악하는 과정입니다. 가장 빈도가 높은 데이터와 가장 빈도가 낮은 데이터를 기록하고 데이터 분석을 시작해야 합니다.

2) 교차분석

교차분석은 범주형 변수 간 빈도분석을 확장하여 빈도를 교차시킨 분할표(Contingency Table)를 만들어 분석하는 방법입니다. 분할표는 교차분석 표(Cross table)라고도 합니다.

범주형 빈도분석: df.value_counts()
범주형 교차분석: df.crosstab()

```
# 라이브러리 불러오기
import pandas as pd           # 판다스
import seaborn as sns         # 시본

# 데이터 준비
tips = sns.load_dataset("tips")    # 팁 데이터

# 데이터 보기
tips
```

	total_bill	tip	sex	smoker	day	time	size
0	16.99	1.01	Female	No	Sun	Dinner	2
1	10.34	1.66	Male	No	Sun	Dinner	3
2	21.01	3.50	Male	No	Sun	Dinner	3
3	23.68	3.31	Male	No	Sun	Dinner	2
4	24.59	3.61	Female	No	Sun	Dinner	4
...	...	...	...	...	...	...	...
239	29.03	5.92	Male	No	Sat	Dinner	3
240	27.18	2.00	Female	Yes	Sat	Dinner	2
241	22.67	2.00	Male	Yes	Sat	Dinner	2
242	17.82	1.75	Male	No	Sat	Dinner	2
243	18.78	3.00	Female	No	Thur	Dinner	2

244 rows × 7 columns

```
# tips 데이터 유형 확인
# tips 데이터의 범주형(category) 변수는 sex, smoker, day, time 4개

tips.dtypes
```

```
total_bill     float64
tip            float64
sex           category
smoker        category
day           category
time          category
size             int64
dtype: object
```

```
# 성별 범주형 빈도분석
tips['sex'].value_counts()
```

```
Male      157
Female     87
Name: sex, dtype: int64
```

```
# 요일별 범주형 빈도분석
tips['day'].value_counts()
```

```
Sat     87
Sun     76
Thur    62
Fri     19
Name: day, dtype: int64
```

```
# 성별, 요일별 교차분석
pd.crosstab(tips['sex'],tips['day'])
```

day	Thur	Fri	Sat	Sun
sex				
Male	30	10	59	58
Female	32	9	28	18

```
# 여백 또는 누적값 cumulatives
pd.crosstab(tips['sex'],tips['day'], margins=True)
```

day	Thur	Fri	Sat	Sun	All
sex					
Male	30	10	59	58	157
Female	32	9	28	18	87
All	62	19	87	76	244

```
# 전체 빈도 비율 확인
pd.crosstab(tips['sex'],tips['day']).apply(lambda r: r/len(tips), axis=1)
```

day	Thur	Fri	Sat	Sun
sex				
Male	0.122951	0.040984	0.241803	0.237705
Female	0.131148	0.036885	0.114754	0.073770

연속형

연속형 분석은 수집된 수치 데이터의 정리, 표현, 요약 등을 통해 데이터의 전반적인 특성을 이해하는 분석 진입 단계로 '기술통계'라고도 합니다. 사칙연산이 가능한 연속형 변수들의 전반적인 이해를 도출할 수 있습니다. 연속형 분석은 기술통계에서 시작하는데 데이터를 정리하고 그 내용을 특정 짓는 몇 가지 대푯값을 도출하여 그래프로 시각화하며 특징을 요약하는 과정입니다. 단순하지만 데이터 분석 시작 과정에서 전체 데이터의 외형을 파악하고 흐름을 이해할 수 있는 중요한 출발점이기도 합니다.

1) 데이터 중심 이해: 평균, 중위수

데이터의 중심은 여러 자료들을 비교하였을 경우 중앙에 위치하는 값으로 자료의 특성을 찾는 분석 접근 방법입니다. 일상생활에서 가장 많이 쓰이는 분석 용어는 평균입니다. 보통 평균이라 함은 '산술평균'을 의미합니다. 그러나 산술평균은 값의 극단적 변화에 민감

합니다. 따라서 이를 보완할 수 있는 방법으로 값의 순서상 중앙에 위치한 값인 '중위수(Median)'를 보조 도구로 사용합니다. 중위수는 중앙값이라고 하는데 데이터를 크기순으로 정렬하였을 경우 가운데 위치하는 데이터를 의미합니다. 데이터의 수가 홀수일 때는 정확하게 가운데 위치하는 값이 존재하지만, 짝수일 때는 중앙에 위치한 값이 존재하지 않습니다. 이럴 경우 중앙에 위치한 2개의 데이터 평균을 중앙값으로 사용합니다. 예를 들어 어느 회사 급여가 100만 원, 150만 원, 200만 원, 250만 원, 3,000만 원이라면 급여 평균은 740만 원입니다. 이럴 경우 평균이 전체 데이터의 중심을 대표한다고 할 수 없습니다. 3,000만 원이라는 이상치 데이터가 전체 데이터를 왜곡하여 잘못된 의사결정을 할 수도 있습니다. 이 경우 중위수로 다시 데이터의 중심을 확인하면 200만 원이 되며 전체 데이터를 정확히 파악할 수 있습니다.

다양한 평균의 세계

- 산술 평균: 모든 값을 더한 후 값의 개수만큼 나눈 후 나오는 값을 의미
- 기하 평균: %로 평균 비율을 구할 때 방법
- 제곱 평균: 각 값의 제곱의 평균을 구한 후 루트를 적용해서 구하는 평균
- 조화 평균: 평균 속도를 구할 때 주로 사용하는 방법

2) 데이터 퍼짐 정도 이해: 분산, 표준편차, 범위, 사분위수

평균과 중위수를 통해 연속형 데이터를 대표하는 중심을 파악했지만 전체 자료를 대표하는 값으로 개별 자료의 대표성은 나타내지 못합니다. 따라서 전체 자료를 대표하는 평균과 개별 자료를 대표하는 평균 사이를 분석하는 방법이 필요합니다. 이 경우 '평균을 중심으로 흩어진 정도'를 파악함으로 가능한데 개별 관측치와 전체 평균과의 차이를 확인합니다.

① **분산**: 데이터 퍼짐 정도

② **표준편차**: 데이터의 퍼짐 정도를 나타내는 또 하나의 지표이고 동일한 기준을 적용하기 위한 편차 제곱합의 평균으로 나타냅니다.

③ **범위**: 데이터의 흩어진 범위

④ **사분위**: 데이터의 분포가 좌우대칭이 아니거나 이상치가 있는 경우 평균은 극단적으로 치우진 대표성이 없는 값에 의해 영향을 받습니다. 이 경우 자료를 나열하여

전체 데이터를 파악할 수 있습니다. 자료를 순서대로 나열했을 때 즉, 50%에 위치하는 수가 중위수(Q2)이고 25%에 위치하는 수가 Q1입니다. 시각화에서 다시 확인하겠습니다.

아래 두 그룹 A, B는 모두 평균 5를 나타냅니다. 같은 데이터인가요? 이것은 단지 데이터의 중심 위치가 같다는 것을 의미합니다. 하지만 표준편차를 비교해 보니 서로 다른 모양의 그래프로, 다른 분포의 데이터 집합이니 분석도 다르게 진행해야 합니다. 분포 모양이 다른 이유는 집단 B에 15라는 이상값이 존재하므로 평균의 의미는 무의미하고 중위수가 대푯값으로 더 큰 의미를 가지기 때문입니다. 이처럼 변수 하나의 '연속형 데이터 보기'도 데이터 중심(평균)과 데이터의 퍼짐 정도(표준편차)를 통해 데이터의 전반적인 생김새를 파악할 수 있는 중요한 출발점입니다. 이외에도 연속형 분석 대상은 데이터 양 끝 범위를 파악할 수 있는 최댓값, 최솟값 등이 있습니다.

〈표 5-6〉 그룹 비교

구분	A	B
	4, 4, 5, 5, 5, 6, 6	2, 3, 3, 3, 4, 5, 15
평균	5	5
표준편차	0.82	4.51
중위수	5	3

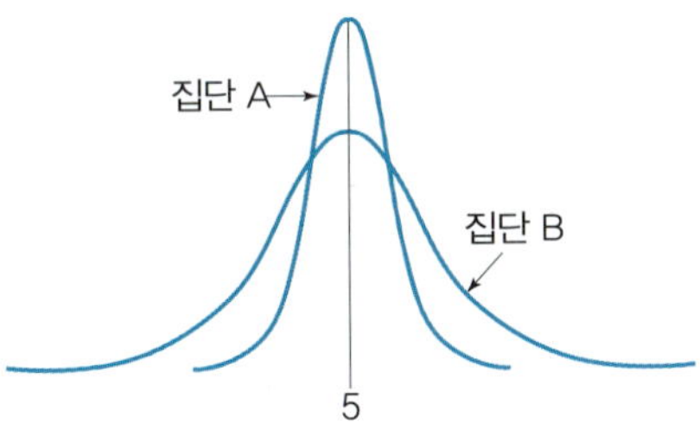

[그림 5-14]

판다스는 describe() 함수를 통해 연속형 변수의 기술통계를 출력합니다. 컬럼별로 데이터의 개수(count), 데이터의 평균값(mean), 표준편차(std), 최솟값(min), 4분위수(25%, 50%, 75%), 그리고 최댓값(max) 등의 정보를 알 수 있습니다.

연속형 변수의 기술통계: df.describe()

```
# tips 데이터 유형 확인
# tips 데이터의 연속형(category) 변수는 total_bill, tip, size 3개
tips.dtypes
```

```
total_bill      float64
tip             float64
sex            category
smoker         category
day            category
time           category
size              int64
dtype: object
```

```
tips.describe()
```

	total_bill	tip	size
count	244.000000	244.000000	244.000000
mean	19.785943	2.998279	2.569672
std	8.902412	1.383638	0.951100
min	3.070000	1.000000	1.000000
25%	13.347500	2.000000	2.000000
50%	17.795000	2.900000	2.000000
75%	24.127500	3.562500	3.000000
max	50.810000	10.000000	6.000000

연습문제

1 판다스의 데이터 구조를 설명하시오.

2 시리즈가 여러 개 합쳐지면 어떤 데이터 구조가 되는지를 설명하시오.

3 데이터 사이언티스트 입장에서 행, 열의 증가가 어떤 의미인지 설명하시오.

4 다음 예제를 활용하여 데이터프레임의 구조에 대해서 설명하시오.

NO	Name	Sex	Age	Grade	Absence	Blood type	Height	weight
1	김길동	남자	23	3	유	O	165.3	68.2
2	이미린	여자	22	2	무	AB	170.1	57
3	홍길동	남자	24	4	무	B	175	80.1
:								
100,000,000	손세수	여자	20	1	유	A	168	49.5
100,000,001	박미희	여자	21	2	무	O	162	52
100,000,002	강수진	여자	22	1	무	O	155.2	45.3

5 다음 시본에 내장된 tips 데이터을 가져와서 (1) 데이터프레임의 기본 정보 확인, (2) 특정 행 상위, 하위 데이터 추출, (3) 남자 손님이면서 비흡연자를 추출하시오.

6 카테고리(Category)와 문자열(Object)의 차이를 설명하시오.

7 행 데이터 다루기에서 인덱스와 행 번호에 대하여 설명하시오.

8 데이터프레임 2개를 생성하여 공통 열인 키 열을 기준으로 데이터를 결합하시오.

9 데이터 병합(Merge) 시 키(key)에 따른 병합 기준을 설명하시오.

10 범수 유형별 데이터 분석 방법을 기술하시오.

06장 데이터 클린징

1 데이터 클린징의 이해

제2차 세계 대전이 막바지에 이르렀을 때, 연합군은 독일에서 무사히 귀환한 비행기를 대상으로 비행기의 어느 부위에 적 기관총의 총알이 집중되었는지를 조사했습니다. 분석 결과 [그림 6-1]과 같이 꼬리 날개 부분, 중앙 몸통, 앞날개 양쪽을 제외하고 총탄이 집중되고 있음을 확인할 수 있었습니다. 이에 연합군 관계자들은 대비책으로 적 총탄이 집중된 부분에 강판을 추가로 부착하여 비행기의 안정성을 확보하고자 했습니다. 하지만 헝가리 출신의 통계학자 아브라함 월드(Abraham Wald)는 당시 대부분 분석가들의 결과와 전혀 다른 반대 주장을 했습니다. 월드는 총탄을 맞지 않은 부분을 보완하고 강화해야 한다고 주장한 것입니다. 실제 확인해보니 연합군 분석 전문가들 대부분이 전투기 및 폭격기의 무사 귀환을 목적으로 연구했지만, 연구 대상을 무사 귀환 전투기만으로 분석 범위를 제한하는 실수를 한 것입니다. 귀환하지 못한 전투기들은 모두 전문가들이 예상하지 못한 다른 부분에 공격을 받았기 때문에 전투기가 추락했을 가능성이 높았던 것입니다. 이 이야기는 통계학에서 생존자 편향(survivor bias) 또는 표본 편향(sample bias) 오류의 대표적인 사례로 자주 언급되는 이야기입니다.

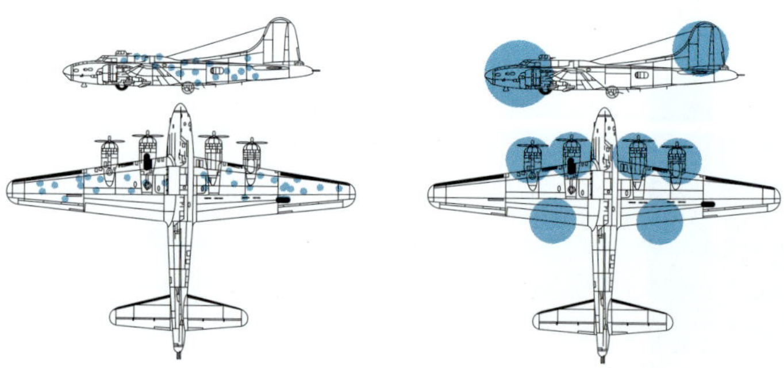

[그림 6-1] 적의 공격으로부터 어디를 보호해야 할까?[1)]

데이터 분석에서 데이터의 특정 편향(Bias) 없이 명확하고 깨끗한 데이터를 확보하는 작업을 데이터 클린징(Data Cleansing)이라고 합니다. 데이터 클린징은 전체 데이터 분석에서 많은 부분을 차지할 정도로 중요하면서도 손이 많이 가는 일입니다. 원 데이터(Raw data)를 바로 분

1) https://www.technewsiit.com/hidden-history-abraham-wald-and-survivorship-bias

석에 사용할 수 있는 경우는 흔하지 않습니다. 또한 데이터의 양이 많아질수록 데이터 클린징 작업은 더욱 어렵습니다. 많은 데이터 사이언티스트들이 효과적이고 품질 좋은 데이터를 확보하는 방법을 찾는 데 고민하고 있는 이유입니다.

2 결측 데이터[2)]

데이터를 확보하고 데이터 전처리에서 우선해야 할 일은 데이터 클린징입니다. 데이터 클린징 작업으로 데이터 누락값 즉, 결측값(Missing data)이 있는지를 자세히 검토합니다. 결측값이 있는 상태로 분석하게 되면 변수가 왜곡될 수 있기 때문에 분석의 정확성이 떨어집니다. 결측값이 발생하는 유형은 다양한데 결측값이 무작위로 발생하느냐, 아니면 결측값의 발생이 다른 변수와 관계가 있는지 여부에 따라 결측값을 처리하는 방법도 달라집니다.

판다스에서는 결측값을 'NaN(Not a Number)'으로 표기하며, 'None'도 결측값을 의미합니다. 결측값을 처리하는 방법에는 크게 두 가지가 있습니다. 제거(Deletion)와 대체(Imputation) 방법입니다. 제거는 말 그대로 결측값을 포함한 행, 열을 삭제하는 것이고 대체는 특정한 방법, 예를 들어 대푯값인 평균으로 값을 변환하는 방법 등이 있습니다. 데이터가 아주 많고 결측값이 별로 없는 경우에는 결측값이 들어있는 행 전체를 삭제하고 분석을 진행해도 무리가 없고 간단할 수 있습니다. 또 특정 변수의 결측값 비율이 매우 높고, 결측값을 채워 넣을 만한 마땅한 방법이 없는 경우에는 분석의 신뢰성 확보를 위해서 그 변수(행, 컬럼)를 삭제하고 분석을 진행할 필요도 있습니다. 중요한 점은 결측치 작업은 데이터 변경 작업이므로 결측치 작업 후 결측 데이터 반영 여부를 반드시 확인해야 합니다.

- 결측 데이터 처리
  ① 결측 데이터 확인
  ② 결측 데이터 대체/제거
  ③ 결측 데이터 반영 확인

2) Groenwold RHH, Dekkers OM. Missing data: the impact of what is not there. Eur J Endocrinol. 2020 Oct; 183(4):E7-E9. doi: 10.1530/EJE-20-0732. PMID: 32688333.

결측 데이터는 서울특별시 공공자전거 대여 이력 정보 데이터를 바탕으로 임의 결측 데이터를 생성한 데이터(bicycle.csv)를 사용합니다.

결측 데이터 확인

isnull(): 결측 데이터이면 True 값을 반환하고, 유효한 데이터가 존재하면 False를 반환
notnull(): 유효한 데이터가 존재하면 True를 반환하고, 누락 데이터이면 False를 반환

```
import pandas as pd

file_path= 'C:/data/bicycle.csv'
df = pd.read_csv(file_path, engine='python')
df
```

	자전거번호	대여일시	대여소번호	대여소명	대여거치대	반납일시	반납대여소번호	반납대여소명	반납거치대	이용시간	이용거리
0	SPB-23220	2019-11-01 8:48	646	장한평역 1번출구 (국민은행앞)	3.0	2019-11-01 9:01	3	중랑센터	7.0	12.0	1100.0
1	SPB-16216	2019-11-04 8:38	646	장한평역 1번출구 (국민은행앞)	2.0	2019-11-04 8:56	3	중랑센터	2.0	7.0	1420.0
2	SPB-21097	2019-11-04 8:46	646	장한평역 1번출구 (국민은행앞)	1.0	2019-11-04 8:57	3	중랑센터	7.0	10.0	NaN
3	SPB-22292	2019-11-05 8:34	646	장한평역 1번출구 (국민은행앞)	1.0	2019-11-05 8:45	3	중랑센터	NaN	10.0	1380.0
4	SPB-07935	2019-11-05 12:29	512	뚝섬역 1번 출구 옆	11.0	2019-11-05 12:39	3	중랑센터	7.0	10.0	1650.0
...	...	...	...	...	...	...	...	...	...	...	...
415	SPB-12116	2019-11-15 4:22	112	극동방송국 앞	5.0	2019-11-15 4:33	101	(구)합정동 주민센터	1.0	11.0	2200.0
416	SPB-17768	2019-11-15 9:31	103	망원역 2번출구 앞	14.0	2019-11-15 9:37	101	(구)합정동 주민센터	NaN	5.0	NaN
417	SPB-18841	2019-11-15 20:40	113	홍대입구역 2번출구 앞	24.0	2019-11-15 20:53	101	(구)합정동 주민센터	1.0	12.0	2280.0
418	SPB-24467	2019-11-15 21:55	152	마포구민체육센터 앞	18.0	2019-11-15 22:05	101	(구)합정동 주민센터	1.0	10.0	1180.0
419	SPB-17570	2019-11-15 22:16	391	정동길입구	7.0	2019-11-15 23:04	101	(구)합정동 주민센터	5.0	48.0	8100.0

```
# 결측 데이터 확인
df.isnull()
```

	자전거번호	대여일시	대여소번호	대여소명	대여거치대	반납일시	반납대여소번호	반납대여소명	반납거치대	이용시간	이용거리
0	False	False	False	False	False	False	False	False	False	False	False
1	False	False	False	False	False	False	False	False	False	False	False
2	False	False	False	False	False	False	False	False	False	False	True
3	False	False	False	False	False	False	False	False	True	False	False
4	False	False	False	False	False	False	False	False	False	False	False
...	...	...	...	...	...	...	...	...	...	...	...
415	False	False	False	False	False	False	False	False	False	False	False
416	False	False	False	False	False	False	False	False	True	False	True
417	False	False	False	False	False	False	False	False	False	False	False
418	False	False	False	False	False	False	False	False	False	False	False
419	False	False	False	False	False	False	False	False	False	False	False

```
df.notnull()
```

	자전거번호	대여일시	대여소번호	대여소명	대여거치대	반납일시	반납대여소번호	반납대여소명	반납거치대	이용시간	이용거리
0	True	True	True	True	True	True	True	True	True	True	True
1	True	True	True	True	True	True	True	True	True	True	True
2	True	True	True	True	True	True	True	True	True	True	False
3	True	True	True	True	True	True	True	True	False	True	True
4	True	True	True	True	True	True	True	True	True	True	True
...	...	...	...	...	...	...	...	...	...	...	...
415	True	True	True	True	True	True	True	True	True	True	True
416	True	True	True	True	True	True	True	True	False	True	False
417	True	True	True	True	True	True	True	True	True	True	True
418	True	True	True	True	True	True	True	True	True	True	True
419	True	True	True	True	True	True	True	True	True	True	True

결측 데이터 개수 확인

컬럼별 결측값 개수: df.isnull().sum()
행(row) 단위로 결측값 개수: df.isnull().sum(1)
행(row) 단위로 실젯값 개수: df.notnull().sum(1)

```
# 결측값 개수
df.isnull().sum()
```

```
자전거번호      0
대여일시       0
대여소번호      0
대여소명       0
대여거치대      24
반납일시       0
반납대여소번호    0
반납대여소명     0
반납거치대      11
이용시간       15
이용거리       16
dtype: int64
```

```
# 행 단위 결측값 개수
df.isnull().sum(1)
```

```
0      0
1      0
2      1
3      1
4      0
      ..
415    0
416    2
417    0
418    0
419    0
Length: 420, dtype: int64
```

```
# 행 단위 실젯값 개수
df.notnull().sum(1)
```

```
0      11
1      11
2      10
3      10
4      11
       ..
415    11
416     9
417    11
418    11
419    11
Length: 420, dtype: int64
```

결측 데이터 제거

결측값이 들어있는 행, 열 전체 혹은 특정 행, 열만을 제거할 수 있습니다. dropna() 함수를 사용해서 결측값이 들어있는 행 전체(axis=0) 삭제, 혹은 결측값이 들어있는 열 전체(axis=1) 삭제할 수 있으며, 특정 행, 열 만을 대상으로 결측값이 들어 있으면 제거할 수 있습니다.

행 삭제: df.dropna(axis=0)
열 삭제: df.dropna(axis=1)
df.dropna()

```
# 결측 데이터가 있는 전체 행 제거
df_drop_allrow = df.dropna(axis=0)
df_drop_allrow
```

	자전거번호	대여일시	대여소번호	대여소명	대여거치대	반납일시	반납대여소번호	반납대여소명	반납거치대	이용시간	이용거리
0	SPB-23220	2019-11-01 8:48	646	장한평역 1번출구 (국민은행앞)	3.0	2019-11-01 9:01	3	중랑센터	7.0	12.0	1100.0
1	SPB-16216	2019-11-04 8:38	646	장한평역 1번출구 (국민은행앞)	2.0	2019-11-04 8:56	3	중랑센터	2.0	7.0	1420.0
4	SPB-07935	2019-11-05 12:29	512	뚝섬역 1번 출구 옆	11.0	2019-11-05 12:39	3	중랑센터	7.0	10.0	1650.0
5	SPB-18401	2019-11-06 8:52	646	장한평역 1번출구 (국민은행앞)	1.0	2019-11-06 9:09	3	중랑센터	7.0	11.0	1350.0
6	SPB-18350	2019-11-06 8:35	646	장한평역 1번출구 (국민은행앞)	1.0	2019-11-06 9:10	3	중랑센터	2.0	9.0	1390.0
...	...	...	...	...	...	...	...	...	...	...	...
414	SPB-24515	2019-11-15 3:58	112	극동방송국 앞	1.0	2019-11-15 4:08	101	(구)합정동 주민센터	1.0	9.0	1620.0
415	SPB-12116	2019-11-15 4:22	112	극동방송국 앞	5.0	2019-11-15 4:33	101	(구)합정동 주민센터	1.0	11.0	2200.0
417	SPB-18841	2019-11-15 20:40	113	홍대입구역 2번출구 앞	24.0	2019-11-15 20:53	101	(구)합정동 주민센터	1.0	12.0	2280.0
418	SPB-24467	2019-11-15 21:55	152	마포구민체육센터 앞	18.0	2019-11-15 22:05	101	(구)합정동 주민센터	1.0	10.0	1180.0
419	SPB-17570	2019-11-15 22:16	391	정동길입구	7.0	2019-11-15 23:04	101	(구)합정동 주민센터	5.0	48.0	8100.0

```
# 결측 데이터가 있는 전체 열 제거
df_drop_allcolumn = df.dropna(axis=1)
df_drop_allcolumn
```

	자전거번호	대여일시	대여소번호	대여소명	반납일시	반납대여소번호	반납대여소명
0	SPB-23220	2019-11-01 8:48	646	장한평역 1번출구 (국민은행앞)	2019-11-01 9:01	3	중랑센터
1	SPB-16216	2019-11-04 8:38	646	장한평역 1번출구 (국민은행앞)	2019-11-04 8:56	3	중랑센터
2	SPB-21097	2019-11-04 8:46	646	장한평역 1번출구 (국민은행앞)	2019-11-04 8:57	3	중랑센터
3	SPB-22292	2019-11-05 8:34	646	장한평역 1번출구 (국민은행앞)	2019-11-05 8:45	3	중랑센터
4	SPB-07935	2019-11-05 12:29	512	뚝섬역 1번 출구 옆	2019-11-05 12:39	3	중랑센터
...	...	...	...	...	...	...	...
415	SPB-12116	2019-11-15 4:22	112	극동방송국 앞	2019-11-15 4:33	101	(구)합정동 주민센터
416	SPB-17768	2019-11-15 9:31	103	망원역 2번출구 앞	2019-11-15 9:37	101	(구)합정동 주민센터
417	SPB-18841	2019-11-15 20:40	113	홍대입구역 2번출구 앞	2019-11-15 20:53	101	(구)합정동 주민센터
418	SPB-24467	2019-11-15 21:55	152	마포구민체육센터 앞	2019-11-15 22:05	101	(구)합정동 주민센터
419	SPB-17570	2019-11-15 22:16	391	정동길입구	2019-11-15 23:04	101	(구)합정동 주민센터

420 rows × 7 columns

```
# 특정 행 또는 열 결측치 제거, 대여소번호 컬럼 제거(비교 확인)
df[대여소번호'].dropna()
```

```
0      646
1      646
2      646
3      646
4      512
      ...
415    112
416    103
417    113
418    152
419    391
Name: 대여소번호, Length: 420, dtype: int64
```

```
# 결측값이 들어있는 행 전체 삭제: 하단 df.dropna(axis=0)와 동일
df[['대여소번호','대여거치대','이용시간']].dropna()
df[['대여소번호','대여거치대','이용시간’]].dropna(axis=0)
```

	대여소번호	대여거치대	이용시간
0	646	3.0	12.0
1	646	2.0	7.0
2	646	1.0	10.0
3	646	1.0	10.0
4	512	11.0	10.0
...	...	...	...
415	112	5.0	11.0
416	103	14.0	5.0
417	113	24.0	12.0
418	152	18.0	10.0
419	391	7.0	48.0

382 rows × 3 columns

```
# 결측값이 들어있는 열 전체 삭제
df[['대여소번호','대여거치대','이용시간']].dropna(axis=1)
```

	대여소번호
0	646
1	646
2	646
3	646
4	512
...	...
415	112
416	103
417	113
418	152
419	391

420 rows × 1 columns

결측 데이터 대체

결측값을 특정 값으로 대체: df.fillna(0)
결측값을 특정 문자열로 대체: df.fillna(' ')
결측값을 변수별 평균으로 대체: df.fillna(df.mean())

```
# 결측값을 특정 값(0)으로 대체
df_1 = df.fillna(0)
df_1
```

	자전거번호	대여일시	대여소번호	대여소명	대여거치대	반납일시	반납대여소번호	반납대여소명	반납거치대	이용시간	이용거리
0	SPB-23220	2019-11-01 8:48	646	장한평역 1번출구 (국민은행앞)	3.0	2019-11-01 9:01	3	중랑센터	7.0	12.0	1100.0
1	SPB-16216	2019-11-04 8:38	646	장한평역 1번출구 (국민은행앞)	2.0	2019-11-04 8:56	3	중랑센터	2.0	7.0	1420.0
2	SPB-21097	2019-11-04 8:46	646	장한평역 1번출구 (국민은행앞)	1.0	2019-11-04 8:57	3	중랑센터	7.0	10.0	0.0
3	SPB-22292	2019-11-05 8:34	646	장한평역 1번출구 (국민은행앞)	1.0	2019-11-05 8:45	3	중랑센터	0.0	10.0	1380.0
4	SPB-07935	2019-11-05 12:29	512	뚝섬역 1번 출구 옆	11.0	2019-11-05 12:39	3	중랑센터	7.0	10.0	1650.0
...	...	...	...	...	...	...	...	...	...	...	...
415	SPB-12116	2019-11-15 4:22	112	극동방송국 앞	5.0	2019-11-15 4:33	101	(구)합정동 주민센터	1.0	11.0	2200.0
416	SPB-17768	2019-11-15 9:31	103	망원역 2번출구 앞	14.0	2019-11-15 9:37	101	(구)합정동 주민센터	0.0	5.0	0.0
417	SPB-18841	2019-11-15 20:40	113	홍대입구역 2번출구 앞	24.0	2019-11-15 20:53	101	(구)합정동 주민센터	1.0	12.0	2280.0
418	SPB-24467	2019-11-15 21:55	152	마포구민체육센터 앞	18.0	2019-11-15 22:05	101	(구)합정동 주민센터	1.0	10.0	1180.0
419	SPB-17570	2019-11-15 22:16	391	정동길입구	7.0	2019-11-15 23:04	101	(구)합정동 주민센터	5.0	48.0	8100.0

420 rows × 11 columns

```
# 특정 컬럼 결측값을 특정 값(0)으로 대체
df_2 = df.대여소번호.fillna(0)
df_2
```

```
0      646
1      646
2      646
3      646
4      512
      ...
415    112
416    103
417    113
418    152
419    391
Name: 대여소번호, Length: 420, dtype: int64
```

```
# 결측값을 문자열('missing')로 대체
df_3 = df.fillna('missing')
df_3
```

	자전거번호	대여일시	대여소번호	대여소명	대여거치대	반납일시	반납대여소번호	반납대여소명	반납거치대	이용시간	이용거리
0	SPB-23220	2019-11-01 8:48	646	장한평역 1번출구 (국민은행앞)	3	2019-11-01 9:01	3	중랑센터	7	12	1100
1	SPB-16216	2019-11-04 8:38	646	장한평역 1번출구 (국민은행앞)	2	2019-11-04 8:56	3	중랑센터	2	7	1420
2	SPB-21097	2019-11-04 8:46	646	장한평역 1번출구 (국민은행앞)	1	2019-11-04 8:57	3	중랑센터	7	10	missing
3	SPB-22292	2019-11-05 8:34	646	장한평역 1번출구 (국민은행앞)	1	2019-11-05 8:45	3	중랑센터	missing	10	1380
4	SPB-07935	2019-11-05 12:29	512	뚝섬역 1번 출구 옆	11	2019-11-05 12:39	3	중랑센터	7	10	1650
...	...	...	...	...	...	...	...	...	...	...	...
415	SPB-12116	2019-11-15 4:22	112	극동방송국 앞	5	2019-11-15 4:33	101	(구)합정동 주민센터	1	11	2200
416	SPB-17768	2019-11-15 9:31	103	망원역 2번출구 앞	14	2019-11-15 9:37	101	(구)합정동 주민센터	missing	5	missing
417	SPB-18841	2019-11-15 20:40	113	홍대입구역 2번출구 앞	24	2019-11-15 20:53	101	(구)합정동 주민센터	1	12	2280
418	SPB-24467	2019-11-15 21:55	152	마포구민체육센터 앞	18	2019-11-15 22:05	101	(구)합정동 주민센터	1	10	1180
419	SPB-17570	2019-11-15 22:16	391	정동길입구	7	2019-11-15 23:04	101	(구)합정동 주민센터	5	48	8100

```
# 각 컬럼의 평균을 구해서 대응하는 컬럼의 결측값을 대체하는 방법으로 가장 많이 사용합니다.
df_4=df.fillna(df.mean())
df_4
```

	자전거번호	대여일시	대여소번호	대여소명	대여거치대	반납일시	반납대여소번호	반납대여소명	반납거치대	이용시간	이용거리
0	SPB-23220	2019-11-01 8:48	646	장한평역 1번출구 (국민은행앞)	3.0	2019-11-01 9:01	3	중랑센터	7.000000	12.0	1100.000000
1	SPB-16216	2019-11-04 8:38	646	장한평역 1번출구 (국민은행앞)	2.0	2019-11-04 8:56	3	중랑센터	2.000000	7.0	1420.000000
2	SPB-21097	2019-11-04 8:46	646	장한평역 1번출구 (국민은행앞)	1.0	2019-11-04 8:57	3	중랑센터	7.000000	10.0	2679.678218
3	SPB-22292	2019-11-05 8:34	646	장한평역 1번출구 (국민은행앞)	1.0	2019-11-05 8:45	3	중랑센터	2.831296	10.0	1380.000000
4	SPB-07935	2019-11-05 12:29	512	뚝섬역 1번 출구 옆	11.0	2019-11-05 12:39	3	중랑센터	7.000000	10.0	1650.000000
...	...	...	...	...	...	...	...	...	...	...	...

415	SPB-12116	2019-11-15 4:22	112	극동방송국 앞	5.0	2019-11-15 4:33	101	(구)합정동 주민센터	1.000000	11.0	2200.000000
416	SPB-17768	2019-11-15 9:31	103	망원역 2번출구 앞	14.0	2019-11-15 9:37	101	(구)합정동 주민센터	2.831296	5.0	2679.678218
417	SPB-18841	2019-11-15 20:40	113	홍대입구역 2번출구 앞	24.0	2019-11-15 20:53	101	(구)합정동 주민센터	1.000000	12.0	2280.000000
418	SPB-24467	2019-11-15 21:55	152	마포구민체육센터 앞	18.0	2019-11-15 22:05	101	(구)합정동 주민센터	1.000000	10.0	1180.000000
419	SPB-17570	2019-11-15 22:16	391	정동길입구	7.0	2019-11-15 23:04	101	(구)합정동 주민센터	5.000000	48.0	8100.000000

420 rows × 11 columns

```
# 특정 항목 평균 구하기(이용거리 평균)
df_5= df.mean()['이용거리']
df_5
```

```
2679.6782178217823
```

```
# 특정 항목 평균으로 대체
df_6 = df.fillna(df.mean()['이용거리'])
df_6
```

0	SPB-23220	2019-11-01 8:48	646	장한평역 1번출구 (국민은행앞)	3.0	2019-11-01 9:01	3	중랑센터	7.000000	12.0	1100.000000
1	SPB-16216	2019-11-04 8:38	646	장한평역 1번출구 (국민은행앞)	2.0	2019-11-04 8:56	3	중랑센터	2.000000	7.0	1420.000000
2	SPB-21097	2019-11-04 8:46	646	장한평역 1번출구 (국민은행앞)	1.0	2019-11-04 8:57	3	중랑센터	7.000000	10.0	2679.678218
3	SPB-22292	2019-11-05 8:34	646	장한평역 1번출구 (국민은행앞)	1.0	2019-11-05 8:45	3	중랑센터	2679.678218	10.0	1380.000000
4	SPB-07935	2019-11-05 12:29	512	뚝섬역 1번 출구 옆	11.0	2019-11-05 12:39	3	중랑센터	7.000000	10.0	1650.000000
...	...	...	...	...	...	...	...	...	...	...	...
415	SPB-12116	2019-11-15 4:22	112	극동방송국 앞	5.0	2019-11-15 4:33	101	(구)합정동 주민센터	1.000000	11.0	2200.000000
416	SPB-17768	2019-11-15 9:31	103	망원역 2번출구 앞	14.0	2019-11-15 9:37	101	(구)합정동 주민센터	2679.678218	5.0	2679.678218
417	SPB-18841	2019-11-15 20:40	113	홍대입구역 2번출구 앞	24.0	2019-11-15 20:53	101	(구)합정동 주민센터	1.000000	12.0	2280.000000
418	SPB-24467	2019-11-15 21:55	152	마포구민체육센터 앞	18.0	2019-11-15 22:05	101	(구)합정동 주민센터	1.000000	10.0	1180.000000
419	SPB-17570	2019-11-15 22:16	391	정동길입구	7.0	2019-11-15 23:04	101	(구)합정동 주민센터	5.000000	48.0	8100.000000

```
## 특정 항목 평균으로 대체
df_7 = df.이용거리.fillna(df.mean()['이용거리'])
df_7
```

```
0      1100.000000
1      1420.000000
2      2679.678218
3      1380.000000
4      1650.000000
          ...
415    2200.000000
416    2679.678218
417    2280.000000
418    1180.000000
419    8100.000000
Name: 이용거리, Length: 420, dtype: float64
```

결측 데이터 처리 주의 사항

① Null의 의미

- 숫자 0과 null은 같은 완전히 다른 개념이니 유의해야 합니다. 0은 -1과 1 사이의 가운데 숫자(정수)인 반면, null은 미지의 값 혹은 아직 확정되지 않은 결측값이기 때문입니다.

② 자료형

- 결측 데이터가 포함된 데이터 파일을 판다스 데이터프레임으로 처리할 때는 자료형에 주의해야 합니다. 판다스에서 결측 데이터에서 문제가 되는 것은 실수형(real number), 정수형(integer), 날짜/시간(datetime) 자료형입니다. 문자열의 경우에는 빈 문자열(null string)이나 데이터 없음(NA: not avaiable)을 별도의 범주형 값으로 사용하면 됩니다.
- 실수형은 NaN(not a number) 값을 이용하여 누락 데이터를 표시할 수 있습니다.
- 정수형은 NaN 값이 없기 때문에 정숫값을 실수로 자동 변환합니다. 만약 정수형을 유지하고 싶다면 결측 데이터 표현이 가능한 정수형(nullable integer)인 Int64Dtype 자료형을 명시하여야 합니다.
- 날짜 자료형은 parse_dates 인수로 날짜 시간형 파싱을 진행해야 datetime64[ns] 자료형이 되어 누락 데이터가 NaT(not a time) 값으로 나타납니다.

③ Null은 연산 시 유의할 사항

- sum(), cumsum() 함수 계산 시 NaN은 '0'으로 처리함.
- 평균, 표준편차 연산 시 NaN은 분석 대상(population)에서 제외됨.
- 데이터프레임 컬럼 간 연산 시 NaN이 하나라도 있으면 NaN 반환함.

③ 결측치 제거를 위해 들어있는 행, 열 전체를 삭제하는 것은 데이터 삭제 또는 데이터 왜곡의 위험성이 있기 때문에 고민이 필요하며 반드시 원본 데이터를 별도로 백업 보관하고 작업을 진행해야 합니다.

3 이상 데이터[3)]

정상에서 벗어난 데이터를 이상치(Outlier)라고 합니다. 대부분 데이터가 정상일 수도 있지만 그렇지 않을 수도 있습니다. 여기서 이상한(비정상적인) 데이터를 검출하는 것을 이상 탐지(Anomaly Detection)라고 합니다. 데이터 마이닝의 일부이며, 자료에서 예상과는 다른 패턴을 보이는 개체 또는 자료를 찾는 것을 일컫습니다.

과거 수작업으로 입력하는 데이터 수집 과정에서는 많은 에러가 발생하고 이상치 데이터도 많았습니다. 빅데이터 시대 IoT와 같은 기계에서 발생하는 대량의 데이터는 수집 과정에서 에러가 거의 없는 품질 좋은 데이터들이 생성되고 있습니다. [그림 6-2]에서 좌측 하단에 다수 데이터들이 서로 밀접하게 묶음[클러스터링 (Clustering)]이 되어 있는 것은 일반적인 데이터라고 볼 수 있습니다. 반면 나 홀로 위치해 있는 우측 상단 데이터는 따로 떨어져 있습니다. 이 데이터를 이상 데이터로 의심해봐야 할 것 같습니다. 인공지능에서 이상치(이상한) 데이터는 주요 서비스로, 실생활에서 많이 응용되고 있습니다. 신용카드 회사를 예를 들면 대부분의 카드 결제 정보는 정상 분포에 밀집되지만 카드 도용이나 사기 등 데이터는 멀리 떨어진 영역에서 이상 신호를 보내고 있을 수도 있습니다. 이 신호를 찾는 서비스를 사기 검

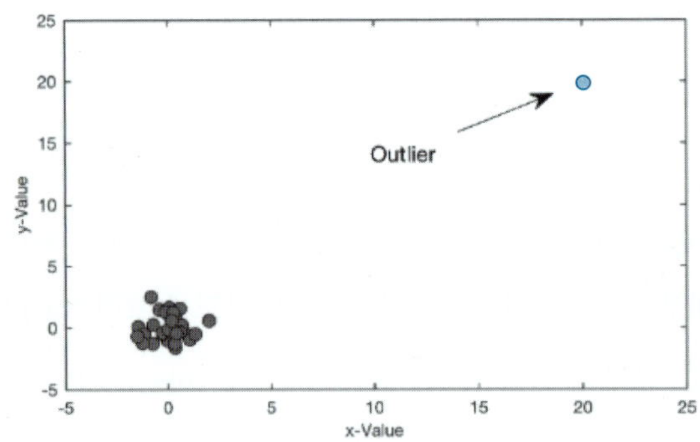

[그림 6-2] 이상 탐지 사례[4)]

3) You S, Cho BH, Yook S, Kim JY, Shon YM, Seo DW, Kim IY. Unsupervised automatic seizure detection for focal-onset seizures recorded with behind-the-ear EEG using an anomaly-detecting generative adversarial network. Comput Methods Programs Biomed. 2020 Sep;193:105472. doi: 10.1016/j.cmpb.2020.105472. Epub 2020 Mar 23. PMID: 32344271.

4) http://mres.uni-potsdam.de/index.php/2017/02/14/outliers-and-correlation-coefficients/

출(Fraud Detection)이라고 하고 실제 국내외 금융업계 현장에서 활용되고 있습니다.

보안 분야인 경우 웹사이트에 접속하는 많은 사용자들 중에서 특별하게 이상한 행동을 하는 접속자를 구분하여 문제 있는 사용자를 파악할 수도 있습니다. 이때 다양한 변수들(예를 들면 로그인 여부와 위치 정보나 행동 패턴의 유사성, 접속 시간 등)을 분석하여 만약 이상치라고 판단이 되면 해당 사용자를 모니터링하여 다른 문제가 발생하는 것을 방지할 수 있습니다. 제조업의 경우 생산 중인 물건에 이상 또는 불량 여부를 확인하는 데 활용될 수 있으며 데이터 센터에 수많은 기계들을 모니터링하여 생산 라인을 판별 확인하는 데 활용되고 있습니다.

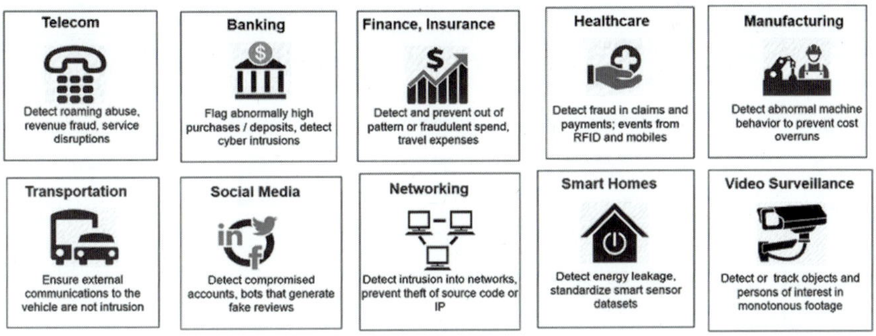

[그림 6-3] 이상 탐지 활용 분야[5)]

- 이상 데이터 처리
  ① 이상 데이터 확인
  ② 결측 데이터로 대체/제거
  ③ 이상 데이터 처리 확인

다음 예제 데이터(bicycle_out.csv)는 논리적으로 존재할 수 없는 값들이 포함되어 있습니다. 나이를 살펴보면 120세, 533세 등이 존재합니다. 이는 분명한 이상 데이터이므로 결측치로 변환한 후 분석에서 제외합니다.

5) https://www.streamanalytix.com/blogs/new-approaches-to-real-time-anomaly-detection-for-streaming-data/

이상 데이터 확인

```
import pandas as pd

# 파일경로를 찾고 변수 file_path에 저장
file_path= 'C:/data/bicycle_out.csv'

# read csv() 함수로 데이터프레임 변환
df = pd.read_csv(file_path , engine='python')
df
```

	자전거번호	대여일시	대여소번호	대여소명	대여거치대	반납일시	반납대여소번호	반납대여소명	반납거치대	이용시간	이용거리	나이
0	SPB-23220	2019-11-01 8:48	646	장한평역 1번출구 (국민은행앞)	3.0	2019-11-01 9:01	3	중랑센터	7.0	12.0	1100.0	50
1	SPB-16216	2019-11-04 8:38	646	장한평역 1번출구 (국민은행앞)	2.0	2019-11-04 8:56	3	중랑센터	2.0	7.0	1420.0	31
2	SPB-21097	2019-11-04 8:46	646	장한평역 1번출구 (국민은행앞)	1.0	2019-11-04 8:57	3	중랑센터	7.0	10.0	NaN	32
3	SPB-22292	2019-11-05 8:34	646	장한평역 1번출구 (국민은행앞)	1.0	2019-11-05 8:45	3	중랑센터	NaN	10.0	1380.0	21
4	SPB-07935	2019-11-05 12:29	512	뚝섬역 1번 출구 옆	11.0	2019-11-05 12:39	3	중랑센터	7.0	10.0	1650.0	120

```
# 이상값이 있는 4번째 행 제거
df1 = df.drop(4,0)
df1
```

	자전거번호	대여일시	대여소번호	대여소명	대여거치대	반납일시	반납대여소번호	반납대여소명	반납거치대	이용시간	이용거리	나이
0	SPB-23220	2019-11-01 8:48	646	장한평역 1번출구 (국민은행앞)	3.0	2019-11-01 9:01	3	중랑센터	7.0	12.0	1100.0	50
1	SPB-16216	2019-11-04 8:38	646	장한평역 1번출구 (국민은행앞)	2.0	2019-11-04 8:56	3	중랑센터	2.0	7.0	1420.0	31
2	SPB-21097	2019-11-04 8:46	646	장한평역 1번출구 (국민은행앞)	1.0	2019-11-04 8:57	3	중랑센터	7.0	10.0	NaN	32
3	SPB-22292	2019-11-05 8:34	646	장한평역 1번출구 (국민은행앞)	1.0	2019-11-05 8:45	3	중랑센터	NaN	10.0	1380.0	21
5	SPB-18401	2019-11-06 8:52	646	장한평역 1번출구 (국민은행앞)	1.0	2019-11-06 9:09	3	중랑센터	7.0	11.0	1350.0	30
...	...	...	...	...	...	...	...	...	...	...	...	...
415	SPB-12116	2019-11-15 4:22	112	극동방송국 앞	5.0	2019-11-15 4:33	101	(구)합정동 주민센터	1.0	11.0	2200.0	22
416	SPB-17768	2019-11-15 9:31	103	망원역 2번출구 앞	14.0	2019-11-15 9:37	101	(구)합정동 주민센터	NaN	5.0	NaN	22
417	SPB-18841	2019-11-15 20:40	113	홍대입구역 2번출구 앞	24.0	2019-11-15 20:53	101	(구)합정동 주민센터	1.0	12.0	2280.0	37
418	SPB-24467	2019-11-15 21:55	152	마포구민체육센터 앞	18.0	2019-11-15 22:05	101	(구)합정동 주민센터	1.0	10.0	1180.0	27
419	SPB-17570	2019-11-15 22:16	391	정동길입구	7.0	2019-11-15 23:04	101	(구)합정동 주민센터	5.0	48.0	8100.0	28

419 rows × 12 columns

이상 데이터 시각화

많은 분석에서 이상 데이터를 눈으로 발견하기는 쉽지 않습니다. 이 경우 박스플롯(Box-Plot)을 이용해서 이상 데이터를 확인 및 제거합니다. 여러 방법이 있지만 사분위수를 이용해서 제거하는 방법을 사용합니다. 우선 박스플롯은 4가지 구성 요소가 있습니다.

① 중앙값(Median)은 중앙값 50%에 위치한 데이터입니다. 중앙값은 짝수일 경우 2개가 될 수도 있고, 그것의 평균이 중앙값이 될 수도 있습니다. 홀수일 경우에 중앙값은 1개가 됩니다.

② 박스(Box)는 25%(Q1)~75%(Q3)까지 값들을 박스로 둘러쌓게 됩니다.

③ 수염(whiskers)은 박스의 각 모서리(Q1, Q3)로부터 IQR의 1.5배 내에 있는 가장 멀리 떨어진 데이터점까지 이어져 있는 것이 수염입니다.

④ 이상치(Outlier)는 수염보다 바깥쪽에 데이터가 존재하는 데이터로 이것을 이상치로 분류하면 됩니다.

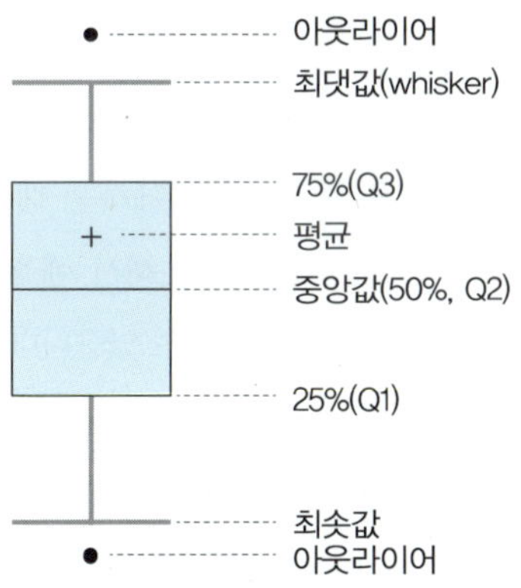

[그림 6-4] 이상치 시각화

```
# 고급 시각화 박스플롯 참조
# 이용시간 이상치 시각화
import matplotlib as mpl          # 맷플롯립
import matplotlib.pylab as plt    # 맷플롯립
plt.boxplot(df['나이'])
plt.show()
```

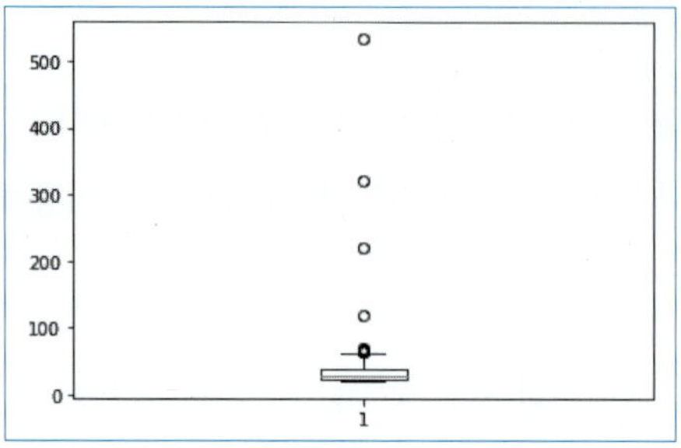

이상 데이터 처리 방법

① 단순 삭제

이상값이 논리적 에러에 의해서 발생한 경우 해당 관측치를 삭제합니다. 단순 오타나, 주관식 설문 등의 비현실적인 응답, 데이터 처리 과정에서의 오류 등의 경우에 사용합니다.

② 다른 값으로 대체

데이터의 개수가 작은 경우, 삭제의 방법으로 이상치를 제거하면 데이터 절대량이 작아지는 문제가 발생합니다. 이 경우 관측치를 삭제하는 대신 다른 값(평균 등)으로 대체하거나, 결측값과 유사하게 다른 변수들을 사용해서 예측 모델을 만들고, 이상값을 예측한 후 해당 값으로 대체하는 방법도 사용할 수 있습니다.

③ 변수화

단순 삭제나 대체의 방법을 통해 수립된 모델은 설명/예측하고자 하는 현상을 잘 설명하지 못할 수 있습니다. 자연 발생적인 이상값의 경우, 바로 삭제하지 말고 좀 더 이상값에 대한 파악이 중요한데, 이럴 경우 다른 변수로 변환을 통해 대체합니다.

④ 리샘플링

해당 이상값을 분리해서 모델을 만드는 방법입니다.

⑤ 케이스 분리 분석

자연 발생한 이상값에 별다른 특이점이 발견되지 않는다면, 단순 제외보다는 분석 케이스를 분리하여 분석할 수도 있습니다.

4 중복 데이터

데이터를 수집하는 과정 또는 데이터를 병합하는 단계에서 오류 등으로 인해 데이터가 중복이 되는 경우가 생길 수 있습니다. 특히, 유일한 키(key) 값을 관리해야 하는 경우 중복(Duplicates) 데이터가 발생하면 분석에 영향을 끼칠 수도 있습니다. 따라서 본격적인 데이터 분석에 들어가기 전에 중복 데이터를 확인하고 처리하는 데이터 클린징 작업이 필요합니다. 데이터가 얼마 안 되면 눈으로 확인하고 중복 데이터 위치를 확인해서 처리하면 되는데, 데이터 개수가 많으면 확인하기 어렵습니다. 판다스에서 중복 데이터를 확인할 때 사용하는 방법으로 duplicated() 함수가 있습니다. 중복값을 처리할 때는 drop_duplicates()을 사용하여 중복 데이터를 삭제합니다.

- 중복 데이터 처리
  ① 중복 데이터 확인
  ② 중복 데이터 처리(유일한 1개 키만 남기고 나머지 중복 제거):
  DataFrame.drop_duplicates()
  ② 중복 데이터 처리 확인

중복 데이터 확인

중복 데이터가 있는지 확인하기: df.duplicated()

```
import pandas as pd
file_path= 'C:/data/bicycle_dup.csv'
df = pd.read_csv(file_path)
df
```

	자전거번호	대여일시	대여소번호	대여소명	대여거치대	반납일시	반납대여소번호	반납대여소명	반납거치대	이용시간	이용거리	나이
0	SPB-23220	2019-11-01 8:48	646	장한평역 1번출구 (국민은행앞)	3.0	2019-11-01 9:01	3	중랑센터	7.0	12.0	1100.0	50
1	SPB-16216	2019-11-04 8:38	646	장한평역 1번출구 (국민은행앞)	2.0	2019-11-04 8:56	3	중랑센터	2.0	7.0	1100.0	50
2	SPB-21097	2019-11-04 8:46	646	장한평역 1번출구 (국민은행앞)	1.0	2019-11-04 8:57	3	중랑센터	7.0	10.0	NaN	32
3	SPB-22292	2019-11-05 8:34	646	장한평역 1번출구 (국민은행앞)	1.0	2019-11-05 8:45	3	중랑센터	NaN	10.0	1380.0	21
4	SPB-07935	2019-11-05 12:29	512	뚝섬역 1번 출구 옆	11.0	2019-11-05 12:39	3	중랑센터	7.0	10.0	1650.0	120

```
# duplicated() 메소드로 중복 데이터 찾기
# dataFrame.duplicated()는 True, False의 boolean 형태의 Series 반환
df.duplicated(['이용거리'])
```

```
0      False
1       True
2      False
3      False
4      False
        ...
415    False
416     True
417     True
418     True
419    False
Length: 420, dtype: bool
```

```
df.duplicated(['이용거리','나이'])
```

```
0      False
1       True
2      False
3      False
4      False
        ...
415    False
416     True
417    False
418    False
419    False
Length: 420, dtype: bool
```

중복 시작과 끝 확인

Keep = 'first', 'last', False

```
# 중복이 있으면 처음이나 끝에 무엇을 남길지 확인합니다.
# keep='first'가 default이며,
# 중복값이 있으면 첫 번째 값을 duplicated 여부를 False로 반환, 나머지 중복
값에 대해서는 True를 반환
```

```
0      False
1       True
2      False
3      False
4      False
        ...
415    False
416     True
417    False
418    False
419    False
Length: 420, dtype: bool
```

```
# keep='last'는 중복값이 있으면 첫 번째 값을 duplicated 여부를 True로 반환, 나머지 중복값에 대해서는 False를 반환
df.duplicated(['이용거리'],keep='last')
```

```
0       True
1       True
2       True
3       True
4      False
       ...
415    False
416    False
417    False
418    False
419    False
Length: 420, dtype: bool
```

```
# keep=False는 처음이나 끝 값인지 여부는 고려를 안 하고 중복이면 무조건 True를 반환
df.duplicated(['이용거리'],keep=False)
```

```
0       True
1       True
2       True
3       True
4      False
       ...
415    False
416     True
417     True
418     True
419    False
Length: 420, dtype: bool
```

중복 데이터 제거

중복 데이터에서 단일한 1개 키만 남기고 나머지는 제거하는 방법을 실습해 봅니다.

데이터프레임.drop_duplicates()

```
# drop_duplicates()는 중복값을 keep='first', 'last', False argument에 따라 유일한 1개의 key 값만 남기고 나머지는 중복 제거
df.drop_duplicates(['이용거리'],keep='first')
```

	자전거번호	대여일시	대여소번호	대여소명	대여거치대	반납일시	반납대여소번호	반납대여소명	반납거치대	이용시간	이용거리	나이
0	SPB-23220	2019-11-01 8:48	646	장한평역 1번출구 (국민은행앞)	3.0	2019-11-01 9:01	3	중랑센터	7.0	12.0	1100.0	50
2	SPB-21097	2019-11-04 8:46	646	장한평역 1번출구 (국민은행앞)	1.0	2019-11-04 8:57	3	중랑센터	7.0	10.0	NaN	32

3	SPB-22292	2019-11-05 8:34	646	장한평역 1번출구 (국민은행앞)	1.0	2019-11-05 8:45	3	중랑센터	NaN	10.0	1380.0	21
4	SPB-07935	2019-11-05 12:29	512	뚝섬역 1번 출구 옆	11.0	2019-11-05 12:39	3	중랑센터	7.0	10.0	1650.0	120
5	SPB-18401	2019-11-06 8:52	646	장한평역 1번출구 (국민은행앞)	1.0	2019-11-06 9:09	3	중랑센터	7.0	11.0	1350.0	30
...	...	...	...	...	...	...	...	...	...	...	...	...
410	SPB-18614	2019-11-14 23:07	391	정동길입구	5.0	2019-11-14 23:49	101	(구)합정동 주민센터	3.0	40.0	7510.0	28
413	SPB-25161	2019-11-15 3:13	106	합정역 7번출구 앞	6.0	2019-11-15 3:18	101	(구)합정동 주민센터	1.0	3.0	640.0	21
414	SPB-24515	2019-11-15 3:58	112	극동방송국 앞	1.0	2019-11-15 4:08	101	(구)합정동 주민센터	1.0	9.0	1620.0	21
415	SPB-12116	2019-11-15 4:22	112	극동방송국 앞	5.0	2019-11-15 4:33	101	(구)합정동 주민센터	1.0	11.0	2200.0	22
419	SPB-17570	2019-11-15 22:16	391	정동길입구	7.0	2019-11-15 23:04	101	(구)합정동 주민센터	5.0	48.0	8100.0	28

```
df.drop_duplicates(['이용거리'], keep='last')
```

	자전거번호	대여일시	대여소번호	대여소명	대여거치대	반납일시	반납대여소번호	반납대여소명	반납거치대	이용시간	이용거리	나이
4	SPB-07935	2019-11-05 12:29	512	뚝섬역 1번 출구 옆	11.0	2019-11-05 12:39	3	중랑센터	7.0	10.0	1650.0	120
11	SPB-20145	2019-11-13 8:30	646	장한평역 1번출구 (국민은행앞)	9.0	2019-11-13 8:38	3	중랑센터	2.0	NaN	1300.0	30
15	SPB-13973	2019-11-15 8:42	646	장한평역 1번출구 (국민은행앞)	1.0	2019-11-15 8:50	3	중랑센터	2.0	6.0	1370.0	32
20	SPB-21925	2019-11-22 8:49	529	장한평역 8번 출구 앞	5.0	2019-11-22 9:04	3	중랑센터	7.0	13.0	1330.0	32
22	SPB-05857	2019-11-26 8:40	646	장한평역 1번출구 (국민은행앞)	6.0	2019-11-26 8:48	3	중랑센터	2.0	NaN	1380.0	41
...	...	...	...	...	...	...	...	...	...	...	...	...
415	SPB-12116	2019-11-15 4:22	112	극동방송국 앞	5.0	2019-11-15 4:33	101	(구)합정동 주민센터	1.0	11.0	2200.0	22
416	SPB-17768	2019-11-15 9:31	103	망원역 2번출구 앞	14.0	2019-11-15 9:37	101	(구)합정동 주민센터	NaN	5.0	NaN	22
417	SPB-18841	2019-11-15 20:40	113	홍대입구역 2번출구 앞	24.0	2019-11-15 20:53	101	(구)합정동 주민센터	1.0	12.0	2280.0	37
418	SPB-24467	2019-11-15 21:55	152	마포구민체육센터 앞	18.0	2019-11-15 22:05	101	(구)합정동 주민센터	1.0	10.0	1180.0	27
419	SPB-17570	2019-11-15 22:16	391	정동길입구	7.0	2019-11-15 23:04	101	(구)합정동 주민센터	5.0	48.0	8100.0	28

```
df.drop_duplicates(['이용거리], keep=False)
```

	자전거번호	대여일시	대여소번호	대여소명	대여거치대	반납일시	반납대여소번호	반납대여소명	반납거치대	이용시간	이용거리	나이
4	SPB-07935	2019-11-05 12:29	512	뚝섬역 1번 출구 옆	11.0	2019-11-05 12:39	3	중랑센터	7.0	10.0	1650.0	120
15	SPB-13973	2019-11-15 8:42	646	장한평역 1번출구 (국민은행앞)	1.0	2019-11-15 8:50	3	중랑센터	2.0	6.0	1370.0	32
26	SPB-15211	2019-11-15 8:42	419	홈플러스 앞	18.0	2019-11-15 9:16	5	상암센터 정비실	5.0	33.0	550.0	43
27	SPB-24468	2019-11-22 8:36	911	은평평화공원(역촌역4번출구)	10.0	2019-11-22 8:58	5	상암센터 정비실	6.0	20.0	5170.0	22
28	SPB-09287	2019-11-26 8:36	911	은평평화공원(역촌역4번출구)	4.0	2019-11-26 9:21	5	상암센터 정비실	6.0	42.0	5800.0	57
...	...	...	...	...	...	...	...	...	...	...	...	...
410	SPB-18614	2019-11-14 23:07	391	정동길입구	5.0	2019-11-14 23:49	101	(구)합정동 주민센터	3.0	40.0	7510.0	28
413	SPB-25161	2019-11-15 3:13	106	합정역 7번출구 앞	6.0	2019-11-15 3:18	101	(구)합정동 주민센터	1.0	3.0	640.0	21
414	SPB-24515	2019-11-15 3:58	112	극동방송국 앞	1.0	2019-11-15 4:08	101	(구)합정동 주민센터	1.0	9.0	1620.0	21
415	SPB-12116	2019-11-15 4:22	112	극동방송국 앞	5.0	2019-11-15 4:33	101	(구)합정동 주민센터	1.0	11.0	2200.0	22
419	SPB-17570	2019-11-15 22:16	391	정동길입구	7.0	2019-11-15 23:04	101	(구)합정동 주민센터	5.0	48.0	8100.0	28

연습문제

1 데이터 클리닝(Data Cleansing)을 정의하고 중요한 이유를 설명하시오.

2 결측 데이터의 처리 단계를 설명하고, 본문의 bicycle.csv 데이터를 활용하여 결측 데이터의 개수를 확인하시오.

3 결측 데이터의 제거(deletion)법과 대체(imputation)법을 설명하시오.

4 이상 데이터의 처리 방법을 설명하시오.

5 이상 데이터의 응용 분야를 선별하여 조사 분석 결과를 발표하시오.

6 이상 데이터 시각화를 위하여 박스플롯(Box-Plot)을 이용하여 이상 데이터를 확인 및 제거하고, 박스플롯의 구성 요소를 설명하시오.

7 Null 데이터의 의미를 설명하시오.

8 중복 데이터의 처리 단계를 설명하고, 본문의 bicycle_dup.csv 데이터를 활용하여 중복 데이터가 있는지 확인하시오.

07장 데이터 탐색

1 데이터 그룹 분석

특정 조건에 맞는 데이터가 하나 이상 데이터 그룹을 이루는 경우에는 집단의 특성을 보여주는 그룹 분석(Group Analysis)을 자주 사용합니다. 그룹 분석(집계 분석)은 분석 대상 범주형 변수를 그룹별로 데이터를 집계하는 분석으로 자주 사용하기 때문에 반드시 알아야 할 필수적 방법입니다.

그룹 분석

그룹 분석의 일반적 단계는 같습니다.

① 범주형 기준에 따라 그룹으로 데이터를 분할(splitting) – 반별 그룹

② 각 그룹에 독립적으로 함수 적용(applying) – 반별 평균

③ 결과물을 하나의 데이터 구조로 결합(combining) – 반별 평균 결합

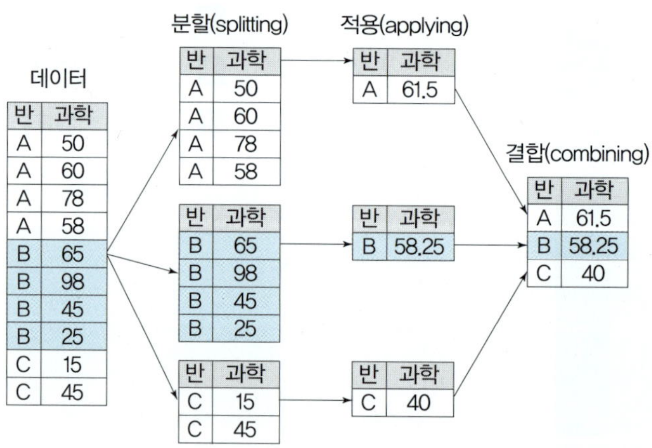

[그림 7-1] 평균 집계 분석

판다스에서 그룹 분석은 데이터가 여러 개가 있을 경우 미리 지정한 연산을 통해 그룹 데이터의 대푯값을 계산하며 groupby 명령을 사용하여 그룹 분석을 수행합니다. 분석하고자 하는 시리즈나 데이터프레임에 groupby 메서드를 호출하여 그룹화를 하고 그룹 객체에 대해 그룹 연산을 수행합니다.

집계 함수 사용

그룹 분석에서 groupby 함수는 데이터를 그룹별로 분류하는 역할을 하고 연산 결과로 그룹 데이터를 나타내는 groupby 클래스 객체를 반환합니다. 이 객체에는 그룹별로 연산을 할 수 있는 그룹 연산 메서드가 있습니다. 먼저 엑셀로 실습해 보겠습니다. 샘플 데이터(exam_sample) 파일을 열고 엑셀 필터링 기능을 사용(엑셀 정렬 및 필터)해서 범주형 변수(반-calss, 성별-sex)를 그룹화합니다.

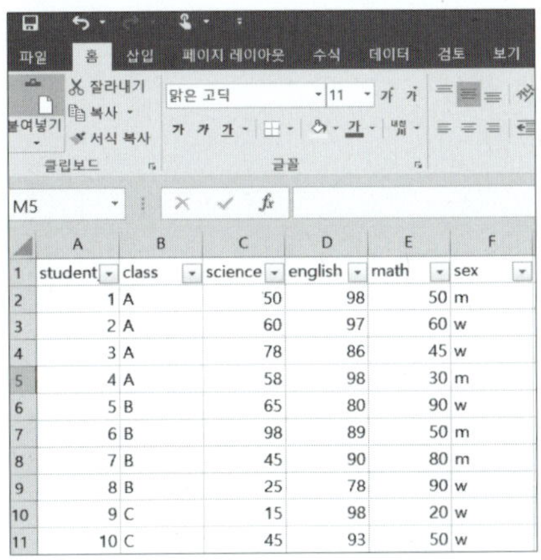

student	class	science	english	math	sex
1	A	50	98	50	m
2	A	60	97	60	w
3	A	78	86	45	w
4	A	58	98	30	m
5	B	65	80	90	w
6	B	98	89	50	m
7	B	45	90	80	m
8	B	25	78	90	w
9	C	15	98	20	w
10	C	45	93	50	w

[그림 7-2] 엑셀 필터링 그룹화

* 꼭! 알아두세요 그룹 분석 공식입니다.

① 그룹 분석은 대부분 '범주형 변수'가 그룹 연산 기준이 됩니다.

② 많은 분석이 범주형(그룹)과 연속형이 결합된 그룹 분석으로 진행됩니다.

df.groupby(['그룹변수'])
df.get_group('그룹변수지정')

```
import pandas as pd

file_path= 'C:/data/exam_sample.csv'
df = pd.read_csv(file_path)
df
```

	student_no	class	science	english	math	sex
0	1	A	50	98	50	m
1	2	A	60	97	60	w
2	3	A	78	86	45	w
3	4	A	58	98	30	m
4	5	B	65	80	90	w
5	6	B	98	89	50	m
6	7	B	45	90	80	m
7	8	B	25	78	90	w
8	9	C	15	98	20	w
9	10	C	45	93	50	w

```
# 반별로 그룹화(A,B,C반)
# 반별 그룹 오브젝트만 생성
df1=df.groupby(['class'])
df1
```

```
<pandas.core.groupby.generic.DataFrameGroupBy object at 0x000002101A61AB88>
```

```
# 반 중 A반 그룹만 확인
df1.get_group('A')
```

	student_no	class	science	english	math	sex
0	1	A	50	98	50	m
1	2	A	60	97	60	w
2	3	A	78	86	45	w
3	4	A	58	98	30	m

```
# 반별 그룹 평균 확인
df.groupby('class').mean()
```

	student_no	science	english	math
class				
1	2.5	61.50	94.75	46.25
2	6.5	58.25	84.25	77.50
3	9.5	30.00	95.50	35.00

```
# 반별, 성별 그룹 평균 확인
df.groupby(['class','sex']).mean()
```

class	sex	student_no	science	english	math
A	m	2.5	54.0	98.0	40.0
	w	2.5	69.0	91.5	52.5
B	m	6.5	71.5	89.5	65.0
	w	6.5	45.0	79.0	90.0
C	w	9.5	30.0	95.5	35.0

```
# 반별 수학 평균
df['math'].groupby(df['class']).mean()
df.groupby(df['class'])['math'].mean()
```

```
class
A    46.25
B    77.50
C    35.00
Name: math, dtype: float64
```

```
# 반별 수학 개수
df['math'].groupby(df['class']).count()
```

```
class
A    4
B    4
C    2
Name: math, dtype: int64
```

```
# 성별 수학 평균
df_mean=df['math'].groupby(df['sex']).mean()
sexgroup = df.groupby('sex')
print(df_mean)
print(sexgroup)
print(sexgroup.groups)
```

```
sex
m    52.500000
w    59.166667
Name: math, dtype: float64
<pandas.core.groupby.generic.DataFrameGroupBy object at 0x0000020AEE234288>
{'m': Int64Index([0, 3, 5, 6], dtype='int64'), 'w': Int64Index([1, 2, 4, 7, 8, 9], dtype='int6
4')}
```

```
# 남학생 수학 평균
male=sexgroup.get_group('m')
subset = male[['sex', 'math']]
print(male)
print(subset)
```

```
   student_no class  science  english  math sex
0           1     A       50       98    50   m
3           4     A       58       98    30   m
5           6     B       98       89    50   m
6           7     B       45       90    80   m
  sex  math
0   m    50
3   m    30
5   m    50
6   m    80
```

2 데이터 재구조화

분석 과정에서 원본 데이터 구조가 분석 기법에 맞지 않아 행과 열의 위치를 바꾼다거나, 특정 요인에 따라 집계해서 구조를 바꿔야 하는 경우가 자주 발생합니다. 이를 재구조화(Reshaping)라고 하며 판다스는 대표적으로 다음 같은 재구조화 함수를 제공합니다.

〈표 7-1〉 재구조화 함수

함수	설명
pd.cut(), pd.qcut()	데이터 구간화
pd.get_dummies	원-핫인코딩
T	데이터 전치
pivot(), pd.pivot_table()	피봇 테이블
melt()	열, 행 전환
stack(), unstack()	행, 열 인덱스 전환

데이터 구간화

데이터 분석을 진행할 때 연속형 변수를 바로 사용하는 경우보다 일정 구간(bin이라고도 합니다.)으로 변형하여 작업하는 경우가 있습니다. 이렇게 연속형 변수를 범주형 변수로 만드는 방법을 데이터 구간화(Data Binning)라고 합니다. 예를 들어 연봉 데이터가 연속형으로 존재하는 경우, 이를 100만 원 미만, 101~200만 원 하는 방법으로 범주형 변수로 변환하는 방법입니다. 데이터 구간화에는 특별한 원칙이 있는 것이 아니기 때문에 데이터 사이언티스트의 업무 이해도에 따라 창의적인 방법으로 할 수 있습니다. 이와 반대로 원-핫인코딩은 더미(dummy) 변수 생성 과정으로 범주형 변수를 연속형 변수로 변환하기 위해 사용하기도 합니다.

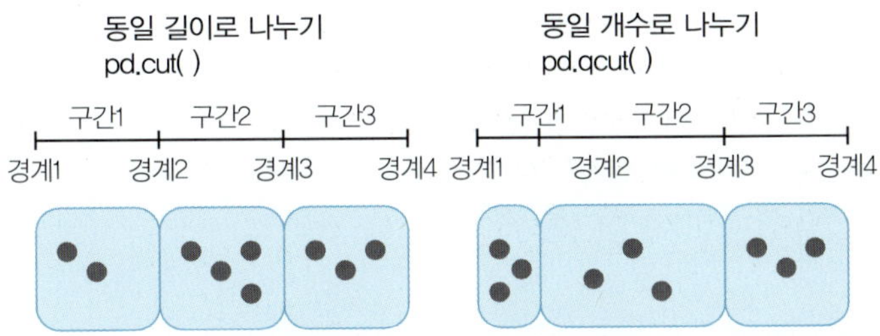

[그림 7-3] 데이터 구간화 방법

pd.cut(): 동일 길이로 범주화
pd.qcut(): 동일 개수로 범주화

```
# 판다스 라이브러리 불러오기
import pandas as pd

# 파일경로를 찾고 변수 file_path에 저장
file_path= 'C:/data/exam_sample.csv'

# read csv() 함수로 데이터프레임 변환
df = pd.read_csv(file_path)
df
```

	student_no	class	science	english	math	sex
0	1	A	50	98	50	m
1	2	A	60	97	60	w
2	3	A	78	86	45	w
3	4	A	58	98	30	m
4	5	B	65	80	90	w
5	6	B	98	89	50	m
6	7	B	45	90	80	m
7	8	B	25	78	90	w
8	9	C	15	98	20	w
9	10	C	45	93	50	w

```
# math 변수에 대해서 3개 동일한 길이로 범주형 변수로 만들어보겠습니다.
# 범주 구간은 Categories (3, interval[float64]): [(19.93, 43.333] < (43.333, 66.667] < (66.667, 90.0]]로 3개 구간 길이가 동일함을 알 수 있습니다.

df1 = pd.cut(df.math, 3)
df1
```

```
0    (43.333, 66.667]
1    (43.333, 66.667]
2    (43.333, 66.667]
3     (19.93, 43.333]
4      (66.667, 90.0]
5    (43.333, 66.667]
6      (66.667, 90.0]
7      (66.667, 90.0]
8     (19.93, 43.333]
9    (43.333, 66.667]
Name: math, dtype: category
Categories (3, interval[float64]): [(19.93, 43.333] < (43.333, 66.667] < (66.667, 90.0]]
```

```
# math 변수에 3개 구간의 범주를 그룹 함수를 추가해서
# 각 범주의 그룹별로 agg() 함수인 개수(count), 평균(mean), 표준편차(std), 최솟값(min), 최댓값(max)을 계산해 봅니다.

df2 = df.math.groupby(df1)
df3 = df2.agg(['count', 'mean', 'std', 'min', 'max'])
df3
```

math	count	mean	std	min	max
(19.93, 43.333]	2	25.000000	7.071068	20	30
(43.333, 66.667]	5	51.000000	5.477226	45	60
(66.667, 90.0]	3	86.666667	5.773503	80	90

```
# pd.qcut() 함수를 사용 math에 대해서 각 범주 구간별로 동일하게 3개의 개수를 가지도록 범주를 만들 수도 있습니다.
# 이때 labels=False로 설정하여 label이 0, 1, 2 구간을 0부터 순차적으로 1씩 증가하게 합니다.

df4 = pd.qcut(df.math, 3, labels=False)
df4
```

```
0    0
1    1
2    0
3    0
4    2
5    0
6    2
7    2
8    0
9    0
Name: math, dtype: int64
```

```
# 아래처럼 labels=np.arange(3, 0, -1)로 직접 지정하면 label이 3, 2, 1로 3부터
1씩 줄어드는 순서로 할당이 됩니다. 위의 label과 정반대로 할당이 되었습니다.

import numpy as np
df5 = pd.qcut(df.math, 3, labels=np.arange(3, 0, -1))
df5
```

```
0    3
1    2
2    3
3    3
4    1
5    3
6    1
7    1
8    3
9    3
Name: math, dtype: category
Categories (3, int64): [3 < 2 < 1]
```

[3 < 2 < 1] 순서로 동일 개수로 나눈 3개의 그룹별 통계량을 계산할 수 있습니다.

```
df6 = df.math.groupby(df5)
df7=df6.agg(['count', 'mean', 'std', 'min', 'max'])
df7
```

math	count	mean	std	min	max
3	6	40.833333	12.812754	20	50
2	1	60.000000	NaN	60	60
1	3	86.666667	5.773503	80	90

원-핫인코딩[1)]

많은 머신러닝 알고리즘은 수치 데이터 중심으로 전처리가 필요합니다. 따라서 기계가 이해할 수 있는 형태로 데이터를 변환해야 하는데 이때 범주형 데이터를 원-핫인코딩 형태로 변환합니다. 원-핫인코딩이란 해당되는 하나의 데이터만 1로 변경하고 나머지는 0(dummy)으로 변경하는 과정입니다. [그림 7-4]를 보면 동물이라는 컬럼에 사자, 곰, 여우가 있다고 해보겠습니다. 이때 각각의 동물인 사자, 곰, 여우로 컬럼을 만들고, 해당되는 동물에만 1로 표기하고, 나머지 동물은 0으로 변경하면 됩니다.

동물
사자
곰
여우
사자

동물	동물_사자	동물_곰	동물_여우
사자	1	0	0
곰	0	1	0
여우	0	0	1
사자	1	0	0

[그림 7-4] 원핫코딩 전후

범주형 자료 원-핫인코딩: pd.get_dummies(df)

```
# 유형 확인
df.dtypes
```

```
student_no     int64
class         object
science        int64
english        int64
math           int64
sex           object
dtype: object
```

```
# 범주형 원-핫코딩
df = pd.get_dummies(df)
df
```

	student_no	science	english	math	class_A	class_B	class_C	sex_m	sex_w
0	1	50	98	50	1	0	0	1	0
1	2	60	97	60	1	0	0	0	1
2	3	78	86	45	1	0	0	0	1
3	4	58	98	30	1	0	0	1	0

1) Zhang L, Zou Y, He N, Chen Y, Chen Z, Li L. DeepKhib: A Deep-Learning Framework for Lysine 2-Hydroxyisobutyrylation Sites Prediction. Front Cell Dev Biol. 2020 Sep 9;8:580217. doi: 10.3389/fcell.2020.580217. PMID: 33015075; PMCID: PMC7509169.

4	5	65	80	90	0	1	0	0	1
5	6	98	89	50	0	1	0	1	0
6	7	45	90	80	0	1	0	1	0
7	8	25	78	90	0	1	0	0	1
8	9	15	98	20	0	0	1	0	1
9	10	45	93	50	0	0	1	0	1

데이터 전치

데이터프레임 행과 열의 기준(축)을 바꾸는 방법을 데이터 전치(Transpose)라고 합니다. 수학 선형대수에서 '전치행렬(transpose matrix)' 이라는 특수한 형태의 행렬이 있는데, 여기 행렬의 내적(inner product)을 구할 때 $aT*^{a}$처럼 전치행렬과 원래 행렬을 곱할 때 전치행렬(aT)를 사용합니다.

데이터 전치: df.T

```
# 원 데이터
df = pd.read_csv(file_path)
df
```

	student_no	class	science	english	math	sex
0	1	A	50	98	50	m
1	2	A	60	97	60	w
2	3	A	78	86	45	w
3	4	A	58	98	30	m
4	5	B	65	80	90	w
5	6	B	98	89	50	m
6	7	B	45	90	80	m
7	8	B	25	78	90	w
8	9	C	15	98	20	w
9	10	C	45	93	50	w

```
# 전치 데이터
df.T
```

	0	1	2	3	4	5	6	7	8	9
student_no	1	2	3	4	5	6	7	8	9	10
class	A	A	A	A	B	B	B	B	C	C
science	50	60	78	58	65	98	45	25	15	45
english	98	97	86	98	80	89	90	78	98	93
math	50	60	45	30	90	50	80	90	20	50
sex	m	w	w	m	w	m	m	w	w	w

피봇 테이블

피봇(Pivot) 테이블이란 많은 양의 데이터에서 필요한 자료만을 뽑아 새롭게 데이터를 재구성하는 기능입니다. 피봇 테이블을 활용하면 사용자가 원하는 대로 데이터를 정렬하고 필터링할 수 있습니다. 판다스는 피봇 테이블을 만들기 위한 pivot() 함수를 제공하는데, 데이터 열 중에서 두 개의 열을 각각 행 인덱스, 열 인덱스로 사용하여, 데이터를 조회하여 펼쳐 놓은 것을 의미합니다. 첫 번째 인수로는 행 인덱스로 사용할 열 이름, 두 번째 인수로는 열 인덱스로 사용할 열 이름, 그리고 마지막으로 데이터로 사용할 열 이름을 지정합니다. 판다스는 지정된 두 열을 각각 행 인덱스와 열 인덱스로 바꾼 후, 행 인덱스의 라벨 값이 첫 번째 키의 값과 같고, 열 인덱스의 라벨 값이 두 번째 키의 값과 같은 데이터를 찾아서 해당 칸에 삽입합니다. 만약 주어진 데이터가 존재하지 않으면 해당 칸에 NaN 값을 삽입합니다.

```
df.pivot(index, columns, values)
df.pivot_table(data, index, columns, values, aggfunc)
```

```
# 데이터프레임을 확인
df
```

	student_no	class	science	english	math	sex
0	1	A	50	98	50	m
1	2	A	60	97	60	w
2	3	A	78	86	45	w
3	4	A	58	98	30	m
4	5	B	65	80	90	w
5	6	B	98	89	50	m
6	7	B	45	90	80	m
7	8	B	25	78	90	w
8	9	C	15	98	20	w
9	10	C	45	93	50	w

```
# 반(class) 변수를 행 데이터로 피봇
pd.pivot_table(df,index='class', columns='sex', values='science')
```

sex	m	w
class		
A	54.0	69.0
B	71.5	45.0
C	NaN	30.0

```
# 성별(sex) 변수를 행 데이터로 피봇
pd.pivot_table(df,index='sex', columns='class', values='science')
```

class	A	B	C
sex			
m	54.0	71.5	NaN
w	69.0	45.0	30.0

멜트

멜트(melt)는 열을 행으로 변경하는 재구조화 과정입니다. 멜트의 뜻인 녹으면 흘러내리는 것과 같이 데이터프레임에서는 열이 행으로 흘러 열이 짧아지고 행이 길어진다고 이해하면 됩니다. 판다스에서 멜트 함수는 데이터에 있는 여러 열 이름을 'variable' 컬럼을 위에서 아래로 길게 쌓아 놓고, 'value' 컬럼에 ID와 variable에 해당하는 값을 추가하는 방법으로 데이터를 재구조화합니다.

pd.melt(df, id_vars=['id1', 'id2,'...])

```
# 멜트 함수
pd.melt(df,id_vars=['student_no', 'class'])
```

	student_no	class	variable	value
0	1	A	science	50
1	2	A	science	60
2	3	A	science	78
3	4	A	science	58
4	5	B	science	65
5	6	B	science	98
6	7	B	science	45
7	8	B	science	25
8	9	C	science	15
9	10	C	science	45
10	1	A	english	98
11	2	A	english	97
12	3	A	english	86
13	4	A	english	98
14	5	B	english	80
15	6	B	english	89
16	7	B	english	90
17	8	B	english	78
18	9	C	english	98

19	10	C	english	93
20	1	A	math	50
21	2	A	math	60
22	3	A	math	45
23	4	A	math	30
24	5	B	math	90
25	6	B	math	50
26	7	B	math	80
27	8	B	math	90
28	9	C	math	20
29	10	C	math	50
30	1	A	sex	m
31	2	A	sex	w
32	3	A	sex	w
33	4	A	sex	m
34	5	B	sex	w
35	6	B	sex	m
36	7	B	sex	m
37	8	B	sex	w
38	9	C	sex	w
39	10	C	sex	w

스택/언스택

행 인덱스와 열 인덱스 교환 시 사용하는 기능입니다. 스택(Stack) 명령을 사용하면 열이 행으로 변하는데, 열 인덱스가 반시계 방향으로 90도 회전한 것과 같은 모양이 됩니다. 스택은 위에서 아래로 길게 높게 쌓는 것이라면, 언스택은 행 인덱스가 열로 변환하는데 행 인덱스가 시계 방향으로 90도 회전한 것과 유사합니다. 언스택은 스택으로 쌓은 것을 옆으로 늘여 놓은 것이라 생각하면 됩니다. 둘 다 인덱스를 지정할 때는 문자열 이름과 순서를 표시하는 숫자 인덱스를 모두 사용할 수 있습니다.

열 인덱스를 행 인덱스로 변환: stack()
행 인덱스를 열 인덱스로 변환: unstack()

```
# 스택
df5 = df.stack()
# 스택 후의 데이터프레임은 인덱스 레벨이 3개 있는 멀티인덱스(multiIndex)가 됨
df5
```

```
0  student_no     1
   class          A
   science       50
   english       98
   math          50
   sex            m
1  student_no     2
   class          A
   science       60
   english       97
   math          60
   sex            w
2  student_no     3
   class          A
   science       78
   english       86
   math          45
   sex            w
3  student_no     4
   class          A
   science       58
   english       98
   math          30
```

```
# 어떤 레벨이 컬럼으로 이동해서 언스택되는지 확인
# 스택으로 위에서 아래로 높게 올린 데이터프레임을(df5)를 가지고
# 거꾸로 왼쪽으로 오른쪽으로 넓게 언스택으로 펼쳐 보기
df6 = df.unstack(level=-1)
df6
```

```
student_no  0   1
            1   2
            2   3
            3   4
            4   5
            5   6
            6   7
            7   8
            8   9
            9  10
class       0   A
            1   A
            2   A
            3   A
            4   B
            5   B
            6   B
            7   B
            8   C
            9   C
science     0  50
            1  60
            2  78
            3  58
            4  65
            5  98
            6  45
            7  25
            8  15
            9  45
english     0  98
            1  97
```

3 시계열 데이터[2)]

지금까지 데이터 분석은 주로 범주형과 연속형 변수 구분으로 진행했습니다. 범주, 연속 이외 다른 변수 유형이 있는데 날짜나 시간 유형 데이터입니다. 시간 변수는 시계열(Time series)이라고 하며 데이터 분석에서 중요한 역할을 합니다. 주가, 환율 등은 시간이 흐름에 따라 불확실성을 가지고 그 값이 변하므로 시계열의 좋은 예시가 될 수 있습니다. 시계열 분석이란 이렇듯 시간 변수의 흐름(X축)에 따른 종속변수(Y축)의 움직임을 이해하고 예측하는 것을 목표로 하는 분석 방법입니다. 판다스에서 시계열은 특정 시점과 기간으로 구분하여 자료형을 제공합니다.

[그림 7-5] 시각화 도구 태블로 시계열 분석

- 타임스탬프(Timestamp)
    - 특정 시점을 의미하는 자료형임.
    - to_datetime() 함수로 생성 가능하며 날짜 형태의 자료형을 시계열 타입으로 변환함.
- 기간(Period)
    - 일정 기간을 의미함.

2) Pourahmadi M, Noorbaloochi S. Multivariate time series analysis of neuroscience data: some challenges and opportunities. Curr Opin Neurobiol. 2016 Apr;37:12-15. doi: 10.1016/j.conb.2015.12.006. Epub 2016 Jan 2. PMID: 26752736.

• Timestamp(datetime)를 기간에 따른 자료형으로 이용하고자 할 때 사용함.

시간 조작

 # 시계열 시간 조작 단위는 '년, 월, 일, 시, 분, 초'
 # Timestamp와 Period의 차이 확인, Timestamp를 Period로 변환

```
# Period 객체는 to_period(freq='기간인수')를 통해 datetime 변수에 대해 어떤
기간에 따른 자료형을 생성하고자 할 때 주로 활용
# datetime 유형에 대해서만 적용 가능

# 시간 정의
dates = ['2020-01-01','2020-03-01','2021-09-01']
dates
```

```
['2020-01-01', '2020-03-01', '2021-09-01']
```

```
# 시간 자료형 생성
ts_dates = pd.to_datetime(dates)
ts_dates
```

```
DatetimeIndex(['2020-01-01', '2020-03-01', '2021-09-01'], dtype='datetime64[ns]', freq=None)
```

```
# Timestamp를 Period 변환
pr_day = ts_dates.to_period(freq='D')   # 1일 기간
pr_day
```

```
PeriodIndex(['2020-01-01', '2020-03-01', '2021-09-01'], dtype='period[D]', freq='D')
```

```
pr_month = ts_dates.to_period(freq='M') # 1개월 기간
pr_month
```

```
PeriodIndex(['2020-01', '2020-03', '2021-09'], dtype='period[M]', freq='M')
```

```
pr_year = ts_dates.to_period(freq='A')  # 1년 기간
pr_year
```

```
PeriodIndex(['2020', '2020', '2021'], dtype='period[A-DEC]', freq='A-DEC')
```

타임스탬프

판다스에서 시계열 자료를 사용하려면 먼저 인덱스를 datetime 인덱스 자료형으로 만들어야 합니다. datetime 인덱스는 특정한 시점을 기록한 타임스탬프(timestamp) 형식의 시계열 자료를 다루기 위한 특별한 인덱스입니다. 타임 인덱스의 라벨 값이 반드시 일정한 간격일 필요는 없습니다. datetime 인덱스는 다음 함수를 사용하여 생성합니다. pd.to_datetime 함수를 사용하여 날짜/시간을 나타내는 문자열을 자동으로 datetime 자료형으로 바꾼 후 datetimeIndex 자료형 인덱스를 생성합니다.

pd.to_datetime(): 시계열 객체로 변환

```
# 판다스 라이브러리 불러오기
import pandas as pd
# 파일경로를 찾고 변수 file_path에 저장
file_path= 'C:/data/timeseries.csv'
# read csv() 함수로 데이터프레임 변환
df= pd.read_csv(file_path)

df
```

	Date	Close	Start	High	Low	Volume
0	2015-07-02	10100	10850	10900	10000	137977
1	2016-06-29	10700	10550	10900	9990	170253
2	2017-06-28	10400	10900	10950	10150	155769
3	2018-06-27	10900	10800	11050	10500	133548
4	2019-06-26	10800	10900	11000	10700	63039

```
# 데이터 유형 확인
df.info()
```

```
<class 'pandas.core.frame.DataFrame'>
RangeIndex: 5 entries, 0 to 4
Data columns (total 6 columns):
Date      5 non-null object
Close     5 non-null int64
Start     5 non-null int64
High      5 non-null int64
Low       5 non-null int64
Volume    5 non-null int64
dtypes: int64(5), object(1)
memory usage: 368.0+ bytes
```

```
# 현재 날짜를 나타내는 Date 컬럼은 문자형(object)이므로 to_datetime() 함수를
이용해서 Date 컬럼을 시계열 객체(Timestamp)로 변환한 후 확인
df['new_Date'] = pd.to_datetime(df['Date'])
df.info()
```

```
<class 'pandas.core.frame.DataFrame'>
RangeIndex: 5 entries, 0 to 4
Data columns (total 7 columns):
Date        5 non-null object
Close       5 non-null int64
Start       5 non-null int64
High        5 non-null int64
Low         5 non-null int64
Volume      5 non-null int64
new_Date    5 non-null datetime64[ns]
dtypes: datetime64[ns](1), int64(5), object(1)
memory usage: 408.0+ bytes
```

```
# 데이터프레임 확인
print(df.head())
print('\n')
```

	Date	Close	Start	High	Low	Volume	new_Date
0	2015-07-02	10100	10850	10900	10000	137977	2015-07-02
1	2016-06-29	10700	10550	10900	9990	170253	2016-06-29
2	2017-06-28	10400	10900	10950	10150	155769	2017-06-28
3	2018-06-27	10900	10800	11050	10500	133548	2018-06-27
4	2019-06-26	10800	10900	11000	10700	63039	2019-06-26

```
print(df.info())
print('\n')
print(type(df['new_Date'][0]))
```

```
<class 'pandas.core.frame.DataFrame'>
RangeIndex: 5 entries, 0 to 4
Data columns (total 7 columns):
Date        5 non-null object
Close       5 non-null int64
Start       5 non-null int64
High        5 non-null int64
Low         5 non-null int64
Volume      5 non-null int64
new_Date    5 non-null datetime64[ns]
dtypes: datetime64[ns](1), int64(5), object(1)
memory usage: 408.0+ bytes
None


<class 'pandas._libs.tslibs.timestamps.Timestamp'>
```

```
# 기존 Date 열을 삭제
df.drop('Date', axis = 1, inplace=True)
```

```
# new_Date를 인덱스로 지정
df.set_index('new_Date', inplace=True)
# 인덱스가 DatetimeIndex 변경되었고 2015년07월02일에서 2019년06월26일 사이에
5개 날짜가 있음

df
```

	Date	Close	Start	High	Low	Volume
new_Date						
2015-07-02	2015-07-02	10100	10850	10900	10000	137977
2016-06-29	2016-06-29	10700	10550	10900	9990	170253
2017-06-28	2017-06-28	10400	10900	10950	10150	155769
2018-06-27	2018-06-27	10900	10800	11050	10500	133548
2019-06-26	2019-06-26	10800	10900	11000	10700	63039

```
# 간단한 시계열 시각화
import matplotlib

df.plot
```

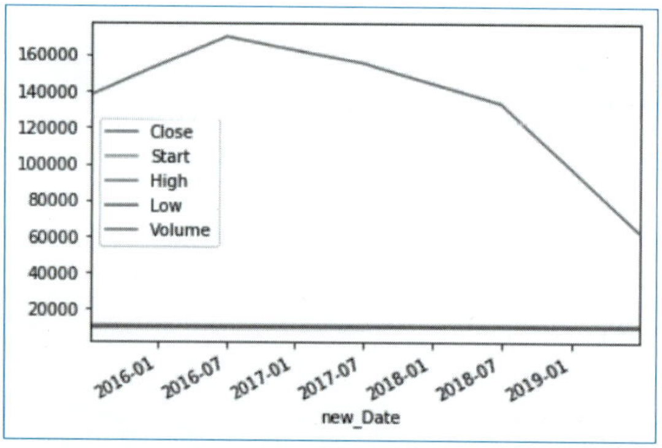

기간 함수

pd.date_range(): 시작일과 종료일 또는 시작일과 기간을 입력하면 범위 내의 인덱스를 생성
pd.period_range(): Period는 기간을 나타내는 자료형이며, 배열을 적용할 때 freq= 옵션은 기간의 단위를 의미

```
# 타임스탬프를 배열하는 date_range()는 파이썬 내장 함수 range() 함수와 비슷한 개념

import numpy as np
# pd.date_range()을 사용해 날짜 값들을 만들어 전달
dates = pd.date_range('20200101', periods=6)

# 컬럼의 이름은 A, B, C, D 라는 이름이 담긴 리스트에 추가
df= pd.DataFrame(np.random.randn(6,4), index=dates, columns=list('ABCD'))
df
```

	A	B	C	D
2020-01-01	1.549712	0.714766	1.403947	-0.526285
2020-01-02	1.676475	0.034330	0.293364	0.520367
2020-01-03	0.622914	1.287401	-0.693836	0.826654
2020-01-04	1.808732	-0.634836	0.602421	1.112341
2020-01-05	0.058997	0.625513	0.997255	-0.213585
2020-01-06	0.010890	1.101315	0.538624	0.000635

```
# 시계열 활용 날짜 데이터 분리: dt.year, dt.month, dt.day
import pandas as pd
file_path= 'C:/data/timeseries.csv'
df= pd.read_csv(file_path)
df
```

	Date	Close	Start	High	Low	Volume
0	2015-07-02	10100	10850	10900	10000	137977
1	2016-06-29	10700	10550	10900	9990	170253
2	2017-06-28	10400	10900	10950	10150	155769
3	2018-06-27	10900	10800	11050	10500	133548
4	2019-06-26	10800	10900	11000	10700	63039

```
# 시간 변수 추가
df['new_Date'] = pd.to_datetime(df['Date'])
df
```

	Date	Close	Start	High	Low	Volume	new_Date
0	2015-07-02	10100	10850	10900	10000	137977	2015-07-02
1	2016-06-29	10700	10550	10900	9990	170253	2016-06-29
2	2017-06-28	10400	10900	10950	10150	155769	2017-06-28
3	2018-06-27	10900	10800	11050	10500	133548	2018-06-27
4	2019-06-26	10800	10900	11000	10700	63039	2019-06-26

```
# 년, 월, 일 시간 추출
df['Year'] = df['new_Date'].dt.year
df['Month'] = df['new_Date'].dt.month
df['Day'] = df['new_Date'].dt.day
df
```

	Date	Close	Start	High	Low	Volume	new_Date	Year	Month	Day
0	2015-07-02	10100	10850	10900	10000	137977	2015-07-02	2015	7	2
1	2016-06-29	10700	10550	10900	9990	170253	2016-06-29	2016	6	29
2	2017-06-28	10400	10900	10950	10150	155769	2017-06-28	2017	6	28
3	2018-06-27	10900	10800	11050	10500	133548	2018-06-27	2018	6	27
4	2019-06-26	10800	10900	11000	10700	63039	2019-06-26	2019	6	26

```
# to_period() 함수를 이용해 표기 변경
df['Date_yr'] = df['new_Date'].dt.to_period(freq = 'A')  # 연도까지
df['Date_m'] = df['new_Date'].dt.to_period(freq = 'M')   # 연월까지
df
```

	Date	Close	Start	High	Low	Volume	new_Date	Year	Month	Day	Date_yr	Date_m
0	2015-07-02	10100	10850	10900	10000	137977	2015-07-02	2015	7	2	2015	2015-07
1	2016-06-29	10700	10550	10900	9990	170253	2016-06-29	2016	6	29	2016	2016-06
2	2017-06-28	10400	10900	10950	10150	155769	2017-06-28	2017	6	28	2017	2017-06
3	2018-06-27	10900	10800	11050	10500	133548	2018-06-27	2018	6	27	2018	2018-06
4	2019-06-26	10800	10900	11000	10700	63039	2019-06-26	2019	6	26	2019	2019-06

```
# 날짜 인덱스 지정
df.set_index('new_Date',inplace=True)
df
```

	Date	Close	Start	High	Low	Volume	Year	Month	Day	Date_yr	Date_m
new_Date											
2015-07-02	2015-07-02	10100	10850	10900	10000	137977	2015	7	2	2015	2015-07
2016-06-29	2016-06-29	10700	10550	10900	9990	170253	2016	6	29	2016	2016-06
2017-06-28	2017-06-28	10400	10900	10950	10150	155769	2017	6	28	2017	2017-06
2018-06-27	2018-06-27	10900	10800	11050	10500	133548	2018	6	27	2018	2018-06
2019-06-26	2019-06-26	10800	10900	11000	10700	63039	2019	6	26	2019	2019-06

```
# 날짜 인덱싱
df.loc['2015-07'] # 7월에 해당하는 row 인덱싱
```

new_Date	Date	Close	Start	High	Low	Volume	Year	Month	Day	Date_yr	Date_m
2015-07-02	2015-07-02	10100	10850	10900	10000	137977	2015	7	2	2015	2015-07

```
df['2015-06-25' : '2018-06-20']  # 해당 기간 인덱싱
```

new_Date	Date	Close	Start	High	Low	Volume	Year	Month	Day	Date_yr	Date_m
2015-07-02	2015-07-02	10100	10850	10900	10000	137977	2015	7	2	2015	2015-07
2016-06-29	2016-06-29	10700	10550	10900	9990	170253	2016	6	29	2016	2016-06
2017-06-28	2017-06-28	10400	10900	10950	10150	155769	2017	6	28	2017	2017-06

```
# 오늘 날짜와 차이 열 추가
today = pd.to_datetime('2020-03-18')
df['time_diff'] = today - df.index
df
```

new_Date	Date	Close	Start	High	Low	Volume	Year	Month	Day	Date_yr	Date_m	time_diff
2015-07-02	2015-07-02	10100	10850	10900	10000	137977	2015	7	2	2015	2015-07	1721 days
2016-06-29	2016-06-29	10700	10550	10900	9990	170253	2016	6	29	2016	2016-06	1358 days
2017-06-28	2017-06-28	10400	10900	10950	10150	155769	2017	6	28	2017	2017-06	994 days
2018-06-27	2018-06-27	10900	10800	11050	10500	133548	2018	6	27	2018	2018-06	630 days
2019-06-26	2019-06-26	10800	10900	11000	10700	63039	2019	6	26	2019	2019-06	266 days

연습문제

1 그룹 분석 단계를 시본에 내장된 팁(tips) 데이터로 예를 들어 설명하시오.

2 다음 빈칸에 알맞은 말을 넣어 완성하시오.

> 데이터프레임 분석에서 가장 자주 사용하는 분석은 원시(raw) 데이터에서 (　　　)형 데이터를 그룹화하여 (　　　)형 결과 분석을 진행하는 방법이다.

3 파이썬 데이터 재구조화 함수를 설명하시오.

4 데이터 구간화를 설명하고 판다스 구간화 방법을 설명하시오.

5 다음 데이터를 원-핫인코딩을 통해 재구조화하시오.

도시
서울
대구
광주
서울
대구
서울

6 데이터 피봇 중 df.pivot()과 df.pivot_table()의 차이를 설명하시오.

7 파이썬 재구조화 함수 중 df.wide_to_long()을 설명하시오.

8 시계열 데이터란 무엇인지 설명하시오.

9 시본에 내장된 비행(flights) 데이터를 활용하여 시계열 분석하시오.
[비행 데이터는 1949년부터 1960년까지 연도 및 월별 항공기 승객을 기록한 데이터입니다.(데이터프레임 144rows×3columns)]

08장 데이터 시각화

1. 시각화의 시대
2. 기본 시각화
3. 고급 시각화
4. 변수 유형별 시각화
5. 인터랙티브 시각화
6. 시계열 시각화

1 시각화의 시대

인간은 눈 망막 자극이 뇌에 전달될 때 정보의 의미를 파악할 수 있게 진화한 동물입니다. 또 인간은 감각 중의 대부분을 시각에 의존하는 데 일반적으로 시각이 77%, 청각이 13%, 후각이 7%, 나머지 3%는 촉각과 미각이 나눠 가지는 것으로 알려져 있습니다. 이처럼 인간이 인간답게 활동하게 하는 가장 중요한 감각 정보 기관이 시각입니다. 특히 빅데이터 시대에 데이터를 단순히 눈으로 볼 수 있는 한계를 넘었습니다. 따라서 데이터 시각화(Data visualization)는 매우 효과적으로 정보를 전달하는 수단이 되고 있습니다.

눈으로 보는 데이터

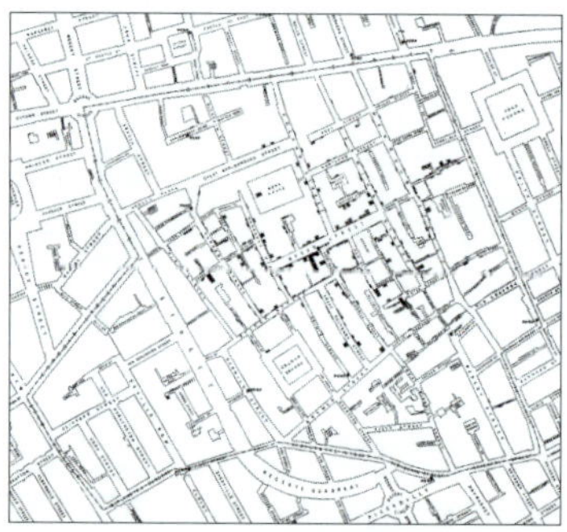

[그림 8-1] 콜레라 맵[1]

존 스노우(John Snow)의 콜레라 맵은 본질적으로 점을 활용한 맵 시각화입니다. 런던 지역 각 세대에 콜레라로 사망한 인원수를 표시하기 위해 도시 구역에 작은 막대그래프를 사용했습니다. 왜 사망 추세가 다른 곳보다 높은지 알아내려는 시도로 이 막대의 표기가 특정 도시 구역 집단을 표시한 것입니다. 그 결과, 콜레라의 피해를 가장 많이 입은 세대들은 모두 같은 우물을 식수로 사용하고 있다는 신호를 발견했습니다. 당시 이것은 완전히 새로운 발견이었습니다. 콜레라 발병률이 높게 집중된 지역에서 문제가 된 우물이 사용되었고, 그

1) https://en.wikipedia.org/wiki/John_Snow

우물은 하수로 오염되었던 것입니다. 이 발견으로 런던의 콜레라 발병 추세를 추가 검토하자 그 질환과 오염된 우물 간의 분명한 상관관계를 밝혀내는 데 도움이 되었습니다. 그 뒤로부터 런던시에는 상하수도 시스템을 연구하여 우물을 오염되지 않게 보호하는 것이 콜레라를 예방하기 위한 솔루션으로 제시되었습니다.[2]

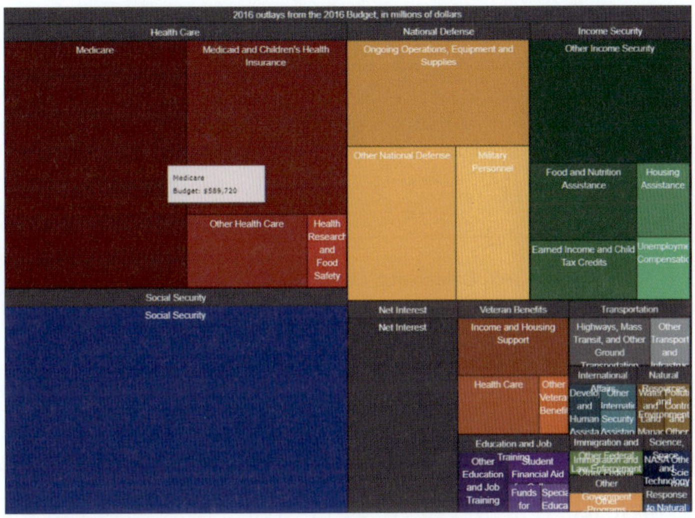

[그림 8-2] 시각화 트리맵(예산)[3]

버락 오바마(Barack Obama) 대통령 시절 백악관에 의해 작성된 미국 예산 시각화 트리맵은 정부 예산을 지출 프로그램의 의도에 맞도록 전체적 관점으로 시각화하여 분류한 시각화 도구입니다. 공개된 첫 번째 대화형 예산인지는 분명하지 않지만, 기본적인 트리맵 차트로 공개되어 공공 시각화 부문에서 많이 언급되고 있습니다.

2) Li JK, Ma KL. P5: Portable Progressive Parallel Processing Pipelines for Interactive Data Analysis and Visualization. IEEE Trans Vis Comput Graph. 2020 Jan;26(1):1151-1160. doi: 10.1109/TVCG.2019.2934537. Epub 2019 Aug 22. PMID: 31442985.

3) https://obamawhitehouse.archives.gov/interactive-budget

시각화의 중요성

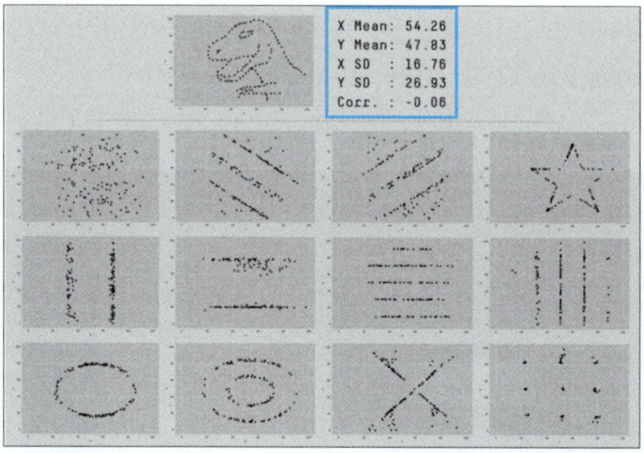

[그림 8-3] Datasaurus Dozen - 모두 같은 데이터[4]

[그림 8-3]을 수치만으로 보면 'X 평균 54.26, Y 평균 47.83' 으로 모두 같은 데이터입니다. 두 자리 소수점까지 동일한 기술통계(평균, 표준편차, 피어슨의 상관관계)를 갖고 있습니다. 하지만 이를 시각화해 보면 공룡 그림과 같이 전혀 다른 13가지 그래프를 보이고 있습니다. 동일한 자료를 평균, 표준편차, 상관관계를 요약한 단순 기술 분석만으로는 정확한 의사결정이 어렵다는 것을 의미하는 좋은 사례입니다. 단순 수치를 시각화된 그림이나 도표로 보면 한눈에 어떠한 요소들이 서로 더 관계가 있는지 쉽게 알 수 있습니다. 데이터 분석 시 수치에 의존한 기술통계 의사결정뿐만 아니라 시각화를 통해 검증해야 한다는 데이터 시각화의 중요성을 다시 한번 강조하고 있습니다.

앤스콤 시각화

데이터 시각화의 전형적인 사례로 앤스콤 4분할 그래프가 있습니다. 앤스콤 4분할 그래프는 영국 프랭크 앤스콤이 데이터를 수치적으로만 확인할 때 발생할 수 있는 함정을 보여 주기 위해 만든 그래프입니다. 그렇다면 여기서 '함정'이라는 것은 무엇일까요? 놀랍게도 네 그래프의 데이터 모두 동일한 평균, 분산, 상관관계, 선형 모형을 가지고 있습니다. 그럼에도

4) https://www.autodeskresearch.com/publications/samestats

불구하고 데이터가 다른 패턴을 보입니다. 이렇듯 데이터 분석과 함께 시각화를 함께 살펴 보는 것이 정말 중요합니다. 앤스콤 4분할 그래프는 다음과 같이 생겼습니다.

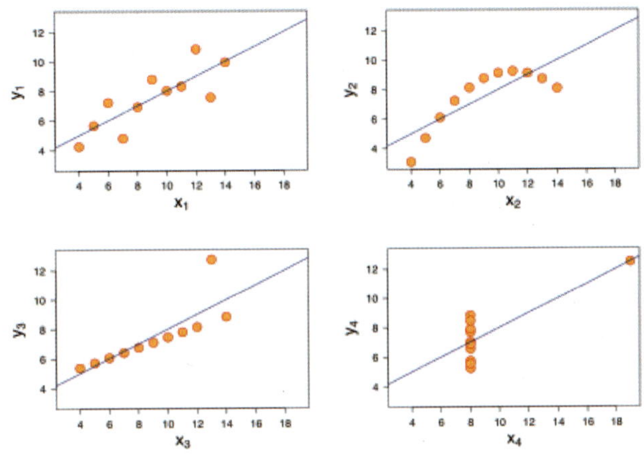

[그림 8-4] 앤스콤 4분할 그래프[5)]

```
# 앤스콤 데이터는 seaborn 라이브러리에 내장되어 있음

# seaborn 라이브러리 호출
import seaborn as sns

# 앤스콤 데이터셋 로드
ans = sns.load_dataset('anscombe')

# 데이터 확인
ans
```

5) https://ko.wikipedia.org/wiki/%EC%95%A4%EC%8A%A4%EC%BB%B4_%EC%BD%B0%EB%A5%B4%ED%85%9F

	dataset	x	y
0	I	10.0	8.04
1	I	8.0	6.95
2	I	13.0	7.58
3	I	9.0	8.81
4	I	11.0	8.33
5	I	14.0	9.96
6	I	6.0	7.24
7	I	4.0	4.26
8	I	12.0	10.84
9	I	7.0	4.82
10	I	5.0	5.68
11	II	10.0	9.14
12	II	8.0	8.14
13	II	13.0	8.74

```
# 데이터 타입 보기
ans.dtypes
```

```
dataset     object
x          float64
y          float64
dtype: object
```

```
# 기초 통계량이 같더라도 데이터 분포는 다를 수 있다.

# dataset의 기초 통계량
ans.describe()
```

	x	y
count	44.000000	44.000000
mean	9.000000	7.500682
std	3.198837	1.958925
min	4.000000	3.100000
25%	7.000000	6.117500
50%	8.000000	7.520000
75%	11.000000	8.747500
max	19.000000	12.740000

```
ans.groupby(['dataset']).describe()
```

	x								y							
	count	mean	std	min	25%	50%	75%	max	count	mean	std	min	25%	50%	75%	max
dataset																
I	11.0	9.0	3.316625	4.0	6.5	9.0	11.5	14.0	11.0	7.500909	2.031568	4.26	6.315	7.58	8.57	10.84
II	11.0	9.0	3.316625	4.0	6.5	9.0	11.5	14.0	11.0	7.500909	2.031657	3.10	6.695	8.14	8.95	9.26
III	11.0	9.0	3.316625	4.0	6.5	9.0	11.5	14.0	11.0	7.500000	2.030424	5.39	6.250	7.11	7.98	12.74
IV	11.0	9.0	3.316625	8.0	8.0	8.0	8.0	19.0	11.0	7.500909	2.030579	5.25	6.170	7.04	8.19	12.50

```
# dataset 1 추출하여 그래프로 표현
Import matplotlib.pyplot as plt

data1=ans[ans['dataset']== 'I']
data1
```

	dataset	x	y
0	I	10.0	8.04
1	I	8.0	6.95
2	I	13.0	7.58
3	I	9.0	8.81
4	I	11.0	8.33
5	I	14.0	9.96
6	I	6.0	7.24
7	I	4.0	4.26
8	I	12.0	10.84
9	I	7.0	4.82
10	I	5.0	5.68

```
plt.plot(data1['x'],data1['y'] )
```

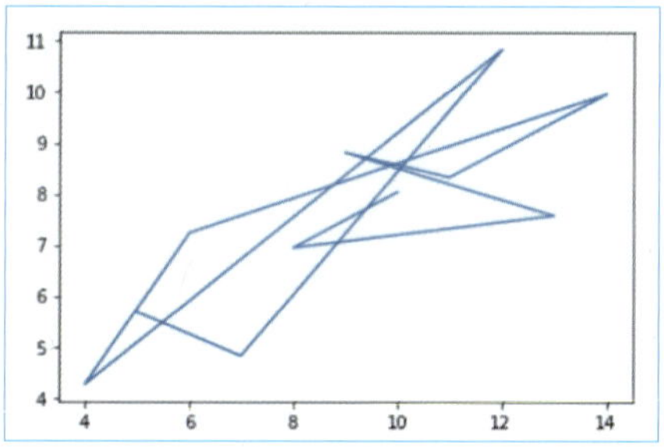


```
plt.plot(data1['x'],data1['y'],'o' )
```

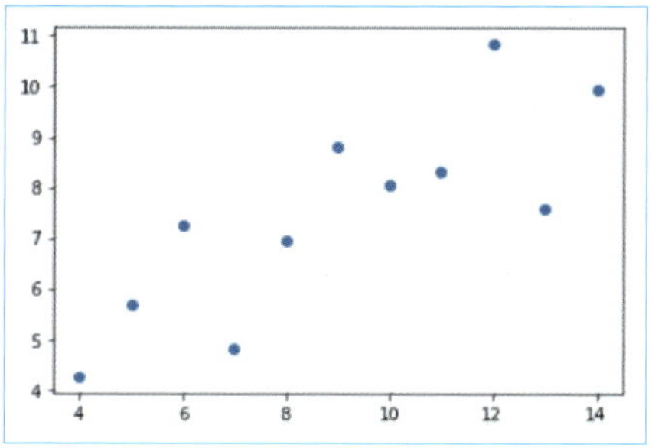

```
# matplotlib로 그래프 그리기
# 1. 기본 틀 만들기(figure)
# 2. 내부에 격자를 만들고 서브 플롯을 생성(add_subplot)
# 3. 각 격자에 플롯을 그린다.
# 4. 타이틀 기본의 제목 등 부가적 작업을 수행

data2=ans[ans['dataset']== 'II']
data3=ans[ans['dataset']== 'III']
data4=ans[ans['dataset']== 'IV']

fig=plt.figure()

# 2*2 격자를 만들고 각 격자에 () 데이터셋의 플롯 그리기
# 기본 틀에 격자 추가

ax1=fig.add_subplot(2,2,1)
ax2=fig.add_subplot(2,2,2)
ax3=fig.add_subplot(2,2,3)
ax4=fig.add_subplot(2,2,4)
fig
```

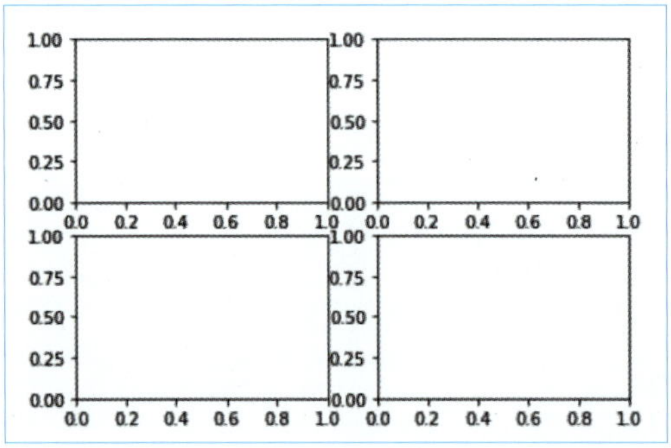


```
# 각 격자에 개별 데이터셋의 플롯 그리기
ax1.plot(data1['x'],data1['y'],'o' )
ax2.plot(data2['x'],data2['y'],'o' )
ax3.plot(data3['x'],data3['y'],'o' )
ax4.plot(data4['x'],data4['y'],'o' )
```

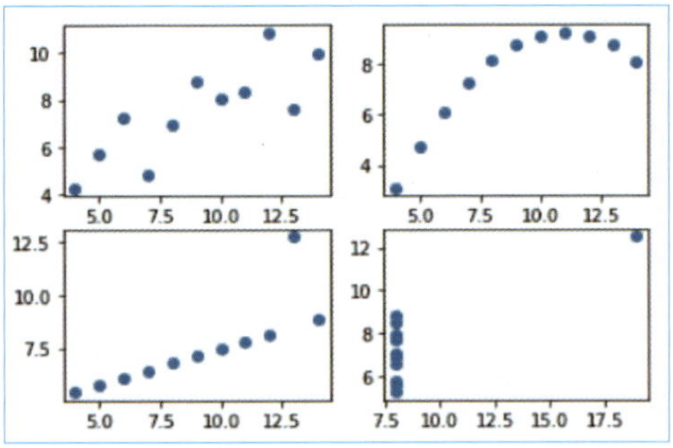

```
# 각 서브플롯의 타이틀을 추가
ax1.set_title('data1')
ax2.set_title('data2')
ax3.set_title('data3')
ax4.set_title('data4')
```

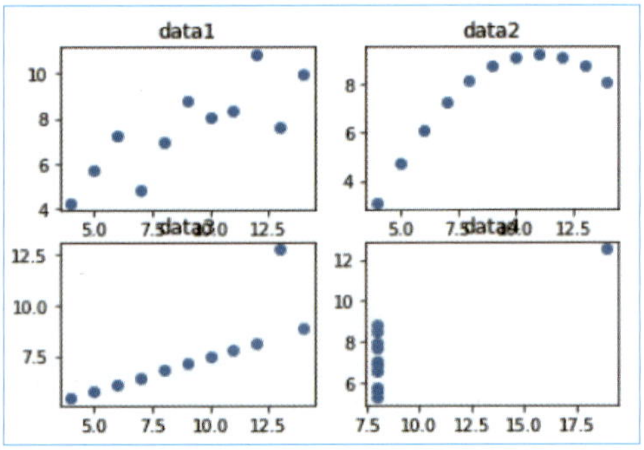

```
# 레이아웃 조절
fig.tight_layout()
```

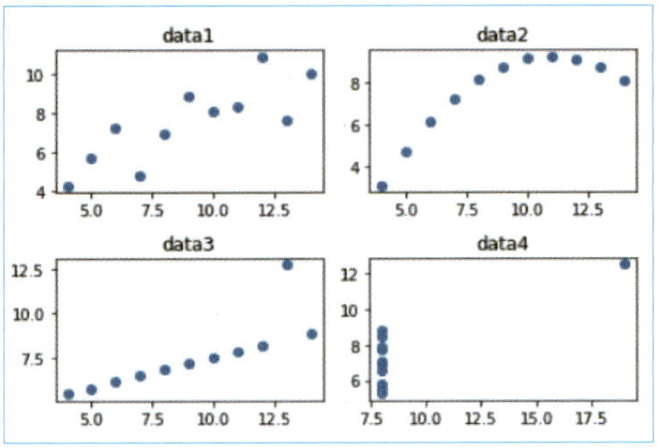

시각화 라이브러리

R에는 ggplot이란 시각화에 좋은 통합 라이브러리가 있습니다. 반면 파이썬에는 각각의 특징이 다른 개별 라이브러리들이 있습니다. 각 라이브러리마다 성격이 다르기 때문에 데이터 사이언티스트의 목적에 따라 사용할 수 있습니다. 주요 파이썬 시각화 라이브러리의 특징은 다음과 같습니다.

〈표 8-1〉 시각화 라이브러리

시각화 라이브러리	특징
내장 라이브러리	판다스에 내장된 기본 그래프 라이브러리로 별도의 라이브러리 임포트 없이 사용 가능합니다.
맷플롯립 (Matplotlib)	판다스에서 가장 많이 쓰는 라이브러리로 데이터프레임을 시각화할 때도 내부적으로 맷플롯립을 사용합니다.
시본 (Seaborn)	시본은 맷플롯립을 기반으로 다양한 색 테마, 차트 기능을 추가한 라이브러리로 맷플롯립에 의존성을 가지고 있습니다. 맷플롯립에 없는 그래프(히트맵, 카운트플랏 등)을 가지고 있습니다.
플로트나인 (Plotnine)	plotnine은 R의 ggplot2에 기반하여 그래프를 작성하는 라이브러리로 R로 시각화하는 것이 익숙하면 편리하게 사용할 수 있습니다.
폴리움 (Folium)	Folium은 지도 데이터(Open Street Map)에 leaflet.js를 이용해 위치 정보를 시각화하는 라이브러리로 자바스크립트 기반이라 인터랙티브하게 그래프를 그릴 수 있습니다. 한국 GeoJSON 데이터는 깃허브 southkorea-maps에서 확인할 수 있습니다.
파이차트 (Pyecharts)	중국 바이두에서 데이터 시각화를 위해 만든 Echarts.js의 파이썬 버전으로 다양한 그래프들이 내장되어 있어 리포트를 작성할 때 효과적입니다.
플로틀리 (Plotly)	plotly는 인터랙티브 그래프를 그려주는 라이브러리로 R, 스칼라, 파이썬, 자바스크립트, 매트랩 등에서 사용할 수 있습니다. 시각화를 위해 D3.js를 사용하고 있으며 사용해 보면 사용이 쉽고, 세련된 도구입니다. Online과 Offline이 따로 존재하며 온라인 이용 시 별도 API key가 필요합니다. Plotly cloud 유료 모델도 있습니다.

2 기본 시각화

맷플롯립(Matplotlib)은 많은 파이썬 라이브러리 중에서 플롯(그래프)을 그릴 때 주로 쓰이는 2D, 3D 플롯팅 패키지입니다. 맷플롯립을 활용하면 다양한 유형의 그래프를 간편하게 그릴

수 있습니다. 지금까지(2019년 12월 기준) 오픈 소스로 3.1.1 버전까지 개발되었으며 대부분의 시각화 모듈은 입력으로 데이터프레임 데이터 타입을 이용합니다. 리스트나 딕셔너리 데이터 형태로 가능하나 데이터프레임을 이용하였을 때 새로운 그래프에 대해 적용이 더 쉽습니다. 이외에 파이썬 그래프 갤러리를 참고하면 많은 그래프를 확인할 수 있습니다.[6)]

[그림 8-5] 맷플롯립 시각화

시각화 준비

판다스의 시리즈나 데이터프레임은 플롯(plot)이라는 시각화 함수를 내장하고 있습니다. 이 플롯 함수도 맷플롯립을 내부에서 불러와 사용합니다. 맷플롯립 패키지를 사용할 때 주 패키지는 mpl이라는 별칭(alias)으로 임포트하고, pylab 서브 패키지는 plt라는 다른 별칭으로 임포트하여 사용하는 것이 관례이므로 우리도 이러한 방법을 사용합니다. plt.show()에서 show 명령은 시각화 명령을 실제 차트로 렌더링(rendering)하고 마우스 움직임 등의 이벤트를 기다리라는 의미입니다. 주피터 노트북에서는 셀 단위로 플롯 명령을 자동으로 표현해 주기 때문에 항상 show 명령이 필요 없지만, 일반 파이썬 인터프리터로 가동되는 경우를 대비하여 마지막에 실행하도록 합니다. show 명령을 사용하면 마지막 플롯 명령으로부터 반환된 플롯 객체도 가려주는 효과가 있습니다.

6) https://python-graph-gallery.com/

- 일반적인 시각화 단계

 ① 1단계

 시각화 라이브러리 불러오기: import matplotlib.pyplot as plt

 ② 2단계

 X, Y축에 어떤 데이터를 표기할지 결정하기

 ③ 3단계

 plot() 함수에 데이터 입력하기: plt.plot([x축 데이터, y축 데이터])

 ④ 4단계

 그래프 보여주기: plt.show()

```
import matplotlib as mpl
import matplotlib.pylab as plt

# 간단한 시작
import matplotlib.pyplot as plt
plt.plot([1, 2, 3, 4])
plt.show()
```

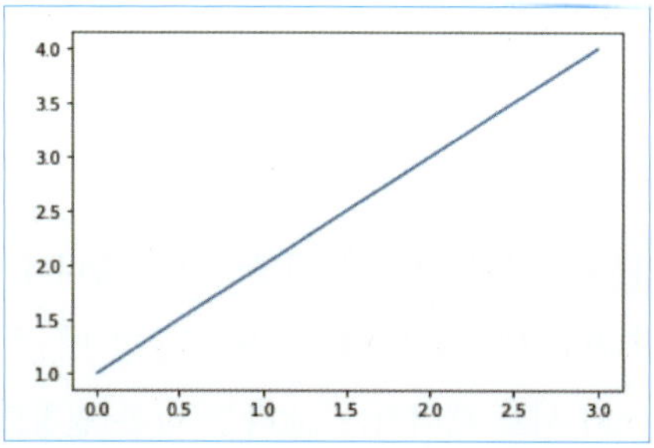

시각화 옵션 지정

그래프를 작업하면 그래프 제목이나 X, Y축의 이름 등 좀 더 추가로 그래프를 설명해야 하는 옵션들이 있습니다. 많이 사용하는 몇 가지 옵션들을 살펴보겠습니다.

1) 제목

제목은 title() 함수를 추가합니다. 제목은 영어를 사용하며 한글 폰트 지원은 다시 설명하겠습니다.

```
# 제목 추가
import matplotlib.pyplot as plt
plt.title('Line')
plt.plot([1,2,3], [1,2,3], marker='o')
plt.show()
```

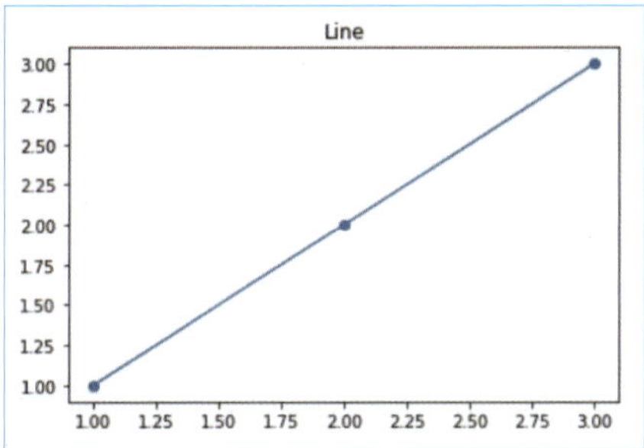

2) 범례

범례(legend)는 두 개 이상의 데이터를 표시할 때 사용합니다. 범례를 추가하기 위해 plot() 함수를 응용합니다. Plot() 함수에 label이라는 속성 레이블 값으로 원하는 문자열을 추가하고 그래프를 그리기 전에 legend() 함수를 실행합니다.

```
# 범례 추가
plt.title('Legend')
plt.plot([1,2,3,4], label='asc')  # 증가
plt.plot([4,3,2,1], label='desc') # 감소
plt.legend()
plt.show()
```

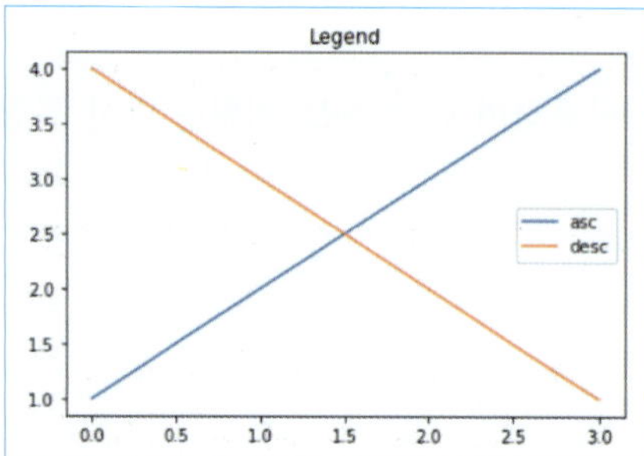

3) 색상

그래프 색상은 plot() 함수에 color 속성을 추가합니다.

```
# 색상
plt.plot([1,2,3], [1,2,3], color='red')
plt.show()
```

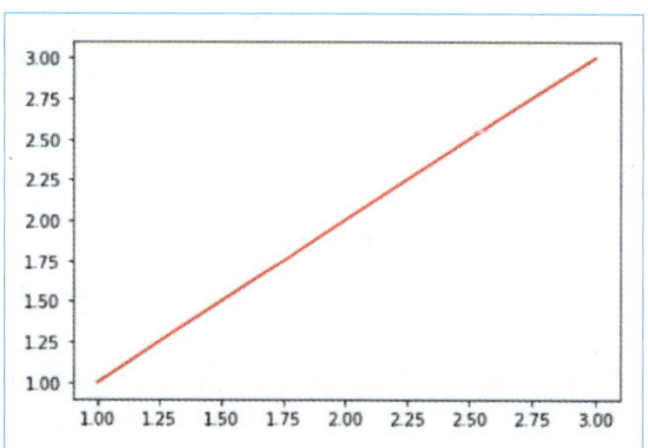

4) X, Y축 이름

각 축 이름은 plt.xlabel(), plt.ylabel()을 사용합니다.

```
# 축 이름
plt.plot([1,2,3], [1,2,3])
plt.xlabel("X")
plt.ylabel("Y")
plt.show()
```

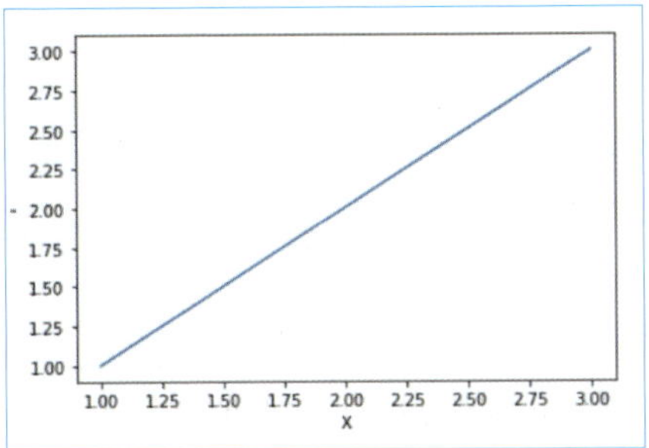

5) 그래프 선 모양

```
# 선 모양 변경
plt.plot([1,2,3,4], color='r', linestyle='--', label='dashed') # 빨간색
plt.plot([4,3,2,1], color='g', linestyle=':', label='dotted') # 감소
plt.legend()
plt.show()
```

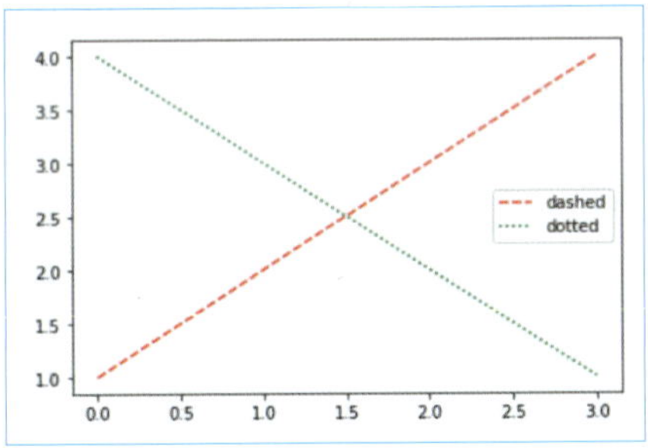

6) 그림 범위 지정

플롯 그림을 보면 몇몇 점들은 그림의 범위 경계선에 있어서 잘 보이지 않는 경우가 있을 수 있습니다. 그림의 범위를 수동으로 지정하려면 xlim 명령과 ylim 명령을 사용합니다. 이 명령들은 그림의 범위가 되는 x축, y축의 최솟값과 최댓값을 지정합니다.

```
# 그림 범위
plt.title("x, y Range")
plt.plot([10, 20, 30, 40], [1, 4, 9, 16],
         c="b", lw=5, ls="--", marker="o", ms=15, mec="g", mew=5, mfc="r")
plt.xlim(0, 50)
plt.ylim(-10, 30)
plt.show()
```

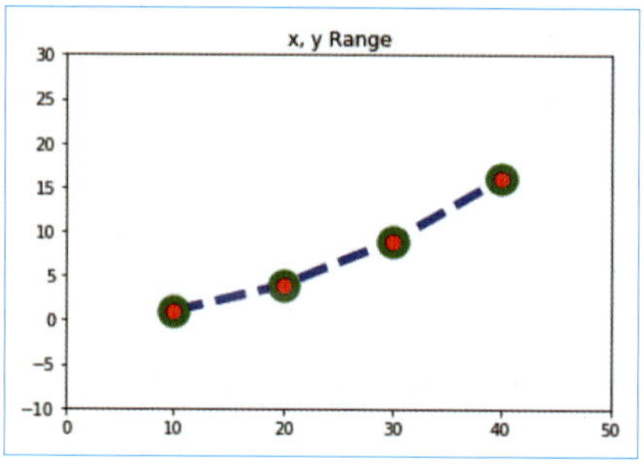

찍은 점을 표현하고 싶으면 마커 인자를 추가합니다. 마커(점)의 모양은 다양하게 변경할 수 있으며 종류와 사용법은 맷플롯립 마커[7](matplotlib.markers)를 참고합니다.

〈표 8-2〉 맷플롯립 마커

마커	의미	문자	색상
o	circle(원)	b	blue(파란색)
v	triangle_down(역삼각형)	g	green(녹색)
^	triangle_up(삼각형)	r	red(빨간색)
s	square(네모)	c	cyan(청록색)
+	plus(플러스)	m	magenta(마젠타 색)
.	point(점)	y	yellow(노란색)
		k	black(검은색)
		w	white(흰색)

7) https://matplotlib.org/api/markers_api.html

일차 시각화

판다스는 복잡한 임포트 없이 내장 그래프 도구를 활용하여 간단히 데이터를 시각화할 수 있습니다. 시각화는 중요한 데이터 분석 과정이기 때문에 다시 자세히 알아보겠습니다. 기본 함수는 plot()을 사용합니다. Seaborn에 내장되어 있는 tips 데이터로 살펴보도록 하겠습니다.

〈표 8-3〉 내장 시각화 옵션

옵션	그래프	옵션	그래프
line	선그래프	kde	커널 밀도 그래프
bar	수직 막대그래프	area	면적그래프
barh	수평 막대그래프	pie	파이 그래프
hist	히스토그램	scatter	산점도 그래프
box	박스플롯	hexbin	고밀도 산점도 그래프

df.plot(x=변수, y=변수, kind 옵션)

```
# 라이브러리 불러오기
import pandas as pd                # 판다스
import seaborn as sns              # 시본
# 데이터 준비
tips = sns.load_dataset("tips")    # 팁 데이터

# 데이터 보기
tips
```

	total_bill	tip	sex	smoker	day	time	size
0	16.99	1.01	Female	No	Sun	Dinner	2
1	10.34	1.66	Male	No	Sun	Dinner	3
2	21.01	3.50	Male	No	Sun	Dinner	3
3	23.68	3.31	Male	No	Sun	Dinner	2
4	24.59	3.61	Female	No	Sun	Dinner	4
...	...	...	...	...	...	...	...
239	29.03	5.92	Male	No	Sat	Dinner	3
240	27.18	2.00	Female	Yes	Sat	Dinner	2
241	22.67	2.00	Male	Yes	Sat	Dinner	2
242	17.82	1.75	Male	No	Sat	Dinner	2
243	18.78	3.00	Female	No	Thur	Dinner	2

244 rows × 7 columns

```
# 기본 선
tips.plot()
tips.plot(kind='line')
```

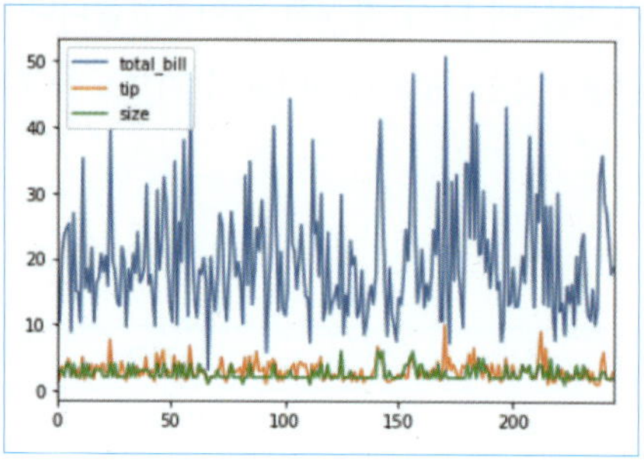


```
# 히스토그램
tips.plot(kind='hist')
```

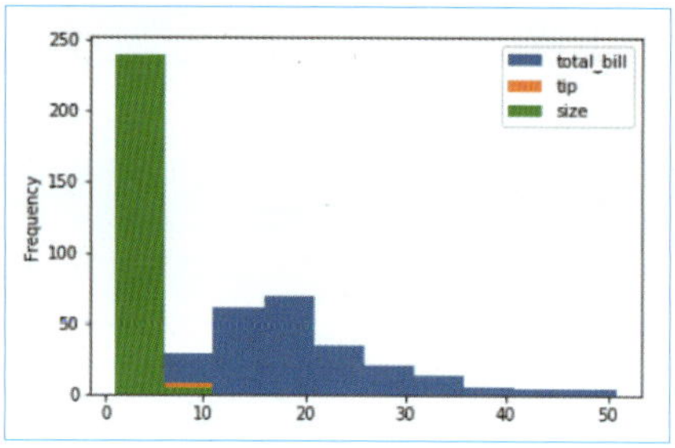


```
# 박스플롯
tips.plot(kind='box')
```

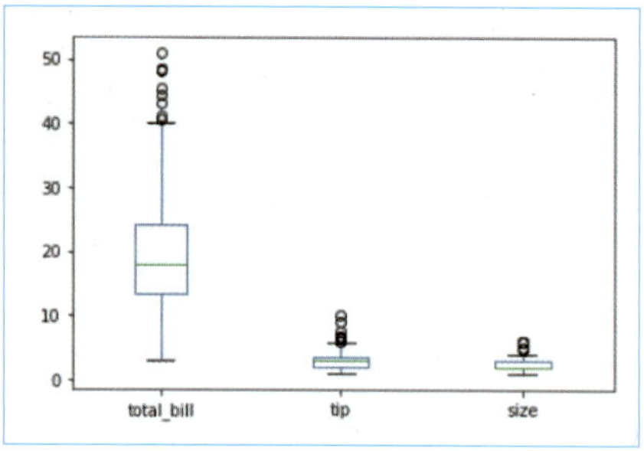

선그래프

선그래프(line plot)는 '연속하는 데이터값'들을 직선이나 곡선으로 연결하여 데이터값 사이의 관계를 나타냅니다. 선그래프를 그리는 plot 함수에 입력할 x, y축 데이터를 선택합니다. 선그래프는 x축에 시간 변수를 지정하여 시간 변화량을 나타내는 시계열 데이터를 표현하는 그래프로도 많이 사용됩니다.

```
# 관련 라이브러리 불러오기
import pandas as pd                 # 판다스
import matplotlib as mpl            # 맷플롯립
import matplotlib.pylab as plt      # 맷플롯립
import seaborn as sns               # 시본
import numpy as np                  # 넘파이

# 데이터 준비
tips = sns.load_dataset("tips")  # 팁 데이터

# 단순그래프
plt.plot(tips.total_bill)
```

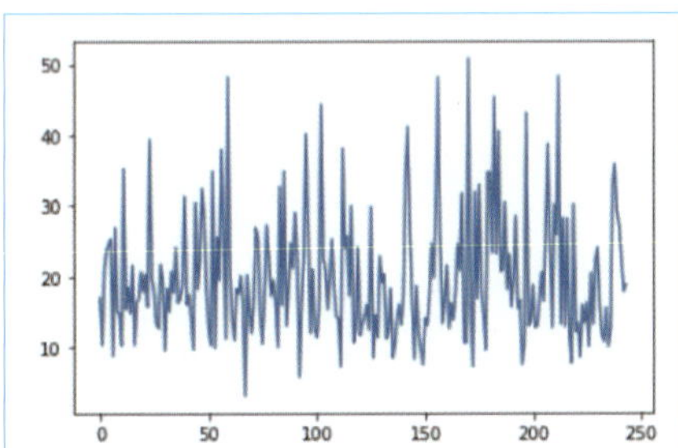

막대그래프

막대그래프(Bar plot)는 '집단별 차이를 표현'할 때 사용합니다. 막대그래프는 데이터값의 크기에 비례하여 높이를 갖는 직사각형 막대로 표현하며 막대 높이의 상대적 길이 차이를 통해 값의 크기를 시각화할 수 있습니다. 막대그래프는 plt.bar([x축 데이터], [y축 데이터])를 지정합니다.

```
# X축 범주형, Y축 연속형
plt.bar(tips.sex,tips.total_bill)
```

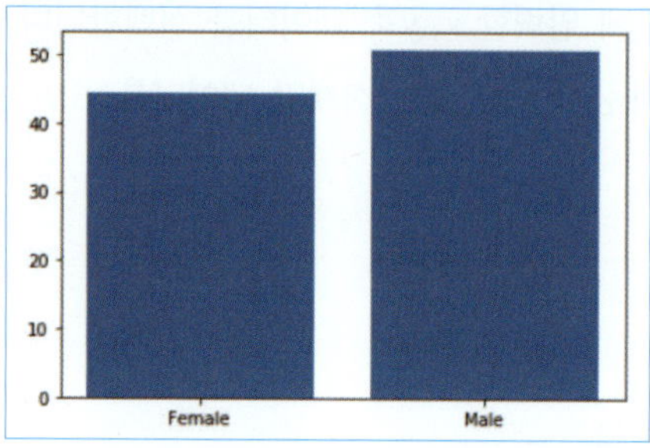

산점도

산점도(Scatter plot)는 서로 다른 '두 연속형 변수' 사이의 관계를 나타내며 연속형 변수의 상관성을 확인할 수 있습니다.

```
# X축 연속형, Y축 연속형
plt.scatter(tips.total_bill,tips.tip)
```

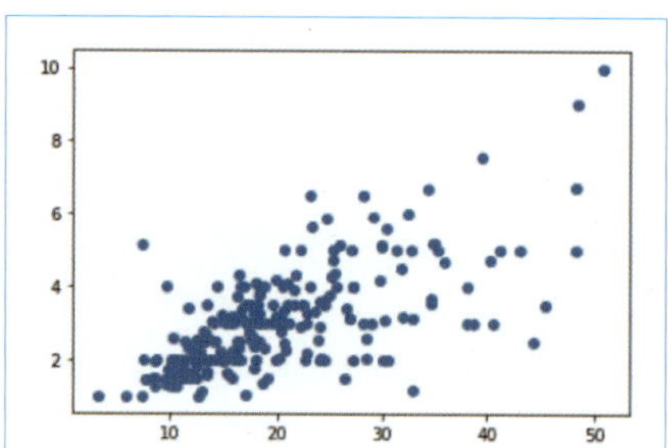

히스토그램

히스토그램(Histogram)은 '변수가 하나인 데이터의 빈도수'를 그래프로 표현합니다. X축을 같은 크기의 여러 구간으로 나누고 각 구간에 속하는 데이터값의 빈도를 y축에 표시합니다. 구간을 나누는 간격의 크기에 따라 빈도와 히스토그램 모양이 변합니다.

```
# X축 변수, Y축 빈도
plt.hist(tips.total_bill)
```

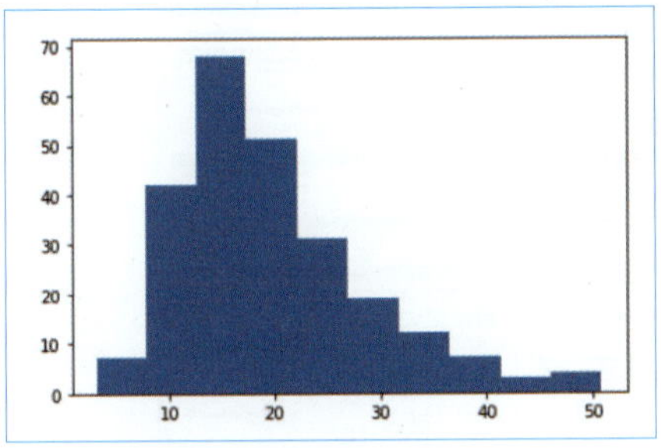

```
plt.hist(tips.time)
```

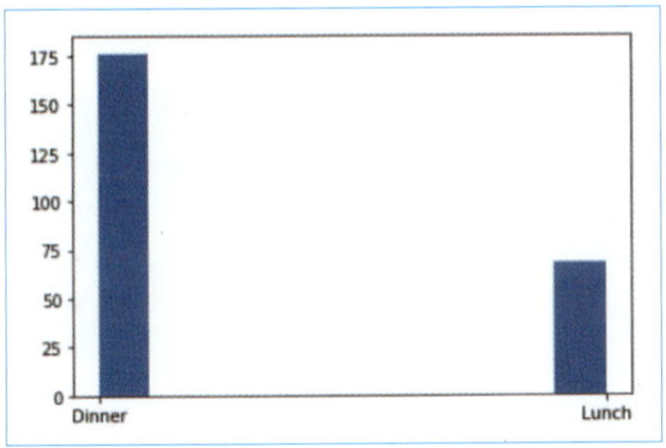

3 고급 시각화

시본

맷플롯립과 시본(Seaborn)을 한마디로 비교하면 맷플롯립은 '단순한 일을 쉽게, 복잡한 일은 가능하게' 합니다. 시본은 '복잡한 일도 쉽게' 합니다. 시본은 맷플롯립을 기반으로 하는 파이썬 시각화 라이브러리이며, 좀 더 동적인 시각화가 특징입니다. 실제 분석에서는 맷플롯립, 시본 두 가지를 모두 함께 사용합니다. 시본 공식 홈페이지[8]에서 상세히 확인할 수 있습니다. 시본 사용 시 주의할 점은 시본은 맷플롯립의 확장팩 개념이기 때문에 시본 라이브러리는 보통 sns로 임포트하는데, 이때 맷플롯립도 반드시 함께 불러와야 합니다. 시본도 치트시트를 제공합니다.

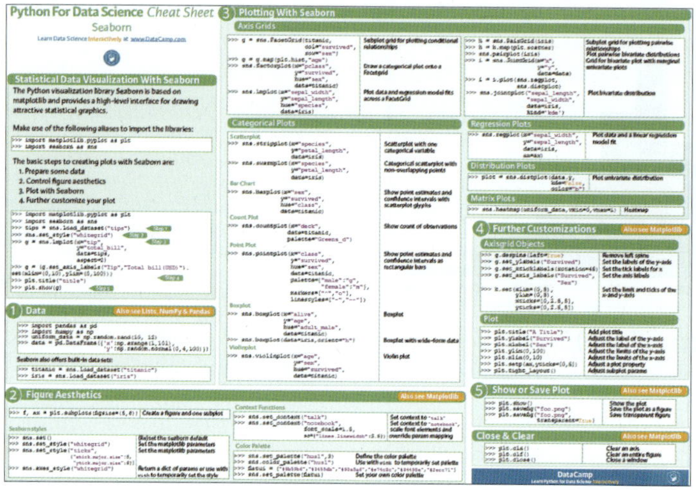

[그림 8-6] 시본 치트시트

- 시본 주요 특징
  - ✓ 시각적으로 뛰어납니다.
  - ✓ 간결한 구문을 제공합니다.
  - ✓ 판다스 데이터프레임에 최적화되어 있습니다.
  - ✓ 데이터프레임을 집계해서 쉽게 차트로 요약할 수 있습니다.

- 시본 시각화 단계
  - ① 데이터 준비
  - ② 배경 설정
  - ③ 시각화
  - ④ 개인별 그래프 상세 설정

8) https://seaborn.pydata.org/

시각화 옵션

시본은 기본적으로 맷플롯립보다 기본 색상표가 더 뛰어나기 때문에 색 표현력이 좋습니다. 따라서 맷플롯립으로 그래프를 그린다고 하더라도 sns.set()을 미리 선언해주면 자동으로 시본 기본 팔레트로 출력합니다. 시본은 deep, muted, pastel, bright, dark, colorblind 총 6개의 기본 팔레트를 제공하고 있습니다.

맷플롯립 배경	시본
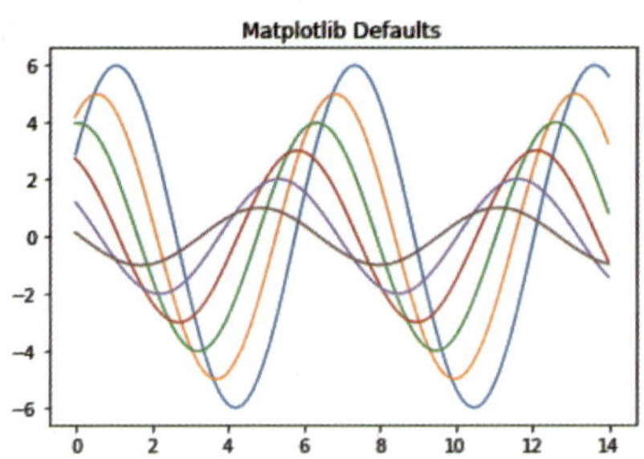	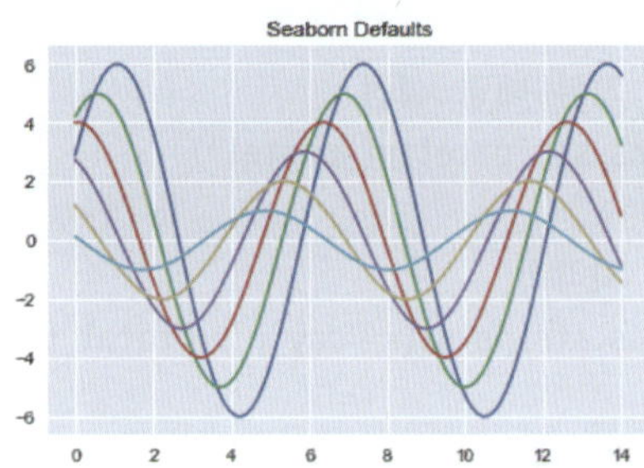

```
import pandas as pd
import matplotlib as mpl
import matplotlib.pylab as plt
import seaborn as sns
import numpy as np

# 한글 타이틀
plt.rc('font', family='Malgun Gothic')

# 데이터 준비
iris = sns.load_dataset("iris")          # 붓꽃 데이터
titanic = sns.load_dataset("titanic")    # 타이타닉호 데이터
tips = sns.load_dataset("tips")          # 팁 데이터
lights = sns.load_dataset("flights")     # 여객 운송 데이터

tips
```

	total_bill	tip	sex	smoker	day	time	size
0	16.99	1.01	Female	No	Sun	Dinner	2
1	10.34	1.66	Male	No	Sun	Dinner	3
2	21.01	3.50	Male	No	Sun	Dinner	3
3	23.68	3.31	Male	No	Sun	Dinner	2
4	24.59	3.61	Female	No	Sun	Dinner	4
...	...	...	...	...	...	...	...
239	29.03	5.92	Male	No	Sat	Dinner	3
240	27.18	2.00	Female	Yes	Sat	Dinner	2
241	22.67	2.00	Male	Yes	Sat	Dinner	2
242	17.82	1.75	Male	No	Sat	Dinner	2
243	18.78	3.00	Female	No	Thur	Dinner	2

244 rows × 7 columns

```
# 기본 배경 설정
sns.set_palette("pastel")

# 시각화
sns.stripplot(x="day", y="total_bill", data=tips)

# 개인화
plt.title('팁데이터')
plt.ylabel("요금")
plt.xlabel("요일")
```

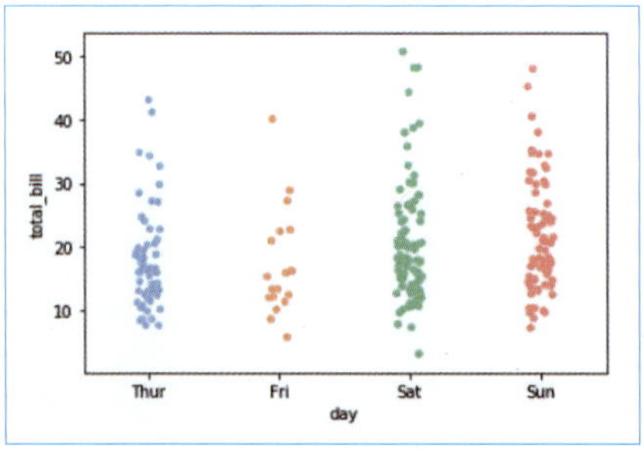

막대그래프

시본에서 사용하는 막대그래프는 sns.barplot()으로 파라미터 3개로 범주별 그룹까지 쉽게 표현할 수 있습니다. 시본은 막대그래프를 사용할 때 각 막대에 기본적으로 오차 막대(error bar)를 표시합니다. 이 오차 막대를 그리는 범위를 '부트스트랩 신뢰구간(Bootstrap confidence interval)'이라고 하며 '이 데이터를 기반으로 유사한 상황의 95%가 해당 범위 내에서 결과를 얻을 것'이라는 의미입니다. 이 신뢰구간은 평균(mean) 외에도 중앙값(median), 최빈값(mode) 등의 다른 값들을 함께 고려해서 계산하는 것이기 때문에 자료 분석에 도움이 되는 자료입니다. 만약 이 오차 막대에 신뢰구간이 아니라 표준편차를 표현하고 싶다면 ci="sd" 파라미터를 지정하면 됩니다.

데이터 분석은 주로 평균을 보지만 때로는 다른 것들을 보고 싶을 수도 있습니다. 예를 들면 데이터에 극단치가 많은 경우 중앙값을 확인하거나, 데이터가 범주형인 경우 설문 조사 응답과 같이 각 카테고리가 몇 번 표시되는지 계산할 수 있습니다. 시본은 estimator를 지정함으로써 원하는 집계를 매우 쉽고 간편하게 해낼 수 있습니다.

변수: sns.barplot(X,Y, data)
X축 데이터프레임 변수, Y축 데이터프레임 변수, data: 데이터프레임
단일변수: sns.catplot('변수', kind='count' 데이터프레임)

```
# 평균치 빠르게 집계해서 시각화하기
sns.barplot(x="sex", y="tip", data=tips)
```

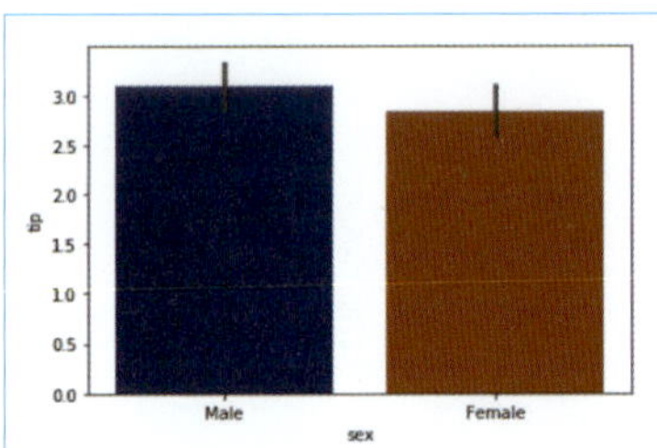


```
# estimator를 지정(여기에 사용할 값으로는 list에 해당하는 함수를 사용할 수 있음)
sns.barplot(x="sex", y="tip", estimator=len, data=tips)
```

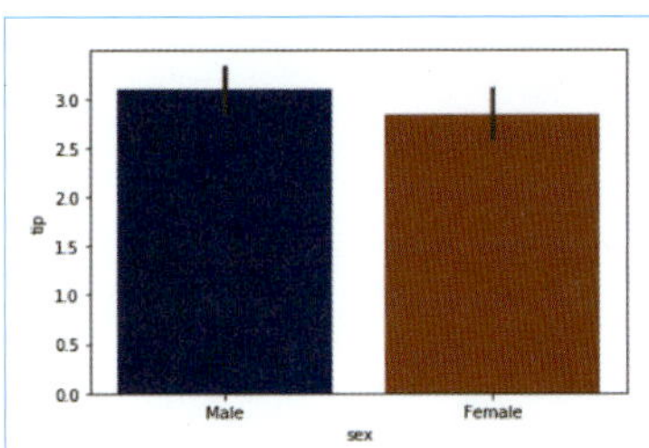

```
# 여러 열에서 집단별로 그룹하고 세부 집단 시각화하기
# hue 파라미터 추가
sns.barplot(x="sex", y="tip", hue="day", data=tips)
```

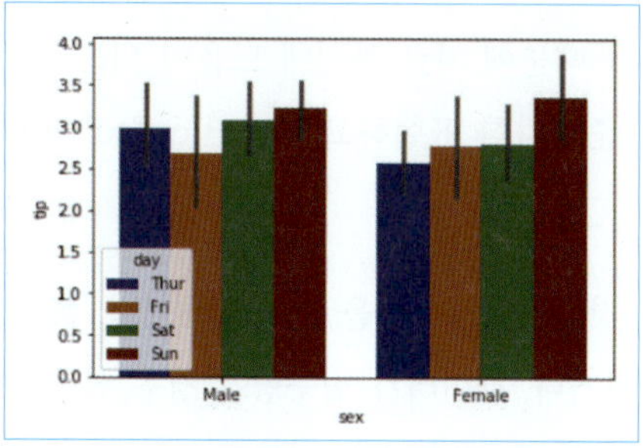


```
# 표준편차 오차 막대
sns.barplot(x="sex", y="tip", hue="day", data=tips, ci="sd")
```

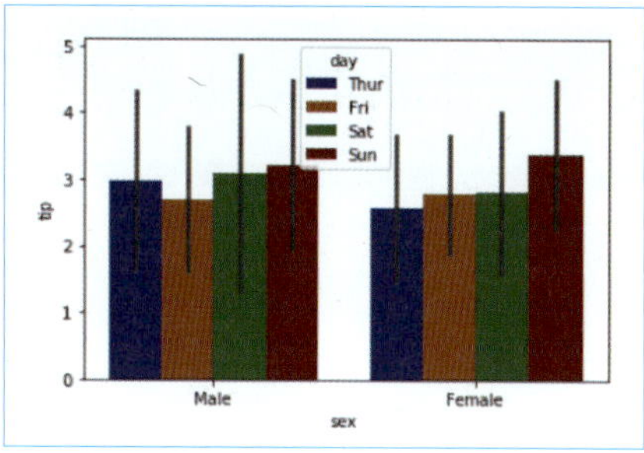


```
# 요일별 팁 카운트
sns.catplot('day', kind='count', data=tips)
```

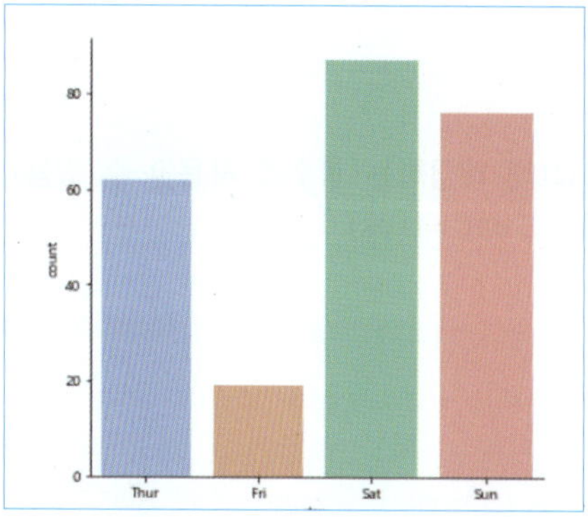

박스플롯

박스플롯(Box plot)을 좀 더 자세히 알아보겠습니다. 박스플롯의 정확한 명칭은 상자 수염 그림(box-and-whisker plot)입니다. 존 터키(John W. Tukey)가 데이터 분포를 표현하기 위한 시각적 방법으로 만든 탐색적 그래프입니다.

예를 들어 5,000명의 사람들이 지난주에 얼마나 많은 음주를 했는지 대해 물었습니다. 그러면 우리는 답변들의 가장 작은 값부터 큰 값까지 정렬한 후에 박스 그래프로 나타낼 것입니다. 더 많은 음주를 한 상위 50%의 그룹(2,500명)은 중간값 이상에 표현될 것이고, 그다음 25%는 수염(whisker)과 점에 의해 보일 것입니다. 점들은 정상보다 많이 먹었거나 정상보다 적게 먹은 경우라 이상치입니다. 한 명 이상의 이상치가 같은 양의 음주를 했을 점 옆에 위치할 것입니다. 박스플롯을 사용하는 이유는 많은 데이터를 눈으로 확인하기 어려울 때 그림을 이용해 데이터 집합의 범위와 중앙값을 빠르게 확인할 수 있는 목적으로 사용합니다. 또한 통계적으로 이상치가 있는지도 확인이 가능합니다.

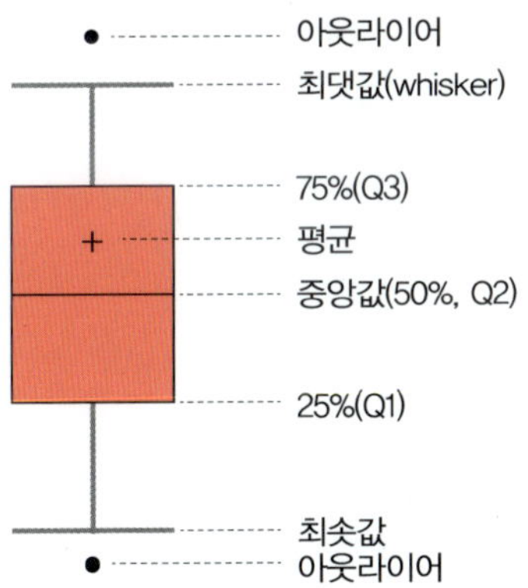

[그림 8-7] 박스플롯 해설

- 최솟값: 제1사분위에서 1.5 IQR(Inter Quartile Range)을 뺀 위치입니다.
- 제1사분위(Q1): 25% 위치값입니다.
- 제2사분위(Q2): 50%의 위치로 중앙값(median)입니다.
- 제3사분위(Q3): 75%의 위치를 의미합니다.
- 최댓값: 제3사분위에서 1.5 IQR을 더한 위치입니다.

```
sns.boxplot(x= "sex",y= "tip",data= tips)
```

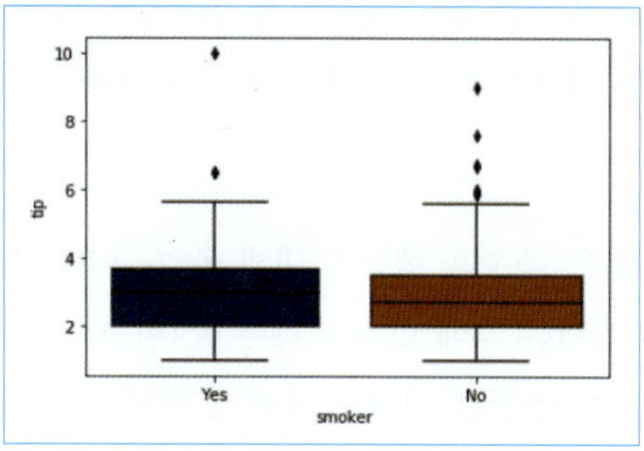


```
sns.boxplot(data= tips, orient="h")
```

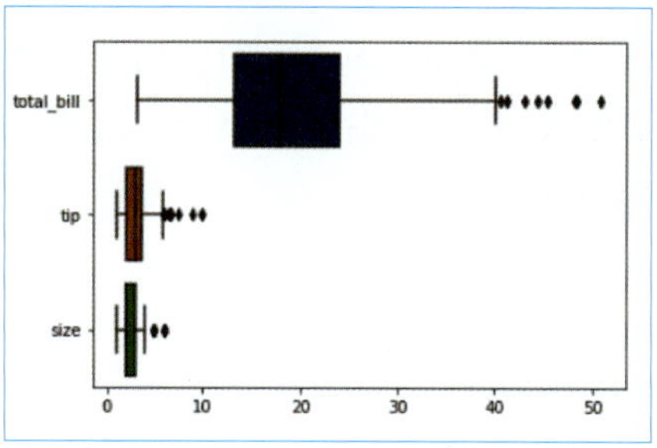

박스플롯 이상치 제거 후 시각화

박스플롯으로 팁에서 연속 데이터만을 살펴보면 최댓값을 넘는 이상치들이 존재합니다. 이상치 제거 전처리를 수행하고 데이터를 다시 시각화해 보겠습니다.

```
# 박스플롯 활용 이상치 제거 분석
tips
```

	total_bill	tip	sex	smoker	day	time	size
0	16.99	1.01	Female	No	Sun	Dinner	2
1	10.34	1.66	Male	No	Sun	Dinner	3
2	21.01	3.50	Male	No	Sun	Dinner	3
3	23.68	3.31	Male	No	Sun	Dinner	2
4	24.59	3.61	Female	No	Sun	Dinner	4
...	...	...	...	...	...	...	...
239	29.03	5.92	Male	No	Sat	Dinner	3
240	27.18	2.00	Female	Yes	Sat	Dinner	2
241	22.67	2.00	Male	Yes	Sat	Dinner	2
242	17.82	1.75	Male	No	Sat	Dinner	2
243	18.78	3.00	Female	No	Thur	Dinner	2

244 rows × 7 columns

```
sns.boxplot(data= tips)
```

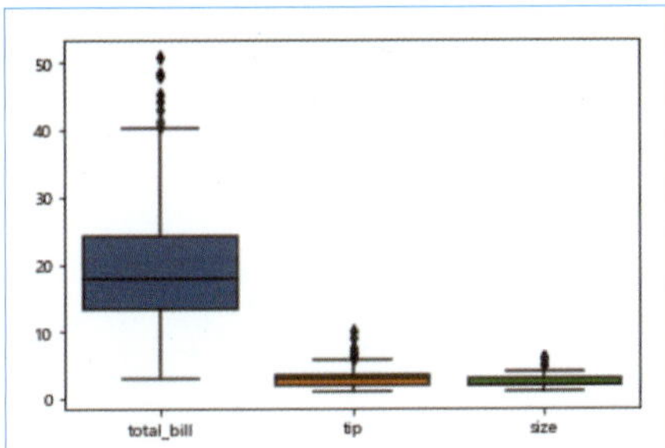


```
tips.describe()
```

	total_bill	tip	size
count	244.000000	244.000000	244.000000
mean	19.785943	2.998279	2.569672
std	8.902412	1.383638	0.951100
min	3.070000	1.000000	1.000000
25%	13.347500	2.000000	2.000000
50%	17.795000	2.900000	2.000000
75%	24.127500	3.562500	3.000000
max	50.810000	10.000000	6.000000

```
# total_bill 40 이하 tip 8 데이터만 추출 - 조건에 맞는 불린 값 추출
(tips["total_bill"] < 40) & (tips["tip"] < 8)
```

```
0      True
1      True
2      True
3      True
4      True
       ...
239    True
240    True
241    True
242    True
243    True
Length: 244, dtype: bool
```

```
# 데이터프레임으로 구성하여 확인하고 새로운 변수 newtips 구성
# 조건에 해당하는 10행 데이터가 제거되었습니다.
newtips=tips[(tips["total_bill"] < 40) & (tips["tip"] < 8)]
newtips
```

	total_bill	tip	sex	smoker	day	time	size
0	16.99	1.01	Female	No	Sun	Dinner	2
1	10.34	1.66	Male	No	Sun	Dinner	3
2	21.01	3.50	Male	No	Sun	Dinner	3
3	23.68	3.31	Male	No	Sun	Dinner	2
4	24.59	3.61	Female	No	Sun	Dinner	4
...	...	...	...	...	...	...	...
239	29.03	5.92	Male	No	Sat	Dinner	3
240	27.18	2.00	Female	Yes	Sat	Dinner	2
241	22.67	2.00	Male	Yes	Sat	Dinner	2
242	17.82	1.75	Male	No	Sat	Dinner	2
243	18.78	3.00	Female	No	Thur	Dinner	2

234 rows × 7 columns

```
# 이상치 조정 후 시각화 결과 확인
sns.boxplot(data= newtips)
```

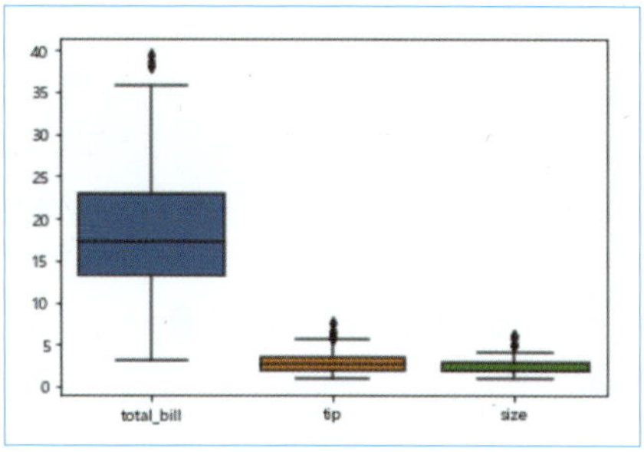

4 변수 유형별 시각화

〈표 8-4〉 변수 시각화

변수	변수	분석	시각화 추천
일변수	범주형	빈도분석, 교차분석	카운터플롯
	연속형	기술통계	히스토그램
이변수	연속형/연속형	상관분석	스캐터플롯
	범주형/범주형	카이제곱	히트맵
	범주형/연속형	다변량분석	바이올린 스트립플롯 스웜플롯
다변수	연속형 3개	다변량분석	
	연속형 일변수 범주형 이변수	다변량분석	

시각화는 변수 유형별로 달라집니다. 파이썬 갤러리에서 소개한 공개 자료인 데이터 시각화 페이지에 잘 정리되어 있으니 꼭 확인해 보시기 바랍니다.[9)]

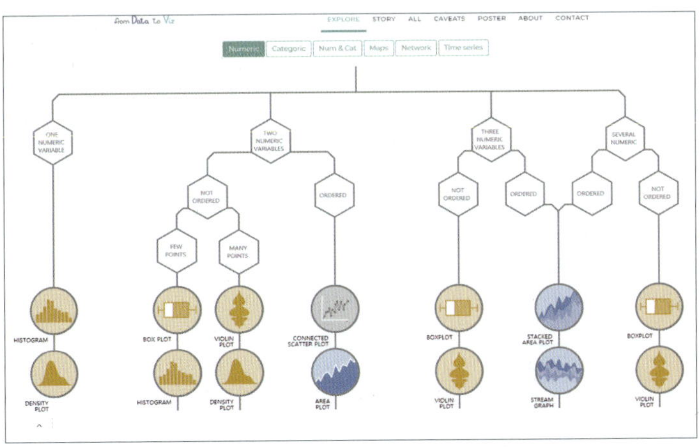

[그림 8-8] 데이터 변수 시각화 가이드

9) https://www.data-to-viz.com/

일변수 시각화

<table>
<tr><th>구분</th><th>설명</th></tr>
<tr><td rowspan="2">연속형</td><td>시본은 연속형 데이터의 분포를 묘사하기 위한 것으로 맷플롯립의 단순한 히스토그램과 달리 커널 밀도(kernel density) 및 러그(rug) 표시 기능 및 다차원 복합 분포 기능 등을 제공합니다. 연속형 변수 명령은 rugplot, kdeplot, distplot이 있습니다.</td></tr>
<tr><td># sns.rugplot(데이터프레임.변수)
sns.rugplot(tips.tip,height=0.5,axis='x')
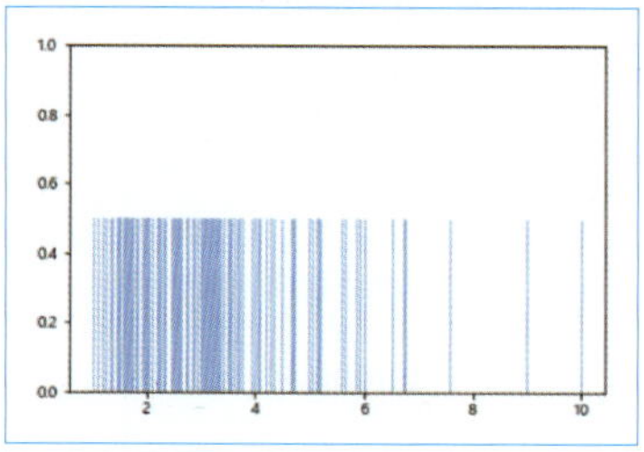

# sns.kdeplot(데이터프레임.변수)
sns.kdeplot(tips.tip)
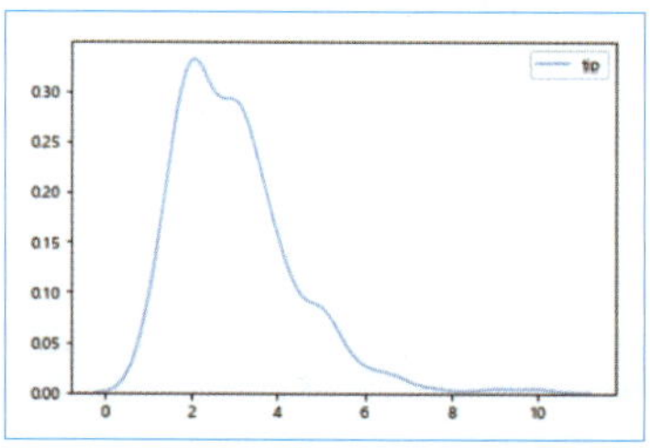

# sns.distplot(데이터프레임.변수)
sns.distplot(tips.tip)
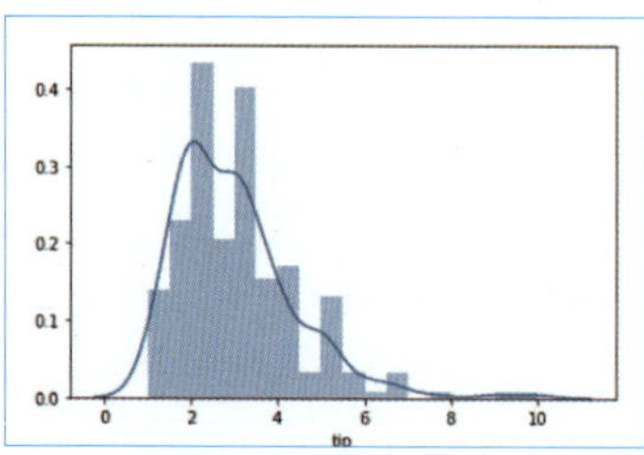
</td></tr>
</table>

카운트플롯(countplot)으로 나타냅니다. 카운트플롯 명령을 사용하면 각 카테고리 값별로 데이터가 얼마나 있는지 표시할 수 있습니다. 카운트플롯은 데이터프레임에만 사용할 수 있습니다. 팩트플롯(Factorplot)을 사용할 수도 있는데, 결과는 동일하지만 factorplot은 시본 그리드 기반, countplot은 맷플롯립 서브 플롯기반입니다.

범주형

```
# countplot(x="변수", data=데이터프레임)
sns.countplot(x="day", data=tips)
```

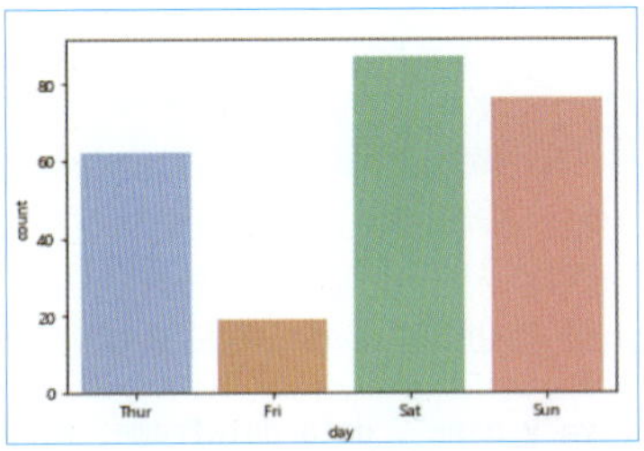


```
# sns.catplot('day', kind='count', data=데이터프레임)
sns.catplot('day', kind='count', data=tips)
```

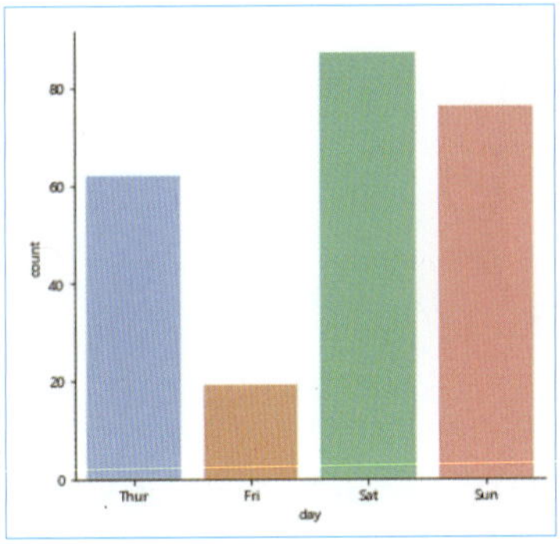

커널 밀도 함수

- 커널 밀도(kernel density): 커널이라는 일정한 특징을 갖는 함수를 겹치는 방법으로 히스토그램보다 부드러운 형태의 분포 곡선을 보여주는 방법입니다.
- 밀도 함수: 해당 변수에서 관측된 몇 가지 '데이터'로부터 변수가 가질 수 있는 모든 값들에 대한 밀도(확률)를 추정하는 방법입니다.
- 커널 밀도 추정(Kernel density estimation): 데이터들을 각각 커널 함수에 입력하여 합친 형태를 통해 밀도 추정을 하는 수학적 기법입니다.

이변수 시각화

변수가 여러 개인 이변수 데이터는 변수의 종류에 따라 다음과 같습니다.

- ✓ 분석 변수가 모두 연속형인 경우
- ✓ 분석 변수가 모두 범주형인 경우
- ✓ 분석 변수가 연속형, 범주형이 통합되어 있는 경우(가장 일반적인 데이터 유형)

<table>
<tr><th>구분</th><th>설명</th></tr>
<tr><td rowspan="2">연속형
연속형</td><td>두 변수가 모두 연속형 실수이면 스캐터플롯(scatterplot)을 사용합니다. 시본의 스캐터플롯은 조인트플롯(jointplot) 명령을 사용하는데 조인트플롯 명령은 스캐터플롯뿐만 아니라 차트의 가장자리(margin)에 각 변수의 히스토그램도 출력합니다.</td></tr>
<tr><td>

```
# jointplot(x="x_name", y="y_name", data=dataframe, kind='scatter')
sns.jointplot(x="total_bill", y="tip", data=tips)
```

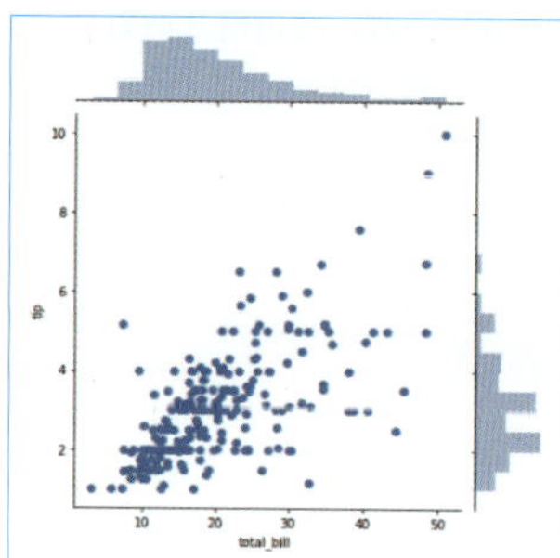

```
# 커널 밀도 함수
sns.jointplot(x="total_bill", y="tip", data=tips,kind="kde")
```

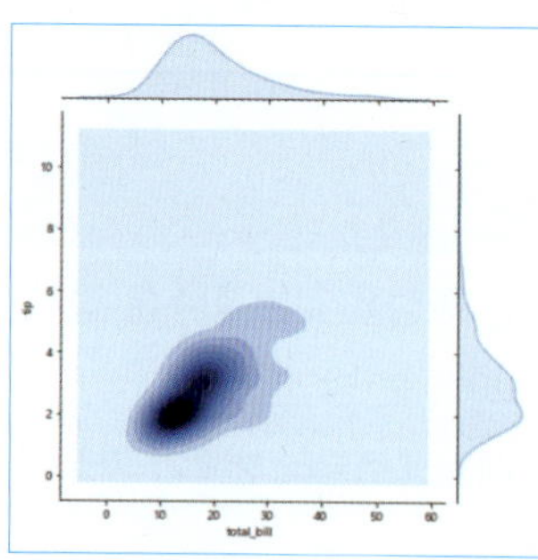

</td></tr>
</table>

범주형
범주형

두 변수가 모두 범주형 데이터이면 히트맵(heatmap) 그래프를 사용합니다.

```
tips_var= tips.pivot_table(index="smoker",columns="sex", aggfunc="size")
tips_var
sns.heatmap(tips_var,cmap=sns.light_palette("gray", as_cmap=True),
annot=True, fmt="d")
```

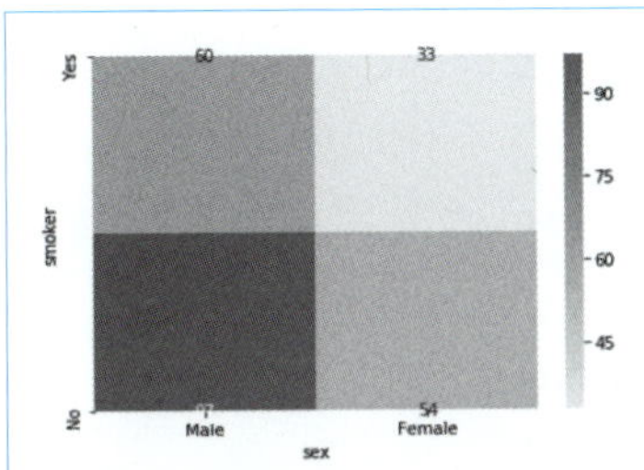

범주형
연속형

catplot, barplot, boxplot, pointplot, violinplot, stripplot, swarmplot

boxplot이 중앙값, 표준편차 등 분포의 간략한 특성만 보여주는데 반해 violinplot, stripplot, swarmplot 등은 카테고리 값에 따른 각 분포의 실제 데이터나 전체 형상을 보여준다는 장점이 있습니다.

바이올린플롯(violinplot)은 세로 방향으로 커널 밀도 히스토그램을 그려주는데 왼쪽과 오른쪽이 대칭이 되도록 하여 바이올린처럼 표현합니다.

스트립플롯(Stripplot)은 스캐터 플롯처럼 모든 데이터를 점으로 표현합니다. 파라미터로 jitter=True를 설정하면 가로축 상의 위치를 무작위로 바꾸어서 데이터의 수가 많을 경우에 겹치지 않도록 합니다.

스웜플롯(swarmplot)은 스트립플롯과 비슷하지만 데이터를 나타내는 점이 겹치지 않도록 옆으로 이동하여 표현합니다.

```
sns.catplot(x="day", y="total_bill", data=tips);
```

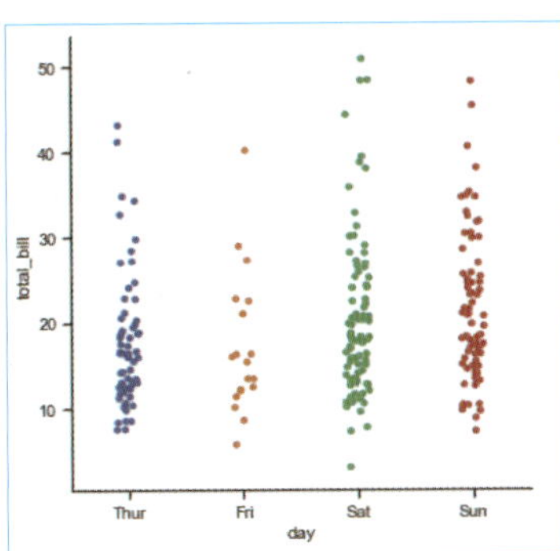

범주형
연속형

```
sns.catplot(x="day", y="total_bill", hue="sex", kind="swarm", data=tips);
```

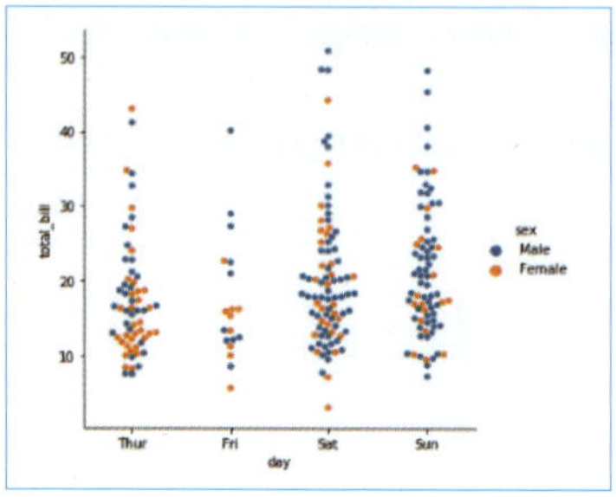


```
sns.violinplot(x="day", y="total_bill", data=tips)
```

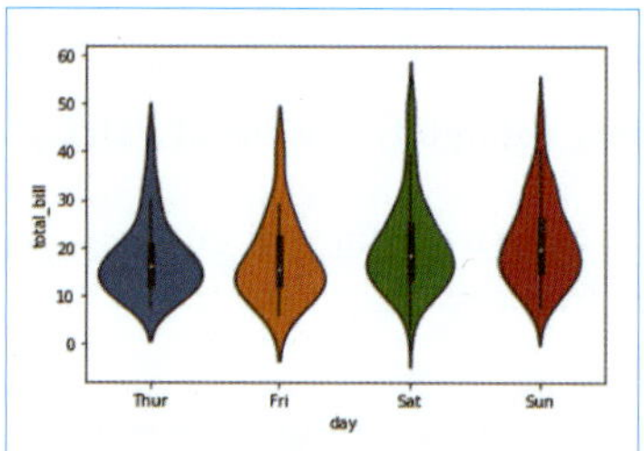


```
sns.stripplot(x="day", y="total_bill", data=tips, jitter=True)
sns.swarmplot(x="day", y="total_bill", data=tips)
```

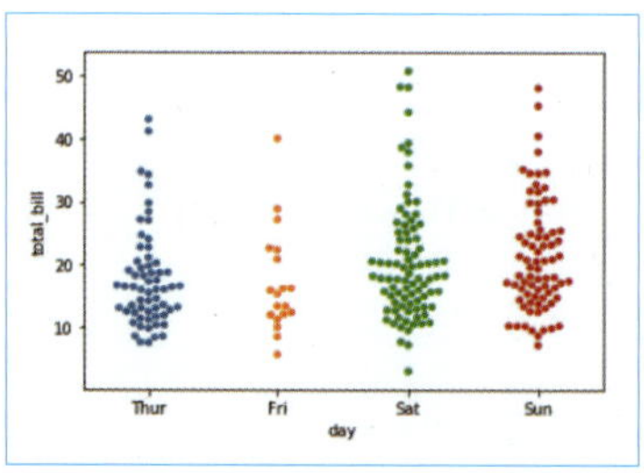

다변량 시각화

구분	설명

다변량
연속형
	연속형 변수가 3개 이상이면 시본 패키지의 페어플롯(pairplot)을 사용합니다. 페어플롯은 데이터프레임을 인수로 받아 그리드(grid) 형태로 각 데이터열의 조합에 대해 스캐터 플롯을 표현합니다. 같은 데이터가 만나는 대각선 영역에는 해당 데이터의 히스토그램을 그립니다.
	`sns.pairplot(tips)`
	만약 범주형 데이터가 섞여 있는 경우에는 hue 파라미터에 카테고리 변수명을 지정하여 카테고리 값에 따라 색상을 다르게 할 수 있습니다.
	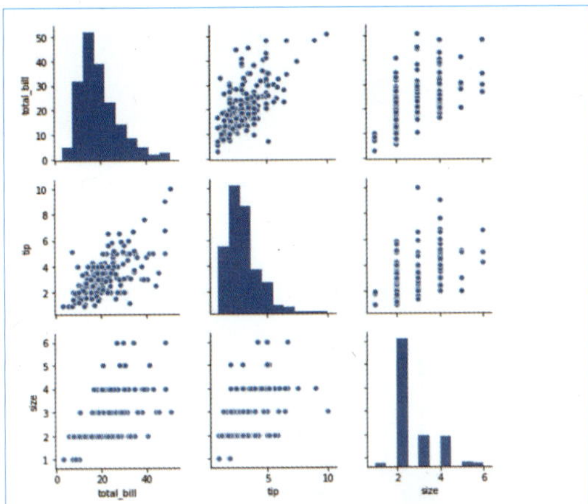
	`sns.pairplot(tips, hue="sex")`
	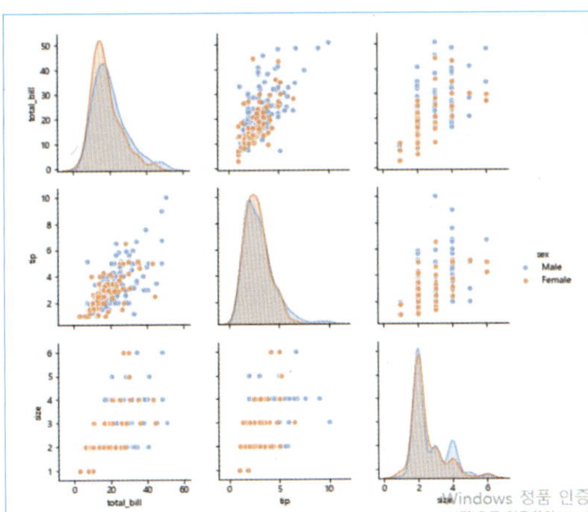

다변량	다변수 분석은 주로 범주형 변수 2개 이상과 연속형 일변수 분석이 가장 대표적입니다. 앞서 barplot, violinplot, boxplot 등에서는 두 가지 범주형 변수에 의한 연속형 변화를 보기 위한 hue 파라미터를 보았습니다. hue 파라미터를 카테고리 값을 가지는 변수의 이름을 지정하면 범주형에 따라 다르게 시각화합니다. hue 값이 시각화되는 방법은 플롯의 종류에 따라 다릅니다.

```
# catplot
sns.catplot(x="day",y="total_bill",hue="smoker",
col="time", aspect=.6, kind="swarm", data=tips);
```

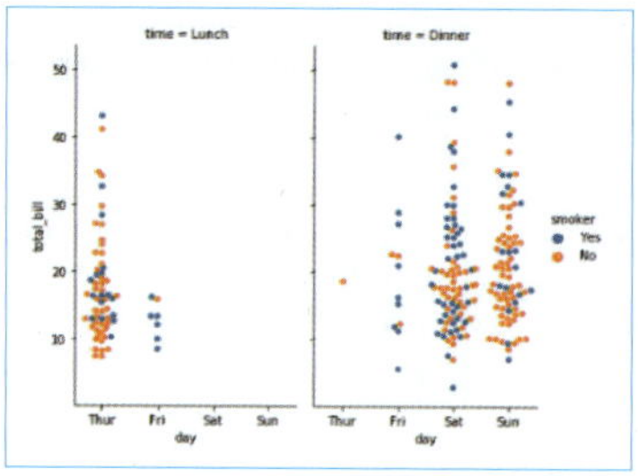


```
# boxplot
sns.boxplot(x="day", y="total_bill", hue="sex", data=tips)
```

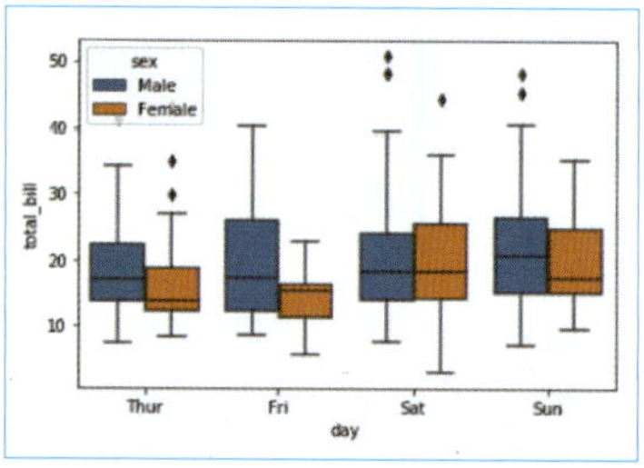


```
# stripplot
sns.stripplot(x="day", y="total_bill", hue="sex", data=tips, jitter=True)
```

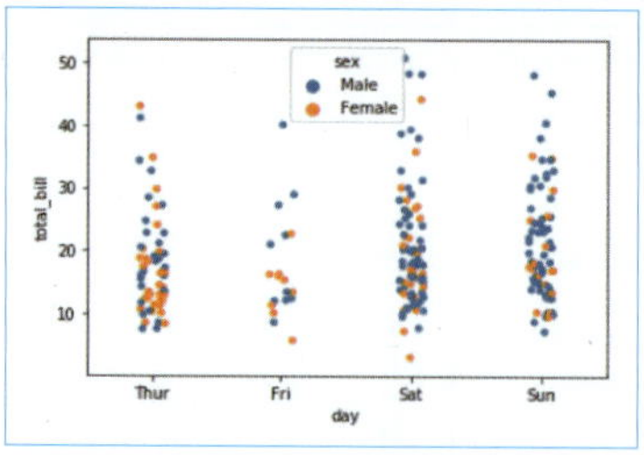

```
# violinplot
sns.violinplot(x="day", y="total_bill", hue="sex", data=tips, split=True)
```

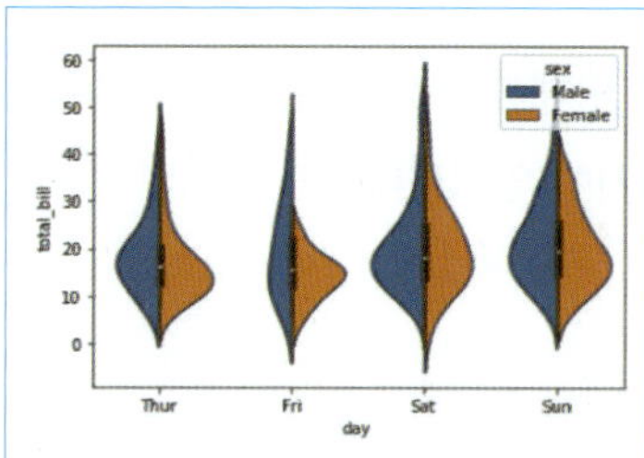


```
# 다차원 그래프
sns.boxplot(x="tip", y="day", data=tips, whis=np.inf)
```

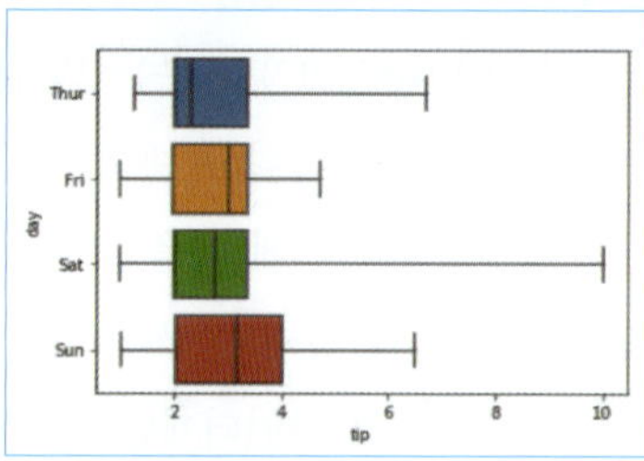


```
sns.stripplot(x="tip", y="day", data=tips, jitter=True, color="0.4")
```

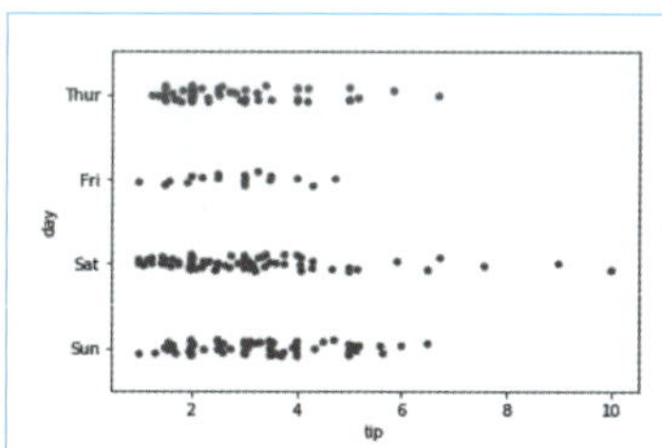


```
# violinplot과 swarmplot의 다차원 그래프
sns.violinplot(x="day", y="total_bill", data=tips, inner=None)
sns.swarmplot(x="day", y="total_bill", data=tips, color="0.9")
```

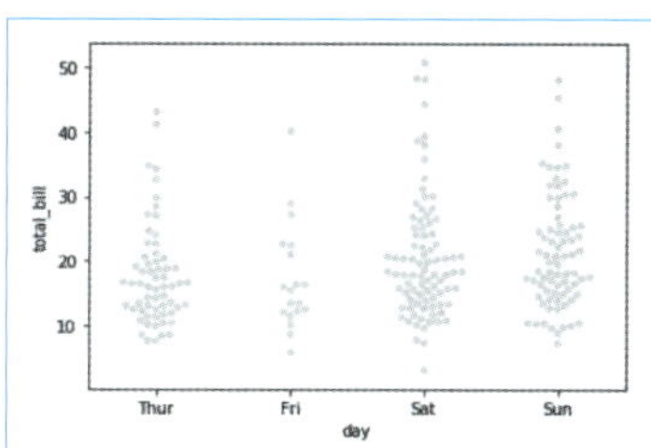

5 인터랙티브 시각화

데이터 시각화 분석은 텍스트 형태로 된 방대한 양의 데이터를 일일이 보지 않고도 데이터의 인사이트를 도출하는 과정입니다. 여기에 인터랙티브한 동적인 효과까지 있다면 더욱더 의사결정에 도움이 될 것입니다.

갭마인더

인터랙티브 시각화를 이야기하면 빼놓을 수 없는 인물이 있습니다. 바로 '한스 로슬링' 입니다. 스웨덴 국제 보건 통계학자였던 한스 로슬링(1948~2017) 교수는 빅데이터를 가장 잘 활용하는 보건 통계학자이며 인터랙티브 시각화 선구자였습니다. 우리나라에도 2015년 방문하여 큰 호응을 받았던 한스 로슬링은 안타깝게도 2017년에 생을 마감했습니다. 한스 로슬링은 2005년 아들 올라 로슬링, 며느리 안나 로슬링과 함께 누구나 이해할 수 있는 '사실에 근거한 세계관' 과 심각한 무지와 싸운다는 사명으로 '갭마인더재단(Gapminder Foundation)' 을 창설했습니다. 전 세계의 금융 기관, 기업, 비정부 기구 등 다양한 곳에서 강연을 했으며, 14번의 테드 강연은 조회 수 3,500만을 돌파하며 뜨거운 화제를 모았습니다. 그중 '데이터가 노래한다', '세계적 차원의 보건과 경제 트렌드가 생생한 모습으로 다가온다' 는 전 세계인들로부터 찬사를 받았습니다. 유튜브에 공개된 2010년 동영상인 〈Hans Rosling's 200 Countries, 200 Years, 4 Minutes - The Joy of Stats - BBC Four〉[10]는 인터랙티브 시각화를 공부하는데 필요한 영상이니 꼭 시청하기 바랍니다. 그리고 갭마인더[11] 사이트에도 많은 글로벌 데이터와 사례가 있습니다.

지금부터는 인터랙티브 시각화를 위한 파이썬 라이브러리에서 가장 유명한 도구들을 알아보겠습니다.

10) https://www.youtube.com/watch?v=jbkSRLYSojo&t=5s

11) https://www.gapminder.org/

플로틀리

플로틀리(Plotly)는 온라인 데이터 분석과 시각화 툴을 개발하는 회사이며 분석, 시각화 라이브러리 이름입니다. 플로틀리는 파이썬과 장고 프레임워크를 사용했고, 프런트엔드는 자바스크립트로 시각화 라이브러리는 D3.js, HTML, CSS를 사용해 제작되었습니다. 플로틀리는 그래프가 아름답고, 웹상에 바로 공개하여 사용할 정도로 훌륭한 인터랙티브 그래프 기능을 지원하며 파이썬을 위한 기본 차트를 오픈 소스로 제공합니다.

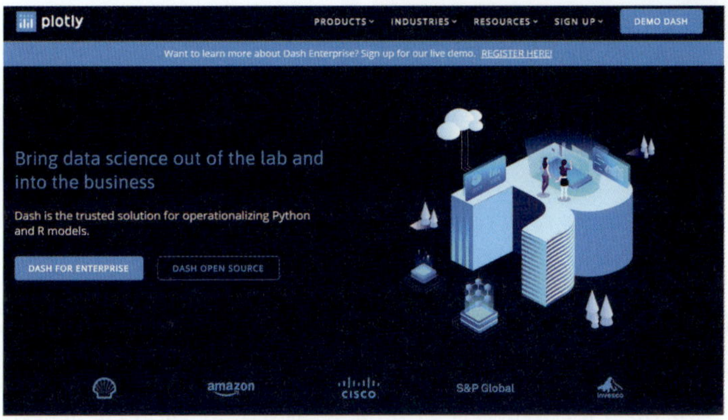

[그림 8-9] 대표적인 인터랙티브 시각화 Plotly

아나콘다 프롬프트에서 플로틀리 라이브러리 설치 및 필요시 업그레이드

$ pip install plotly

$ pip install plotly —upgrade

```
import plotly.graph_objects as go

fig = go.Figure(data =
    go.Contour(
        z=[[10, 10.625, 12.5, 15.625, 20],
           [5.625, 6.25, 8.125, 11.25, 15.625],
           [2.5, 3.125, 5., 8.125, 12.5],
           [0.625, 1.25, 3.125, 6.25, 10.625],
```

```
            [0, 0.625, 2.5, 5.625, 10]]
    ))
fig.show()

# 인터랙티브 기능 확인
```

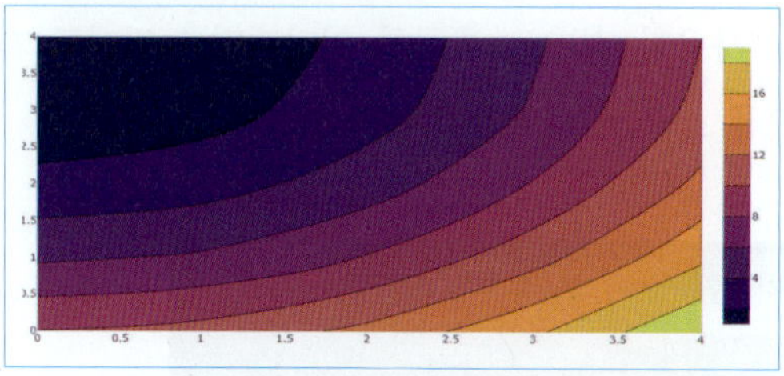

피갈

피갈(pygal)[12]은 코드가 거의 없는 기본 차트를 생성하는데 탁월한 기능을 제공합니다. 각 차트 유형은 히스토그램(pygal.Histogram), 박스플롯(pygal.Box) 함수로 만들어지며 기본 스타일은 다양한 특징이 있습니다. 세밀하게 크기, 제목, 레이블 및 렌더링을 포함하여 플롯의 많은 구성 요소를 제어할 수 있습니다. 차트는 SVG 형식으로 출력하고 삽입 태그를 사용하거나 HTML에 코드를 직접 삽입하여 웹페이지에 추가할 수도 있습니다. 작은 데이터 시각화에 적합하며 SVG 파일 출력은 아나콘다 기본 폴더에서 확인합니다.

아나콘다 프롬프트에서 pygal 라이브러리 설치

$ pip install pygal

```
# 라이브러리 불러오기
import pygal
# 그래프 생성
```

12) http://www.pygal.org/en/latest/index.html

```
bar_chart = pygal.Bar()
# 값 추가
bar_chart.add('Fibonacci', [0, 1, 1, 2, 3, 5, 8, 13, 21, 34, 55])
# svg 출력 파일 확인
bar_chart.render_to_file('bar_chart.svg')
```

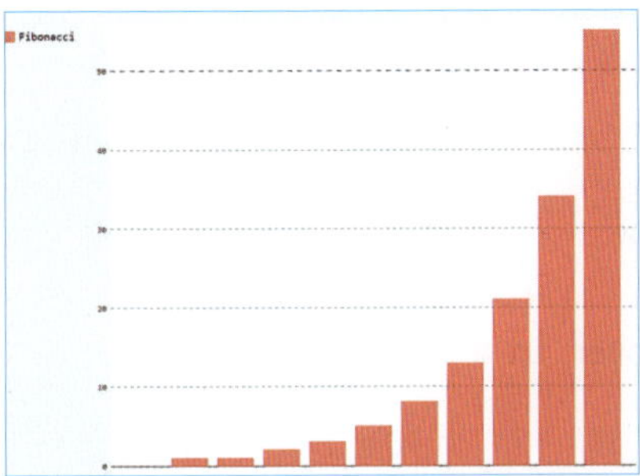

보케

보케(Bokeh)[13]는 사용자 필터링을 위한 슬라이더 및 드롭다운 메뉴를 사용하여 웹 브라우저에서 직관적으로 데이터를 조작할 수 있는 시각화 도구입니다. 피갈과 같이 그래프 확대, 축소 및 이동하여 플롯을 탐색할 수 있고, 상자 또는 범위 선택을 사용하여 데이터 포인트 세트에 초점을 맞출 수도 있습니다. 주피터 노트북으로 튜토리얼이 구성되어 바로 인터랙티브 그래프를 실행할 수도 있습니다.

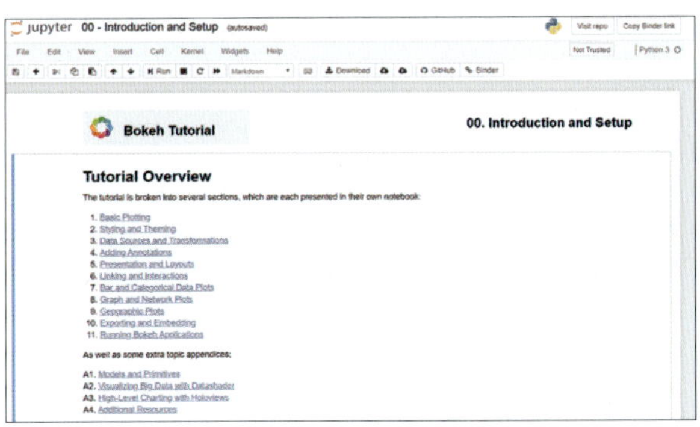

[그림 8-10] 보케 노트북 실습 튜토리얼

13) https://docs.bokeh.org/en/latest/index.html

아나콘다 프롬프트에서 bokeh 라이브러리 설치

$ pip install bokeh

```
# 실습14)
import bokeh.sampledata
# Standard imports
from bokeh.io import output_notebook, show
output_notebook()
# Plot a complex chart with intearctive hover in a few lines of code
# 코드 참조
```

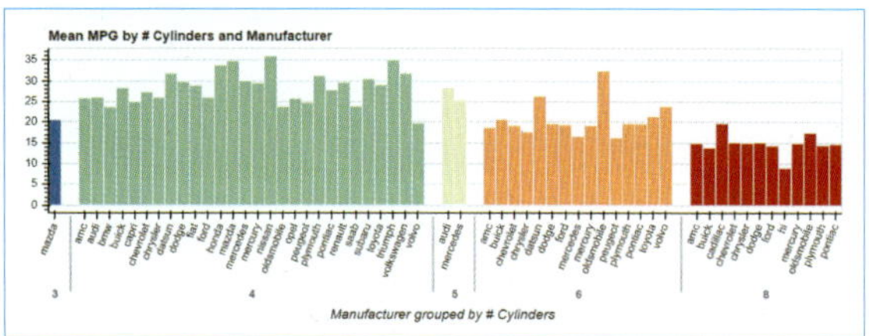

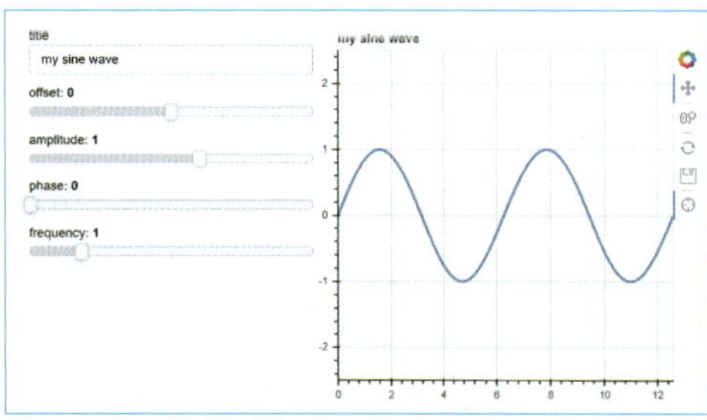

14) https://mybinder.org/v2/gh/bokeh/bokeh-notebooks/master?filepath=tutorial%2F00%20-%20Introduction%20and%20Setup.ipynb

홀로뷰

홀로뷰(HoloViews)[15]는 데이터 분석 및 시각화를 원활하고 간단하게 기능하기 위해 설계된 오픈 소스 파이썬 라이브러리입니다. 홀로뷰는 간단한 몇 줄 코드로 원하는 작업을 시각화로 표현할 수 있으므로 복잡한 의사결정 프로세스가 아니라 데이터 탐색 및 전달 작업에 적합합니다. 맵플롯립, 플로틀리, 보케와 연계하여 사용할 수도 있습니다.

아나콘다 프롬프트에서 holoviews 라이브러리 설치

```
$ pip install holoviews
```

```
# 실습16)
from itertools import islice
import numpy as np
import holoviews as hv
from holoviews import opts
```

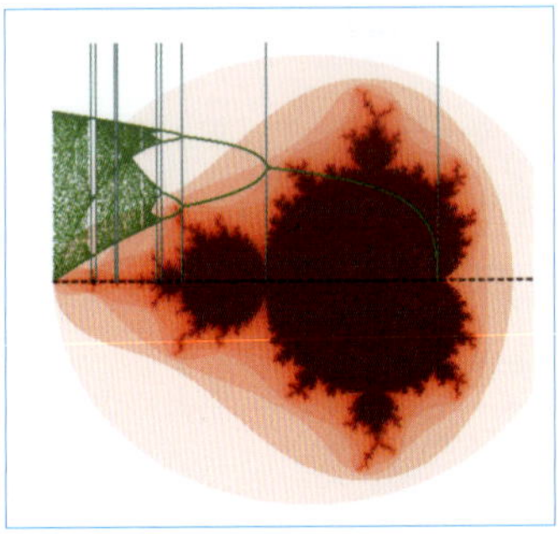

15) http://holoviews.org/index.html

16) http://holoviews.org/gallery/demos/matplotlib/verhulst_mandelbrot.html

6 시계열 시각화

시계열 시각화 유형

1) 색다른 형태의 시계열 데이터 시각화

시계열 시각화에서 캘랜더 차트는 일 단위의 날짜 데이터 수치 데이터를 마치 달력과 같은 형태로 시각화한 것입니다. 히트맵과 마찬가지로 수치 값 변수를 컬러 인코딩의 기준으로 활용해서 수치 값이 높은 날은 짙은 색, 반대는 옅은 색으로 시각적 패턴을 분석합니다. 구글도 데이터 분석을 위한 시각화 차트인 구글 차트[17]를 제공하는데 이곳에서 캘린더 차트[18]를 확인할 수 있습니다.

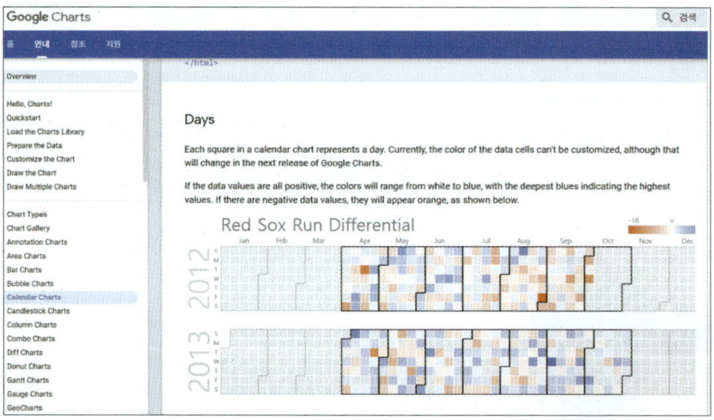

[그림 8-11] 구글 차트-캘린더 차트

2) 시계열 데이터 추세는 선 차트

시계열 데이터의 시각화 방법으로 가장 일반적인 형태는 선(line) 차트입니다. 시계열 기준별로 데이터 수치 값이 어떤 변화를 보였는지 선 차트로 시각화하고, 오르락내리락하는 선의 시각적 패턴을 통해 인사이트를 도출하는 것이 시각적 분석의 가장 기본적인 사례입니다.

17) https://developers.google.com/chart
18) https://developers.google.com/chart/interactive/docs/gallery/calendar

옥스퍼드 대학에서 개발한 '우리 사는 세상 데이터(Our world in data)'에서 사례들을 확인해보기 바랍니다.

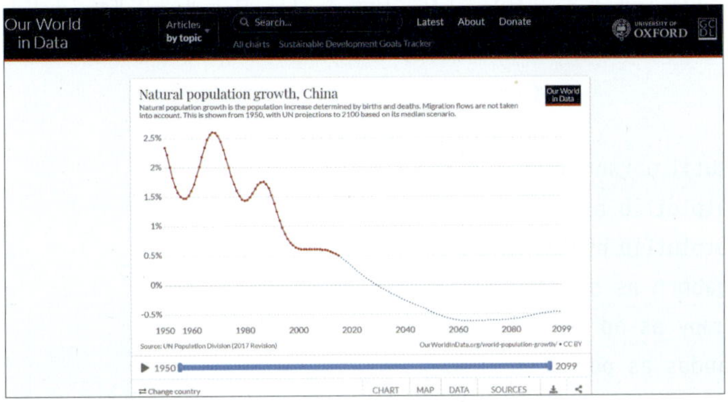

[그림 8-12] 우리 사는 세상 데이터

미국 언론사인 뉴욕 타임스(The New York Times)의 'It's not your imagination summers are getting hotter'[19]는 연도별 데이터 변화 데이터를 10년 단위로 묶어(시계열 데이터에서 파생 변수를 만든 예 중 하나) 시각화했습니다. 여기에 애니메이션 효과를 활용해 하나의 차트 안에서 그 변화를 한눈에 확인할 수 있도록 한 인터랙티브 시각화의 좋은 사례를 제공합니다.

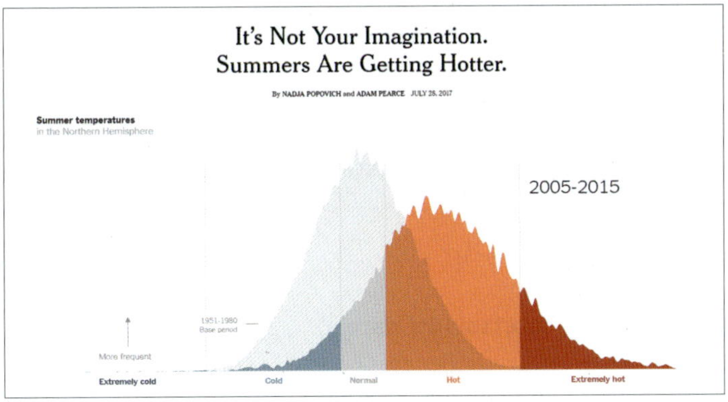

[그림 8-13] NYT 시계열 시각화 사례

19) https://www.nytimes.com/interactive/2017/07/28/climate/more-frequent-extreme-summer-heat.html

시계열 시각화 실습

먼저 간단한 시계열 데이터를 불러와 시계열 시각화(Time series visualization)를 실습해 보겠습니다.[20] 실습 이전에 앞에서 학습한 타임스탬프와 기간 함수 등 시계열 데이터 조작에 대한 내용을 알고 있어야 합니다.

```
from dateutil.parser import parse
import matplotlib as mpl
import matplotlib.pyplot as plt
import seaborn as sns
import numpy as np
import pandas as pd
plt.rcParams.update({'figure.figsize' : (10, 7), 'figure.dpi' : 120})

# 판다스 라이브러리 불러오기
import pandas as pd

# 파일경로를 찾고 변수 file_path에 저장
filc_path= 'C:/data/time_series.csv'

# read csv() 함수로 데이터프레임 변환
df= pd.read_csv(file_path)

print(df)
# 현재 날짜를 나타내는 Date 컬럼은 문자형(object)이므로 to_datetime() 함수를
이용해서 Date 컬럼을 시계열 객체(Timestamp)로 변환

df.info()

df['new_date'] = pd.to_datetime(df['date'])
print(df.head())
print('\n')
print(df.info())
```

20) https://www.machinelearningplus.com/time-series/time-series-analysis-python/

```
print('\n')
print(type(df['new_date'][0]))
df.drop('date', axis = 1, inplace=True)
df.set_index('new_date', inplace=True)
print(df.head())
print('\n')
print(df.info())

from dateutil.parser import parse
import matplotlib as mpl
import matplotlib.pyplot as plt
import seaborn as sns
import numpy as np
import pandas as pd
plt.rcParams.update({'figure.figsize' : (10, 7), 'figure.dpi' : 120})

# Draw Plot
def plot_df(df, x, y, title="", xlabel='Date', ylabel='Value', dpi=100):
    plt.figure(figsize=(16,5), dpi=dpi)
    plt.plot(x, y, color='tab:red')
    plt.gca().set(title=title, xlabel=xlabel, ylabel=ylabel)
    plt.show()

plot_df(df, x=df.index, y=df.value, title='Time series data')
```

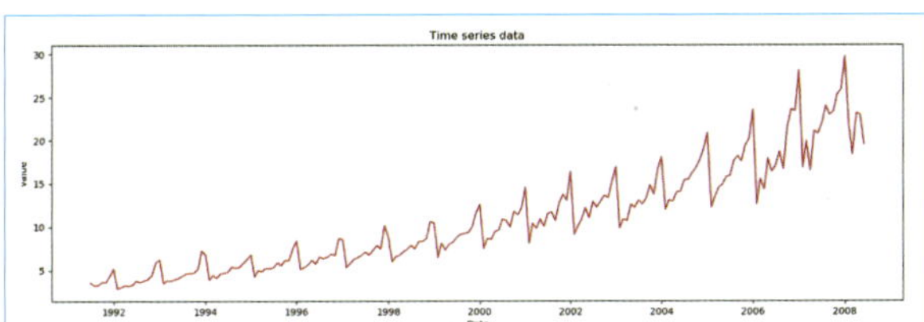


```
# Import Data
df = pd.read_csv('c:/data/time_series.csv', parse_dates=['date'],
     index_col='date')
df.reset_index(inplace=True)
```

```
# Prepare data
df['year'] = [d.year for d in df.date ]
df['month'] = [d.strftime('%b') for d in df.date ]
years = df['year'].unique()

# Prep Colors
np.random.seed(100)
mycolors = np.random.choice(list(mpl.colors.XKCD_COLORS.keys()), len(years),
           replace=False)

# Draw Plot
plt.figure(figsize=(16,12), dpi= 80)
for i, y in enumerate(years):
    if i > 0 :
        plt.plot('month', 'value', data=df.loc[df.year==y, :],
                color=mycolors[i], label=y)
        plt.text(df.loc[df.year==y, :].shape[0]-.9, df.loc[df.year==y, 'value']
                [-1:].values[0], y, fontsize=12, color=mycolors[i])

# Decoration
plt.gca().set(xlim=(-0.3, 11), ylim=(2, 30), ylabel='$Drug Sales$', xlabel='$Month$')
plt.yticks(fontsize=12, alpha=.7)
plt.title("Time series data", fontsize=20)
plt.show()
```

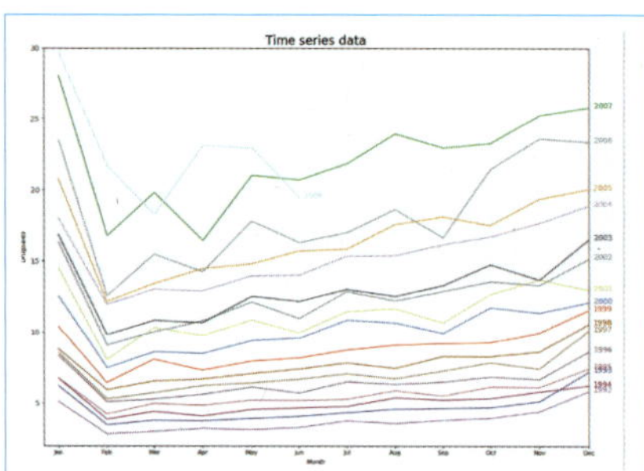


```
# Import Data
df = pd.read_csv('c:/data/time_series.csv', parse_dates=['date'],
                 index_col='date')
df.reset_index(inplace=True)
```

```
# Prepare data
df['year'] = [d.year for d in df.date]
df['month'] = [d.strftime('%b') for d in df.date]
years = df['year'].unique()

# Draw Plot
fig, axes = plt.subplots(1, 2, figsize=(20,7), dpi= 80)
sns.boxplot(x='year', y='value', data=df, ax=axes[0])
sns.boxplot(x='month', y='value', data=df.loc[~df.year.isin([1991, 2008]), :])

# Set Title
axes[0].set_title('Year-wise Box Plot\n(The Trend)', fontsize=18);
axes[1].set_title('Month-wise Box Plot\n(The Seasonality)', fontsize=18)
plt.show()
```

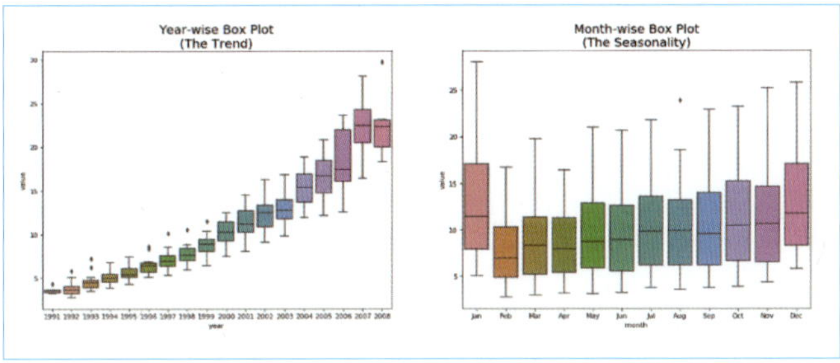

연습문제

1 빅데이터 시대에 데이터 시각화의 중요성을 예제를 활용하여 설명하시오.

2 파이썬 시각화 라이브러리들을 비교하시오.

3 시각화 절차를 설명하시오.

4 박스플롯에 대하여 설명하시오.

5 Seaborn에 내장되어 있는 tips 데이터로 막대그래프를 그려 보시오.

6 Seaborn에 내장되어 있는 tips 데이터로 산점도를 그려 보시오.

7 변수 유형별 시각화에 대하여 설명하시오.

8 다음 빈칸에 알맞은 말을 넣어 완성하시오.

> 두 변수가 모두 범주형 데이터이면 (   )를 사용하며, 두 변수가 모두 연속형 실수이면 (   )를 사용한다.

9 인터랙티브 시각화에 대하여 설명하시오.

09장 데이터 분석

1 분석 파이프라인
2 타이타닉 분석 파이프라인

1 분석 파이프라인

데이터 분석에서 데이터를 효과적으로 가지고 오고 분석하는 것은 오늘날 데이터 중심 사회에서 아주 중요한 작업입니다. 데이터를 어느 한 지점에서 특정 부분까지 가져오는 데에 많은 장애물들(중복, 유실 등)이 있으며 가져오려는 지점이 많아지면 많아질수록 더욱 문제가 복잡해집니다. 또한 준비된 데이터를 특정한 절차에 따라 분석을 진행해야 하는데, 이를 '파이프라인'이라고 합니다. 처음에는 어렵겠지만 이 분석 파이프라인에 익숙해지는 것이 중요합니다.[1)]

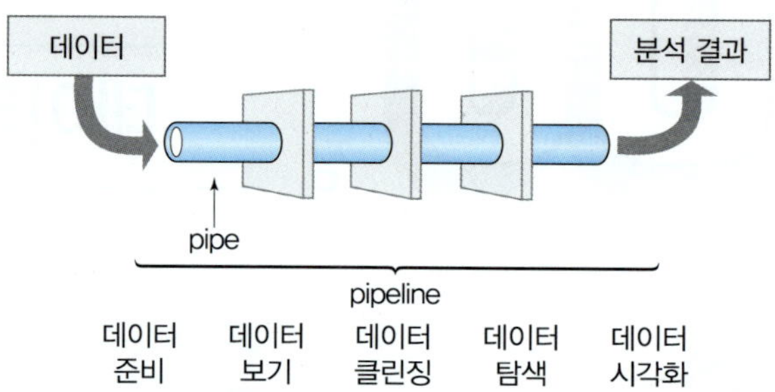

[그림 9-1] 빅데이터 분석 파이프라인

빅데이터 분석 파이프라인

지금까지 기본 실습한 내용을 바탕으로 빅데이터 파이프라인을 정리합니다. 이 단계를 통해 표준화된 공식처럼 데이터 분석을 시작하는 패턴을 학습합니다.

1) Eller RJ, Janga SC, Walsh S. Odyssey: a semi-automated pipeline for phasing, imputation, and analysis of genome-wide genetic data. BMC Bioinformatics. 2019 Jun 28;20(1):364. doi: 10.1186/s12859-019-2964-5. PMID: 31253090; PMCID: PMC6599316.

〈표 9-1〉 빅데이터 파이프라인

단계	단계명	내용
1	**데이터 준비**	데이터 소스, 데이터 백업
2	**데이터 보기**	데이터프레임의 기본 정보 출력: 데이터프레임명.info() 데이터프레임의 통계 요약 정보 출력: 데이터프레임명.describe() 데이터 유형 확인: df.dtypes 행 데이터
		열 변수 변수 유형 데이터 조작: 데이터 개수 확인, 정렬 데이터 병합과 연결(옵션)
3	**데이터 클린징**	결측값, 이상값, 중복값
4	**데이터 탐색**	단일변수 데이터 분석 데이터 재구조화 데이터 그룹 분석
5	**데이터 시각화**	범주형 단일변수 연속형 단일변수 범주형/범주형 연속형/연속형 범주형/연속형

데이터 분석 시작 전 몇 가지 질문

- 데이터 보기로 전반적인 데이터 형태를 보았나요?
- 데이터가 일부인가 전부인가요?
- 데이터의 크기는 얼마나 되나요?
- 데이터 식별자가 있는가요? 있으면 무엇인가요?
- 데이터를 합병해야 한다면 같은 종류의 데이터인가요?

- 최댓값, 최솟값은 무엇인가요?
- 중간값, 평균은 얼마인가요?
- 이상값이 있나요?
- 결측값이 있다면 무엇이고 왜 누락되었을까요?

2 타이타닉 분석 파이프라인

빅러닝 기술 발전에 따라 빠른 속도로 성장하고 있는 데이터 보물 창고가 캐글 플랫폼입니다. 캐글 시작 코스인 타이타닉에서 생존자 예측하기[2]부터 데이터 분석을 시작해 보겠습니다. 타이타닉 데이터는 입문 분석에 용이한 형식이며 여러 사용자들이 강의 노트 형식으로 온라인에 공개된 정보가 많아 여기서 언급한 방법이 아니더라도 다양한 데이터 분석을 제공합니다. 데이터프레임은 891행×15열이며 변수 설명은 다음과 같습니다.

[그림 9-2] 타이타닉호

〈표 9-2〉 타이타닉 데이터 변수

변수	설명	변수 설명	구분
PassengerId	승객 번호		
Survived	생존 여부	0 = No; 1 = Yes	범주
Pclass	객실 등급	1 = 등급, 2 = 등급, 3 = 등급	범주
Name	승객 이름		
Sex	성별	male, female	범주
Age	나이		
SibSp	함께 탑승한 형제, 배우자의 수	형제 수 + 배우자 수	
Parch	함께 탑승한 부모, 아이의 수	부모 수 + 자녀 수	

2) https://www.kaggle.com/c/titanic

Ticket	티켓 번호		
Fare	탑승 요금		
Cabin	객실 번호	공백도 많고 정확한 기준을 알 수 없음.	
Embarked	탑승 항구	C=Cherbourg,Q=Queenstown,S=Southampton	범주

데이터 준비

빅데이터 분석과 머신러닝 파이프라인 준비 과정에서 가장 중요한 첫 단계는 원본 데이터 보존입니다. 손상된 데이터는 다시 복구할 수 없기 때문에 반드시 복사본을 만드는 과정부터 시작해야 합니다.

```
# 관련 라이브러리 불러오기
import pandas as pd              # 판다스
import matplotlib as mpl         # 맷플롯립
import matplotlib.pylab as plt   # 맷플롯립
import seaborn as sns            # 시본
import numpy as np               # 넘파이

# 타이타닉 데이터 파일경로를 찾고 변수 file_path에 저장
file_path= 'C:/data/titanic.csv'

df = pd.read_csv(file_path) # read csv() 함수로 데이터프레임 변환
df
```

	PassengerId	Survived	Pclass	Name	Sex	Age	SibSp	Parch	Ticket	Fare	Cabin	Embarked
0	1	0	3	Braund, Mr. Owen Harris	male	22.0	1	0	A/5 21171	7.2500	NaN	S
1	2	1	1	Cumings, Mrs. John Bradley (Florence Briggs Th...	female	38.0	1	0	PC 17599	71.2833	C85	C
2	3	1	3	Heikkinen, Miss. Laina	female	26.0	0	0	STON/O2. 3101282	7.9250	NaN	S
3	4	1	1	Futrelle, Mrs. Jacques Heath (Lily May Peel)	female	35.0	1	0	113803	53.1000	C123	S
4	5	0	3	Allen, Mr. William Henry	male	35.0	0	0	373450	8.0500	NaN	S
...	...	...	...	...	...	...	...	...	...	...	...	...
886	887	0	2	Montvila, Rev. Juozas	male	27.0	0	0	211536	13.0000	NaN	S
887	888	1	1	Graham, Miss. Margaret Edith	female	19.0	0	0	112053	30.0000	B42	S
888	889	0	3	Johnston, Miss. Catherine Helen "Carrie"	female	NaN	1	2	W./C. 6607	23.4500	NaN	S
889	890	1	1	Behr, Mr. Karl Howell	male	26.0	0	0	111369	30.0000	C148	C
890	891	0	3	Dooley, Mr. Patrick	male	32.0	0	0	370376	7.7500	NaN	Q

891 rows × 12 columns

```
# 데이터 백업하기
titanic_copy_backup = df.copy()
# to_csv 메소드를 사용하여 내장 데이터프레임을 csv 파일로 저장
# C:\data 폴더에 저장
df.to_csv('C:/data/titanic_csv_backup.csv')

# 저장 파일 확인
file_path= 'C:/data/titanic_csv_backup.csv'
titanic_csv_backup = pd.read_csv(file_path)
titanic_csv_backup
```

데이터 보기

```
df.info() # 데이터프레임의 기본 정보 출력
```

```
<class 'pandas.core.frame.DataFrame'>
RangeIndex: 891 entries, 0 to 890
Data columns (total 12 columns):
PassengerId    891 non-null int64
Survived       891 non-null int64
Pclass         891 non-null int64
Name           891 non-null object
Sex            891 non-null object
Age            714 non-null float64
SibSp          891 non-null int64
Parch          891 non-null int64
Ticket         891 non-null object
Fare           891 non-null float64
Cabin          204 non-null object
Embarked       889 non-null object
dtypes: float64(2), int64(5), object(5)
memory usage: 83.7+ KB
```

```
df.describe() # 데이터프레임의 기초 통계 확인
```

	PassengerId	Survived	Pclass	Age	SibSp	Parch	Fare
count	891.000000	891.000000	891.000000	714.000000	891.000000	891.000000	891.000000
mean	446.000000	0.383838	2.308642	29.699118	0.523008	0.381594	32.204208
std	257.353842	0.486592	0.836071	14.526497	1.102743	0.806057	49.693429
min	1.000000	0.000000	1.000000	0.420000	0.000000	0.000000	0.000000
25%	223.500000	0.000000	2.000000	20.125000	0.000000	0.000000	7.910400
50%	446.000000	0.000000	3.000000	28.000000	0.000000	0.000000	14.454200
75%	668.500000	1.000000	3.000000	38.000000	1.000000	0.000000	31.000000
max	891.000000	1.000000	3.000000	80.000000	8.000000	6.000000	512.329200

```
df.dtypes # 데이터 유형 확인
```

```
PassengerId      int64
Survived         int64
Pclass           int64
Name            object
Sex             object
Age            float64
SibSp            int64
Parch            int64
Ticket          object
Fare           float64
Cabin           object
Embarked        object
dtype: object
```

```
df.loc[0] # 데이터 행 인덱스 확인
```

```
PassengerId                          1
Survived                             0
Pclass                               3
Name           Braund, Mr. Owen Harris
Sex                               male
Age                                 22
SibSp                                1
Parch                                0
Ticket                       A/5 21171
Fare                              7.25
Cabin                              NaN
Embarked                             S
Name: 0, dtype: object
```

```
df.head() # 상위 데이터 추출
```

	PassengerId	Survived	Pclass	Name	Sex	Age	SibSp	Parch	Ticket	Fare	Cabin	Embarked
0	1	0	3	Braund, Mr. Owen Harris	male	22.0	1	0	A/5 21171	7.2500	NaN	S
1	2	1	1	Cumings, Mrs. John Bradley (Florence Briggs Th...	female	38.0	1	0	PC 17599	71.2833	C85	C
2	3	1	3	Heikkinen, Miss. Laina	female	26.0	0	0	STON/O2. 3101282	7.9250	NaN	S
3	4	1	1	Futrelle, Mrs. Jacques Heath (Lily May Peel)	female	35.0	1	0	113803	53.1000	C123	S
4	5	0	3	Allen, Mr. William Henry	male	35.0	0	0	373450	8.0500	NaN	S

```
df.tail() # 하위 데이터 추출
```

	PassengerId	Survived	Pclass	Name	Sex	Age	SibSp	Parch	Ticket	Fare	Cabin	Embarked
886	887	0	2	Montvila, Rev. Juozas	male	27.0	0	0	211536	13.00	NaN	S
887	888	1	1	Graham, Miss. Margaret Edith	female	19.0	0	0	112053	30.00	B42	S
888	889	0	3	Johnston, Miss. Catherine Helen "Carrie"	female	NaN	1	2	W./C. 6607	23.45	NaN	S
889	890	1	1	Behr, Mr. Karl Howell	male	26.0	0	0	111369	30.00	C148	C
890	891	0	3	Dooley, Mr. Patrick	male	32.0	0	0	370376	7.75	NaN	Q

```
df.index # 데이터프레임 인덱스 보기
[RangeIndex(start=0, stop=891, step=1)]
```

```
df.values # 행, 열 구조 보기
```

```
array([[1, 0, 3, ..., 7.25, nan, 'S'],
       [2, 1, 1, ..., 71.2833, 'C85', 'C'],
       [3, 1, 3, ..., 7.925, nan, 'S'],
       ...,
       [889, 0, 3, ..., 23.45, nan, 'S'],
       [890, 1, 1, ..., 30.0, 'C148', 'C'],
       [891, 0, 3, ..., 7.75, nan, 'Q']], dtype=object)
```

```
df.sort_values(by=['Fare'], axis=0) # 요금 기준 오름차순 정렬
```

	PassengerId	Survived	Pclass	Name	Sex	Age	SibSp	Parch	Ticket	Fare	Cabin	Embarked
271	272	1	3	Tornquist, Mr. William Henry	male	25.0	0	0	LINE	0.0000	NaN	S
597	598	0	3	Johnson, Mr. Alfred	male	49.0	0	0	LINE	0.0000	NaN	S
302	303	0	3	Johnson, Mr. William Cahoone Jr	male	19.0	0	0	LINE	0.0000	NaN	S
633	634	0	1	Parr, Mr. William Henry Marsh	male	NaN	0	0	112052	0.0000	NaN	S
277	278	0	2	Parkes, Mr. Francis "Frank"	male	NaN	0	0	239853	0.0000	NaN	S
...	...	...	...	...	...	...	...	...	...	...	...	...
438	439	0	1	Fortune, Mr. Mark	male	64.0	1	4	19950	263.0000	C23 C25 C27	S
341	342	1	1	Fortune, Miss. Alice Elizabeth	female	24.0	3	2	19950	263.0000	C23 C25 C27	S
737	738	1	1	Lesurer, Mr. Gustave J	male	35.0	0	0	PC 17755	512.3292	B101	C
258	259	1	1	Ward, Miss. Anna	female	35.0	0	0	PC 17755	512.3292	NaN	C
679	680	1	1	Cardeza, Mr. Thomas Drake Martinez	male	36.0	0	1	PC 17755	512.3292	B51 B53 B55	C

```
df.sort_values(by=['Fare'], axis=0, ascending=False) # 요금 기준 내림차순 정렬
```

	PassengerId	Survived	Pclass	Name	Sex	Age	SibSp	Parch	Ticket	Fare	Cabin	Embarked
258	259	1	1	Ward, Miss. Anna	female	35.0	0	0	PC 17755	512.3292	NaN	C
737	738	1	1	Lesurer, Mr. Gustave J	male	35.0	0	0	PC 17755	512.3292	B101	C
679	680	1	1	Cardeza, Mr. Thomas Drake Martinez	male	36.0	0	1	PC 17755	512.3292	B51 B53 B55	C
88	89	1	1	Fortune, Miss. Mabel Helen	female	23.0	3	2	19950	263.0000	C23 C25 C27	S
27	28	0	1	Fortune, Mr. Charles Alexander	male	19.0	3	2	19950	263.0000	C23 C25 C27	S
...	...	...	...	...	...	...	...	...	...	...	...	...
633	634	0	1	Parr, Mr. William Henry Marsh	male	NaN	0	0	112052	0.0000	NaN	S
413	414	0	2	Cunningham, Mr. Alfred Fleming	male	NaN	0	0	239853	0.0000	NaN	S
822	823	0	1	Reuchlin, Jonkheer. John George	male	38.0	0	0	19972	0.0000	NaN	S
732	733	0	2	Knight, Mr. Robert J	male	NaN	0	0	239855	0.0000	NaN	S
674	675	0	2	Watson, Mr. Ennis Hastings	male	NaN	0	0	239856	0.0000	NaN	S

```
df.sort_index(axis=1) # 열 이름을 (알파벳 순서로) 정렬하기: axis=1 Age부터
출력
```

	Age	Cabin	Embarked	Fare	Name	Parch	PassengerId	Pclass	Sex	SibSp	Survived	Ticket
0	22.0	NaN	S	7.2500	Braund, Mr. Owen Harris	0	1	3	male	1	0	A/5 21171
1	38.0	C85	C	71.2833	Cumings, Mrs. John Bradley (Florence Briggs Th...	0	2	1	female	1	1	PC 17599
2	26.0	NaN	S	7.9250	Heikkinen, Miss. Laina	0	3	3	female	0	1	STON/O2. 3101282
3	35.0	C123	S	53.1000	Futrelle, Mrs. Jacques Heath (Lily May Peel)	0	4	1	female	1	1	113803
4	35.0	NaN	S	8.0500	Allen, Mr. William Henry	0	5	3	male	0	0	373450
...	...	...	...	...	...	...	...	...	...	...	...	...
886	27.0	NaN	S	13.0000	Montvila, Rev. Juozas	0	887	2	male	0	0	211536
887	19.0	B42	S	30.0000	Graham, Miss. Margaret Edith	0	888	1	female	0	1	112053
888	NaN	NaN	S	23.4500	Johnston, Miss. Catherine Helen "Carrie"	2	889	3	female	1	0	W./C. 6607
889	26.0	C148	C	30.0000	Behr, Mr. Karl Howell	0	890	1	male	0	1	111369
890	32.0	NaN	Q	7.7500	Dooley, Mr. Patrick	0	891	3	male	0	0	370376

```
df.sum(axis=1) # 단순열 합계
```

```
0        31.2500
1       112.2833
2        36.9250
3        93.1000
4        48.0500
          ...
886     927.0000
887     937.0000
888     915.4500
889     946.0000
890     930.7500
Length: 891, dtype: float64
```

데이터 클리닝

타이타닉 데이터는 891개의 행 중에 나이(Age)에 177개의 결측치, 객실 번호(Cabin)에 687개 결측치 그리고 탑승 항구(Embarked)에는 2개의 결측치가 있습니다. 결측치 처리 방법인 결측치 확인과 결측치 대체/제거 순서로 다시 데이터를 클린징해보겠습니다.

빅데이터 시대 결측치도 시각화하여 진행할 수 있습니다. 결측치 시각화 과정을 통해 결측치를 처리하려면 missingno 패키지를 설치합니다.

```
pip install missingno # missingno 라이브러리 설치
```

① 객실 번호(Cabin): 결측치가 너무 많기 때문에 **제거**

② 탑승 항구(Embarked): 2개의 결측치가 있으므로 어느 값으로 채워도 문제없어 보이며 가장 빈도가 높은 값으로 **대체**

③ 나이(Age): 결측치가 많고 나이에 따라 생존 여부와 상관있을 것으로 예상되어 데이터를 중앙값으로 **대체**

```
df.count() # 데이터 개수 확인
```

```
PassengerId    891
Survived       891
Pclass         891
Name           891
Sex            891
Age            714
SibSp          891
Parch          891
Ticket         891
Fare           891
Cabin          204
Embarked       889
dtype: int64
```

```
df.isnull().sum() # 결측치 확인
```

```
PassengerId      0
Survived         0
Pclass           0
Name             0
Sex              0
Age            177
SibSp            0
Parch            0
Ticket           0
Fare             0
Cabin          687
Embarked         2
dtype: int64
```

```
# 결측치 시각화
sns.heatmap(df.isnull(),cbar=False) # 시본 시각화 확인
```

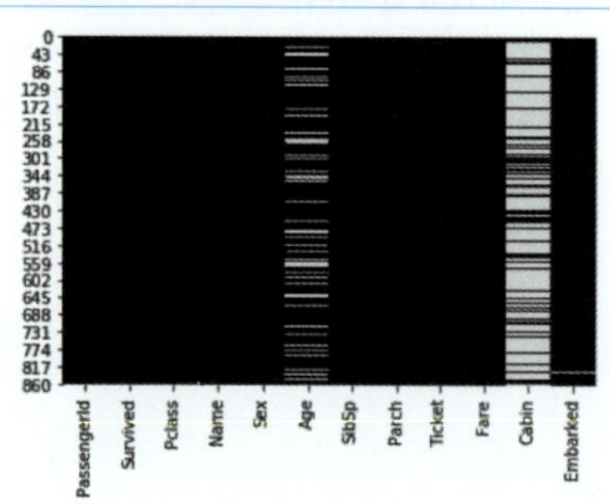

```
sns.heatmap(df.isnull(),cbar=True) # 시본 시각화 확인
```

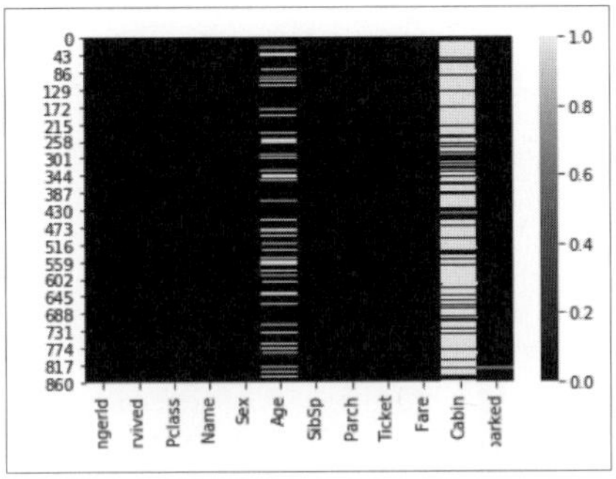


```
import missingno as msno # missingno 패키지 임포트
msno.matrix(df) # 매트릭스 결측치 시각화
```

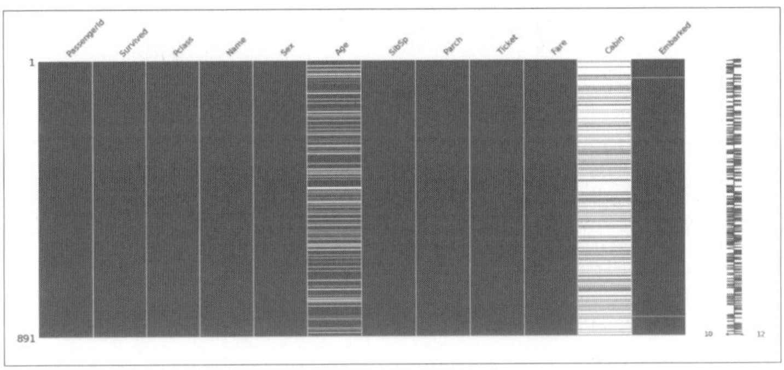


```
msno.bar(df) # 바차트 결측치 시각화
```

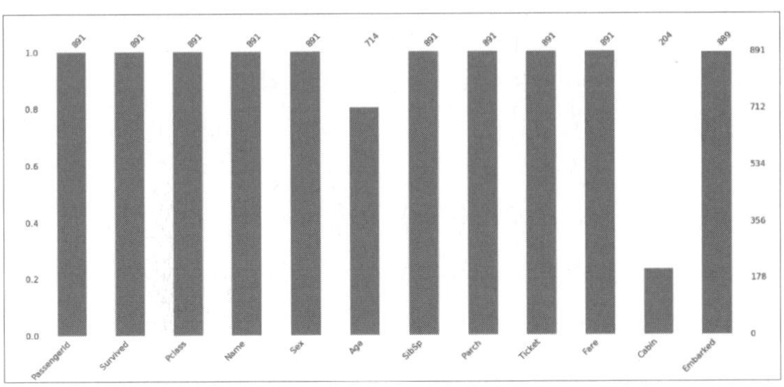

```
msno.heatmap(df) # 히트맵 결측치 시각화
```

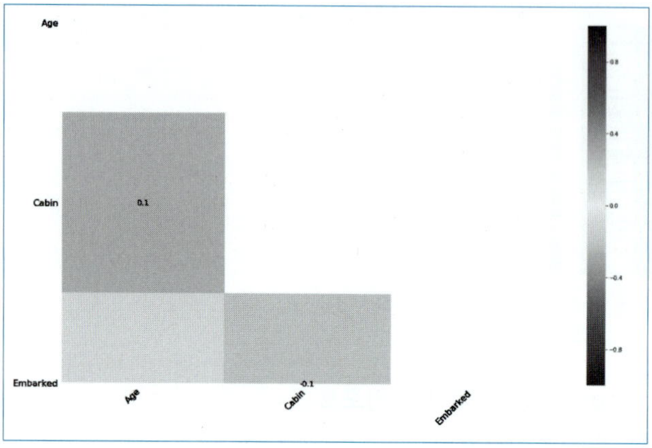


```
msno.dendrogram(df) # 덴드로그램 결측치 시각화
```

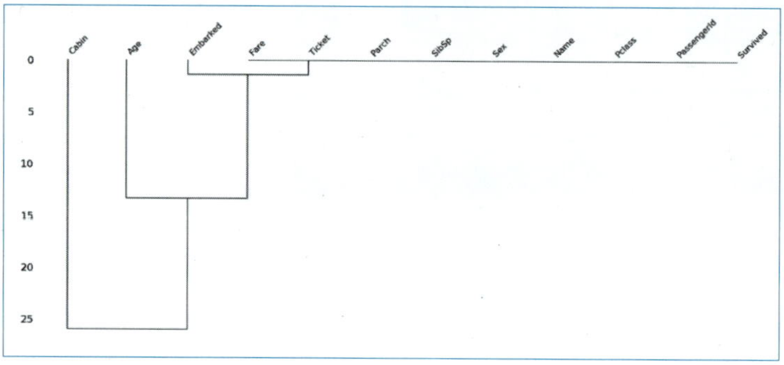


```
# Cabin 결측 제거
df['Cabin'].value_counts() # Cabin 삭제 전 결측치 내용 확인
```

```
B96 B98        4
G6             4
C23 C25 C27    4
F33            3
E101           3
              ..
A6             1
C128           1
B4             1
D10 D12        1
B73            1
Name: Cabin, Length: 147, dtype: int64
```

```
df = df.dropna(thresh=int(len(df) * 0.5), axis=1) # 결측치 제거
msno.matrix(df) # 결측치 제거 확인
```

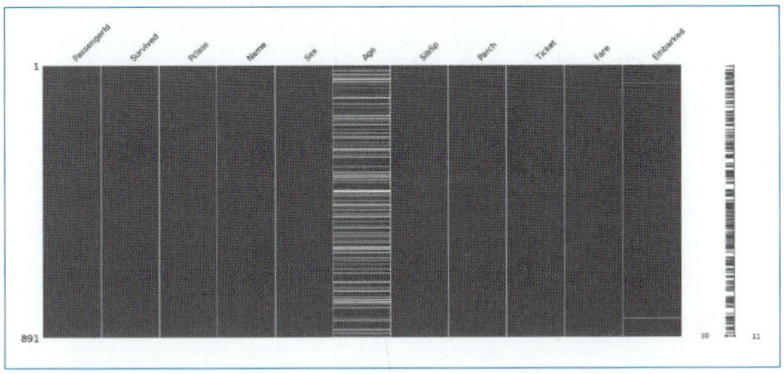

```
# Embarked 대체
df['Embarked'].value_counts()    # 범주형 개수 확인
```

```
S    646
C    168
Q     77
Name: Embarked, dtype: int64
```

```
df['Embarked'] = df['Embarked'].fillna('S') # 최다빈도 'S'로 대체

# 나이 대체
df['Age']=df['Age'].fillna(df['Age'].mean()) # 나이 평균값으로 대체
msno.matrix(df) # 결측치 제거 최종 확인
```

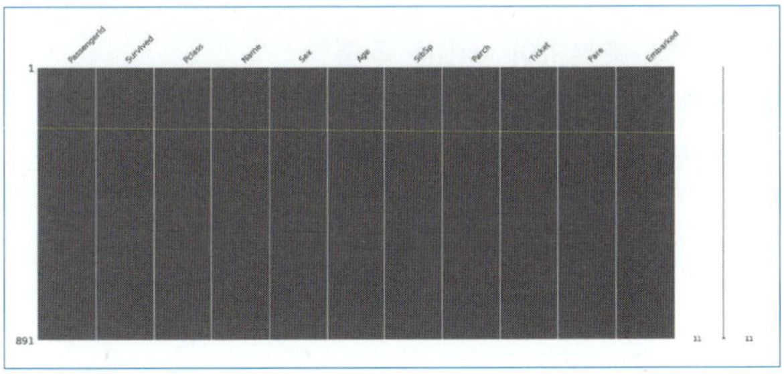

데이터 탐색

```
# 데이터 바이닝 - 연속형 나이 변수 범주화 cut() 함수 사용
bins = [1, 20, 60, 100] # 1-20 미성년, 21-60 : 성년, 61-100 : 성년
df_Age = pd.cut(df["Age"], bins, labels =["미성년", "성년", "노년"])
df["Age_class"] = df_Age
df
```

	PassengerId	Survived	Pclass	Name	Sex	Age	SibSp	Parch	Ticket	Fare	Embarked	Age_class
0	1	0	3	Braund, Mr. Owen Harris	male	22.000000	1	0	A/5 21171	7.2500	S	성년
1	2	1	1	Cumings, Mrs. John Bradley (Florence Briggs Th...	female	38.000000	1	0	PC 17599	71.2833	C	성년
2	3	1	3	Heikkinen, Miss. Laina	female	26.000000	0	0	STON/O2. 3101282	7.9250	S	성년
3	4	1	1	Futrelle, Mrs. Jacques Heath (Lily May Peel)	female	35.000000	1	0	113803	53.1000	S	성년
4	5	0	3	Allen, Mr. William Henry	male	35.000000	0	0	373450	8.0500	S	성년
...	...	...	...	...	...	...	...	...	...	...	...	...
886	887	0	2	Montvila, Rev. Juozas	male	27.000000	0	0	211536	13.0000	S	성년
887	888	1	1	Graham, Miss. Margaret Edith	female	19.000000	0	0	112053	30.0000	S	미성년
888	889	0	3	Johnston, Miss. Catherine Helen "Carrie"	female	29.699118	1	2	W./C. 6607	23.4500	S	성년

```
t1 = df.Age_class.unique() # 범주형 중복없이 value 추출
t2 = df[df.Age_class.isin(['미성년'])] # 원하는 데이터만
t3 = df[~df.Age_class.isin(['미성년'])] # 원하는 데이터 제외 필터링
print(t1)
print(t2)
print(t2)
```

```
[성년, 미성년, 노년, NaN]
Categories (3, object): [미성년 < 성년 < 노년]
     PassengerId Survived Pclass                            Name  ₩
7              8        0      3      Palsson, Master. Gosta Leonard
9             10        1      2  Nasser, Mrs. Nicholas (Adele Achem)
10            11        1      3     Sandstrom, Miss. Marguerite Rut
12            13        0      3      Saundercock, Mr. William Henry
14            15        0      3 Vestrom, Miss. Hulda Amanda Adolfina
..           ...      ...    ...                                 ...
869          870        1      3      Johnson, Master. Harold Theodor
875          876        1      3        Najib, Miss. Adele Kiamie "Jane"
876          877        0      3        Gustafsson, Mr. Alfred Ossian
877          878        0      3              Petroff, Mr. Nedelio
887          888        1      1          Graham, Miss. Margaret Edith
```

```
        Sex   Age  SibSp  Parch      Ticket     Fare Embarked Age_class
7      male   2.0      3      1      349909  21.0750        S       미성년
9    female  14.0      1      0      237736  30.0708        C       미성년
10   female   4.0      1      1     PP 9549  16.7000        S       미성년
12     male  20.0      0      0   A/5. 2151   8.0500        S       미성년
14   female  14.0      0      0      350406   7.8542        S       미성년
..      ...   ...    ...    ...         ...      ...      ...       ...
869    male   4.0      1      1      347742  11.1333        S       미성년
875  female  15.0      0      0        2667   7.2250        C       미성년
876    male  20.0      0      0        7534   9.8458        S       미성년
877    male  19.0      0      0      349212   7.8958        S       미성년
887  female  19.0      0      0      112053  30.0000        S       미성년

[165 rows x 12 columns]
     PassengerId Survived Pclass                                 Name  \
7              8        0      3       Palsson, Master. Gosta Leonard
9             10        1      2  Nasser, Mrs. Nicholas (Adele Achem)
10            11        1      3      Sandstrom, Miss. Marguerite Rut
12            13        0      3       Saundercock, Mr. William Henry
14            15        0      3 Vestrom, Miss. Hulda Amanda Adolfina
..           ...      ...    ...                                  ...
869          870        1      3       Johnson, Master. Harold Theodor
875          876        1      3      Najib, Miss. Adele Kiamie "Jane"
876          877        0      3        Gustafsson, Mr. Alfred Ossian
877          878        0      3                 Petroff, Mr. Nedelio
887          888        1      1         Graham, Miss. Margaret Edith

        Sex   Age  SibSp  Parch      Ticket     Fare Embarked Age_class
7      male   2.0      3      1      349909  21.0750        S       미성년
9    female  14.0      1      0      237736  30.0708        C       미성년
10   female   4.0      1      1     PP 9549  16.7000        S       미성년
12     male  20.0      0      0   A/5. 2151   8.0500        S       미성년
14   female  14.0      0      0      350406   7.8542        S       미성년
..      ...   ...    ...    ...         ...      ...      ...       ...
869    male   4.0      1      1      347742  11.1333        S       미성년
875  female  15.0      0      0        2667   7.2250        C       미성년
876    male  20.0      0      0        7534   9.8458        S       미성년
877    male  19.0      0      0      349212   7.8958        S       미성년
887  female  19.0      0      0      112053  30.0000        S       미성년

[165 rows x 12 columns]
```

```
# 전체를 3개 범주로 구분
df_Age2 = pd.qcut(df["Age"], q=3, labels =["미성년", "성년", "노년"])
df["Age_class2"] = df_Age2
df
```

	PassengerId	Survived	Pclass	Name	Sex	Age	SibSp	Parch	Ticket	Fare	Embarked	Age_class	Age_class2
0	1	0	3	Braund, Mr. Owen Harris	male	22.000000	1	0	A/5 21171	7.2500	S	성년	미성년
1	2	1	1	Cumings, Mrs. John Bradley (Florence Briggs Th...	female	38.000000	1	0	PC 17599	71.2833	C	성년	노년
2	3	1	3	Heikkinen, Miss. Laina	female	26.000000	0	0	STON/O2. 3101282	7.9250	S	성년	성년
3	4	1	1	Futrelle, Mrs. Jacques Heath (Lily May Peel)	female	35.000000	1	0	113803	53.1000	S	성년	노년
4	5	0	3	Allen, Mr. William Henry	male	35.000000	0	0	373450	8.0500	S	성년	노년
...	...	...	...	...	...	...	...	...	...	...	...	...	...
886	887	0	2	Montvila, Rev. Juozas	male	27.000000	0	0	211536	13.0000	S	성년	성년
887	888	1	1	Graham, Miss. Margaret Edith	female	19.000000	0	0	112053	30.0000	S	미성년	미성년
888	889	0	3	Johnston, Miss. Catherine Helen "Carrie"	female	29.699118	1	2	W./C. 6607	23.4500	S	성년	성년
889	890	1	1	Behr, Mr. Karl Howell	male	26.000000	0	0	111369	30.0000	C	성년	성년
890	891	0	3	Dooley, Mr. Patrick	male	32.000000	0	0	370376	7.7500	Q	성년	노년

891 rows × 13 columns

```
# 범주형 컬럼 처리
# 원핫인코딩
df['Sex']=df['Sex'].astype('category')
df['Pclass']=df['Pclass'].astype('category')
df['Embarked']=df['Embarked'].astype('category')
df = pd.get_dummies(df)
df

# 성별, 선실, 나이 그룹에 의한 생존율을 데이터프레임으로 계산
# 행에는 성별 및 나이 그룹에 대한 다중 인덱스를 사용하고 열에는 선실 인덱스를 사용
df1 = df.groupby(['Sex','Age_class','Pclass'])["Survived"].mean()
df2 = df1.unstack("Pclass")
df2
```

	Pclass	1	2	3
Sex	Age_class			
female	미성년	0.928571	1.000000	0.465116
	성년	0.974359	0.900000	0.489583
	노년	1.000000	NaN	1.000000
male	미성년	0.500000	0.357143	0.180556
	성년	0.388350	0.069767	0.119850
	노년	0.083333	0.333333	0.000000

```
# 피봇 테이블
# 성별 및 선실에 의한 생존율을 피봇 데이터 형태로 변환합니다.
df.pivot_table(['Survived'],index=['Sex', 'Pclass'], aggfunc='mean')
```

		Survived
Sex	Pclass	
female	1	0.968085
	2	0.921053
	3	0.500000
male	1	0.368852
	2	0.157407
	3	0.135447

데이터 탐색 자동 보고서

데이터 탐색 과정에서 데이터 내 값의 분포, 변수 간의 관계, Null 값과 같은 결측값(Missing values) 존재 유무 등을 파악하게 되는데, 이와 같이 데이터를 파악하는 과정을 EDA[(Exploratory Data Analysis) 탐색적 데이터 분석]라고 합니다. 판다스에는 모든 EDA 과정을 한 번에 시각화하는 '데이터 탐색 자동 리포팅' 기능을 제공합니다.

판다스 프로파일링(Pandas profiling) 기능을 하는 데 꼭 활용해 보시기 바랍니다. 리포트 파일은 주피터 노트북 기본 폴더에 HTML 파일로 생성됩니다.

```
pip install pandas_profiling # 라이브러리 설치
```

```
import pandas_profiling
report = df.profile_report()
report.to_file('report.html')
```

1) 개요

개요(Overview)는 데이터 전체적인 요약을 출력합니다. 데이터의 크기, 변수의 수, 결측값(missing value) 비율, 데이터의 종류는 어떤 것이 있는지를 확인할 수 있습니다.

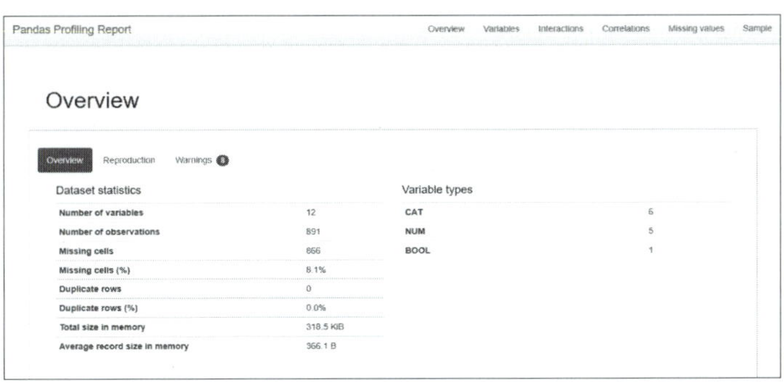

[그림 9-3] 프로파일링 개요

2) 변수

변수(Variables)는 데이터에 존재하는 모든 특성 변수들에 대한 결측값, 중복을 제외한 유일한 값(unique values)의 개수 등의 결과를 나타냅니다. 또한 상위 5개의 값에 대해 우측에 바 그래프로 시각화한 결과도 제공합니다.

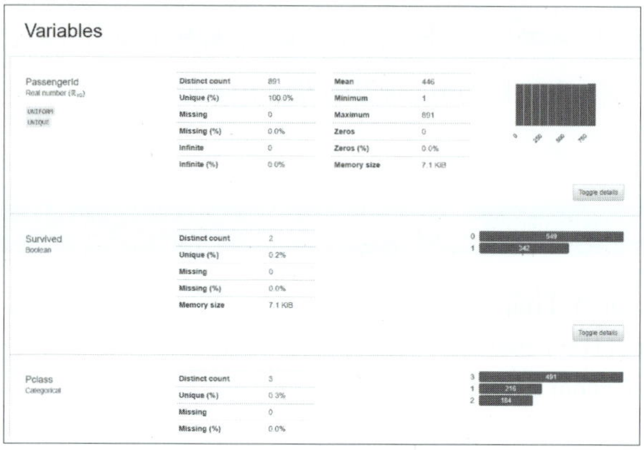

[그림 9-4] 프로파일링 변수 설명

3) 기타 사항

이외에도 판다스 프로파일링은 수치형 데이터를 위한 상관계수(correlations), 결측값에 대한 히트맵(headmap) 등의 기능도 제공합니다.

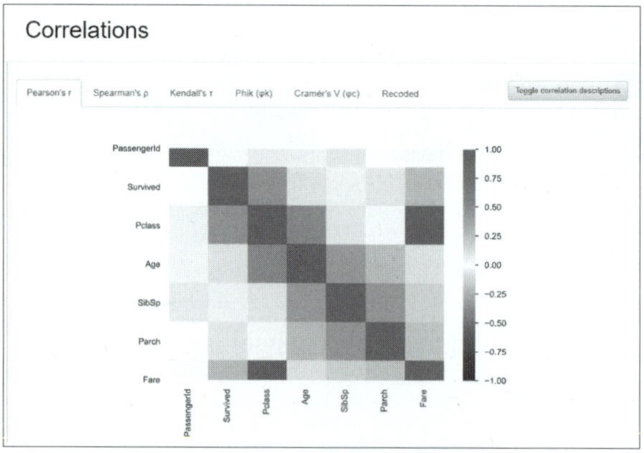

[그림 9-5] 프로파일링 히트맵

8 데이터 시각화 분석

1) 단일 범주형/연속형 분석

단일변수 시각화 분석은 단순 데이터 탐색보다 많은 직관적 사실을 제공합니다. 주요 변수별로 단일변수를 분석해 보겠습니다.

〈표 9-3〉 단일변수 분석

범주형	연속형
· 생존 여부는 어떨까? · 남녀의 성비는 어떨까? · 좌석 등급별 성비는 어떨까? · 출발 항구별 비율은 어떨까?	· 나이 분포 · 요금 분포

```
# 범주형 확인
# 남녀 성비 확인
sns.catplot('Sex',kind='count',data=df)
```

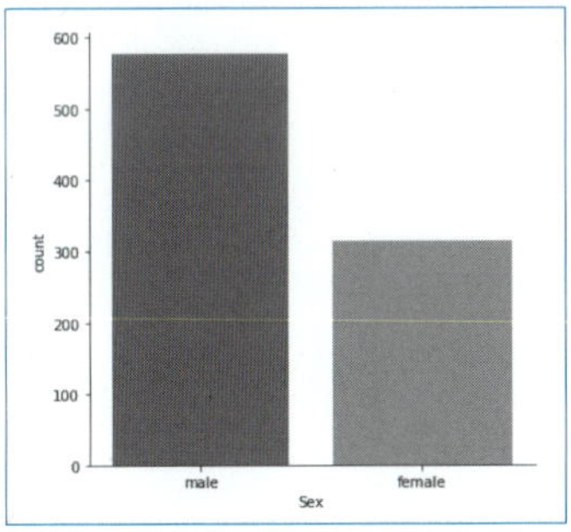


```
# 좌석 등급별 성비 확인
sns.catplot('Pclass',kind='count',hue='Sex', data=df)
```

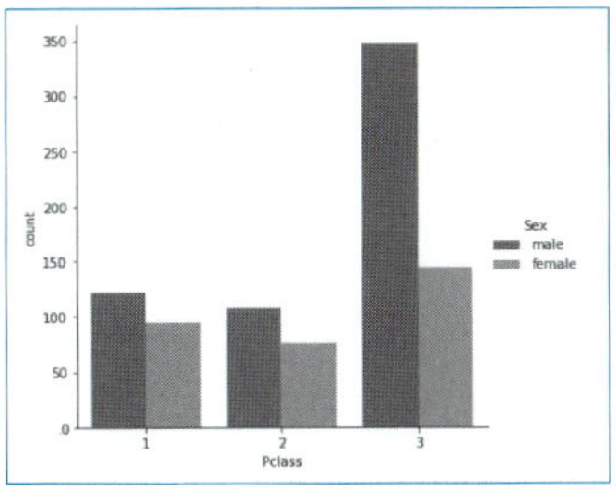

```
# 출발 항구별 분포 확인
sns.catplot('Embarked', kind = 'count', data = df)
```

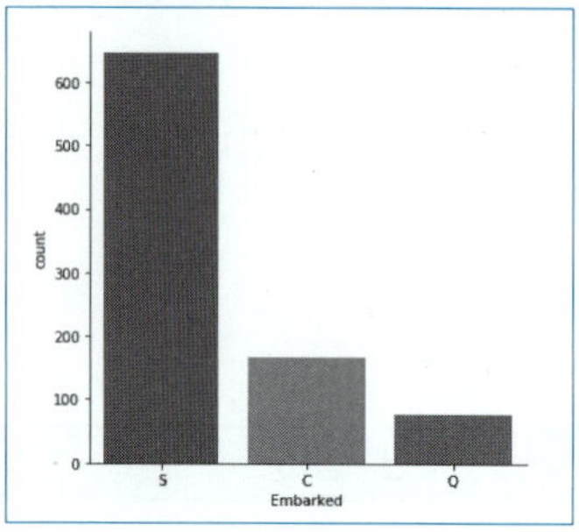


```
# 연속형 # 나이 분포
df['Age'].hist()
```

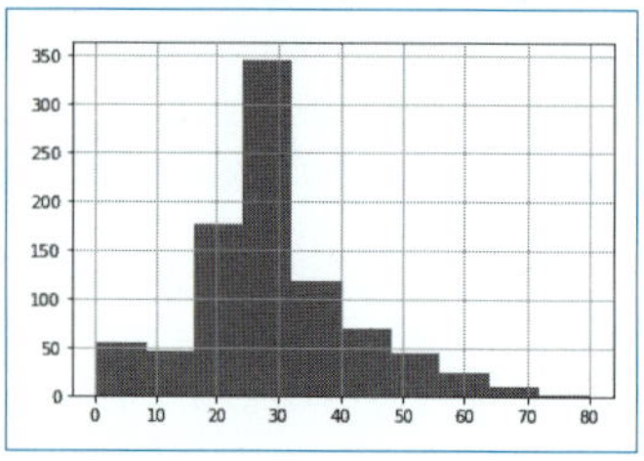

```
# 연속형 # 요금 분포
df['Fare'].hist()
```

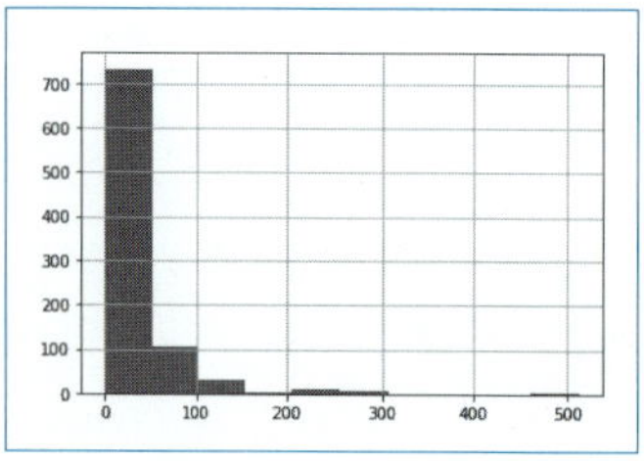

2) 범주형 * 범주형

범주형과 범주형이 결합된 이변수 시각화 분석을 통해 추가 사실들을 분석해 볼 수 있습니다. 타이타닉 데이터에는 생존 여부, 객실 등급, 성별, 탑승 항구 4개 범주형 변수가 있습니다. 가장 중요한 '생존자 중심으로 교차분석'을 해 보겠습니다.

① 성별/생존자?

② 객실 등급별/생존자?

③ 탑승 항구별/생존자

앞에서 배운 변수 바이닝 과정을 통해 요금대별/생존자, 연령대별/생존자 등도 분석해 보겠습니다.

```
# 생존자 분석
sns.catplot('Survived',kind='count',hue='Sex',data=df)
```

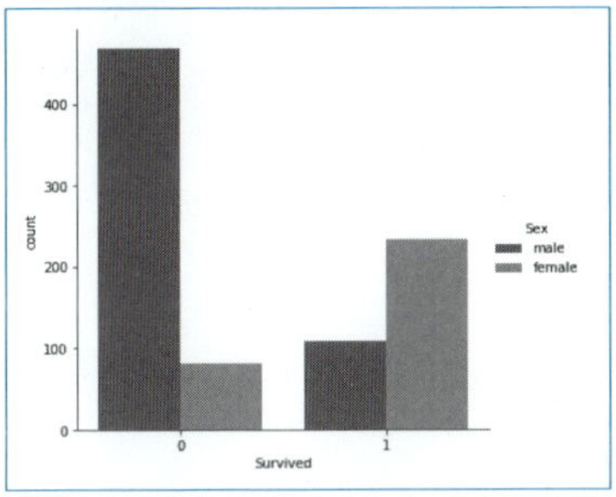


```
# 보기 편하게 생존자 구분 변환
df['Survivor'] = df['Survived'].map({0 : 'no', 1: 'yes'})
# 생존/성별
sns.catplot('Survivor', kind='count', hue='Sex', data=df)
# 성별/생존자
sns.catplot('Sex', kind='count', hue='Survivor', data=df)
# 남자일수록 사망자가 많습니다.
```

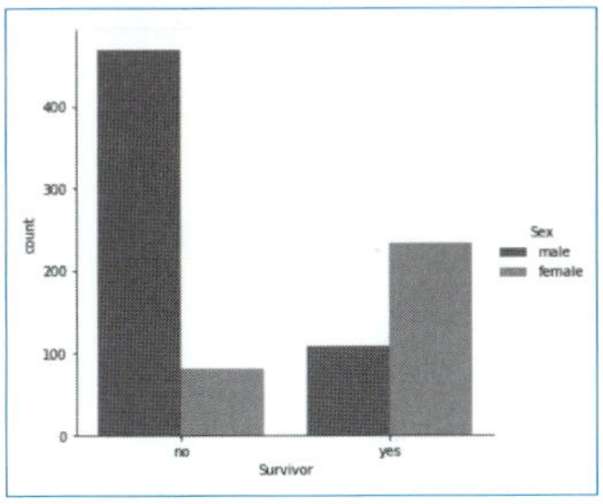

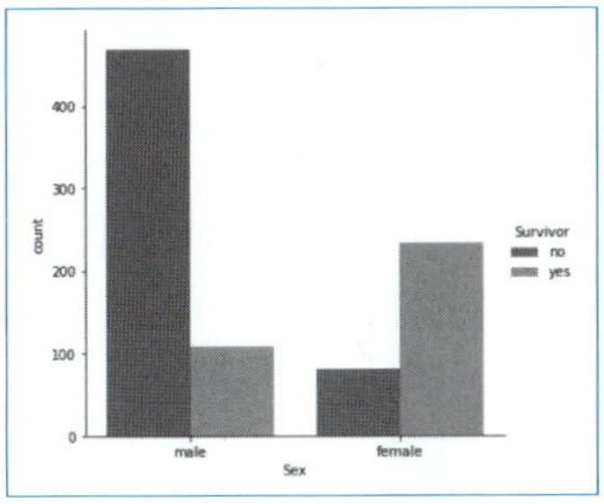

```
# 좌석 등급별 생존자 확인
sns.catplot('Pclass', kind='count', hue='Survivor', data=df)
```

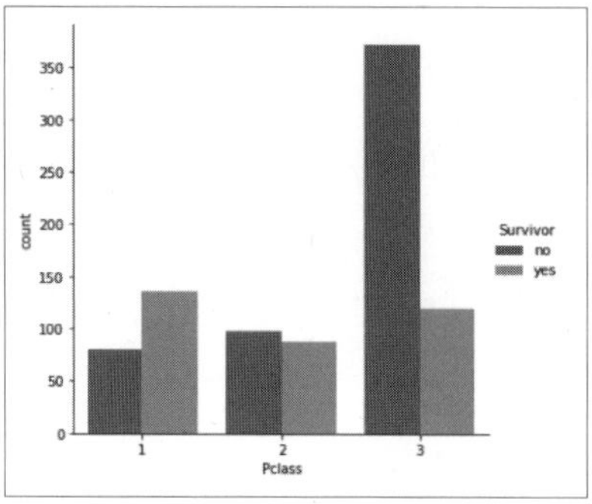


```
# 항구별/생존
sns.catplot('Embarked', kind='count', hue='Survivor', data=df)
# 생존율이 차이가 있음.
```

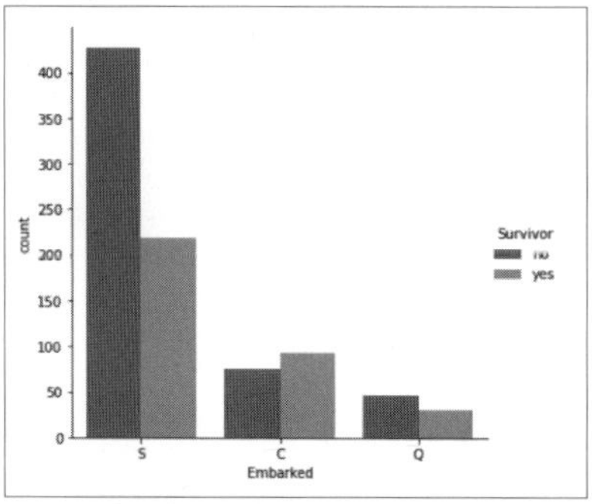


```
# 연령대별/사망자 20세 미만의 아이들을 확인
sns.catplot('Age', kind='count', hue='Survivor', data=df.loc[df['Age'] < 20])
```

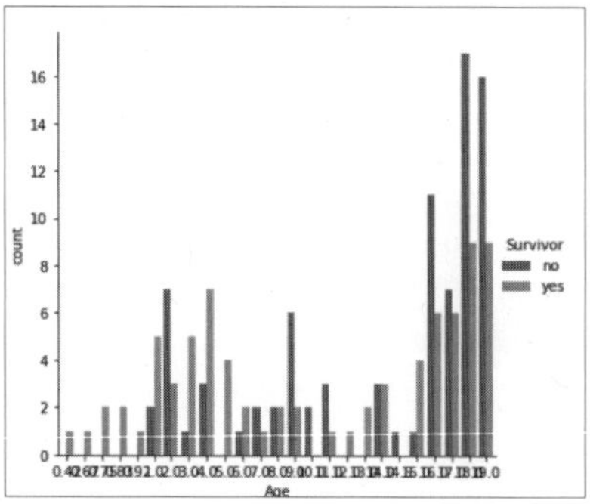

```
# 연령대별/사망자 70세 이상 노인
sns.catplot('Age', kind='count', hue='Survivor', data=df.loc[df['Age'] >=70])
```

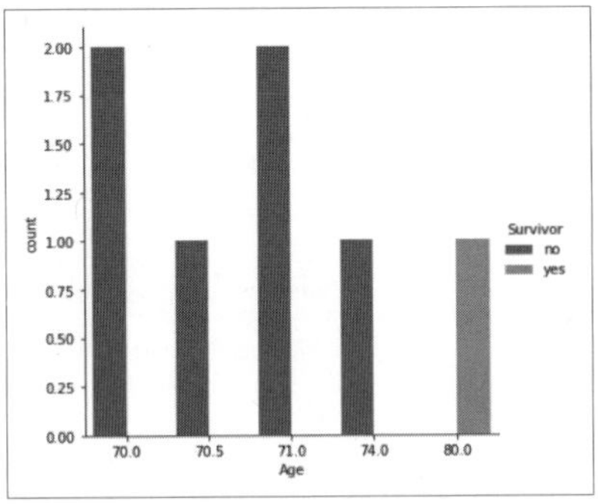


```
# 20세 이상, 어른의 경우 연령에 따른 사망률과의 관계는 적으며, 남자일 경우
사망률이 높음.

sns.lmplot('Age','Survived',hue='Sex',data=df.loc[df['Age']>=20])
```

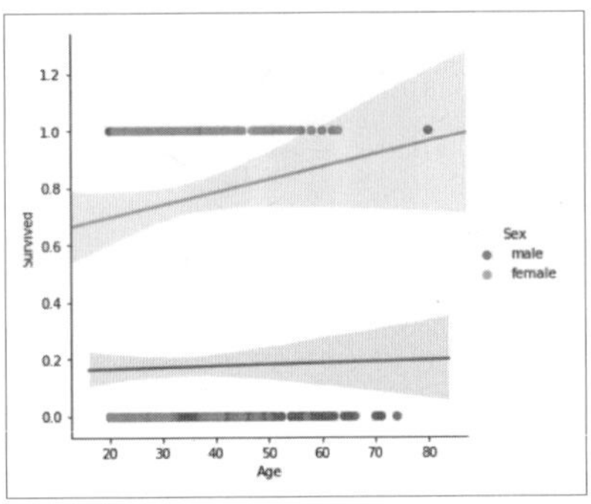


```
# Pairgrid 플롯 활용 범주 전체를 시각화 가능
# 생존률/성별, 객실 등급별, 탑승 항구별, 연령대 그룹별
Pg = sns.PairGrid(df, y_vars="Survived",
                  x_vars=["Pclass", "Sex", "Embarked","Age_class"],
                  height=5, aspect=.7)
Pg.map(sns.pointplot, scale=1.3, errwidth=4, color="xkcd:plum")
Pg.set(ylim=(0, 1))
sns.despine(fig=Pg.fig, left=True)

# 한글 처리
plt.rc('font', family='Malgun Gothic')
```

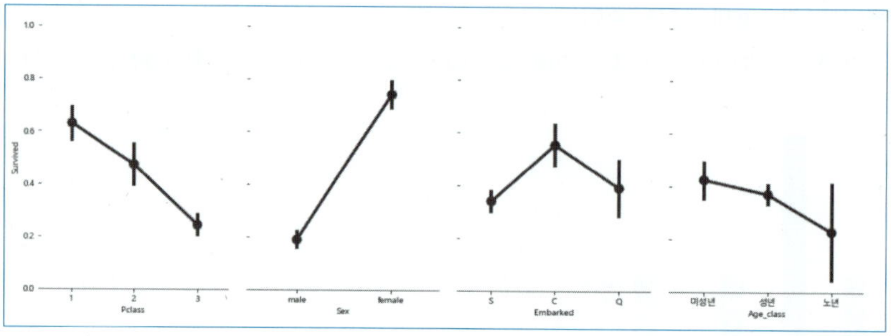


```
# Pairgrid bar 서브플롯 적용
Pg = sns.PairGrid(df, y_vars="Survived",
                  x_vars=["Pclass", "Sex", "Embarked","Age_class"],
                  height=5, aspect=.7)
Pg.map(sns.barplot)
```

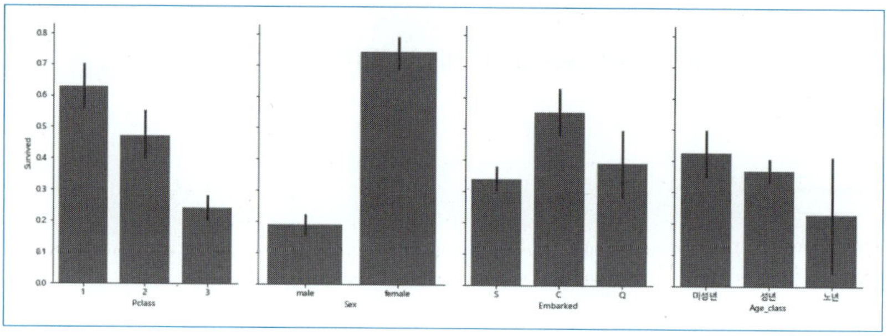


```
# Pairgrid violin 서브플롯 적용
Pg.map(sns.violinplot)
```

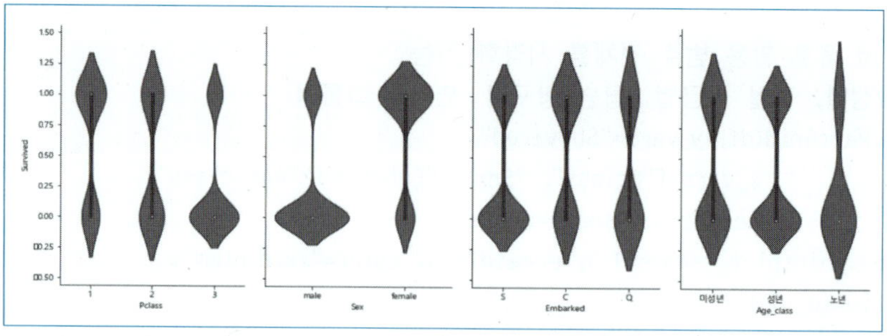

3) 범주형 * 연속형

범주형과 연속형의 교차분석은 가장 많이 하는 데이터 분석 유형입니다. 타이타닉 데이터에서 4개 범주형과 연속형(나이)을 중심으로 분석해 보겠습니다.

① 성별/나이?
② 객실 등급별/나이?
③ 탑승 항구별/나이
④ 가족 그룹(파생변수)

추가로 형제/자매와 부모/자식의 수를 더하여 가족 그룹으로 가족의 크기라는 파생변수를 만들어 분석해 보겠습니다.

```
# 성별/나이
sns.distplot(df['Age'].loc[df['Sex']=='male'])
sns.distplot(df['Age'].loc[df['Sex']=='female'])
```

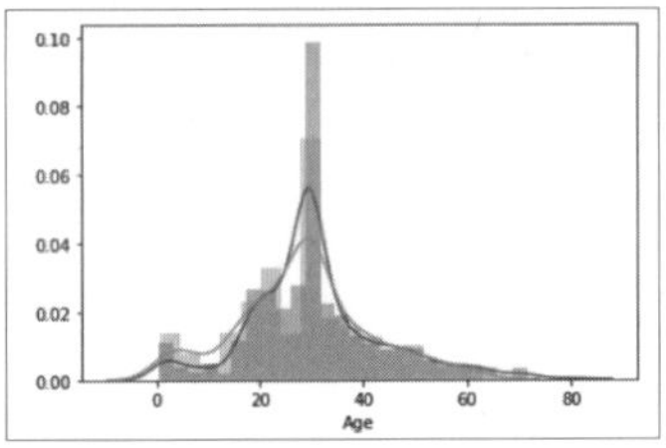


```
# 연령에 따른 사망과 상관성이 성별에 따라 다릅니다.
남성일 경우 나이가 많을수록 사망자 수가 높지만, 여성의 경우 나이가 많을수록
사망자가 낮게 나타납니다.
```

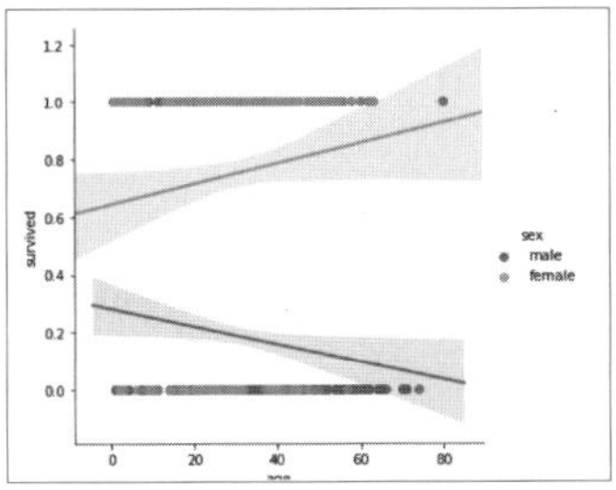

생존자/나이
```
sns.catplot('age', kind='count', hue='survivor', data=titanic)
```

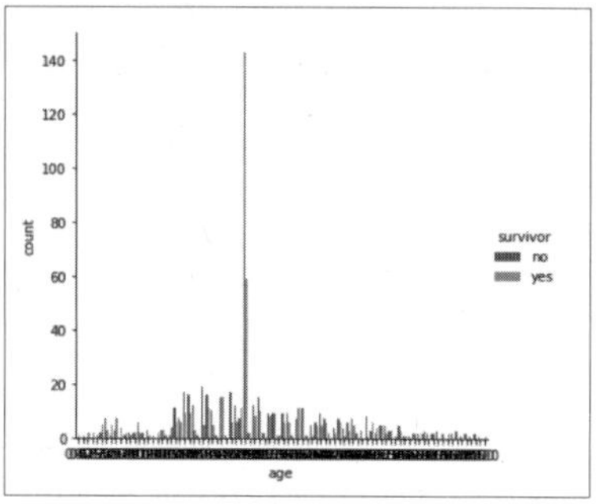

여성의 경우 형제/자매가 많을수록 사망률이 증가하며, 남성의 경우 차이가 없는 경향이 있음.
```
sns.lmplot('SibSp','Survived', hue='Sex',data=df)
```

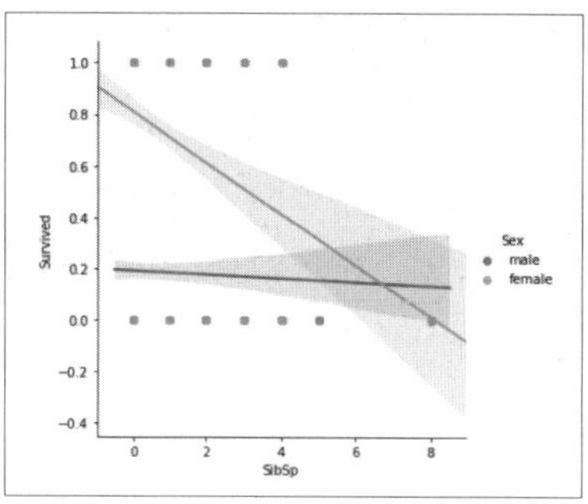

부모나 자식이 많은 가족의 경우 남자일 경우 사망자가 낮으며, 여성의 경우 사망자가 많은 경향이 있음.
```
sns.lmplot('Parch','Survived', hue='Sex',data=df)
```

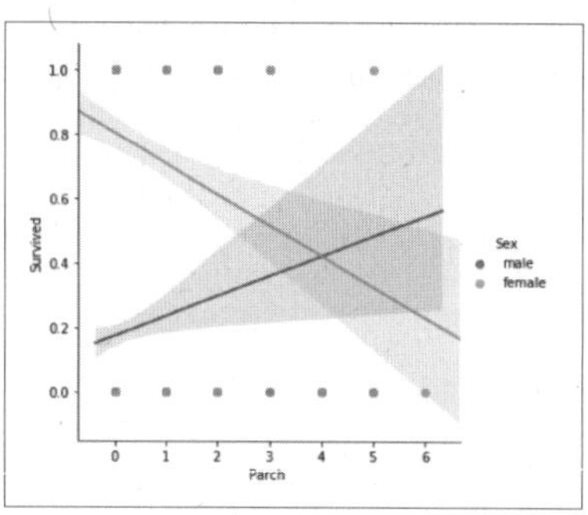

```
# 파생변수 만들기
# 형제/자매와 부모/자식의 수를 더하여, 가족의 크기라는 특성을 생성
# 여성의 경우 가족 수가 많을수록 사망자가 감소하는 경향이 있으며, 남성의 경
우 상관관계가 적음.

df['family_Size'] = df['SibSp'] + df['Parch']
sns.lmplot('family_Size','Survived', hue='Sex', data=df)
```

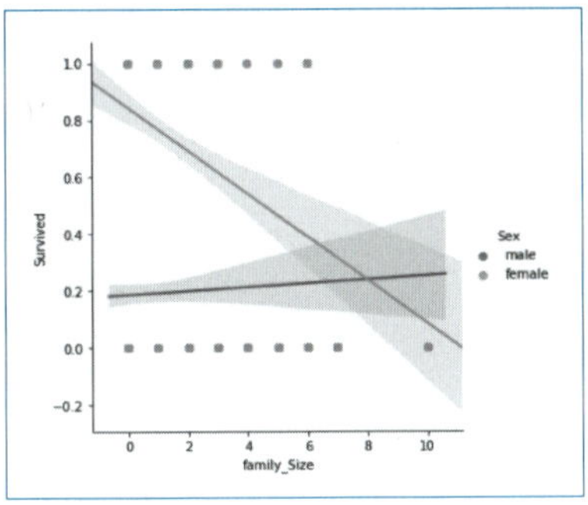


```
# 남녀 상관없이 요금의 경우 높을수록 생존율이 높음.
sns.lmplot('Fare','Survived', hue='Sex',data=df)
```

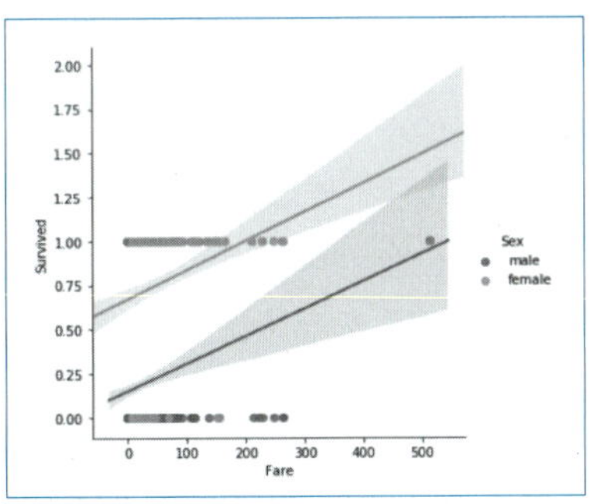

4) 함수 생성과 파라미터 변경

함수를 생성하여 분석하고 파라미터를 변경하면서 시각화를 확인해 볼 수도 있습니다. 생존 바차트 함수를 만들어 보겠습니다.

```
# 생존에 따른 bar 차트 함수
def bar_chart(feature):
    Survived = df[df['Survived']==1][feature].value_counts()
    Dead = df[df['Survived']==0][feature].value_counts()
    df_titanic = pd.DataFrame([Survived,Dead])
    df_titanic.index = ['Survived','Dead']
    df_titanic.plot(kind='bar',stacked=True, figsize=(10,5))

# 생존/성별
# 여성이 남성보다 생존할 가능성이 더 높습니다.
bar_chart('Sex')
```

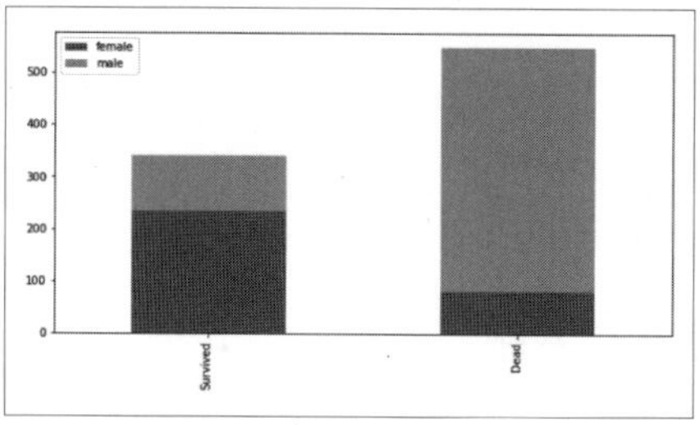


```
# 생존/등급별
# 차트는 1등급 클래스가 다른 클래스보다 생존할 가능성이 더 높습니다.
# 차트는 3등급 클래스가 다른 클래스보다 죽을 가능성이 더 높습니다.
bar_chart('Pclass')
```

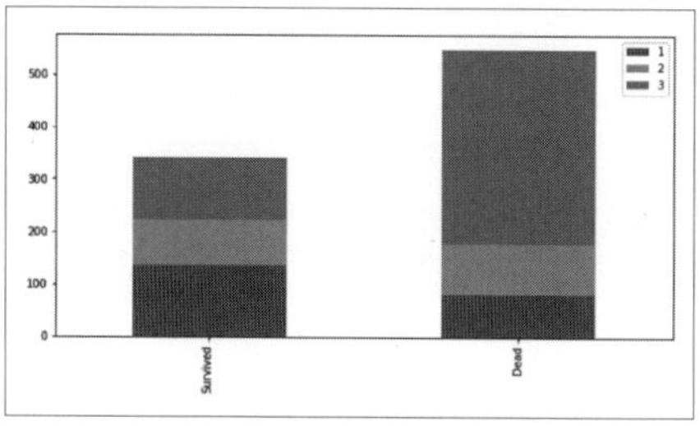


```
# 생존/항구별
bar_chart('Embarked')
```

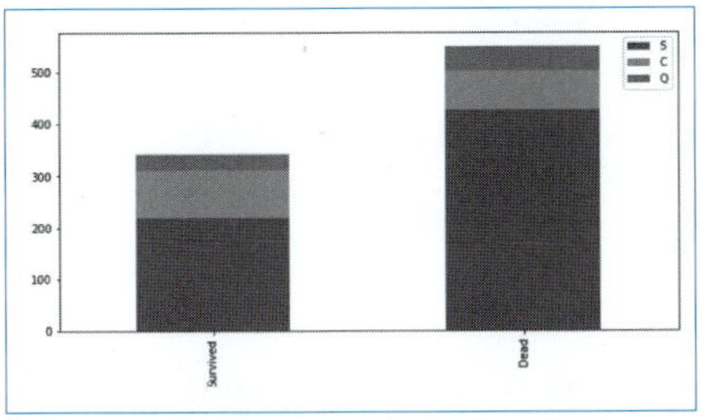

타이타닉 분석 요약

① 항구에 따라 사망자 수의 차이가 있으며, 연령 값은 결측치가 많기 때문에 적절한 값으로 전처리해야 합니다.

② 남성일 경우 사망자가 많으며 여성일 경우 적은 경향이 있습니다.

③ 사회적 계층(객실, 요금 등)이 높을수록 사망자가 줄어듭니다.

④ 연령이 낮은 16세 이하일 경우 사망자가 적으며, 성인의 경우 큰 차이는 없습니다.

③ 변수는 바이닝 분석합니다.

⑤ 파생변수를 만들어 분석할 수 있습니다.

연습문제

1 데이터 분석 파이프라인을 설명하시오.

2 데이터 보기 단계에서 데이터프레임의 기초 통계를 확인하는 방법을 설명하시오.

3 데이터 클린징 단계에서 데이터 개수를 확인하는 방법을 설명하시오.

4 데이터 클린징 단계에서 결측치를 확인하는 방법을 설명하시오.

5 타이타닉 데이터에서 성별과 연속형(나이)을 중심으로 분석하시오.

6 타이타닉 데이터에서 생존자와 나이를 중심으로 분석하시오.

7 서울 열린 데이터 광장에서 '운동을 하지 않는 이유'의 통계 데이터를 활용하여 분석 파이프라인을 구성하시오. (https://data.seoul.go.kr/dataList/10280/S/2/datasetView.do)

8 국민건강보험자료 공유서비스에서 '진료내역'의 통계 데이터를 활용하여 분석 파이프라인을 구성하시오. (http://nhiss.nhis.or.kr/op/up/opup300.do?data_pttn_cd=01)

10장 스몰데이터 통계

1 기초 통계 이해

데이터 분석에서 기술통계를 진행했다면 지금부터는 추론통계를 이해해 보겠습니다. 추론통계란 모집단에서 샘플링한 표본으로 모집단의 특성을 추론하고 그 결과가 신뢰성이 있는지 검정하는 과정입니다. 빅데이터 시대인 요즘은 모집단과 표본 집단을 구분하기보다는 데이터 전체를 표본으로 하고, 수집하지 못한 현실 세계의 전체 데이터나 미래에 대한 데이터를 모집단이라고 합니다. 예를 들어 통신 회사의 고객 데이터 전체는 샘플링 단계가 없더라도 표본 집단으로 보고, 수집하지 못한 다른 회사의 고객 데이터나 다음 달 고객 데이터는 모집단이라고 합니다.

〈표 10-1〉 모집단과 표본

모집단	표본
관심의 대상이 되는 모든 개체의 관측값이나 측정값의 집합	모집단에서 실제로 추출한 관측값이나 측정값

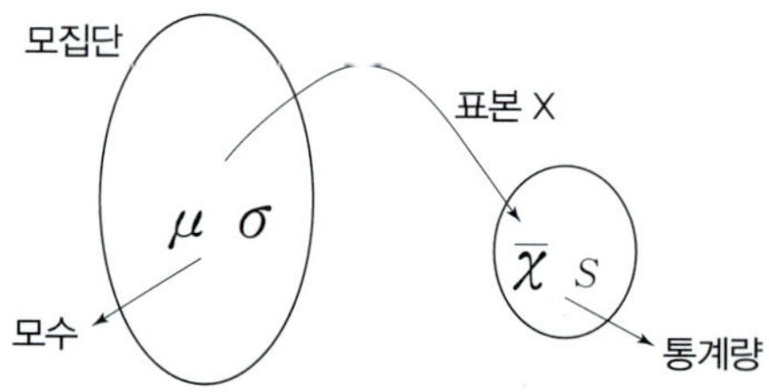

[그림 10-1] 추론통계

〈표 10-2〉 모수와 통계량

구분	모수	통계량
대상	모집단의 특성	표본에서 계산한 특성
표시	그리스, 로마자로 표시	알파벳으로 표시
평균	μ	$\bar{x}$
표준편차	σ	s

2 가설 수립과 검정

가설 수립

가설(Hypothesis)은 모수에 대한 예상, 주장, 또는 단순한 추측입니다. 예를 들어 "외계인은 존재한다.", "그 사람은 유죄이다." 등과 같이 아직은 하나의 추측인 사실을 가설이라 합니다. 통계적 가설 검정은 가설에 대해 증거를 수집하고 과학적으로 증명하는 과정입니다. 가설 검정의 첫 단계는 가설 수립부터 시작합니다. 가설 수립은 검정하고자 하는 모집단의 모수(조사하고자 하는 자료의 평균, 분산, 표준편차, 상관계수)에 대하여 항상 다음 두 가지로 수립합니다.

〈표 10-3〉 가설

영(귀무)가설(null hypothesis)	대립가설(alternative hypothesis)
· 기각하기를 희망하여 형식화한 가설, 기존에 받아들이던 가설 · 모수에 관한 귀무가설은 항상 모수의 정확한 값을 지정하도록 진술될 것인 반면, 대립가설에서는 여러 개의 값의 가능성이 허용	· 표본을 통해 입증하고자 하는 새로운 가설 · 모수에 대한 관심의 영역 중에서 귀무가설로 지정되지 않은 모든 경우를 포괄적으로 지정
H0	H1
· 외계인은 존재하지 않는다. · 그 사람은 무죄이다.	· 외계인은 존재한다. · 그 사람은 유죄이다

- 영(0)가설 또는 귀무가설
  두 모수(예: 두 평균)에 대한 값이 같다고 할 때, 기각(reject) 또는 채택(accept)하려고 세운 검정의 대상이 되는 가설이며 H0라고 합니다.
- 대립가설 또는 연구 가설
  귀무(영)가설이 채택되지 않을 때, 즉 두 모수에 대한 값이 다를 때의 가설입니다.

가설 검정

가설 검정이란 어떤 모수의 값 또는 확률 분포에 대하여 가설을 세우고 이 가설이 맞다고 주장해도 이상이 없는지를 표본 데이터의 통계적 확률에 의해 결정하는 과정을 의미합니다.

[그림 10-2] 가설 검정 단계

정의한 가설(H0와 H1, 귀무가설과 대립가설)에서 H0(귀무가설)이 맞는지를 확인하는 단계이며 실제 사용할 때는 H1(대립가설)이 맞는지를 확인합니다.

〈표 10-4〉 가설 검정 사례

구분	사례1
가설 수립	• 외계인이 존재할까? • 외계인이 존재한다는 확실한 증거 수집 전까지는 "외계인은 없다."라고 한다. • H0: 외계인 = 0입니다. 외계인은 0명입니다. 외계인은 없다. • H1: 외계인 ≠ 0입니다. 외계인은 0명이 아니다. 외계인은 있다.
가설 검정	• "외계인이 있다."라는 증거가 많이 있다. ⇨ 외계인은 존재한다. • "외계인이 있다."라는 증거가 조금밖에 없다. ⇨ 외계인은 존재한다는 증거가 부족하다.
증거 수집	• 외계인은 존재하는가? • 외계인이 존재한다는 객관적인 증거가 97% 있다. • 증거가 95%보다 많으므로 외계인은 존재한다.

구분	사례2
가설 수립	• 그 사람은 무죄일까? 유죄일까? • 법정에서는 유죄 판결을 받기 전까지 모든 사람들은 무죄이다. • H0: 기존에 받아들이던 가설 죄=0. 죄가 없다. 무죄. • H1: H0를 기각하기를 바라는 가설 죄≠0. 죄가 있다. 유죄.
가설 검정	• 무죄가 아니라는 증거가 많이 있다.(유죄) • 무죄가 아니라는 증거가 조금밖에 없다.(증거 불충분으로 무죄)
증거 수집	• 그 사람은 무죄인가? 유죄인가? • 유죄라는 객관적인 증거가 80% 있다. • 증거가 95%보다 적으므로 증거 불충분으로 무죄.

오류

유죄라는 객관적인 증거와 외계인이 존재한다는 객관적인 증거는 얼마나 필요할까요? 일반적으로 95% 정도가 필요합니다. 그럼 객관적인 증거가 95%보다 많으면 실제로 외계인은 존재할까요(H1)? 아니면 객관적인 증거가 95%보다 적으면 실제로 무죄일까요(H0)? 반드시 그런 것은 아니며 이것을 오류라 합니다. 통계적 오류는 다음과 같이 구분합니다.

〈표 10-5〉 가설 오류와 유의수준

구분	영가설 진실(H0)	대립가설 진실(H1)
영가설 선택(H0)	옳은 판단 신뢰수준(1−α)	**2종 오류** 유의수준(b)
대립가설 선택(H1)	**1종 오류** 유의수준(α)	**옳은 판단** 신뢰수준(1−b)

① 제1종 오류: 유의수준 (α)
H0가 참인데, H1으로 잘못 선택하는 오류(H0를 기각하는 오류) 유의수준이라고 합니다.

② 제2종 오류: (β)
H1이 참인데, H0로 잘못 선택하는 오류(H1을 기각하는 오류)

통계 결과 해석

결과 해석은 유의수준과 유의확률을 비교하여 결정합니다. 유의수준은 제1종 오류의 최대 허용 한계입니다. 즉, 유의수준 α 값이 작아지면(오류가 작아진다) 영가설이 틀렸다는 결론을 내리기 어려워집니다. 반대로 유의수준 α 값이 커지면 귀무가설이 틀렸다는 결론을 내리기 쉬워집니다. 여기서 유의확률(검정통계량)은 P 값이나 P-value라고 하며 영가설(H0)이 맞을 경우, 대립가설 쪽의 값이 나올 확률이 얼마나 되는지를 나타내는 값입니다. 결론적으로 통계 결과 해석은 유의확률 P와 유의수준 α를 비교하여 영가설과 대립가설을 선택하는 과정입니다. 대부분 통계는 새로운 가설을 선택하는 것이 목적이 됩니다. 이 모든 과정이 복잡하다면 다음 결과를 판정 기준으로 합니다.

P 〈 0.05 이하 기준이면 새로운 대립가설(H1)을 선택합니다.

〈표 10-6〉 통계 결과

비교	결과
P 〈 α = 0.05 (오류 5% 이하, 95% 이상 진실)	H1 선택
P 〉= α = 0.05 (오류 5% 이상, 95% 이하 진실)	H0 선택

유의수준(α)는 항상 0.05로 고정되어 있을까요? 그렇지 않습니다. 유의수준은 일반적으로 0.05를 사용하는데, 연구자의 기준에 따라서 변할 수 있습니다. 그러나 유의수준은 분석 전에 미리 결정을 하여야 합니다. 유의수준을 0.01로 하면 어떻게 될까요? 혹은 유의수준을 0.1로 하면 어떻게 될까요? 고민해 보시기 바랍니다.

3 T-검정

T-분석 또는 T-검정은 두 집단의 평균을 비교하는 통계적 검정 방법입니다. 단순히 차이의 존재 여부를 떠나 두 집단의 비교가 통계적으로 의미가 있는가를 검정하는 방법입니다. 즉, 두 모집단의 차이가 우연에 의해서인지 아닌지를 검정하는 방법입니다. T-검정의 기본 가설은 다음과 같습니다.

- 가설
  - ✓ 영가설: 집단 간의 평균 차이는 없다.
  - ✓ 대립가설: 집단 간의 평균 차이는 있다.

〈표 10-7〉 변수의 종류와 통계 분석 방법

영향을 주는 변수	영향을 받는 변수	통계 분석 방법
범주형 자료	범주형 자료	카이제곱 검정
	연속형 자료	**T-검정, 분산분석**
연속형 자료	연속형 자료	회귀분석
	범주형 자료	로지스틱 회귀분석

■ T-검정과 ANOVA를 할 때는 아래 조건이 성립되어야 합니다.

① 표본이 정규 분포를 그려야 합니다. **(정규성)**

② 2개 이상의 집단을 비교하려면, 각 집단의 표준편차가 서로 같아야 합니다. **(등분산성)**

③ 표본은 독립적이어야 하며, 서로 영향을 미치지 않아야 합니다.

〈표 10-8〉 집단별 비교

집단	대상
두 집단 간 평균 비교	• 독립 T: 서로 독립인 두 표본에 의한 모평균 비교 • Paried T: 대응 쌍에 대한 차의 모평균 검정
3 이상 집단 간 평균 비교	• 일원배치분산분석(One-way ANOVA)

```
pip install scipy # 필요 시 설치
pip install statsmodels
```

■ 단일 표본 T-검정(One-sample T-Test)[1)]

하나의 집단으로부터 얻은 표본이 있고[단일 표본 (one sample)], 그 중 관심 있는 연속형 변수의 모평균이 어떤 특정 값과 같은지 알아보고자 할 때 단일 표본 T-검정을 사용합니다. 전체 학생들 중 20명의 학생들을 추려 키를 측정해서 전체 학생들의 평균 키가 170cm인지 아닌지 알아보도록 합시다.

- 귀무가설: 20개의 샘플 데이터를 통해, 학생들의 평균 키가 170cm와 차이가 없다. → 그러므로 평균의 키는 170cm이다
- 대립가설: 20개의 샘플 데이터를 통해, 학생들의 평균 키가 170cm와 차이가 있다.

```
import numpy          # 표본 집단을 랜덤 값으로 생성하기 위해서 사용
from scipy import stats  # t검정 수행을 위한 패키지 (내장)
```

1) https://thenotes.tistory.com/entry/Ttest-in-python

```
# 학생 키에 대한 리스트 구성

height_list = numpy.array([169, 167, 175, 166, 162, 180, 172, 162, 173, 162,
181, 175, 181, 181, 162, 165, 172, 176, 167, 165])
height_list

# T-검정 수행

# 귀무가설이 참인 경우 학생들의 평균 키는 170cm와 차이가 없다. 그러므로 평균
키는 170cm이다. (P>0.05)

# 귀무가설이 거짓인 경우 학생들의 평균 키는 170cm와 차이가 있다. 그러므로 평
균은 170cm가 아니다. (P<0.05)


tTestResult = stats.ttest_1samp(height_list, 170)
tTestResult

# 결과 출력

# 귀무가설이 맞거나 틀린 것을 증명하려면 어떤 증거가 있어야 한다. 이 증거에
해당하는 숫자를 검정 통계량(test statistics)라고 한다.

print('t검정 통계량 = %.3f, pvalue = %.3f'%(tTestResult))


# t검정 통계량 = 0.423, pvalue = 0.677
```

■ 독립 표본 T-검정(Independent two-sample T-Test)

대응하는 데이터가 없고, 독립된 2표본 모집단에 정규 분포를 가정할 수 있는 경우 평균값의 차이에 대한 검정입니다. 집단 1과 집단 2에서 각각 20명의 학생들을 추려, 각 집단의 키가 같은지, 다른지 알아보도록 합시다.

- 귀무가설: 두 집단의 평균 키는 차이가 없다. → 그러므로 두 집단의 평균은 같다.
- 대립가설: 두 집단의 평균 키는 차이가 있다.

```
import numpy          # 표본 집단을 랜덤 값으로 생성하기 위해서 사용
from scipy import stats  # t검정 수행을 위한 패키지 (내장)

group1Heights = numpy.array([162, 168, 169, 165, 166, 168, 162, 172, 157,
173, 158, 169, 164, 170, 163, 175, 177, 162, 175, 177])

group2Heights = numpy.array([180, 181, 163, 164, 174, 169, 164, 172, 162,
171, 180, 168, 164, 169, 169, 178, 177, 167, 179, 172])

tTestResult= stats.ttest_ind(group1Heights, group2Heights)
tTestResult

# Ttest_indResult(statistic=-1.8253194633881713, pvalue=0.07582039848129221)
```

■ 대응 표본 T-검정(Paired two-sample T-Test)

대응하는 데이터가 있고, 데이터 사이에 정규 분포를 가정할 수 있는 경우의 평균값 차이에 대한 검정입니다. 다이어트 보조제를 복용한 사람들 중 20명을 추려 복용 전/후의 체중 차이가 유의미한지 알아보도록 합시다.

- 귀무가설: 복용 전/후의 체중 차이가 없다. → 그러므로 이 약은 다이어트에 효과가 없다.
- 대립가설: 복용 전/후의 체중 차이가 있다.

```
import numpy          # 표본 집단을 랜덤 값으로 생성하기 위해서 사용
from scipy import stats  # t검정 수행을 위한 패키지 (내장)

# 복용 전 몸무게에 대한 데이터
beforeWeights = numpy.array([80, 82, 76, 82, 65, 73, 77, 78, 61, 81, 80, 70,
60, 83, 89, 84, 85, 81, 67, 60])

# 복용 후 몸무게를 가정한 데이터
afterWeights = numpy.array([78.22687381, 79.5718219 , 71.46930023, 81.04666603,
64.27984382, 72.41880152, 76.62206947, 78.10407236, 60.8858263, 83.51855868,
78.70976324, 68.15053364, 59.15290613, 80.47457326, 87.79704858, 83.03546344,
```

```
86.71565253, 78.13118404, 66.79769321, 61.59242483])

tTestResult= stats.ttest_rel(beforeWeights, afterWeights)
tTestResult

# Ttest_relResult(statistic=3.278149526008354, pvalue=0.003955230626284828)
```

4 카이제곱 검정

카이제곱 검정은 카이제곱 분포에 기초한 통계적 방법으로, 관찰된 빈도가 기대빈도와 의미 있게 다른지의 여부를 검증하기 위해 사용되는 검증 방법입니다. 제품의 판매량 비율을 통하여 카이제곱 검정을 수행해 보도록 합시다. 제품의 판매량 비율은 다음과 같습니다.[2)]

A: 41.5%, B: 27.5%, C: 31%

그런데 특정 지역에 제품 A, B, C의 보유 대수를 조사하니, 각각 24대, 378대, 251대 이 자료로 다음과 같이 관찰빈도와 기대빈도를 만들 수 있습니다.

구분	제품 A	제품 B	제품 C	계
관찰	24	378	251	653
기대	271	180	202	653

- 귀무가설: 관찰빈도는 기대빈도와 차이가 없다.
- 대립가설: 관찰빈도는 기대빈도와 차이가 있다.

2) https://m.blog.naver.com/PostView.nhn?blogId=parksehoon1971&logNo=220984787036&proxyReferer=https:%2F%2Fwww.google.co.kr%2F

```
# 연구가설은 대립가설로 하고 진행
from pandas import DataFrame

xo, xe = [24, 378, 251], [271, 180, 202]
xc = DataFrame([xo, xe], columns=['Item A', 'Item B', 'Item C'], index=['Obs',
'Exp'])
xc

# bar plot을 작성

import matplotlib.pyplot as plt
%matplotlib inline
ax = xc.plot(kind='bar', title='Number of Items', figsize=(8, 6))
ax.set_ylabel('value')

plt.grid(color='darkgray')
plt.show()
```

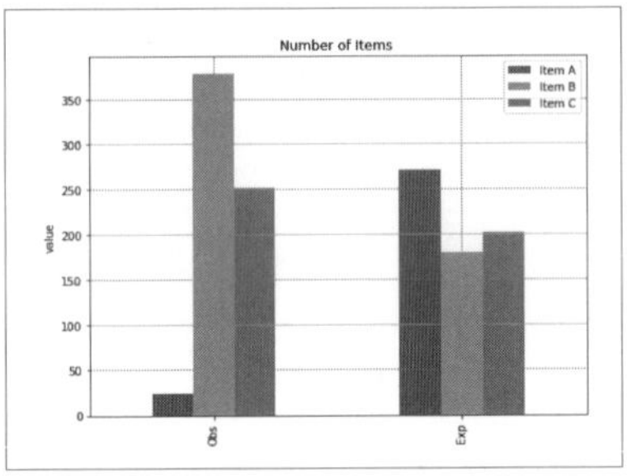


```
# from scipy.stats의 chisquare()를 이용하여 카이제곱 검정을 실행

from scipy.stats import chisquare

result = chisquare(xo, f_exp=xe)
result

# Power_divergenceResult(statistic=454.81159986847393,
                         pvalue=1.7334684263715945e-99)

# p-value가 1.7334684263715945e-99로 유의수준 0.05보다 아주 작은 값이므로
귀무가설을 기각하고 대립가설을 선택
```

연습문제

1 모집단과 표준을 설명하시오.

2 귀무가설과 대립가설에 대해 예제를 가지고 설명하시오.

3 가설 검정이 무엇인지 설명하고 가설 검정의 단계를 나열하시오.

4 유의수준이 무엇인지 설명하시오.

5 다음 빈칸에 알맞은 말을 넣어 완성하시오.

> P 〈 0.05 이하 기준이면 새로운 (   )을 선택합니다.

6 두 집단의 평균을 비교하는 통계적 검정 방법에 대하여 설명하시오.

7 영향을 주는 변수(범주형 자료)와 영향을 받는 변수(범주형 자료)일 때 수행하는 통계 분석 방법에 대하여 설명하시오.

8 다음 성적 데이터(exam_sample_cor.csv)에서 남학생, 여학생 성별 수학 점수의 차이가 통계적으로 유의한지 T-검정으로 검증하시오.

문제: 두 집단의 평균 차이가 있는가?
가설:

- 영가설: 집단(성별) 간의 수학 점수 평균 차이는 없다.
- 대립가설: 집단(성별) 간의 수학 점수 평균 차이는 있다.

11장 통계에서 머신러닝으로

1 상관분석[1)]

두 연속형 변수 사이 상관관계가 존재하는지를 파악하고, 상관관계의 정도를 확인하는 것이 상관분석(Correlation analysis)입니다. 상관분석에서는 관련성을 파악하는 지표로 상관계수(Correlation coefficient)라는 통계학 관점의 선형적 상관도를 확인하여 관련성을 파악합니다. 상관분석은 간단한 분석이지만 머신러닝 입문을 위해서는 반드시 의미를 이해해야 합니다.

상관분석의 단계는 다음과 같습니다.

① 산점도(Scatter)로 두 변수 상관 파악
② 상관계수 확인
③ 의사결정

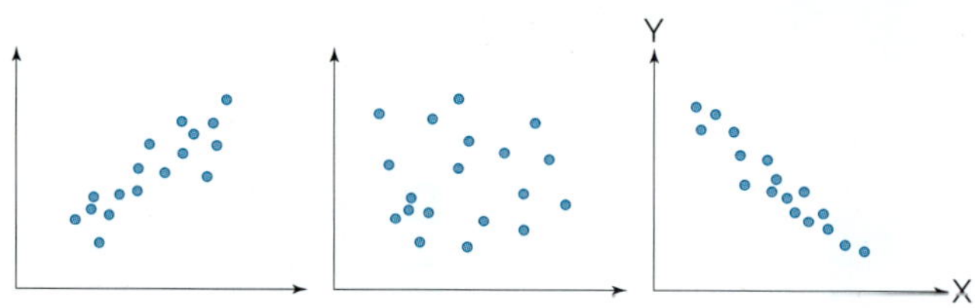

[그림 11-1] 산점도

위 산점도를 상관계수로 설명하면 다음과 같습니다.

〈표 11-1〉 상관계수

상관	상관계수
음의 상관	• −1.0 ~ −0.7이면, 강한 음의 상관관계 - 그림 (C) • −0.7 ~ −0.3이면, 뚜렷한 음의 상관관계 • −0.3 ~ −0.1이면, 약한 음의 상관관계
무상관	• −0.1 ~ +0.1이면, 없다고 할 수 있는 상관관계 – 그림 (B)

1) Schober P, Boer C, Schwarte LA. Correlation Coefficients: Appropriate Use and Interpretation. Anesth Analg. 2018 May;126(5):1763-1768. doi: 10.1213/ANE.0000000000002864. PMID: 29481436.

양의 상관	• +0.1 ~ +0.3이면, 약한 양의 상관관계 • +0.3 ~ +0.7이면, 뚜렷한 양의 상관관계 • +0.7 ~ +1.0이면, 강한 양의 상관관계 – 그림 (A)

✓ 상관분석 시 주의점

① 연속형(숫자로 표현 가능한) 데이터에 대해서만 상관관계 분석이 가능합니다.

② –1부터 1까지의 값으로 상관관계의 크기를 나타냅니다.

③ 증가하는 방향성에 대한 것이지 인과관계를 의미하지는 않습니다.
상관계수는 인과관계를 의미하는 것이 아니라 단지 연관성만을 의미합니다.

④ 연속형 변수 X와 Y의 상관 정도만 표기합니다. (Y=X)

 # 각 변수 간의(열 간의) 상관관계를 보려면 corr() 함수

```
# 판다스 라이브러리 불러오기
import pandas as pd
import matplotlib as mpl
import matplotlib.pylab as plt
import numpy as np
import seaborn as sns

# 데이터 불러오기
file_path= 'C:/data/exam_sample_cor.csv'

# read csv() 함수로 데이터프레임 변환
df = pd.read_csv(file_path)
df
```

	student_no	class	science	english	math	sex
0	1	A	92	98	97	m
1	2	A	62	66	65	w
2	3	A	81	86	84	w
3	4	A	73	72	71	m
4	5	B	65	66	69	w
5	6	B	86	89	87	m
6	7	B	91	90	92	m
7	8	B	77	78	76	w
8	9	C	95	98	99	w
9	10	C	83	82	85	w

```
# 두 연속형 변수 스캐터플롯 그리기
plt.scatter(df.science, df.math)
```

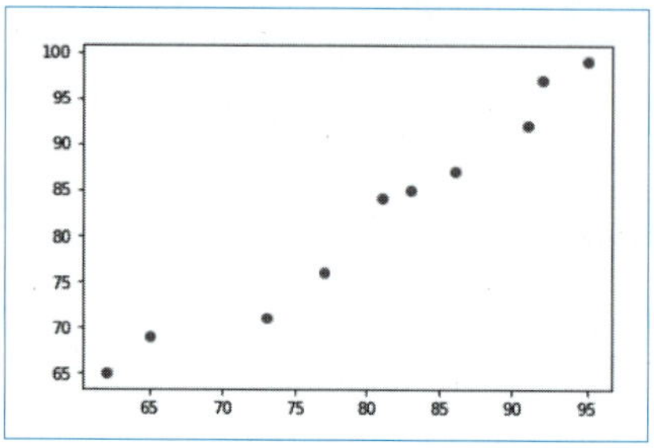

```
# 상관계수 확인
corr = df.corr() #(method = 'pearson')
corr
```

	student_no	science	english	math
student_no	1.000000	0.334156	0.180978	0.264716
science	0.334156	1.000000	0.976411	0.982180
english	0.180978	0.976411	1.000000	0.984986
math	0.264716	0.982180	0.984986	1.000000

```
# 히트맵으로 상관도 시각화
sns.heatmap(data = df.corr(), annot=True, fmt = '.2f', linewidths=.5,
cmap='Blues')
```

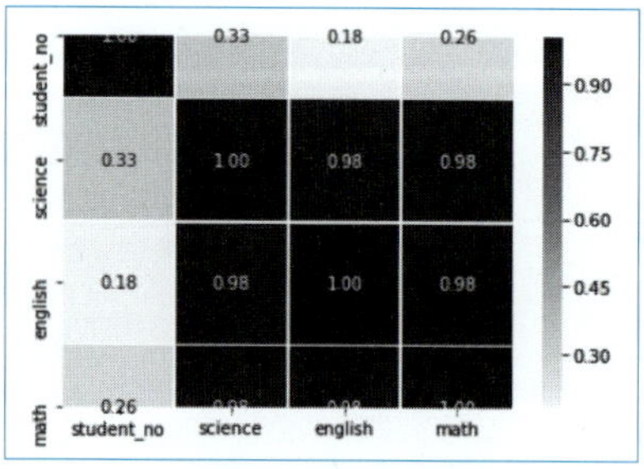

```
df1 = df.corr()
# 그림 사이즈 지정
fig, ax = plt.subplots( figsize=(7,7) )

# 삼각형 마스크를 작성 (위 삼각형 True, 아래 삼각형 False)
mask = np.zeros_like(df1, dtype=np.bool)
```

```
mask[np.triu_indices_from(mask)] = True

# 히트맵 그리기
sns.heatmap(df1, cmap = 'RdYlBu_r',
            annot = True,              # 실젯값을 표시한다.
            mask=mask,                 # 표시하지 않을 마스크 부분을 지정한다.
            linewidths=.5,             # 경계면 실선으로 구분하기
            cbar_kws={"shrink": .5}, # 컬러바 크기 절반으로 줄이기
            vmin = -1,vmax = 1         # 컬러바 범위 -1~1
```

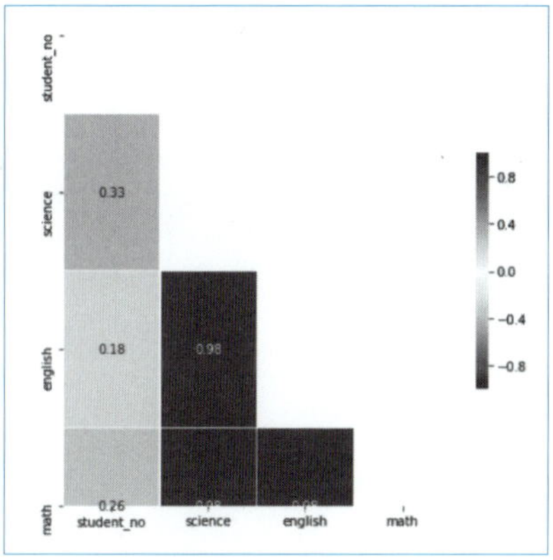


```
df1 = df.corr()
sns.clustermap(df1, annot = True,        # 실젯값 화면에 나타내기
               cmap = 'RdYlBu_r',        # Red, Yellow, Blue 색상으로 표시
               vmin = -1, vmax = 1,     # 컬러차트 -1~1 범위로 표시
              )
```

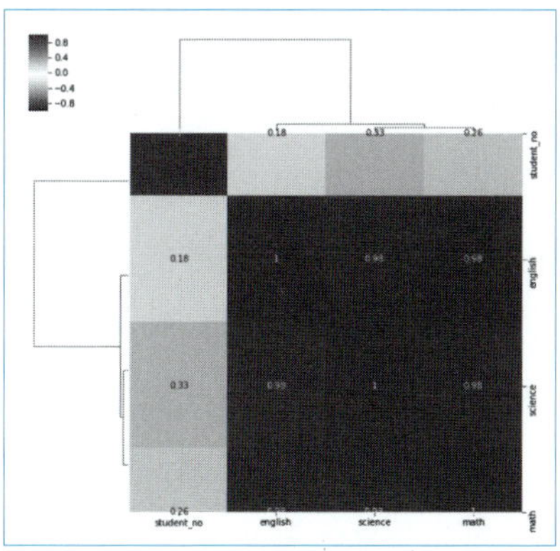

2 회귀분석

앞서 상관분석에서는 두 연속형 변수 X(과학)와 Y(수학)의 상관 정도만 알 수 있고 인과관계는 알 수 없었습니다. 지금부터 학습할 회귀분석에서는 두 연속형 변수 X와 Y를 독립변수와 종속변수라고 하는 인과관계로 설명할 수 있습니다. "과학 점수가 좋으면 수학 점수가 좋을까요?"와 같이 간단하지만 미래를 예측할 수 있는 머신러닝의 초기 모델이 되는 것입니다.

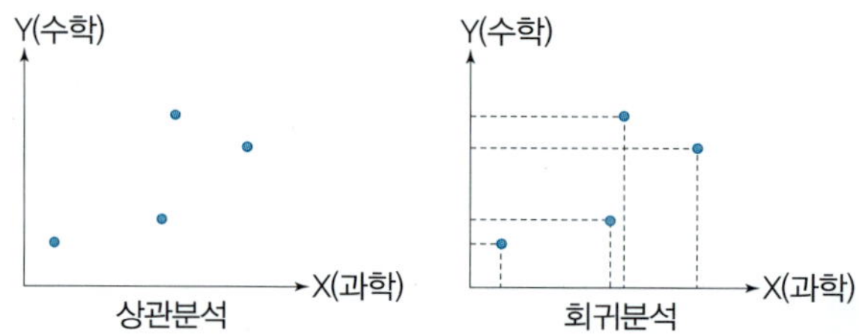

[그림 11-2] 상관분석과 회귀분석

인과관계에 따른 두 변수를 회귀분석에서는 다음과 같이 구분합니다.

〈표 11-2〉 독립, 종속변수

X	Y
독립변수, 설명변수, 원인변수	종속변수, 반응변수, 결과변수 머신러닝(클래스, 라벨)
다른 변수에 영향을 주는 원인	다른 변수에 영향을 받는 결과
Dependent Variable, Response	Independent Variable, Predictor, Factor

회귀분석이 머신러닝의 기본이 되는 이유는 회귀분석의 학습 방법이 머신러닝 학습 방법 중 '지도 학습' 문제에 사용할 수 있는 알고리즘이기 때문입니다. 예측 문제란 기존 데이터를 기반으로 생성된 모델(여기서는 회귀식 또는 회귀 모델)을 이용하여 새로운 데이터가 들어왔을 때 어떤 '값'이 될지 예상하는 문제를 말합니다. 키가 크면 몸무게가 늘어나거나 또는 시험공부를 하는 시간을 늘리면 늘릴수록 성적이 잘 나올 것입니다. 이를 회귀분석으로 생각해 보면 어떤 요인의 수치에 따라서 특정 요인의 수치가 영향을 받고 있다고 말할 수 있

습니다. 수학적으로 표현하면 입력 변수에 따라 특정 변수의 값이 영향을 받고 있다고 볼 수 있습니다. 변수에서 입력하는 변수를 X, 변수 X에 의해서 값이 종속적으로 정해지는 변수를 Y라고 하면 [그림 11-2] 그래프 모양은 가운데 직선이 될 것이고 회귀식은 다음과 같습니다.

기본 회귀식: $Y = X$

회귀식은 종속변수가 연속형, 범주형에 따라서 선형회귀분석과 로지스틱 회귀분석으로 구분됩니다.

선형회귀분석

선형회귀분석(Linear Regression Analysis)은 쌍으로 관찰된 연속형 변수들 사이의 관계에 있어서 한 변수를 원인으로 하고 다른 변수들을 결과로 하는 분석입니다. 즉, 독립변수와 종속변수 사이의 선형식을 구하고 그 식을 이용하여 변수 값들이 주어졌을 때 종속변수의 변수 값을 예측하는 분석 방법입니다. 선형회귀분석은 다시 독립변수의 개수에 따라 단순 선형과 다중 선형으로 구분됩니다.

1) 단순선형회귀분석(Simple Linear Regression Analysis)

단순선형회귀분석은 주어진 데이터를 대표하는 하나의 직선을 찾는 것인데, 이 직선을 회귀선이라고 부르고, 이 선을 함수로 표현한 것을 회귀식이라고 합니다. 아래 [그림 11-3]은 단순선형회귀분석을 나타낸 그래프인데, 이처럼 단순선형회귀분석은 x 변수와 y 변수 간의 관계를 $y = ax + b$와 같은 하나의 선형 관계식으로 표현합니다. 이때 $y = ax + b$인 회귀식에서 독립변수 x가 하나인 것이기에 단순선형회귀분석이라고 합니다.

수집한 데이터를 대표하는 하나의 직선을 찾는 것이 회귀분석의 목적인데 [그림 11-3] (a)를 보면 여기서 '대표한다'는 기준을 무엇이냐에 따라 회귀선도 달라질 것입니다. 선형회귀분석은 최소제곱법 또는 최고자승법으로 회귀선을 찾습니다. [그림 11-3] (b)는 $y = ax + b$가 최소제곱법으로 찾은 회귀식이 됩니다.

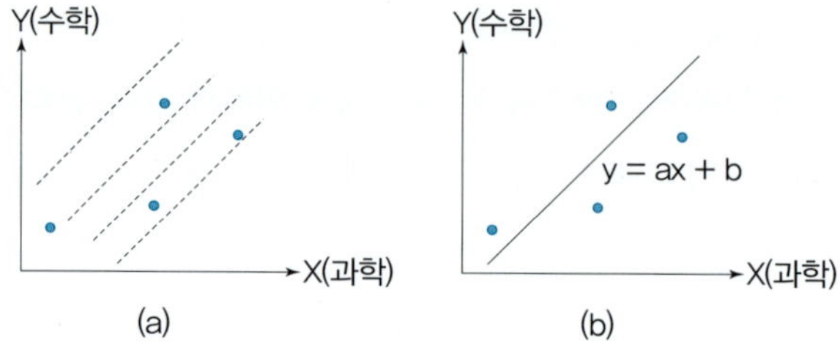

[그림 11-3] 단순선형회귀식 예측 모델

최소제곱법을 이해하기 위해서는 '잔차' 라는 개념을 알아야 합니다. 잔차란 [그림 11-4]와 같이 실젯값 y와 예측값 y 간 차이를 말합니다.

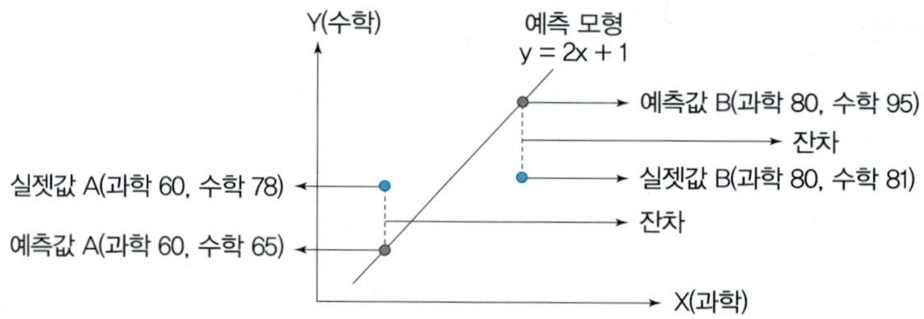

[그림 11-4] 최소제곱법

예를 들어 A(과학 60, 수학 78)과 B(과학 80, 수학 81)라는 A, B 두 개의 점이 있다고 하겠습니다. 그리고 회귀식이 y = 2x + 1이라면 점 A의 실젯값 y는 78, 예측값 y는 65이고 점 B의 실젯값 y는 81, 예측값 y는 95입니다.

이때 A의 잔차는 78 - 65 = 13이고 B의 잔차는 95 - 81 = 14입니다. 최소제곱법은 잔차의 제곱의 합이 최소가 되도록 하는 직선을 회귀선으로 한다는 것을 의미합니다. 또 직선 변경하며 잔차의 제곱의 합이 최소가 되게 하는 직선을 찾는 방법이 바로 선형회귀분석입니다. 이 직선을 회귀선이라고 부르며 그 선의 함수를 회귀식이라고 합니다.

2) 선형회귀 모형

✔ 회귀분석

실습에서는 과학 점수를 통해 수학 점수를 예측하는 선형회귀 모형을 만들고 평가해

보겠습니다. 전처리를 마쳤다면 보통 회귀분석 단계는 다음과 같이 진행합니다.

① 상관분석

② 변수 정의(종속=독립)

③ 회귀 모형(회귀방정식)

④ 모델 평가

```
# 시본으로 과학, 수학 점수를 상관분석해 봅니다.
sns.lmplot(x='science', y='math',data=df)
```

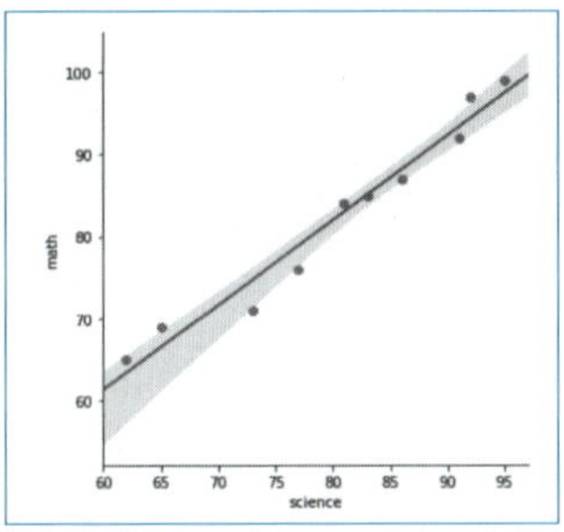


```
# 회귀분석을 위해 종속(Y=수학), 독립(X=과학)하는 모델을 만듭니다.
# 과학 점수를 알면 수학 점수를 예상할 수 있습니다.
# 단순선형회귀 모형
import statsmodels.api as sm
lin_reg = sm.OLS.from_formula("math ~ science", df).fit()
lin_reg.summary()
```

OLS Regression Results

Dep. Variable:	math	**R-squared:**	0.965
Model:	OLS	**Adj. R-squared:**	0.960
Method:	Least Squares	**F-statistic:**	218.5
Date:	Mon, 10 Feb 2020	**Prob (F-statistic):**	4.32e-07
Time:	14:25:49	**Log-Likelihood:**	-21.673
No. Observations:	10	**AIC:**	47.35
Df Residuals:	8	**BIC:**	47.95
Df Model:	1		
Covariance Type:	nonrobust		

	coef	std err	t	P>|t|	[0.025	0.975]
Intercept	-0.7527	5.682	-0.132	0.898	-13.855	12.349
science	1.0342	0.070	14.781	0.000	0.873	1.196

Omnibus:	1.170	**Durbin-Watson:**	2.261
Prob(Omnibus):	0.557	**Jarque-Bera (JB):**	0.811
Skew:	-0.402	**Prob(JB):**	0.667
Kurtosis:	1.859	**Cond. No.**	618.

✓ 회귀분석 평가

회귀분석은 간단한 모델과 함께 많은 정보를 제공합니다. 해석해 보겠습니다.

① R-squared(R제곱)

R-squared(R제곱) 값이 0.965입니다. R-squared는 앞서 회귀분석을 실시한 '수학 = a * 과학 + b' 모델이 얼마나 잘 설명해주는지 모델식의 적합성을 의미합니다. 여기서는 선형회귀분석 모델이 수학 변동성의 96.5%를 설명한다는 의미입니다. R-squared는 0~1의 값을 가지고 0이면 모델의 설명력이 전혀 없는 상태, 1이면 모델이 완벽하게 데이터를 설명해 주는 상태입니다.

② 회귀 모형

coef(coefficient, 계수)를 살펴보면, intercept는 -0.7527, 과학은 1.0342입니다. 이 계수 값을 선형회귀분석 모델에 대입하면 '수학 = 1.0342 * 과학 - 0.7527'의 예측 모형식을 만들 수 있습니다.

③ P>|t|(유의확률)

P>|t|(유의확률)은 독립변수의 유의확률이며 보통 독립변수가 95%의 신뢰도를 가져야 유의미하다고 판단합니다. 이 경우 독립변수의 유의확률은 0.05보다 작은 값이 산출되었습니다. 즉, 독립변수의 유의확률이 0.05보다 작으면, 독립변수가 종속변수에 영향을 미치는 것이 유의미하다고 보는데 과학의 유의확률은 0입니다. 따라서 과학 점수는 수학 점수에 유의미하게 영향을 미친다고 할 수 있습니다.

④ Durbin-Watson 검정

Durbin-Watson(더빈왓슨, DW 검정)의 값은 2.261입니다. DW 검정은 잔차의 독립성을 확인할 수 있는 수치입니다. 0이면 잔차들이 양의 자기상관을 갖고, 2이면 자기상관이 없는 독립성을 갖고, 4이면 잔차들이 음의 자기상관을 갖는다고 해석합니다. 일반적으로 1.5~2.5 사이이면 독립으로 판단하고 회귀 모형이 적합하다는 것을 의미합니다. DW 검정 값이 0 또는 4에 가깝다는 것은 잔차들이 자기상관을 가지고 있다는 의미이고, 이는 t 값, F 값, R제곱을 실제보다 증가시켜 실제로 유의미하지 않은 결과를 유의미한 결과로 왜곡하게 됩니다.

⑤ No.observations는 10입니다. 즉 10개의 데이터 쌍을 가지고 회귀분석을 실시하였다는 것을 의미합니다.

⑥ Df Model은 1입니다. Df Model은 회귀분석의 '예측변수의 숫자(k)'를 의미합니다. 회귀분석

의 전체 파라미터는 1개의 종속변수를 포함하므로 Df Model은 다른 식으로는 '회귀분석 전체 파라미터 숫자 – 1'입니다. 회귀 모형에서 예측변수는 '과학' 1개이므로 Df Model은 1이 됩니다.

⑦ Df Residuals는 8입니다. Df Residuals는 'No.observations – (Df Model + 1)'로 생성합니다. 전체 관찰 데이터의 수에서 회귀 모형의 파라미터의 수를 뺀 값이며 여기 모형에서는 '10 – 2 = 8'로 산출됩니다.

3) 다중선형회귀분석(Multiple Linear Regression Analysis)

단순선형회귀분석이 독립변수 X가 1개, 종속변수 Y가 1개인 선형회귀분석이라면, 다중선형회귀분석은 독립변수 X가 2개 이상으로 확장되고, 종속변수 Y가 1개인 회귀분석입니다. 다중선형회귀분석은 아래와 같은 회귀식을 갖습니다. 다중선형회귀분석에서도 최소제곱법을 이용하여 각 설명변수 x의 가중치 역할을 하는 회귀계수(a, b, ...)와 Y절편(c)을 구하게 됩니다.

$$y = ax_1 + bx_2 + \dots + c$$

로지스틱 회귀분석과 가중치

선형회귀에서 수학과 과학 성적 간의 관계를 직선의 방정식으로 표현한다는 가설하에, 주어진 데이터로부터 가중치 a(weight)와 편향 b(bias)를 찾아 데이터를 가장 잘 표현하는 직선을 찾았습니다. 그런데 이번에는 학생들이 시험 성적에 따라서 합격 평가 데이터가 있다고 가정해 봅니다. 성적 점수에서 구분 컬럼은 통과 여부 범주형입니다. (불합격: 0, 합격: 1) 시험 성적이 x라면, 결과는 y입니다. 이 시험 데이터로부터 특정 점수를 얻었을 때의 합격 여부를 판정하는 모델입니다. 종속변수가 연속 값이 아니라 비연속 값이면 선형회귀분석을 사용할 수 없습니다. 이럴 경우 로지스틱 회귀분석(logistic regression analysis)을 사용해야 합니다. 아래 상관분석 그래프를 보면 이해할 수 있습니다.

```
import pandas as pd          # 판다스
import seaborn as sns        # 시본
import numpy as np           # 넘파이

# DataFrame 생성
passtest = [0,0,0,0,0,1,1,1,1,1]
score = [51, 64, 60, 50, 68, 80, 90, 92, 99, 83]
df = pd.DataFrame({"passtest": passtest, "score": score, } )
df.head()

# 상관분석
sns.lmplot(x='score', y='passtest',data=df, logistic=True)
```

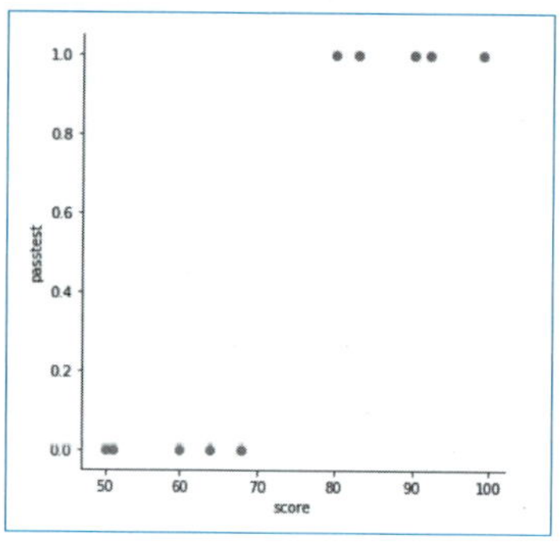

이러한 점들을 표현하는 그래프는 알파벳의 S자 형태로 표현됩니다. x와 y의 관계를 표현하기 위해서는 직선을 표현하는 함수가 아니라 S자 형태로 표현할 수 있는 곡선 함수가 필요합니다. 직선을 사용할 경우 분류 작업이 제대로 동작하지 않습니다. 0과 1 사이의 값을 가지면서, S자 형태로 그려지는 조건을 충족하는 함수가 있습니다. 바로 시그모이드 함수(Sigmoid function)입니다. 시그모이드 함수는 출력값을 0과 1 사이의 값으로 조정하여 반환하며 S자와 유사한 모양을 출력합니다. x가 0일 때 0.5의 값을 가지며 x가 증가하면 1에 수렴합니다. 아래의 그래프는 W는 1, b는 0임을 가정한 함수 그래프입니다.

```
# y=ax+b에서 a는 1, b는 0으로 가정
%matplotlib inline
import numpy as np # 넘파이 사용
import matplotlib.pyplot as plt # 맷플롯립 사용
def sigmoid(x):
    return 1/(1+np.exp(-x))
x = np.arange(-5.0, 5.0, 0.1)
y = sigmoid(x)

plt.plot(x, y, 'g')
plt.plot([0,0],[1.0,0.0], ':') # 가운데 점선 추가
plt.title('Sigmoid Function')
plt.show()
```

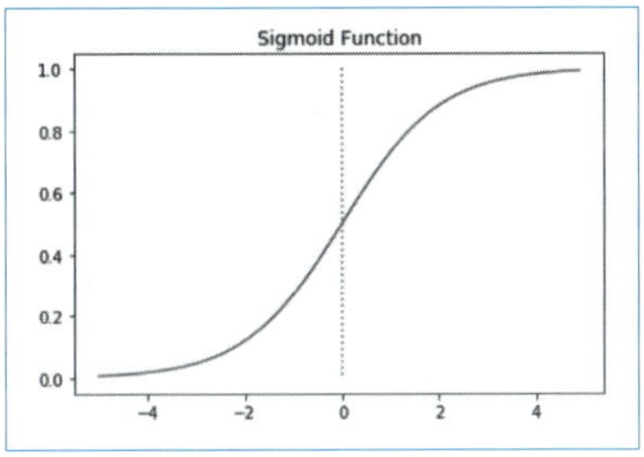

가중치 a와 편향 b가 어떤 의미를 가지는지 그래프를 통해 알아보겠습니다.

- 가중치 a의 변화 확인

그래프는 a의 값이 0.5일 때 빨간색 선, a의 값이 1일 때는 초록색 선, a 값이 2일 때 파란색 선이 나오도록 하였습니다. a의 값에 따라 그래프의 경사도가 변하는 것을 볼 수 있습니다. 선형회귀에서 가중치 a는 직선의 기울기를 의미했지만, 여기서는 그래프의 경사도를 결정합니다. a의 값이 커지면 경사가 커지고, a의 값이 작아지면 경사가 작아집니다.

```
def sigmoid(x):
    return 1/(1+np.exp(-x))
x = np.arange(-5.0, 5.0, 0.1)
y1 = sigmoid(0.5*x)
y2 = sigmoid(x)
y3 = sigmoid(2*x)

plt.plot(x, y1, 'r', linestyle='--') # W의 값이 0.5일때
plt.plot(x, y2, 'g') # W의 값이 1일때
plt.plot(x, y3, 'b', linestyle='--') # W의 값이 2일때
plt.plot([0,0],[1.0,0.0], ':') # 가운데 점선 추가
plt.title('Sigmoid Function')
plt.show()
```

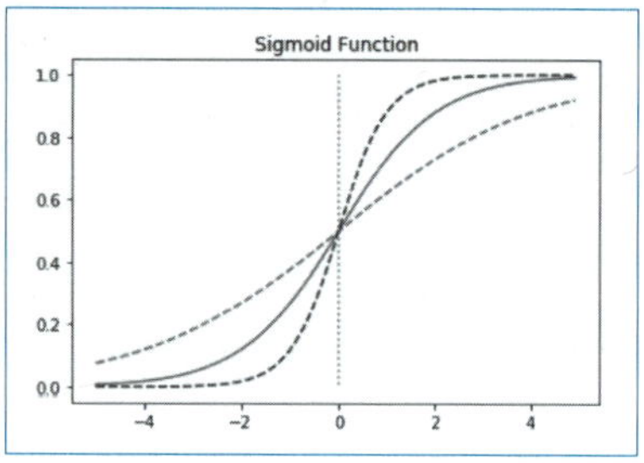

- 편향 b의 변화 확인

편향 b의 값에 따라서 그래프가 이동하는 것을 확인합니다.

```
def sigmoid(x):
    return 1/(1+np.exp(-x))
x = np.arange(-5.0, 5.0, 0.1)
y1 = sigmoid(x+0.5)
y2 = sigmoid(x+1)
y3 = sigmoid(x+1.5)

plt.plot(x, y1, 'r', linestyle='--') # x + 0.5
plt.plot(x, y2, 'g') # x + 1
```

```
plt.plot(x, y3, 'b', linestyle='--') # x + 1.5
plt.plot([0,0],[1.0,0.0], ':') # 가운데 점선 추가
plt.title('Sigmoid Function')
plt.show()
```

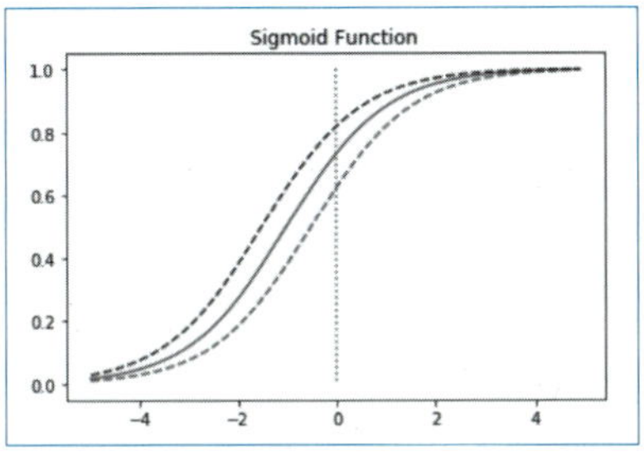

시그모이드 함수는 입력값이 커지면 1에 수렴하고, 입력값이 작아지면 0으로 수렴합니다. 0부터의 1까지의 값을 가지는데 출력값이 0.5 이상이면 1(True), 0.5 이하면 0(False)로 만들면 이진 분류 문제로 사용할 수 있습니다. 이를 확률이라고 생각하면 해당 범주에 속할 확률이 50%가 넘으면 해당 범주라고 판단하고, 50%보다 낮으면 아니라고 판단할 수 있습니다. 다시 살펴보겠지만 시그모이드 함수는 머신러닝에서 대표적인 활성화 함수로도 사용됩니다.

3 머신러닝 넘어가기

머신러닝 모델 최적화

선형회귀식에서 최소제곱법으로 일차 함수(y=ax+b)의 기울기 a와 y절편 b를 구할 수 있었습니다. 이를 바탕으로 평균제곱오차를 찾아보겠습니다.

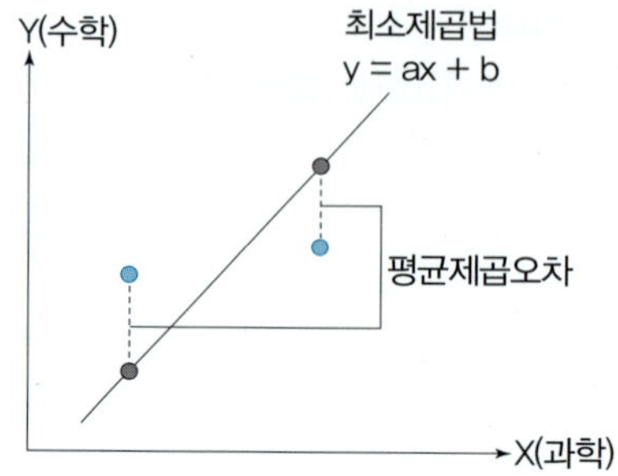

[그림 11-5] 최소제곱법과 평균제곱오차

- **평균제곱오차**

선형회귀식에서 머신러닝으로 넘어가면서 실젯값과 예측값 차이인 잔차(residual)를 오차(error)라고 했습니다. 여기서 오차들만 따로 모아 오차의 합 평균을 구할 수 있는데, 이를 평균제곱오차(Mean Squared Error, MSE)라고 합니다. 당연히 평균제곱오차가 적으면 좋겠죠?

$$\frac{1}{n}\sum_{i=1}^{n}(p_i - y_i)^2$$

그런데 때로는 평균제곱오차가 너무 커서 쓰기가 불편합니다. 이럴 때 다시 제곱근을 사용하는데 이것을 평균제곱근오차(Root Mean Squared Error, RMSE)라고 합니다.

$$\sqrt{\frac{1}{n}\sum_{i=1}^{n}(p_i - y_i)^2}$$

- **비용함수 / 손실함수 / 목적함수 / 오차함수**

선형회귀식에서 평균제곱오차는 머신러닝 모델을 구축할 때 작을수록 원본과의 오차가 적은 것이므로 추측한 값의 정확성이 높다고 할 수 있습니다. 이때 오차 값을 추적하는 함수라는 의미에서 오차함수(error function)라고 합니다. 또 함숫값을 최소화하거나, 최대화하거나 하는 목적을 가진 함수라는 뜻에서 목적함수(Objective function), 비용과 손실을 최소화한다는 의미에서 비용함수(Cost function) 또는 손실함수(Loss function)라고 합니다. 이름이 여러 개 사용되면 그만큼 다양하게 사용할 수 있다는 의미이겠죠?

- 최적화

머신러닝에서 가장 중요한 해결 목표는 비용함수의 값을 최대한 작게 하는 가중치, 편향 등 매개변수(하이퍼파라미터)를 찾는 일입니다. 또 매개변수의 최적 값을 찾는 문제를 해결하는 과정을 최적화라고 합니다. 머신러닝을 학습하다 보면 결국 대부분의 작업들이 수학을 바탕으로 하는 최적화 연구라는 것을 알게 됩니다.

아래 선형식에서 적절한 a와 b를 찾아내는 과정을 머신러닝에서 학습(Training)이라고 하고 최적화를 위한 학습이 필요합니다.

> y=ax+b(a는 기울기, b는 y의 절편)
> 기울기는 가중치(wehight)로 b는 편향, 선입견의 의미로 bias
> y=wx+b(w는 가중치, b는 바이어스)

머신러닝에서 비용함수는 단순히 실젯값과 예측값에 대한 오차를 표현하면 되는 것이 아니라, 예측값의 오차를 줄이는 일에 최적화된 식이어야 합니다. 결국 머신러닝뿐만 아니라 딥러닝의 목표는 비용함수를 최소화하는 매개변수인 a와 b를 찾기 위한 작업을 수행하는 것이며 이때 사용되는 최적화를 다른 이름으로 옵티마이저(Optimizer) 또는 최적화 알고리즘이라고 합니다.

- 경사 하강법

비용함수를 최소화하는 매개변수를 찾는 방법에는 여러 가지가 있습니다. 가장 간단하게는 [그림 11-6]에서 가장 낮은 지점을 찾아가도록 손실함수의 기울기를 구해 최적 값을 찾아가는 방법인 '경사 하강법'이 있고 이 방법의 단점을 보완한 확률적 경사 하강법(SGD)과 모멘텀 및 AdaGrad, Adam 방법 등이 있습니다. (신경망을 배우고 최적화에서 다시 봅니다.) 우선 가장 기본적인 최적화(옵티마이저) 알고리즘인 경사 하강법(Gradient Descent)에 대해서 살펴보겠습니다.

경사 하강법을 이해하기 위해 [그림 11-6]의 cost와 기울기 a와의 관계를 설명해보겠습니다. a는 머신러닝 용어로는 가중치라고 하고, 직선 방정식에서 직선의 기울기를 의미합니다. 설명의 편의를 위해 편향 b가 없이 단순히 가중치 a만을 사용한 y=ax라는 함수를 가지고 경사 하강법을 수행하면 비용함수의 값 cost와 기울기 a 관계 그래프는 [그림 11-6]과 같습니다. 여기서 기울기 a가 무한대로 커지면 커질수록 cost의 값 또한 무한대로 커지고, 반대로 기울기 a가 무한대로 작아져도 cost의 값은 무한대로 커지게 됩니다.

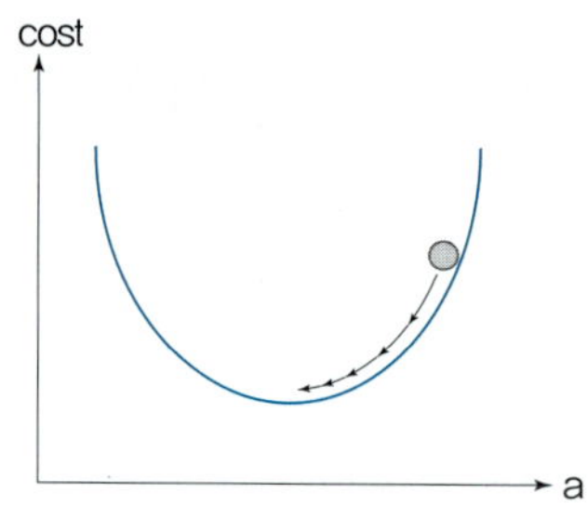

[그림 11-6] 경사 하강법

[그림 11-7]에서 cost가 가장 작을 때는 볼록한 부분의 맨 아래 부분입니다. 머신러닝이 해야 할 일은 cost가 가장 최솟값을 가지게 하는 a를 찾는 일이므로, 볼록한 부분의 맨 아래 부분의 a로 기울기를 계산해야 합니다. cost가 최소화 되는 지점은 접선의 기울기가 0이 되는 지점이며, 또한 미분 값이 0이 되는 지점이 됩니다. (머신러닝에서 미분이 수학적 배경이 되는 이유가 여기 있습니다.)

경사 하강법의 아이디어는 비용함수를 미분하여 현재 a에서 접선의 기울기를 구하고, 접선의 기울기가 낮은 방향으로 a의 값을 변경하여 다시 미분하고, 이 과정을 접선의 기울기가 0인 곳을 향해 a의 값을 변경하는 작업을 반복하는 과정입니다.

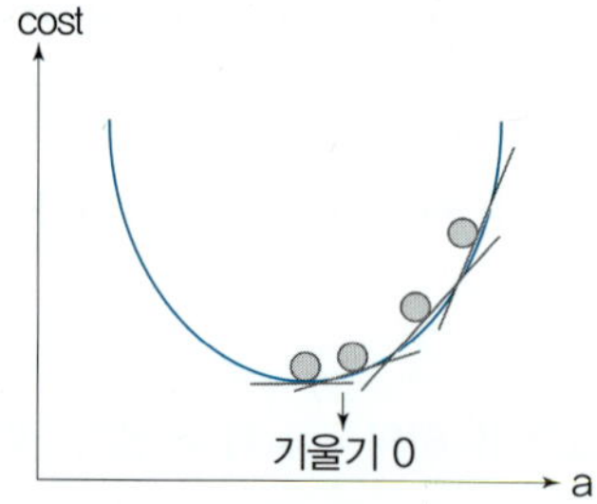

[그림 11-7] 최적화 모델

머신러닝 모델 일반화

회귀식에서 비용함수를 최소화하는데 사용되는 알고리즘을 최적화 알고리즘이라고 했습니다. 머신러닝 모델 개발자 입장에서 머신러닝 모델을 만든다는 것은 이 최적화 결과를 도출하는 것을 의미합니다.

그러면 머신러닝에서 최적화된 모델은 어떤 것일까요? 아래 [그림 11-8]을 보면 우측은 너무 분류를 잘했습니다. 반면 좌측은 지나치게 못했습니다. 가운데 모델은 적당히 타협한 모델입니다. 이때 너무 잘 분류하는 모델은 과대 적합 되었다고, 반대인 모델은 과소 적합 되었다고 합니다. 어떤 모델을 선택해야 할까? 정답을 미리 이야기했네요.

과대 적합(Overfitting), 과소 적합(Underfitting) 모두 머신러닝 모델 개발 시 주의해야 하는 문제입니다.

[그림 11-8] 머신러닝 모델

① 과대 적합[2)]

과대 적합(Overfitting)은 모델이 훈련 데이터에 너무 잘 맞지만 일반성이 떨어진다는 의미입니다. "데이터가 잘 맞으면 좋은 것이 아닙니까?"라고 생각할 수도 있지만, '너무 잘 맞는 것'이 문제가 됩니다. [그림 11-8]에서 과대 적합 모델은 데이터에 너무 맞추어져 데이터 이외의 다양한 변수에는 대응하기 힘들기 때문입니다. 만약 입시 준비하는 수험생이 모의고사 문제를 너무 많이 풀어서 문제 번호만 봐도 정답을 맞힐 수 있게 되었다고 합시다. 그런데 정작 다른 문제나 수능 시험을 보면 점수가 안 좋다면 그게 무슨 의미가 있을까요? 머신러닝에서 과대 적합이란 훈련 데이터(미리

2) Horenko I. On a Scalable Entropic Breaching of the Overfitting Barrier for Small Data Problems in Machine Learning. Neural Comput. 2020 Aug;32(8):1563-1579. doi: 10.1162/neco_a_01296. Epub 2020 Jun 10. PMID: 32521216.

보는 모의고사)를 과도하게 학습한 경우를 의미합니다. 훈련 데이터는 실제로 존재하는 많은 데이터의 일부에 불과한데, 머신러닝 모델이 훈련 데이터에 대해서만 과도하게 학습하면 진짜 실전 데이터나 서비스에서 정확도가 좋지 않은 현상이 발생한다는 의미입니다.

② 과소 적합

과소 적합(Underfitting)은 과대 적합의 반대로 모델이 너무 단순해서 데이터의 포함된 의미를 제대로 학습하지 못할 때 발생합니다. [그림 11-8]을 보면 약간만 기울기를 조정하면 비용함수를 줄일 수 있는 모델임에도 불구하고 단순 직선 모델로 일반화에 부적합하게 예측되었습니다.

머신러닝에서 이 두 가지 과대 적합과 과소 적합을 조정하는 과정을 학습 또는 훈련이라고 합니다. 머신러닝 모델 개발은 주어진 데이터에 대해서 적당하게 조정한다는 의미에서 피팅(fitting)이라고도 합니다. 머신러닝 프레임워크 케라스 실습에서 배우겠지만 머신러닝이 학습하는 함수의 이름을 fit()라고 하는 이유도 이 때문입니다.

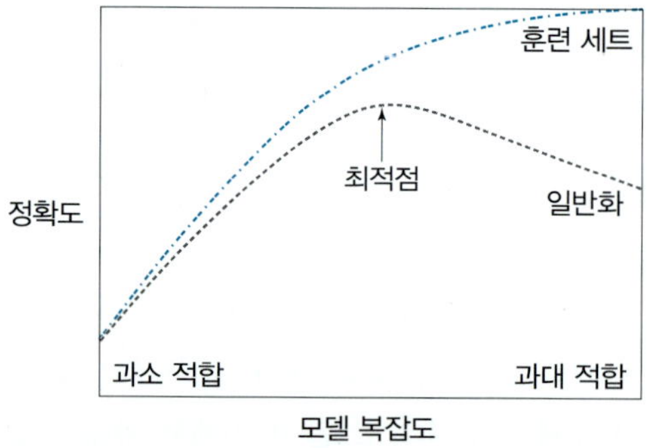

[그림 11-9] 가장 좋은 머신러닝 모델?

머신러닝 일반화에는 과대 적합을 방지하기 위한 많은 방법이 제공됩니다.

첫째, 데이터의 양이 적을 경우에 해당 데이터의 특정 패턴이나 노이즈까지 쉽게 학습하기 때문에 과대 적합 현상이 발생할 가능성이 높아집니다. 따라서 데이터의 양을 늘릴수록 모델은 일반적인 패턴을 학습하여 과대 적합을 방지할 수 있습니다. 만약, 데이터의 양이 적을 경우에는 의도적으로 기존의 데이터를 조금씩 변형하고 추가하여 데이터의 양을 늘리기도 하는데, 이를 데이터 증식 또는 증강(Data Augmentation)이라고 합니다. 이미지의 경우에는 데이터 증식이 많이 사용되는데 이미지를 돌리거나 노이즈를 추가하고, 일부분을 수정하는 등으로 데이터를 증강시킵니다. 빅데이터 시대에 영상, 이미지 분야의 성능이 좋아지는 것도 이런 이유입니다.

둘째, 모델의 피처(특징) 개수를 줄이는 방법도 있습니다. PCA와 같은 특정 알고리즘을 이용하거나 종속변수와 상관이 낮은 피처를 직접 제거할 수도 있습니다.

셋째, 일반화, 정규화 또는 가중치 규제(영어로 Regularization)을 통해 제약 조건을 추가하거나 드롭-아웃 등의 방법으로 적당한 복잡도를 가지는 모델을 자동으로 찾는 기법 등이 있습니다.

지금까지 머신러닝을 이해하는데 필요한 이론들을 배웠습니다. 머신러닝을 이해하고 성능이 좋은 모델은 만드는 길은 멀고 험한 과정입니다.
결국 가장 좋은 머신러닝 모델은 '일반화가 잘된, 같은 현상을 반복 설명할 수 있는 간단한 모델을 선택'하는 것이라고 할 수 있습니다. 다음 장에서 지금까지 배운 이론들을 실습을 통해 학습해 보겠습니다.

연습문제

1 상관분석이 무엇인지 설명하시오.

2 상관분석을 수행하고, 결과에 대한 히트맵을 그려서 설명하시오.

3 산점도와 상관계수에 대하여 설명하시오.

4 독립변수, 종속변수에 대하여 설명하시오.

5 최소제곱법을 사례로 설명하시오.

6 회귀분석이 머신러닝의 기본이 되는 이유에 대하여 설명하시오.

7 머신러닝 모델 최적화 방법인 평균제곱오차에 대하여 설명하시오.

8 머신러닝의 최적화에 대해서 설명하시오.

9 머신러닝 모델 일반화에 대하여 설명하시오.

12장 머신러닝 핵심

1 머신러닝

프로그래밍과 머신러닝

프로그래밍 과정을 통해 동물 이미지를 분류하는 소프트웨어를 만든다고 가정해 봅니다. 먼저 함수나 모듈을 생성하고 해당 함수로 이미지라는 것을 입력으로 받아, 이미지가 호랑이에 속하는지, 사자에 속하는지 정답을 반환하는 프로그램을 구현해야 합니다. 하지만 사자나 호랑이의 사진은 조명, 보는 각도, 사자나 호랑이의 자세에 따라서 너무나 천차만별이라 사진으로부터 공통된 명확한 특징을 잡아내는 것이 쉽지 않습니다. 프로그램으로 수천 개의 연산을 하는 것과 같은 알고리즘을 만들어야 하는 데 쉽지 않은 일입니다.

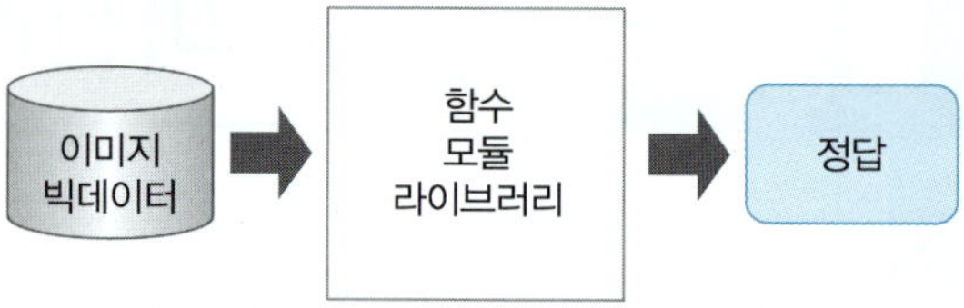

[그림 12-1] 프로그래밍 문제 해결

반면, 머신러닝은 데이터로부터 결과를 찾는 것이 아니라, 주어진 데이터로부터 규칙성을 찾는 것이 목표입니다. 여기서 데이터로부터 규칙성을 찾는 과정을 학습이라고 합니다. 일단 규칙성을 발견(이 규칙성을 머신러닝 모델이라 합니다.)하면 이후에 들어오는 새로운 데이터에 대해서 발견한 규칙성을 기준으로 정답을 찾아내는데, 이는 기존의 프로그래밍 방식으로 접근하기 어려웠던 문제의 해결책입니다. 머신러닝이 기존 프로그래밍의 한계를 해결할 수 있는 이유는 문제 해결 접근 방법이 기존 프로그래밍 방식과는 다르기 때문입니다.

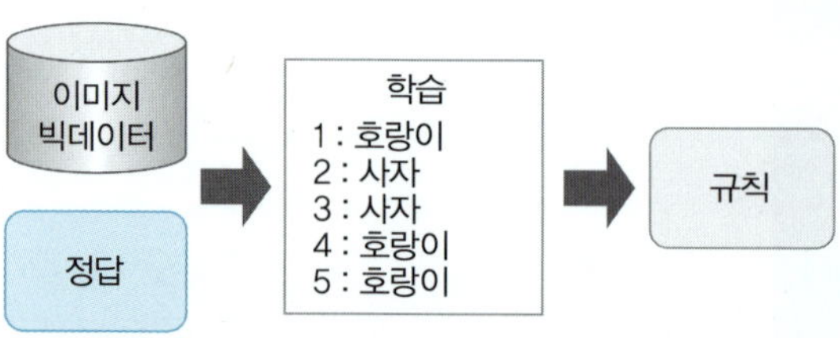

[그림 12-2] 머신러닝 문제 해결

〈표 12-1〉 프로그램과 머신러닝 비교

문제	사람	기존 프로그램	머신러닝
수천 개의 숫자를 빠르게 곱하기	어려움	쉬움	쉬움
사진에서 사람들의 얼굴 찾기	쉬움	어려움	쉬움

머신러닝의 발전

머신러닝 시작은 언제일까요? 정확히 정의하기는 어렵습니다. 가장 일반적인 주장은 1949년 캐나다 심리학자 햅(Hebb)이 햅 학습 이론(Hebbian Learning Theory)을 발표하는 것으로 시작되었습니다. 이후 1952년에 IBM에서 근무하던 아서 새뮤얼(Arthur Samuel)은 최초의 머신러닝 프로그램이라 할 수 있는 체커 프로그램을 개발하였습니다. 이때 경험으로부터 배우는 방법 이론을 주장하였고, 여기서 머신러닝이란 '명확히 프로그램하지 않고도 컴퓨터에 사고하는 기능'이라고 정의하였습니다.

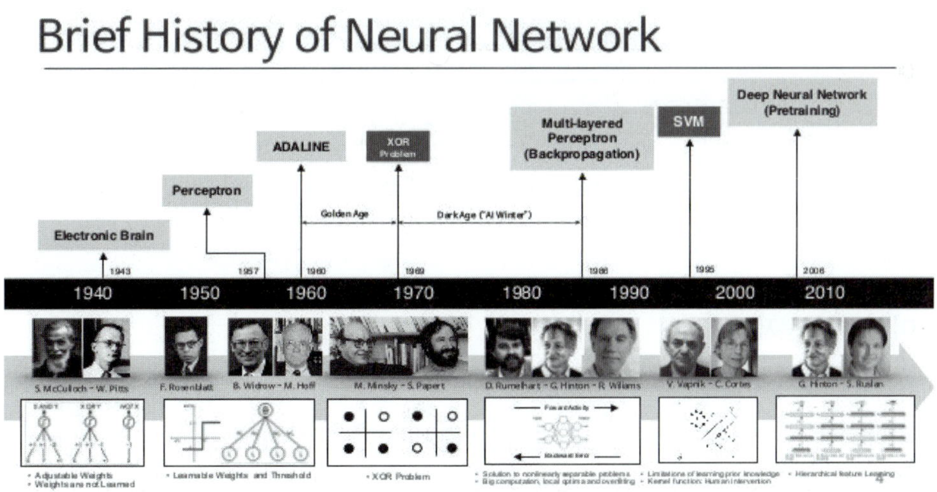

[그림 12-3] 머신러닝 발전 역사[1]

1) https://medium.com/ibm-data-science-experience/deep-learning-with-data-science-experience-8478cc0f81ac

2 머신러닝 구성

머신러닝 데이터

많은 머신러닝 문제가 1개 이상의 독립변수 X를 가지고 종속변수 Y를 예측하는 문제입니다. 특히 딥러닝과 같은 인공신경망 모델은 독립변수, 종속변수, 가중치, 편향 등을 행렬을 통해 연산하는 경우가 많습니다. 그래서 딥러닝을 배우게 되면 훈련 데이터를 행렬로 표현하는 경우를 많이 보게 되는데, 판다스에서 배우는 데이터프레임 구조를 행렬로 이해하면 됩니다. 이때 머신러닝에서는 하나의 데이터, 하나의 행을 샘플(Sample)이라 부르고(앞서 판다스 데이터프레임과 비교해 보세요.) 종속변수를 예측하기 위한 각각의 독립변수를 특징(Feature)이라고 합니다.

특징, 피치(변수, 열)

독립, 입력, 설명변수

출력변수
목표변수
종속변수
라벨
레이블
클래스

샘플(행)

번호	성별	연령	거주지	소득	대출여부
1	남	20	A	123	Y
2	여	24	D	35	Y
3	여	57	B	150	N
4	남	44	D	45	N
5	여	38	C	23	Y
6	남	42	F	38	N

[그림 12-4] 머신러닝 정형 데이터

머신러닝 문제

머신러닝 문제들은 대부분 분류와 회귀에 속합니다. 분류는 [그림 12-4]와 같이 범주형 레이블을 예측하는 것입니다. 예를 들어 예(Y)/아니오(N) 등과 같은 형태입니다. 반면 회귀는 연속된 값을 예측하는 것입니다. 정리하면 분류는 범주형을 예측하는 것이고, 회귀는 연속형을 예측한다고 생각하면 됩니다.

1) 분류: 범주형 레이블 예측

분류(Classification)는 단어 그대로 클래스(라벨, 종속변수)를 구분하여 예측하는 것입니다. 예측해야 할 대상 즉, 클래스가 정해져 있습니다. 많은 사례에서 알고 있는 딥러닝 교재에 언급되는 개, 고양이 이미지 예측 문제 같은 것들입니다. 앞에 선형회귀를 통해 과학으로 수학 점수를 예측한 것은 연속형 예측이므로 회귀 예측에 속하고, 로지스틱 회귀는 이름은 회귀이지만 분류 문제를 예측한 것입니다. 분류는 또한 이진 분류(Binary Classification)과 다중 클래스 분류(Multi-Class Classification)로 구분됩니다.

① 이진 분류

이진 분류(Binary Classification)는 주어진 독립변수에 대해서 종속변수 둘 중 하나의 답을 구분하는 문제입니다. 앞서 로지스틱 회귀에서 점수에 따른 시험 성적에 대해서 합격, 불합격 여부를 판단하는 문제가 여기에 속하며 받은 메일이 정상 메일, 스팸 메일인지를 판단하는 문제 등도 이진 분류에 속합니다.

② 다중 클래스 분류

다중 클래스 분류(Multi-class Classification)는 입력변수에 대한 두 개 이상의 정해진 선택지 중에서 답을 분류하는 문제입니다. 머신러닝 사례로 많이 소개한 붓꽃의 품종을 예측하는 것은 3개의 클래스를 가지고 있기 때문에 다중 분류에 속합니다. 3개의 선택지를 주로 카테고리 또는 범주 또는 클래스라고 하며, 주어진 입력으로부터 정해진 클래스 중 하나로 판단하는 것을 다중 클래스 분류 문제라고 합니다.

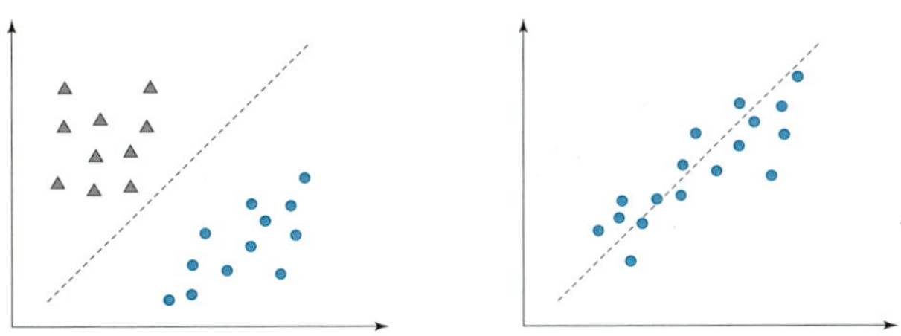

[그림 12-5] 분류(범주형 예측)와 회귀(연속형 예측)

2) 회귀: 연속된 값을 예측

회귀(Regression)는 분류 문제처럼 0 또는 1이나 붓꽃의 클래스와 같이 분리된(비연속적인)

답을 예측하는 것이 아니라 연속된 값을 예측합니다. 회귀는 연속적인 숫자(실수)를 예측하는 것입니다.

어떤 사람의 교육 수준, 나이 등을 이용해 연봉을 예측하는 것도 회귀 문제의 예이고, 몸무게를 이용해 키를 예측하는 것도 회귀 문제라고 할 수 있습니다. 종속변수에 연속성이 있다면 회귀 문제라고 볼 수 있는데, 연봉을 예상할 때 1억이든 1억 1만 원이든 큰 문제가 되지 않습니다. 하지만 분류 문제에서 중간은 없습니다. 예를 들어 스팸 메일을 분류한다면 스팸 메일이거나 아니거나 두 가지로 나누어지는 것이지 중간인 메일은 없다는 의미입니다.

3 머신러닝 학습 구분

머신러닝 학습

머신러닝 과정은 데이터를 사용해 모델을 생성하고 학습을 반복하는 과정입니다. 머신러닝에서 학습은 지도 학습, 비지도 학습, 강화 학습으로 구분합니다.

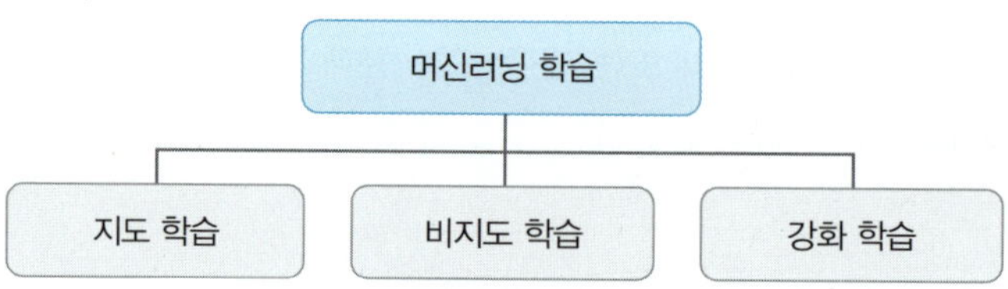

[그림 12-6] 머신러닝 학습 방법

1) 지도 학습[2)]

지도 또는 교사 학습(Supervised learning)은 어린아이의 학습 과정을 살펴보면 알 수 있습니다. 부모가 선생님(Supervisor) 역할을 하며 시행착오를 통하여 오차를 최소화하는 방식입니

2) Fabris F, Magalhaes JP, Freitas AA. A review of supervised machine learning applied to ageing research. Biogerontology. 2017 Apr;18(2):171-188. doi: 10.1007/s10522-017-9683-y. Epub 2017 Mar 6. PMID: 28265788; PMCID: PMC5350215.

다. 지도 학습은 대량의 훈련 데이터를 선생님과 같이 기계에 학습시키고, 결과를 조사하고, 기대한 결과를 얻을 때까지 매개변수를 조정합니다. 그런 다음 이전에 본 적이 없는 일련의 검증 데이터에 대해 결과를 예측하도록 함으로써 무엇을 배웠는지 알 수 있게 되는 방법입니다. 여기서 선생님 역할을 하는 변수가 레이블(클래스, 종속변수)입니다.

2) 비지도 학습

비지도 학습은 레이블 없이 학습하는 것을 의미합니다. 여기서 레이블이 없다는 의미는 정답을 따로 알려주지 않는다는 의미로 비슷한 데이터들을 군집화하는 방법입니다. 예를 들어 호랑이, 코끼리, 사자, 얼룩말 사진을 비지도 학습으로 머신러닝 모델을 만든다면 각 사진이 무슨 동물인지 정답(레이블)을 알려주지 않았기 때문에 이 동물이 '무엇'이라고 기계가 정의할 수 없기 때문에 비슷한 무리로 군집화하는 방법으로 기계가 학습합니다.

〈표 12-2〉 지도, 비지도 학습의 비교

구분	지도 학습	비지도 학습
목적	예측 모델 생성	고차원 데이터 분류
장점	인간이 결괏값에 개입하여 정확도가 높음.	결괏값을 정해주지 않아도 되므로 속도가 빠름.
단점	시간이 오래 걸리고 학습 데이터의 양이 많음.	학습 결과로 분류 기준과 군집 예측 불가하며 분석가의 판단에 의지함.
검증 방법	교차 검증을 수행함.	별도 검증이 없음.
데이터	라벨링 데이터 클래스 데이터	원 데이터
유형	회귀: Y=X 분류: 그룹별 특징 파악	군집: 데이터 클러스터링 패턴 인식: 여러 그룹 인식
주요 알고리즘	CNN, RNN, SVM, DT	K-Means, DBSCAN, Clusturing
사례	패턴 인식, 질병 진단	스팸 필터, 차원 축소

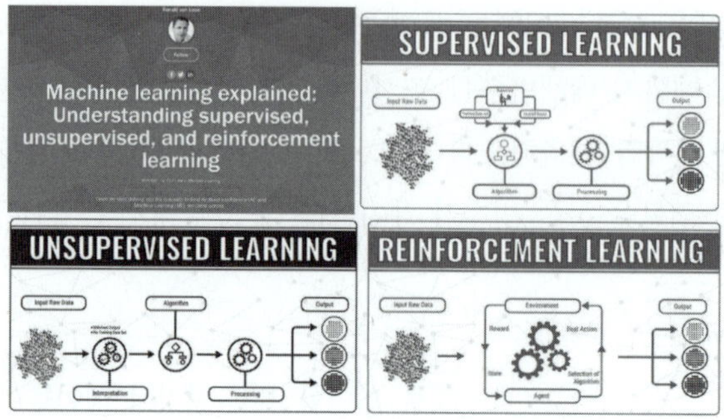

[그림 12-7] 학습 모델[3]

3) 강화 학습

강화 학습(Reinforcement Learning)은 상과 벌이라는 과정에서 보상(reward)을 통해 상을 최대화하고 벌을 최소화하면서 학습하는 방식입니다. 유명한 알파고가 이 방법을 사용하였습니다. 인간의 성장도 강화 학습에 속합니다. 우리는 태어나서 지금까지 성과와 보상이 있는 환경에서 자랐습니다. 행동을 통해 주위 사람들로부터 질책을 받거나 칭찬을 받으면서 학습했습니다. 결국 시행착오를 겪으며 경험이 쌓이고, 자신이 확실히 경험했던 것에 대해서는 옳고 그른지를 판단할 수 있게 되었습니다. 하지만 여전히 경험해 보지 못한 부분에 대해서는 칭찬(상)을 받기도 하고, 질책(벌)을 받기도 합니다. 정확한 정답은 없지만, 이러한 반복적인 행동들을 통해 칭찬과 벌을 받음으로써 보상의 가중치를 최대화하는 것이 강화 학습 방법입니다.

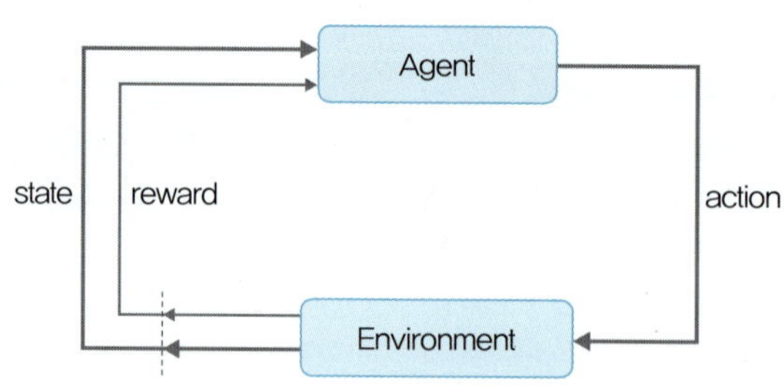

[그림 12-8] 칭찬과 보상의 강화 학습 모델

3) https://twitter.com/ipfconline1/status/1075556498984628226

8 머신러닝 평가

1) 데이터 분할

머신러닝 모델이 완성되었다면 전체 데이터를 학습을 위한 훈련용, 평가를 위한 테스트용 두 가지로 분할(Split)합니다. 특별한 경우 훈련용, 검증용, 테스트용 세 가지로 분리해서 하기도 합니다.

① **훈련 데이터**(Training data): 머신러닝 모델을 학습하는데 사용하는 데이터이며 모델이 열심히 공부하는 과정에 사용하는 데이터

② **검증 데이터**(Validation data): 모델 훈련에 적절한 지점을 찾기 위해 구성하는 데이터, 필수는 아니며 최종 시험을 보기 전에 모의고사 문제를 보는 데이터

③ **테스트 데이터**(Test data): 모델의 성능을 평가하기 위해 사용하는 데이터, 이 데이터를 통해 머신러닝 모델이 얼마나 잘 학습되었는지 평가하는 데 사용

〈표 12-3〉 머신러닝 평가 데이터

전체 데이터		
훈련(Training)		테스트(Testing)
학습(Training)	검증(Validation)	테스트(Testing)

2) 모델 평가

모델 평가는 우수한 머신러닝 모델을 결정하는 단계로 얼마나 정확하게 예측한 결과와 실제 정답이 일치하는지를 검증하는 과정입니다. 많이 사용하는 방법으로 혼동행렬(Confusion matrix)이 있습니다. 혼동행렬은 정답이 True와 False로 나누어져 있고, 아래와 같이 2x2 매트릭스로 구분합니다.

〈표 12-4〉 혼동행렬

예측/정답	참(True)	거짓(False)
참(True)	TP	FP
거짓(False)	FN	TN

- True Positive(TP): 실제 True인 정답을 True라고 예측 (정답)
- False Positive(FP): 실제 False인 정답을 True라고 예측 (오답)
- False Negative(FN): 실제 True인 정답을 False라고 예측 (오답)
- True Negative(TN): 실제 False인 정답을 False라고 예측 (정답)

① 정확도

정확도(Accuracy)는 머신러닝에서 가장 대표적으로 사용되는 지표로 전체 데이터 중에서 정확히 분류된 데이터의 비율이 얼마나 되며 모델을 정확하게 분류하는지를 나타내는 지표입니다.

(수식: TP+TN/TP+FN+FP+TN)

② 정밀도

정밀도(Precision)는 실제 해당 데이터 중 모델이 올바르게 검출한 데이터의 비율입니다.

(수식: TP/TP+FP)

③ 재현율

재현율(Recall)은 실젯값이 정답인 데이터 전체 개수에 대해 TP의 비율 즉, 정답인 데이터 중에서 얼마나 정답인지를 예측(재현)했는지를 나타내는 지표입니다.

(수식: TP/TP+FN)

④ ROC

ROC(Receiver Operating Characteristic) 학습 곡선은 y축에 TP, x축에 FP 수치를 배치해 두 수치의 균형을 살펴보는 머신러닝 평가를 위한 시각화 모델입니다. ROC 커브 아래 면적인 AUC(Area Under Curve)가 1에 가까워질수록, 모델이 Y를 예측하는 정확도가 높은 모델입니다.

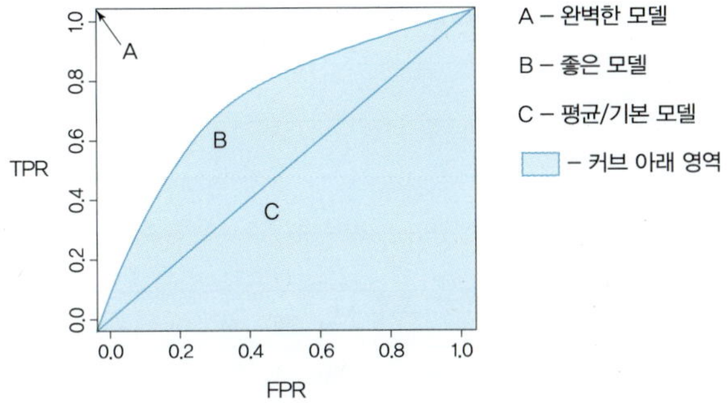

[그림 12-9] ROC 커브

4 머신러닝 준비

머신러닝 라이브러리

머신러닝이 모든 분야에 주요 기술이 되는 오늘날, 많은 머신러닝 개발 프레임워크들이 생겨나거나 조명받기 시작했습니다. 그리고 각 프레임워크의 선호도들도 트렌드에 따라 계속 발전하고 있습니다.

[그림 12-10] 머신러닝 프레임워크

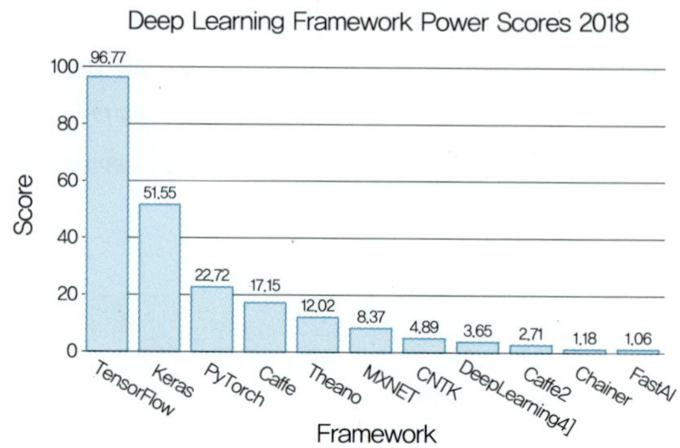

[그림 12-11] 딥러닝 프레임워크

1) 사이킷런

실무에서 가장 많이 사용하는 빅데이터 분석용 라이브러리는 판다스, 맷플롯립, 넘파이, 시본 등입니다. 머신러닝에서는 사이킷런(Scikit-Learn)이 필요한 모듈을 대부분 가지고 있어서 많이 사용됩니다. 사이킷런은 지도/비지도 학습, 모델 선택 및 평가, 데이터 변환 및 데이터 불러오기, 계산 성능 향상을 위한 기능 등 머신러닝에 필요한 대부분의 기능을 제공합니다.

- ✓ 데이터 처리: sklearn.preprocessing, sklearn.feature_extraction
- ✓ 모델 선택 및 검증: sklearn.cross_validation, sklearn.grid_search, sklearn.metrics
- ✓ 목푯값 예측: sklearn.linear_model

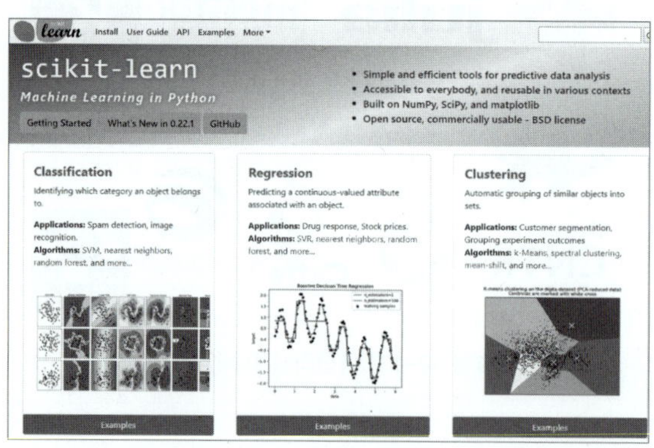

[그림 12-12] 사이킷런[4)]

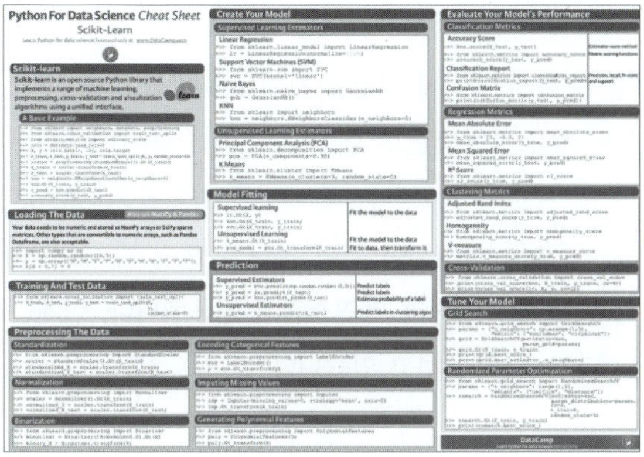

[그림 12-13] 사이킷런 치트시트

머신러닝 알고리즘 족보와 같은 치트시트도 제공합니다.

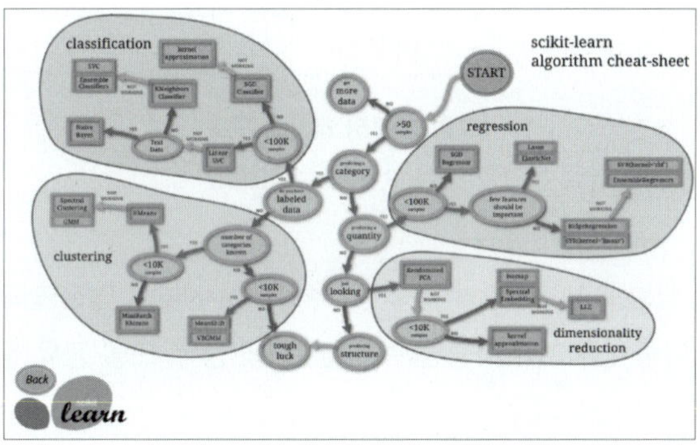

[그림 12-14] 사이킷런 알고리즘 치트시트

사이킷런 설치

pip install scikit-learn

또는 conda install scikit-learn

import sklearn # 임포트 및 확인

sklearn.__version__

4) https://scikit-learn.org/stable/index.html

2) 케라스

케라스(Keras)는 대부분 종류의 딥러닝 모델을 간편하게 만들고 훈련시킬 수 있는 파이썬 딥러닝 프레임워크입니다. 케라스는 백엔드 엔진으로 텐서 라이브러리를 사용하며 딥러닝 모델을 위한 고수준의 구성 요소를 제공하는데, 텐서플로와 같은 저수준의 연산은 다루지 않습니다. 케라스는 모듈 구조로 구성되어 있어 하나의 텐서 라이브러리에 국한하여 구현되어 있지 않고, 여러 가지 백엔드 엔진과 자연스럽게 연동됩니다. 현재는 텐서플로우, 티아노, CNTK 3개를 백엔드 엔진으로 사용하고 있습니다.

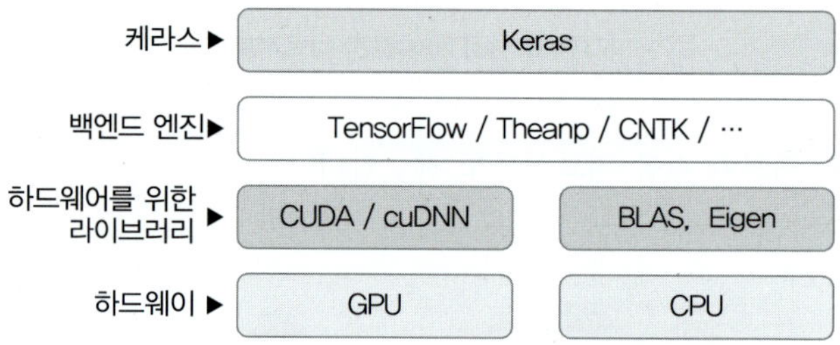

[그림 12-15] 케라스 구조

- 케라스 특징
  ① 최근 각광 받는 GAN(Generative Adversarial Network)부터 많은 딥러닝 모델을 사용할 수 있습니다. 다중 입력이나 다중 출력 모델, 층의 공유, 모델 공유 등 다양한 네트워크 구조도 만들 수 있습니다.
  ② 동일한 코드로 CPU와 GPU에서 실행할 수 있습니다.
  ③ 사용하기 쉬운 API로 딥러닝 모델 프로토타입을 빠르게 만들 수 습니다.
  ④ 컴퓨터 비전을 위한 CNN, RNN을 지원하며 자유롭게 조합하여 사용할 수 있습니다.

케라스 설치
pip install keras
기본 설치 에러 시: conda install –c conda–forge keras tensorflow

3) 텐서플로

텐서플로는 구글에서 만든 딥러닝 오픈소스 패키지입니다. 일반 파이썬 개발자들은 텐서플로를 이해하기는 어렵습니다. 텐서플로는 파이썬에서 동작하는 것이 아니라 파이썬으로 텐서플로를 단지 시작만 한다고 이해하면 됩니다. 파이썬은 자바보다도 느린 언어라 파이썬의 함수를 이용해서 딥러닝 같은 막강한 자원을 쓰는 알고리즘을 돌리는 것은 어렵기 때문입니다.

- 텐서플로 특징
  ① 데이터 플로우 그래프를 통한 풍부한 표현력
  ② 아이디어 테스트에서 서비스 단계까지 이용 가능
  ③ 계산 구조와 목표 함수만 정의하면 자동으로 미분 계산을 처리
  ④ 파이썬, C++, Go, Java, R을 지원하며 SWIG를 통해 다양한 언어 지원

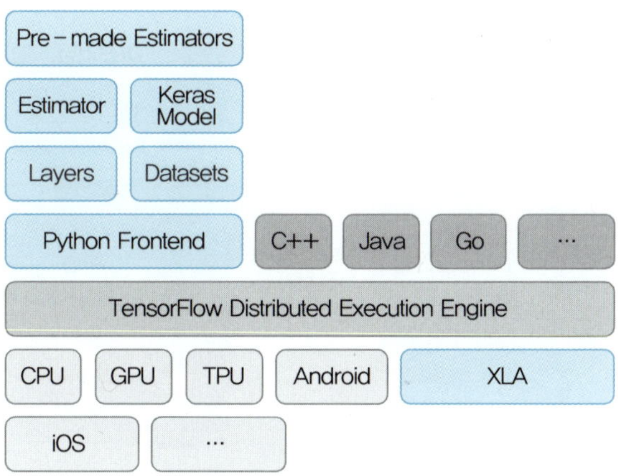

[그림 12-16] 텐서플로 구조

4) 티아노

티아노는 최초의 딥러닝 라이브러리 중 하나이며 텐서플로와 마찬가지로 파이썬 기반입니다. CPU, GPU 수치 계산에 유용한 선형대수 심볼 컴파일러(GPU-Supporting Symbolic Linear Algebra Compiler)입니다. 심볼 컴파일러라는 것은 수치적인 미분, 선형대수 계산을 포함해 정의된 수식을 사람처럼 미분하거나 재정리해서 전체 계산에 대한 최적의 계산 경로를 찾아

내는 소프트웨어를 일컫습니다. 수치 미분을 사용한 연산에 비해 정확도나 속도가 빨라 대용량 선형대수 계산이나 몬테카를로 시뮬레이션, 딥러닝에 사용되고 있습니다. 티아노의 다른 특징 중 하나는 GPU와 CPU에 대해 동일한 파이썬 코드를 사용할 수 있다는 점으로, 티아노 기반 위에 얹어 더 사용하기 쉽게 구현된 라이브러리들로 케라선, 파이런2, 블록스 등이 있습니다.

머신러닝 파이프라인

앞서 빅데이터 분석 파이프라인은 기본 실습한 내용을 바탕으로 정리하면 5단계로 완성됩니다. 빅데이터 분석 파이프라인이 완성되었다면 이제 머신러닝 파이프라인으로 넘어갈 수 있습니다. 머신러닝 역시 5단계 파이프라인이 있습니다. 머신러닝 파이프라인을 통해 표준화된 공식처럼 빅러닝을 실행하는 패턴을 학습해 보겠습니다.

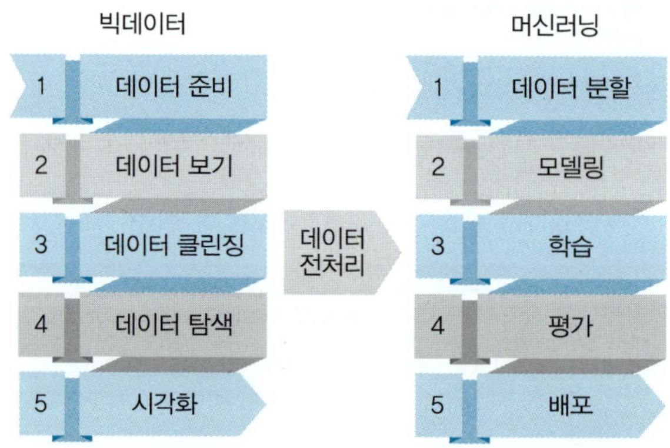

[그림 12-17] 빅러닝 파이프라인

로지스틱 모델 예측

앞서 통계에서 이진 분류를 위한 로지스틱을 살펴보았습니다. 지금부터는 머신러닝 과정을 통해 타이타닉 생존자를 예측해 보겠습니다.

```
import pandas as pd
from sklearn import model_selection
from sklearn import metrics
from sklearn import datasets
from sklearn.linear_model import LogisticRegression
from sklearn.metrics import confusion_matrix
from sklearn.metrics import classification_report

# 타이타닉 데이터 준비
file_path= 'C:/data/titanic.csv'

# read csv() 함수로 데이터프레임 변환
df = pd.read_csv(file_path)
df

## 데이터 전처리
# 불필요 컬럼 삭제 (x 변수)
del df['PassengerId']
del df['Name']
del df['Ticket']
del df['Cabin']

# 결측치 처리 (x)
df.dropna(thresh=int(len(df) * 0.5), axis=1) # 결측치 제거
df['Embarked'] = df['Embarked'].fillna('S') # 최다 빈도 'S'로 대체
df['Age']=df['Age'].fillna(df['Age'].mean()) # 나이 평균값으로 대체

# 범주형 컬럼 처리 (x)
df['Sex']=df['Sex'].astype('category')
df['Pclass']=df['Pclass'].astype('category')
df['Embarked']=df['Embarked'].astype('category')
df = pd.get_dummies(df)

# 독립변수와 종속변수 구분 (x, y)
x_data=df.iloc[:,1:]
y_data=df.iloc[:,0]
```

```
x_data = x_data.values
y_data = y_data.values
print(x_data)
print(y_data)

## 머신러닝 작업 수행
# 데이터 분할(7:3)
x_train, x_test, y_train, y_test = model_selection.train_test_split(x_data,
y_data, test_size=0.3)
# 로지스틱 모델링
estimator = LogisticRegression(penalty='l2', dual=False, tol=0.0001, C=1.0,
fit_intercept=True, intercept_scaling=1, class_weight=None, random_
state=None, solver='liblinear', max_iter=100, multi_class='ovr', verbose=0,
warm_start=False, n_jobs=1)
estimator.fit(x_train, y_train)

# train 학습
y_predict = estimator.predict(x_train)
score = metrics.accuracy_score(y_train, y_predict) #classification
print('train score: ', score)

# test 평가
y_predict = estimator.predict(x_test)
score = metrics.accuracy_score(y_test, y_predict)
print('test score: ', score)

# 모델 적용
print(x_test[:2])
y_predict = estimator.predict(x_test[:2])
print(y_predict)
for y1, y2 in zip(y_test, y_predict):
    print(y1, y2, y1==y2)
```

```
train score:  0.8025682182985554
test score:  0.7873134328358209
[[ 4.       1.       1.       11.1333  0.       0.       1.       0.       1.
   0.      0.       1.      ]
 [22.      0.       0.       10.5167  0.       0.       1.       1.       0.
   0.      0.       1.      ]]
[0 1]
1 0 False
0 1 False
```

티머신러닝 5단계 파이프라인을 따라 로지스틱 모델을 완성했습니다. 모델 평가를 보면 학습 단계 훈련 데이터의 정확도는 80.2%인데, 이를 테스트 데이터에 적용할 경우 다시 떨어진 78.7%의 정확도를 확인할 수 있습니다.

의사결정나무 예측

의사결정나무 모델로 타이타닉 생존자를 분류하는 머신러닝을 시작해보겠습니다. 의사결정나무(Decision Tree)는 여러 가지 규칙을 순차적으로 적용하면서 독립변수 공간을 분할하는 분류 모형입니다. 분류와 회귀분석에 모두 사용될 수 있기 때문에 CART(Classification And Regression Tree)라고도 합니다. 의사결정나무는 예/아니오 질문을 이어가며 학습을 수행합니다. 독수리, 오리, 상어, 호랑이를 구분한다고 하면 아래 [그림 12-18]과 같이 진행됩니다. 이렇게 특정 기준(질문)에 따라 데이터를 구분하는 모델을 의사결정나무라고 합니다. 한 번의 분기 때마다 변수 영역을 두 개로 구분하며 결정 트리에서 질문이나 정답을 담은 네모 상자를 노드(Node)라고 합니다. 맨 처음 분류 기준(즉, 첫 질문)을 뿌리노드(Root Node)라고 하고, 맨 마지막 노드를 종료노드(Leaf Node)라고 합니다.

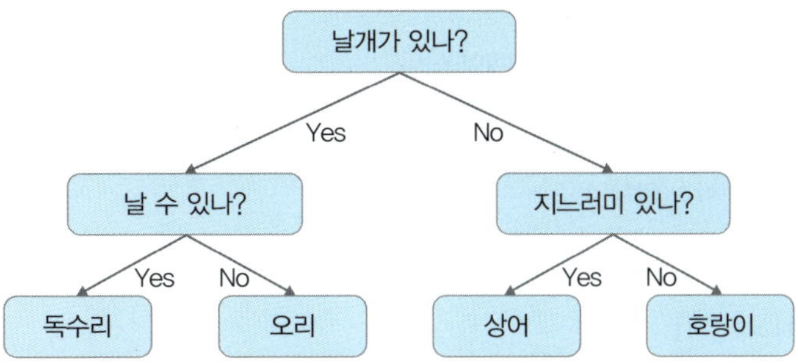

[그림 12-18] 의사결정나무

```
import pandas as pd
from sklearn import model_selection
from sklearn import metrics
from sklearn import datasets
from sklearn.tree import DecisionTreeClassifier
from sklearn.metrics import confusion_matrix
from sklearn.metrics import classification_report

# 타이타닉 데이터 준비
file_path= 'C:/data/titanic.csv'

# read csv() 함수로 데이터프레임 변환
df = pd.read_csv(file_path)
df

## 데이터 전처리
# 불필요 컬럼 삭제 (x)
del df['PassengerId']
del df['Name']
del df['Ticket']
del df['Cabin']

# 결측치 처리 (x)
df.dropna(thresh=int(len(df) * 0.5), axis=1) # 결측치 제거
df['Embarked'] = df['Embarked'].fillna('S') # 최다 빈도 'S'로 대체
df['Age']=df['Age'].fillna(df['Age'].mean()) # 나이 평균값으로 대체

# 범주형 컬럼 처리 (x)
df['Sex']=df['Sex'].astype('category')
df['Pclass']=df['Pclass'].astype('category')
df['Embarked']=df['Embarked'].astype('category')
df = pd.get_dummies(df)

# 독립변수와 종속변수 구분 (x, y)
x_data=df.iloc[:,1:]
y_data=df.iloc[:,0]
```

```
x_data = x_data.values
y_data = y_data.values
print(x_data)
print(y_data)

## 머신러닝
# 데이터 분할(7:3)
x_train, x_test, y_train, y_test = model_selection.train_test_split(x_data,
y_data, test_size=0.3)

# 의사결정나무 모델링
estimator = DecisionTreeClassifier(criterion='gini', max_depth=None,
max_leaf_nodes=None, min_samples_split=2, min_samples_leaf=1,
max_features=None)
estimator.fit(x_train, y_train)

# train 학습
y_predict = estimator.predict(x_train)
score = metrics.accuracy_score(y_train, y_predict)
print('train score: ', score)

# test 평가
y_predict = estimator.predict(x_test)
score = metrics.accuracy_score(y_test, y_predict)
print('test score: ', score)

# 모델 검증
print(confusion_matrix(y_test, y_predict))
print(classification_report(y_test, y_predict))

# 중요도
estimator.fit(x_train, y_train)
print(estimator.feature_importances_)

d = {'attribute': df.iloc[:,1:].columns,
    'importance': estimator.feature_importances_ }
df_importance = pd.DataFrame(d)
```

```
df_importance.sort_values('importance', ascending=False)
print(df_importance)
```

```
train score:  0.9903691813804173
test score:  0.7388059701492538
[[129  33]
 [ 37  69]]
              precision    recall  f1-score   support

           0       0.78      0.80      0.79       162
           1       0.68      0.65      0.66       106

    accuracy                           0.74       268
   macro avg       0.73      0.72      0.73       268
weighted avg       0.74      0.74      0.74       268

[0.22819926 0.03473505 0.0189122  0.24205144 0.02091807 0.00943859
 0.10506157 0.         0.29802373 0.00799812 0.00350058 0.03116141]
      attribute  importance
0           Age    0.228199
1         SibSp    0.034735
2         Parch    0.018912
3          Fare    0.242051
4      Pclass_1    0.020918
5      Pclass_2    0.009439
6      Pclass_3    0.105062
7    Sex_female    0.000000
8      Sex_male    0.298024
9    Embarked_C    0.007998
10   Embarked_Q    0.003501
11   Embarked_S    0.031161
```

```
# 의사결정나무 그리기
# http://www.graphviz.org/download/
# pip install graphviz
```

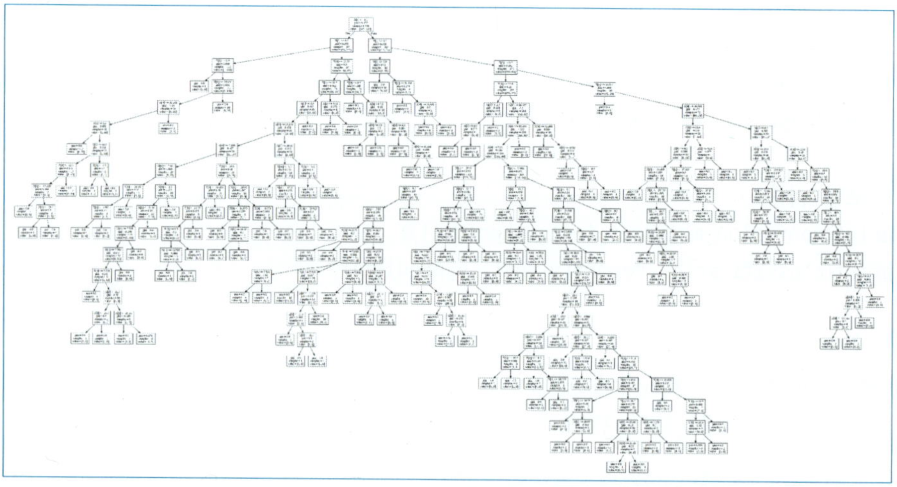

머신러닝 5단계 파이프라인을 따라 로지스틱 모델을 완성했습니다. 모델 평가를 보면 훈련 데이터의 정확도는 99%이고, 이를 테스트 데이터에 적용할 경우 73.9%의 정확도를 확인할 수 있습니다.

타이타닉 생존자 분석을 로지스틱과 의사결정나무 모델로 동일한 파이프라인으로 예측을 수행했습니다. 평가 결과를 비교해 보시면 모델 간 차이점을 더 확실히 이해할 수 있습니다.

연습문제

1 프로그래밍과 머신러닝을 비교하여 설명하시오.

2 머신러닝 분류와 회귀의 차이점을 설명하시오.

3 머신러닝 학습 방법을 설명하시오.

4 머신러닝 학습 중 지도 학습에 대하여 예제를 가지고 설명하시오.

5 머신러닝 학습 중 비지도 학습에 대하여 예제를 가지고 설명하시오.

6 머신러닝의 모델을 평가하는 방법 중 정확도에 대하여 설명하시오.

7 ROC(Receiver Operating Characteristic) 곡선에 대하여 설명하시오.

8 머신러닝 파이프라인에 대하여 설명하시오.

9 공개된 머신러닝 데이터[Breast Cancer Wisconsin (Diagnostic) Data Set 등]를 활용하여 예측 모델(의사결정나무, SVM 등)을 만들고 적용해 보시오.

Breast Cancer Wisconsin (Diagnostic) Data Set:
https://www.kaggle.com/uciml/breast-cancer-wisconsin-data

13장 머신러닝 모델

1. 지도 학습, 비지도 학습 모델
2. 인공신경망 모델
3. 머신러닝 최적화 성능 요소

1 지도 학습, 비지도 학습 모델

머신러닝 본격적인 시작은 파이썬 사이킷런 라이브러리로 시작합니다. 사이킷런에 기본으로 내장되어 있는 데이터 중 하나인 붓꽃 데이터 예시를 통해 머신러닝 모델인 지도, 비지도 학습 모델을 실습해 보겠습니다. 다시 한번 기억할 것은 지도 학습은 레이블(종속변수)이 있고 비지도 학습은 클래스(종속변수)가 없습니다.

지도 학습

K-최근접 이웃(K-Nearest Neighbor, K-NN)은 새로운 데이터가 주어졌을 때 기존 데이터 가운데 가장 가까운 K개 이웃의 정보로 새로운 데이터를 예측하는 모델입니다. [그림 13-1]을 보면 분류하고자 하는 데이터는 '?'로 아직 미정입니다. 이 데이터는 사각형과 삼각형 중 어디로 분류될까요? 우선 자신과 가장 가까운 거리에 있는 것으로 분류를 하면 사각형으로 분류될 것이고, 거리를 K=3으로 정한다면 K=3 이내에 가장 많이 있는 삼각형으로 분류될 것입니다. 만약 K=3 거리에 동일한 숫자의 사각형, 삼각형이 있다면, 거리를 K=2.5로 다시 계산하면 둘 중 하나가 더 많아질 것입니다.

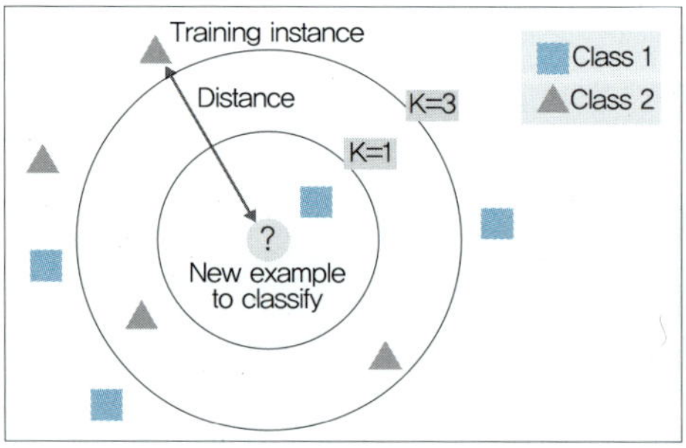

[그림 13-1] K-NN

- K-NN

K-NN은 특별한 학습이라고 할 만한 절차가 없습니다. 새로운 데이터가 들어왔을 때, 기존 데이터 사이의 거리를 계산해 이웃들을 선택하기 때문입니다. K-NN은 모델을 별도로 구축

하지 않는다는 뜻으로 게으른 모델(Lazy model)이라고 하기도 하고, 사례 중심 학습(Instance-based learning)이라고 하기도 합니다. 데이터로부터 모델을 생성해 주어진 임무를 수행하는 대부분 머신러닝 모델 기반 학습(Model-Based Learning)과 대비되는 개념으로, 별도 모델 생성 과정 없이 각각의 관측치(instance)만을 이용하여 분류/회귀 등을 수행한다는 뜻입니다. K-NN의 하이퍼파라미터는 탐색할 이웃 수(K), 거리 측정 방법 두 가지뿐입니다. K가 작을 경우 데이터의 지역적 특성을 지나치게 반영하게 되고(Overfitting), 반대로 매우 클 경우 모델이 과하게 정규화되는 경향이 있습니다(Underfitting). 최근 빅데이터 기반 머신러닝에서는 많이 사용되지는 않는 전통적인 머신러닝 모델입니다.

〈표 13-1〉 K-NN 비교

장점	단점
• 알고리즘이 간단하여 구현하기 쉽다. • 수치 기반 데이터 분류 작업에서 성능이 좋다.	• 학습 데이터의 양이 많으면 분류 속도가 느려진다. (사실 사전 계산을 할 수 없고, 학습 과정이 따로 없기 때문에 분류 속도가 느리다.) • 차원(벡터)의 크기가 크면 계산량이 많아진다.

지도 학습 모델

```
from sklearn import datasets
from sklearn.model_selection import train_test_split
from sklearn.neighbors import KNeighborsClassifier
import numpy as np

iris = datasets.load_iris()

# 종속변수 지정
y = iris.target

# train/test 데이터 분리
train_input, test_input, train_label, test_label
            = train_test_split(iris['data'], y,
```

```
                test_size = 0.3, # test data의 비율
                random_state=0)  # random seed 값

# 지도 학습 모델 중 k-nn 모델 생성
knn = KNeighborsClassifier(n_neighbors = 1)

# 모델 학습
knn.fit(train_input, train_label)

# 분류기 모델의 결과 예측
predict_label = knn.predict(test_input)

# 정확도 확인
print('test accuracy {:.2f}'.format(np.mean(test_label == predict_label)))
# 정확도 출력
```

```
test accuracy 0.98
```

비지도 학습

K-means 알고리즘은 목표변수(라벨, 클래스) 없이, 정답을 모르는 상태로 학습을 하는 대표적인 비지도 학습(Unsupervised learning) 알고리즘 중 가장 쉽고 많이 사용되는 클러스터링 또는 군집 분석 알고리즘입니다.

- K–means 특징

K-means 알고리즘은 직관적으로 이해가 쉽고, 간단하게 구현할 수 있는 모델입니다. 데이터 간의 거리를 구하는 유클리드 거리(Euclidean distance)를 이용하는 군집 분석이나 다른 분석 방법들이 그렇듯 이상 데이터에 민감합니다. 이를 극복하기 위해서 계산 비용이 늘어나는 것을 감수하고라도 다른 거리 지표(median)를 사용하기도 합니다. 이 알고리즘은 데이터의 군집이 원형으로 나누어져 있을 때 잘 동작하기 쉬운 알고리즘이며, 원형이 아니라 직선으로 분리된 데이터셋이나 그 외 다른 모양의 군집 모양을 가졌을 때 적절하지 않을 수도 있습니다. 사전에 군집 대상인 K(하이퍼파라미터)의 수를 미리 알고 있어야 하며 K의 값이

크면 클수록 군집 간의 에러가 줄어들기 때문에 무조건 큰 K의 값을 추천할 가능성이 있습니다. 따라서 K의 값이 커질수록 일종의 페널티를 준다든지 해서 적정한 K의 수를 선택할 수 있게 만드는 방법 등도 고려해야 합니다.

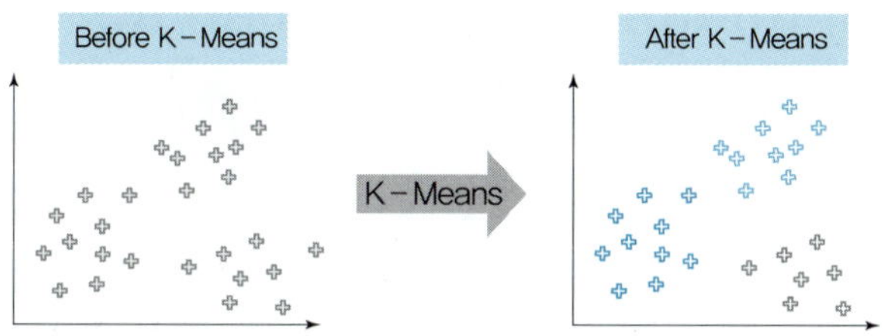

[그림 13-2] K-means[1)]

- K-means 군집 단계

  ① 초기화(Initialization): 데이터 집합에서 k개의 초기 중심점을 무작위로 선택합니다. 이는 최초에 각 클러스터들의 중심이 어디인지 파악하지 못하기 때문입니다.

  ② 클러스터 할당(Cluster Assignment): 중심에 가장 가까운 모든 데이터 요소가 클러스터를 구성합니다. 데이터 포인트와 모든 중심점 사이의 유클리드 거리를 사용하여 두 점 사이의 직선이 그려지며 경계선을 기준으로 두 개의 클러스터로 나누어지게 됩니다.

  ③ 중심 이동(Move the centroid): ②번 과정까지 거치고 난 후, 센터가 필요한 새로운 클러스터가 남았다면 인접한 중심점과 새로운 경계를 생성하여 새로운 클러스터를 생성합니다.

  ④ ②와 ③의 과정을 더 이상 중심점이 이동하지 않을 때까지 반복적으로 수행합니다.

클러스터링은 특성이 비슷한 데이터끼리 묶어주는 머신러닝 기법입니다. 비슷한 뉴스나 사용 패턴이 유사한 사용자를 묶어 주는 것과 같은 패턴 인지나 데이터 압축 등에 널리 사용되는 학습 방법입니다. 클러스터링 알고리즘은 K-means외에도 DBSCAN, Hierarchical clustering, Spectral Clustering 등 여러 가지 기법이 있으며, 알고리즘의 특성에 따라 속도나 클러스터링 성능에 차이가 있기 때문에, 데이터 모양에 따라서 적절한 클러스터링 알고

1) https://www.superdatascience.com/blogs/self-organizing-maps-soms-k-means-clustering-refresher/

리즘을 선택하는 것이 중요합니다. 다음은[2] 사이킷런에 나와 있는 클러스터링 알고리즘의 성능에 대한 비교표입니다.

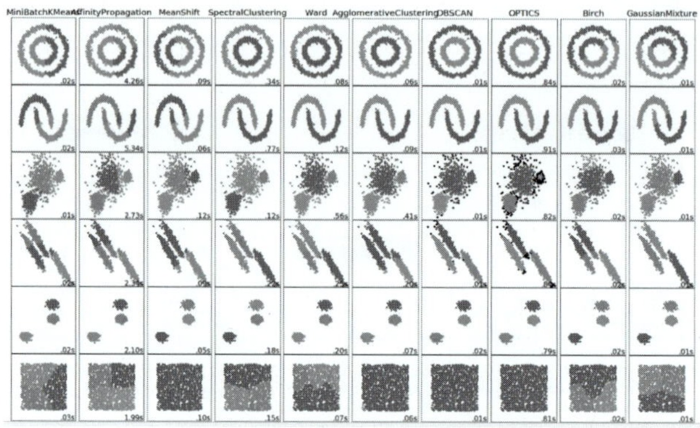

[그림 13-3] 클러스터링 알고리즘

비지도 학습 모델

```
from sklearn import datasets
import matplotlib.pyplot as plt
import pandas as pd
from sklearn.cluster import KMeans

# 데이터 불러오기
iris = datasets.load_iris()

# 종속변수 지정
X = iris.data[:, :2]
y = iris.target

# "Sepal length"와 "Sepal width" 컬럼 두 개만 추출하여
```

2) https://scikit-learn.org/stable/modules/clustering.html#clustering

```
# 스캐터 플롯으로 확인
plt.scatter(X[:,0], X[:,1], c=y, cmap='gist_rainbow')
plt.xlabel('Speal Length', fontsize=18)
plt.ylabel('Sepal Width', fontsize=18)

# 비지도 학습 모델
KMeans = KMeans(n_clusters = 3, n_jobs = 4, random_state=21)

# 모델 학습
KMeans.fit(X)

# 중심점 출력
centers = KMeans.cluster_centers_
print(centers)
```

```
[[5.77358491 2.69245283]
 [5.006      3.428     ]
 [6.81276596 3.07446809]]
```

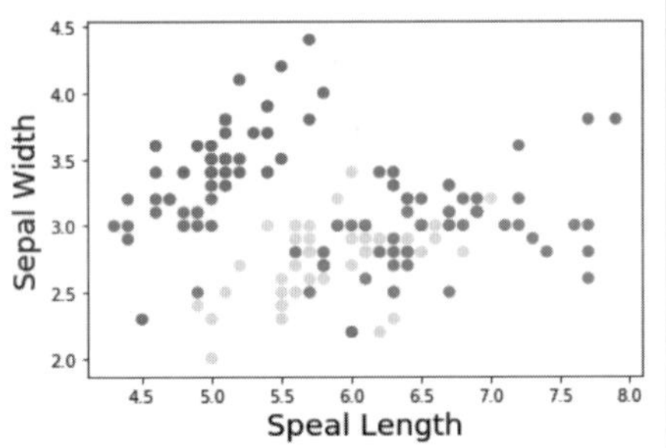


```
# 원본 데이터와 클러스링 결과 비교
# 해당 데이터가 어느 클러스터에 속하는지 확인합니다.

new_labels = KMeans.labels_

fig, axes = plt.subplots(1, 2, figsize=(16,8))
axes[0].scatter(X[:, 0], X[:, 1], c=y, cmap='gist_rainbow',
edgecolor='k', s=150)
axes[1].scatter(X[:, 0], X[:, 1], c=new_labels, cmap='jet',
edgecolor='k', s=150)
axes[0].set_xlabel('Sepal length', fontsize=18)
axes[0].set_ylabel('Sepal width', fontsize=18)
```

```
axes[1].set_xlabel('Sepal length', fontsize=18)
axes[1].set_ylabel('Sepal width', fontsize=18)
axes[0].tick_params(direction='in', length=10, width=5, colors='k', labelsize=20)
axes[1].tick_params(direction='in', length=10, width=5, colors='k', labelsize=20)
axes[0].set_title('Actual', fontsize=18)
axes[1].set_title('Predicted', fontsize=18)
```

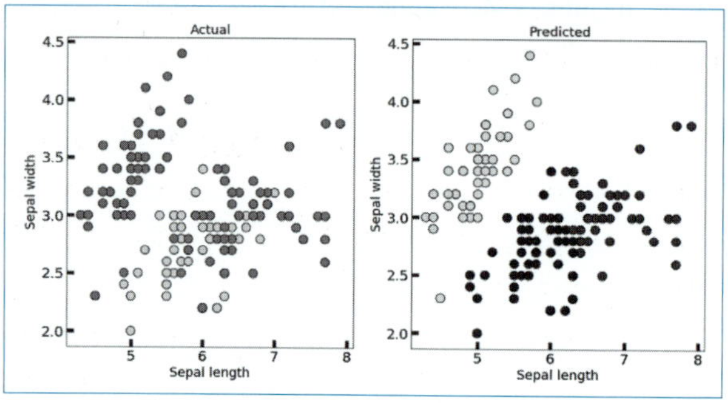

2 인공신경망 모델

인공신경망

퍼셉트론(Perceptron)은 프랑크 로젠블라트(Frank Rosenblatt)가 1957년에 제안한 초기 형태의 인공신경망으로 다수의 입력으로부터 하나의 결과를 내보내는 알고리즘입니다. 퍼셉트론은 실제 뇌를 구성하는 신경 세포 뉴런의 동작과 유사한데, 먼저 신경 세포 뉴런의 [그림 13-4]를 보도록 하겠습니다. 뉴런은 가지돌기에서 신호를 받아들이고, 이 신호가 일정치 이상의 크기를 가지면 축삭돌기를 통해서 신호를 전달합니다.

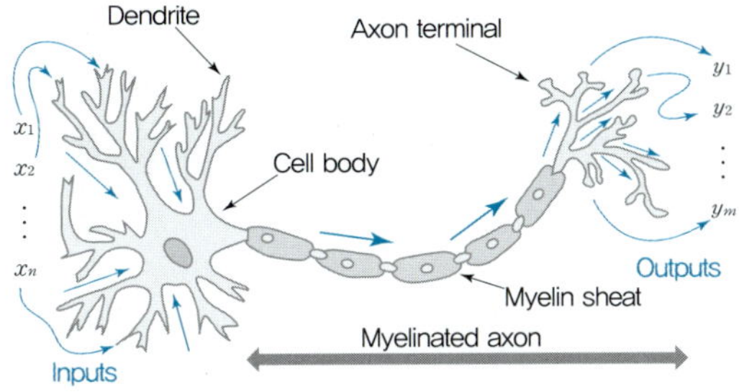

[그림 13-4] 인간 신경망

인간 신경망을 퍼셉트론으로 만들어 보면 x는 입력값, w는 가중치(weight), y는 출력값이 됩니다. [그림 13-5]에서 원은 인공 뉴런(y)입니다. 실제 신경 세포 뉴런에서 신호를 전달하는 축삭돌기의 역할을 퍼셉트론에서는 가중치가 담당합니다. 각각의 인공 뉴런에서 보내진 입력값 x는 각각의 가중치 W와 함께 인공 뉴런(y)에 전달되고 있습니다. 각각의 입력값에는 각각의 가중치가 존재하는데, 이때 가중치의 값이 크면 클수록 해당 입력값이 중요하다는 것을 의미합니다.

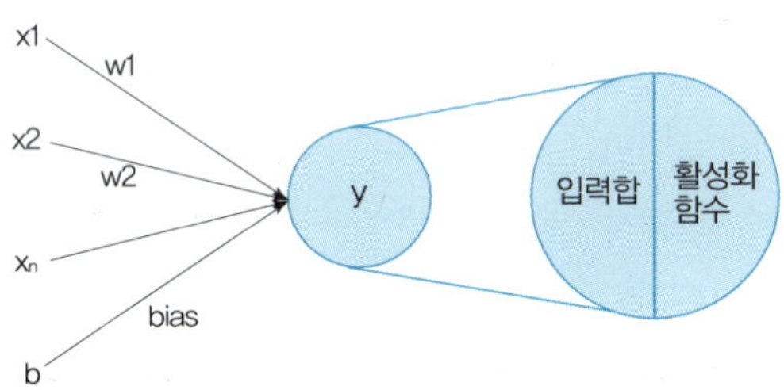

[그림 13-5] 퍼셉트론

각 입력값이 가중치와 곱해져서 인공 뉴런에 보내지고, 각 입력값과 그에 해당되는 가중치의 곱의 전체 합이 임계치(threshold)를 넘으면, 종착지에 있는 인공 뉴런(y)은 출력 신호로써 1을 출력하고, 그렇지 않을 경우에는 0을 출력합니다. 이렇게 뉴런에서 출력값을 변경시키는 함수를 '활성화 함수(Activation Function)' 라고 합니다. 퍼셉트론은 활성화 함수로 계단 함수(계단 함수는 로지스틱에서 이미 배웠습니다.)를 사용하였지만, 그 뒤에 등장한 여러 가지 발전된 신경망들은 계단 함수 외에도 여러 다양한 활성화 함수를 사용하기 시작했습니다. 퍼셉트론 계단 함수를 로지스틱 회귀에서 배운 시그모이드 함수로 변경하면 방금 퍼셉트론의 이진 분류를 수행하는 로지스틱 회귀와 동일함을 알 수 있습니다. 로지스틱 회귀 모델은 인공신경망에 하나의 인공 뉴런이며 로지스틱 회귀를 수행하는 인공 뉴런과 퍼셉트론의 차이는 단지 활성화 함수의 차이입니다. 활성화 함수는 신경망 모델의 주요 성능 요소이기 때문에 다시 살펴보겠습니다.

인공신경망(ANN, Artificial Neural Networks)은 인간 두뇌의 신경 체계를 모방한 퍼셉트론으로부터 발전되었습니다. 각 인공 신경 체계는 시스템 내부에서 다른 뉴런과 연결되며 신경망은 계층(Layer)들로 배열되어, 한 계층의 뉴런이 다음 계층의 다수 뉴런에게 데이터를 전달하는 구조입니다. 초기 ANN은 은닉 계층이 하나였습니다. 과거 데이터양의 한계와 가중치 최적화가 어려워 신경망의 성능을 보장할 수 없었기 때문입니다. 이런 이유로 단일 은닉 계층의 ANN은 얕은 신경망(shallow neural networks)으로 불리기도 했습니다.

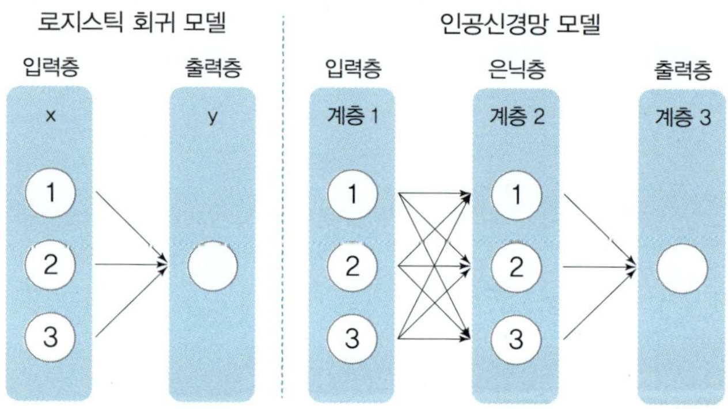

[그림 13-6] 로지스틱 회귀 모델과 인공신경망 모델 비교

인공신경망을 회귀 모델과 비교하면 회귀 모델은 은닉층(중간층) 없이 입력값과 출력값 간의 관계가 직접 연결되어 있습니다. 또한 인공신경망 모델은 입력층에서 출력층 방향으로 연산이 전개되는 피드 포워드 신경망(Feed-Forward Neural Network, FFNN)이라고 합니다. 이렇게 별도로 부르는 이유는 FFNN이 아닌 신경망이 존재하기 때문입니다. [그림 13-7]은 순환 신경망(RNN, Recurrent Neural Network)의 사례입니다. RNN은 은닉층의 출력값을 출력층으로도 값을 보내지만, 동시에 은닉층의 출력값이 다시 은닉층의 입력으로 복잡하게 사용되기도 합니다.

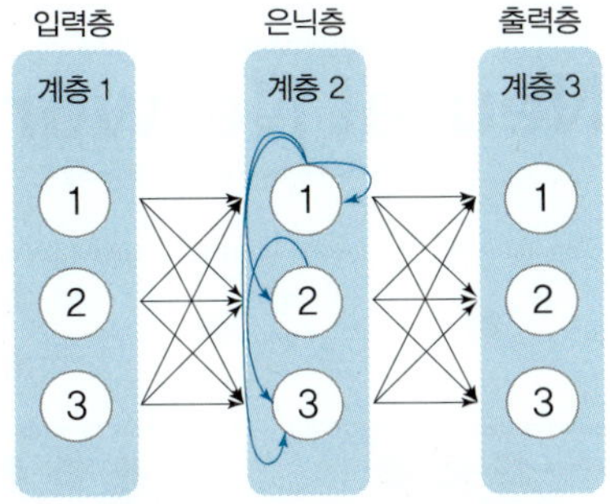

[그림 13-7] 순환신경망(RNN)[3]

기존 인공신경망은 컴퓨팅 파워의 한계로 깊은 심층망 구성이 어려웠습니다. 그런데 최근 여러 알고리즘과 GPU와 같은 컴퓨터 칩 기술의 발달로 심층망을 사용하기 쉬워졌고, 이것은 오늘날 딥러닝 등과 같이 전통 인공신경망 구조를 변형하고 개선한 다양한 모델들이 진화를 거듭하고 있습니다.[4]

3) Kriegeskorte N, Golan T. Neural network models and deep learning. Curr Biol. 2019 Apr 1;29(7):R231-R236. doi: 10.1016/j.cub.2019.02.034. PMID: 30939301.

4) The mostly complete chart of Neural Networks, explained (2017,8)

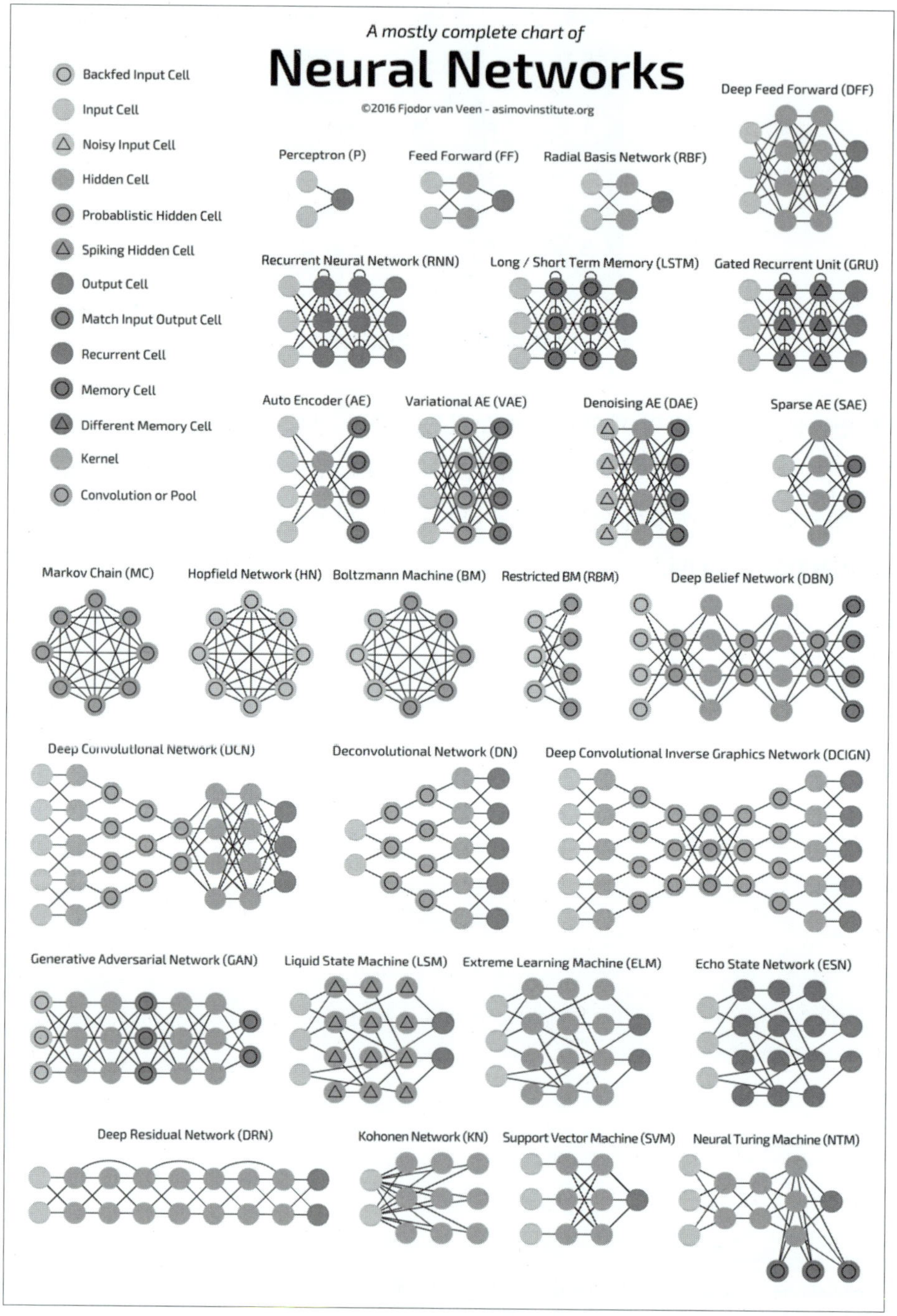

[그림 13-8] 신경망 모델의 발전

기본 신경망

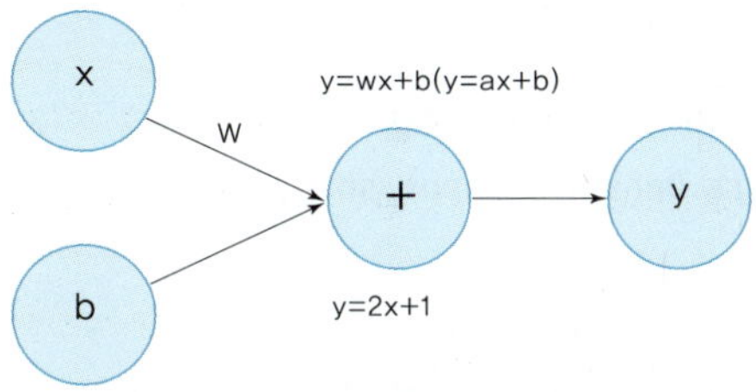

X	Y	구분
0	1	학습
1	3	학습
2	?	예측
3	?	예측
4	?	예측
5	?	예측

[그림 13-9] 기본 인공신경망

케라스 프레임으로 [그림 13-9]를 간단한 기본 신경망으로 만들어보겠습니다. 신경망 모델은 x 입력에서 W 가중치와 b 바이어스를 학습을 통해 y 결괏값을 찾는 과정입니다.

```
# 케라스
import keras
import numpy
import matplotlib as mpl
import matplotlib.pyplot as plt
import seaborn as sns

# 데이터 불러오기
x = numpy.array([0, 1, 2, 3, 4,5])
y = x * 2 + 1
print(x)
print(y)
```

```
[0 1 2 3 4]
[1 3 5 7 9]
```

```
# ANN 모델 정의
model = keras.models.Sequential()

# ANN 층 설정
# 입력 노드 1개, 가중치 1개. 선형 모델
model.add(keras.layers.Dense(1, input_shape=(1,)))

# ANN 모델 설정
# 최적화 알고리즘: 확률적 경사 하강법(SGD)
# 손실 함수: 평균제곱오차(MSE)
model.compile(optimizer='SGD', loss='mse', metrics=["accuracy"])

# ANN 모델 학습
# 전체 데이터중 2개를 이용 입출력 신호 지정
# Epochs: 반복 학습 횟수
# verbose 학습 진행 상황(0,1,2)
hist = model.fit(x[:2], y[:2], epochs=1000, verbose=0)

# ANN 모델 평가
print('Targets:', y[2:])
print('Predictions:', model.predict(x[2:]).flatten())

# 모델 요약
model.summary()
```

```
Targets: [5 7 9]
Predictions: [4.9902353 6.9831696 8.976104 ]
_________________________________________________________________
Layer (type)                 Output Shape              Param #
=================================================================
dense_5 (Dense)              (None, 1)                 2
=================================================================
Total params: 2
Trainable params: 2
Non-trainable params: 0
```

```
"""모델 정보 출력"""
l1 = model.layers[0]

print(' name : {},\n type : {},\n shape : {},\n activation : {},\n params
: {}'.format(l1.name, type(l1), l1.output_shape, l1.activation.__name__,
l1.count_params()))
```

```
name : dense_5,
type : <class 'keras.layers.core.Dense'>,
shape : (None, 1),
activation : linear,
params : 2
```

```
""결과 시각화"""

plt.figure(figsize=(8, 4))
plt.subplot(1, 2, 1)
plt.plot(hist.history['loss'])
plt.title("loss")

plt.subplot(1, 2, 2)
plt.title("acc")
plt.plot(hist.history['accuracy'], 'b-', label="training")
plt.legend()
plt.tight_layout()
plt.show()
```

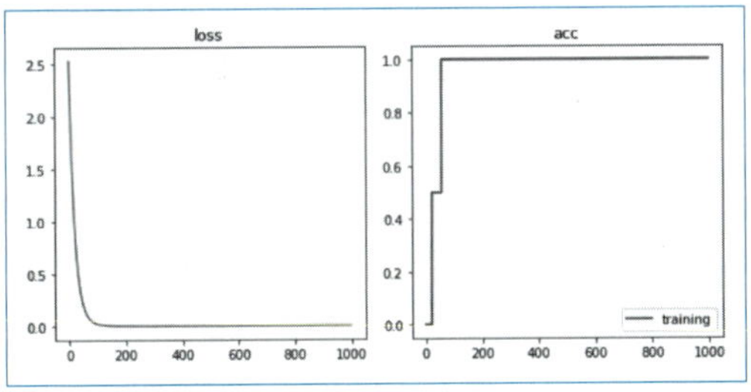

케라스 신경망

케라스를 사용한 신경망 작업 절차는 보통 다음과 같이 진행합니다.

- 1단계: 입출력 훈련 데이터 정의
- 2단계: 신경망 모델 정의

  1) Sequential 모형 클래스 객체 생성

케라스 모델 정의 방법은 두 가지가 있습니다.

첫째, 가장 자주 사용하는 구조인 층을 순서대로 쌓아 올린 네트워크를 사용하는 Sequential 클래스가 있습니다.

둘째, 완전히 새로운 구조를 만들 수 있는 비순환 유향 그래프(DAG, Directed Acyclic Graph)인 함수형 API를 사용하는 방법이 있습니다. 초보 단계에서는 Sequential 클래스를 사용하면 됩니다.

2) add 함수로 신경망 레이어 추가

① 입력단부터 순차적으로 추가

② 레이어는 출력 뉴런 개수를 첫 번째 인수로 받기

③ 최초의 레이어는 input_dim 인수로 입력 크기를 설정

④ activation 인수로 활성화 함수 설정

- 3단계: 모델 학습

compile 메서드로 모형 완성

① optimizer 인수로 최적화 알고리즘 설정

② loss 인수로 비용함수 설정

③ metrics 인수로 트레이닝 단계에서 기록할 성능 기준 설정

- 4단계: 모델의 fit() 함수를 반복적으로 수행

fit 메서드로 트레이닝

① nb_epoch로 에포크(epoch) 횟수 설정

② batch_size로 배치 크기(batch size) 설정

③ verbose는 학습 중 출력되는 문구를 설정하는 것으로, 주피터 노트북을 사용할 때는 verbose=2로 설정하여 진행 막대(progress bar)가 나오지 않도록 설정

8 케라스 ANN 이미지 모델

1) 데이터 불러오기

MNIST 데이터를 이용해서 손 글씨 데이터를 분류하고 예측하는 모델을 만들어 보겠습니다. 케라스에는 기본적으로 MNIST 데이터가 numpy 배열 형태로 포함되어 있습니다. 다음

과 같이 불러온 MNIST train_images에는 총 60,000개의 28×28 크기의 이미지와 train_labels에는 이미지 60,000개에 대한 결괏값(0~9)이 담겨 있습니다. 그리고 test_images에 10,000개의 이미지와 레이블 데이터가 있습니다.

train_images을 통해 모델을 학습하고, test_images를 이용해 학습된 모델의 정확도를 평가하는 절차로 진행합니다.

```
# 필요한 라이브러리 불러오기
from keras.datasets import mnist
from keras import models
from keras import layers
from keras.utils import to_categorical

# MNIST 데이터셋 불러오기
(train_images, train_labels), (test_images, test_labels) = mnist.load_data()
```

2) 데이터 전처리

MNIST 데이터를 확인해 보겠습니다. 첫 번째 데이터는 5이고 두 번째 데이터는 0으로 확인됩니다.

```
# 이미지 데이터 준비하기(모델에 맞는 크기로 바꾸고 0과 1 사이로 스케일링)
train_images = train_images.reshape((60000, 28 * 28))
train_images = train_images.astype('float32') / 255
test_images = test_images.reshape((10000, 28 * 28))
test_images = test_images.astype('float32') / 255
```

```
from keras.datasets import mnist
(train_images, train_labels), (test_images, test_labels) = mnist.load_data()
for x in train_images[0]:
  for i in x:
```

```
    print('{:3} '.format(i), end='')
print()
```

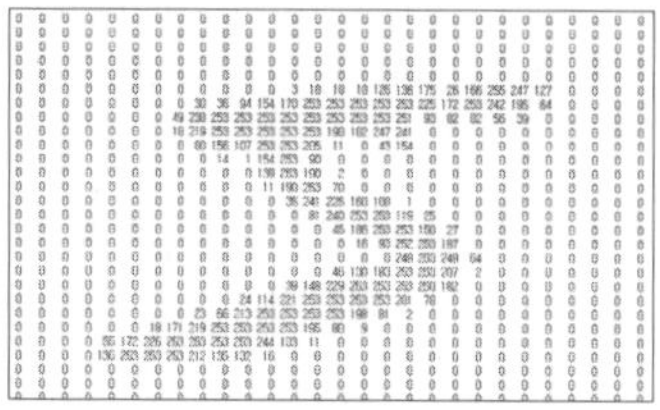

```
plt.imshow(train_images[0], cmap='binary')
```

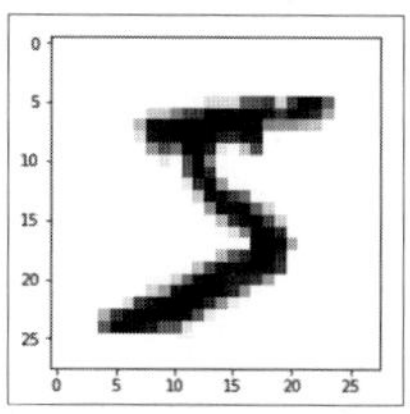


```
# 두 번째 데이터
from keras.datasets import mnist
(train_images, train_labels), (test_images, test_labels) = mnist.load_data()
for x in train_images[1]:
  for i in x:
    print('{:3} '.format(i), end='')
  print()
```

```
plt.imshow(train_images[1], cmap='binary')
```

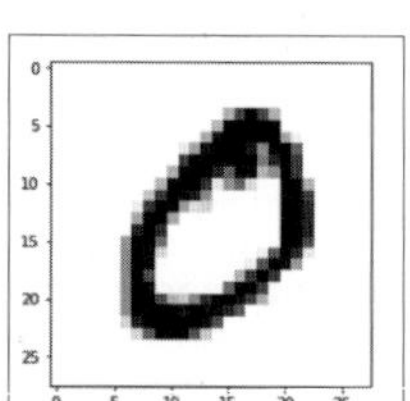

범주형 코딩

```
# 레이블을 범주형으로 인코딩
train_labels = to_categorical(train_labels)
test_labels = to_categorical(test_labels)
```

3) ANN 모델링

Sequential 클래스를 사용하여 모델을 생성합니다. 구축한 신경망 모델은 두 개의 층(layer)으로 완전 연결(fully connected)된 Dense 층 2개가 연속되어 있습니다. 두 번째 층은 10개의 확률 점수가 들어 있는 배열을 반환하는 소프트맥스 층입니다. 각 점수는 현재 숫자 이미지가 10개의 숫자 클래스 중 하나에 속할 확률이 됩니다. Dense의 첫 번째 파라미터는 출력 데이터의 크기, input_shape는 입력 텐서의 크기를 결정합니다. 활성화 함수로 relu를 사용합니다. 두 번째 layer처럼 input_shape를 기재하지 않은 경우에는 앞선 층의 출력 크기를 입력 크기로 자동으로 설정합니다. 활성화 함수로 softmax를 사용합니다.

컴파일 단계에서는 학습 과정을 설정합니다. 여기에서 모델이 사용할 옵티마이저와 손실함수, 훈련하는 동안 모니터링하기 위해 필요한 측정 지표를 지정합니다. categorical_crossentropy는 손실함수이며 가중치를 학습하기 위한 피드백 신호로 사용하고 훈련하는 동안 최소화합니다. 그리고 미니 배치 확률적 경사 하강법을 통해 손실이 감소됩니다. 경사 하강법을 적용하는 구체적인 방식은 첫 번째 매개변수로 전달된 rmsprop 옵티마이저에 의해 결정됩니다.

```
# Sequential 클래스 사용 모델 정의
model = models.Sequential()
model.add(layers.Dense(512, activation='relu', input_shape=(28 * 28,)))
model.add(layers.Dense(10, activation='softmax'))

# 모델 컴파일하기
model.compile(optimizer='rmsprop',loss='categorical_crossentropy',
              metrics=['accuracy'])
```

다음 입력 데이터의 넘파이 배열을(그리고 이에 상응하는 타깃 데이터를) 모델의 fit() 메서드에 전달하여 학습 과정을 진행합니다. fit() 함수를 호출하면 네트워크가 128개 샘플씩 배치로 훈련 데이터를 다섯 번 반복합니다. 반복마다 네트워크가 배치에서 손실에 대한 가중치의 그래디언트를 계산하고, 그에 맞추어 가중치를 업데이트합니다.

4) 학습

```
# fit() 메서드로 모델 훈련
hist=model.fit(train_images, train_labels, epochs=5, batch_size=128)
```

5) 결과 평가

```
이제 모델이 완성되었으니 테스트 데이터를 적용해서 결과를 확인해보겠습니다.
에포크 1회 수행만으로도 손실을 줄이고 정확도는 좋아지고 있습니다.
# 테스트 데이터로 정확도 평가
test_loss, test_acc = model.evaluate(test_images, test_labels)
print('test_acc: ', test_acc)
model.summary()
```

```
Epoch 1/5
60000/60000 [==============================] - 3s 56us/step - loss: 0.2565 - acc: 0.9264
Epoch 2/5
60000/60000 [==============================] - 3s 50us/step - loss: 0.1040 - acc: 0.9699
Epoch 3/5
60000/60000 [==============================] - 3s 51us/step - loss: 0.0671 - acc: 0.9798
Epoch 4/5
60000/60000 [==============================] - 3s 51us/step - loss: 0.0490 - acc: 0.9851
Epoch 5/5
60000/60000 [==============================] - 3s 50us/step - loss: 0.0370 - acc: 0.9889
10000/10000 [==============================] - 0s 31us/step
test_acc:  0.9797
_________________________________________________________________
Layer (type)                 Output Shape              Param #
=================================================================
dense_6 (Dense)              (None, 512)               401920
_________________________________________________________________
dense_7 (Dense)              (None, 10)                5130
=================================================================
Total params: 407,050
Trainable params: 407,050
Non-trainable params: 0
_________________________________________________________________
```

시각화하여 결과를 확인합니다.

```
import matplotlib as mpl
import matplotlib.pylab as plt

plt.figure(figsize=(8, 4))
plt.subplot(1, 2, 1)
plt.plot(hist.history['loss'])
plt.title("loss")
plt.subplot(1, 2, 2)

plt.title("accuracy")
plt.plot(hist.history['accuracy'], 'b-', label="training")
#plt.plot(model.history['val_accuracy'], 'r:', label="validation")
plt.legend()
plt.tight_layout()
plt.show()
```

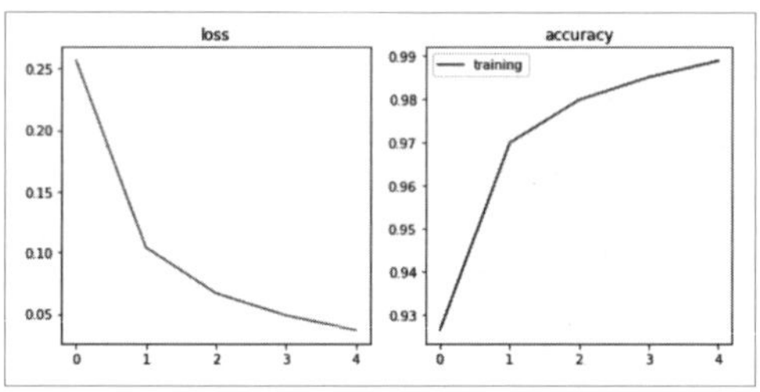

3 머신러닝 최적화 성능 요소

가장 좋은 머신러닝 모델은 '일반화가 잘된, 같은 현상을 반복 설명할 수 있는 간단한 모델'이라고 했습니다. 이 일반화(목표)는 최적화(과정)에서 성능 향상 요소인 비용함수, 옵티마이저, 활성화 함수, 가중치 규제, 적당한 데이터 분할을 조정(이를 하이퍼파라미터 튜닝이라고도 합니다.)함으로써 가능합니다.

비용함수

선형회귀식과 마찬가지로 신경망에서도 비용함수는 예측값과 출력값의 차이입니다. 따라서 학습에서 최소화해야 합니다.

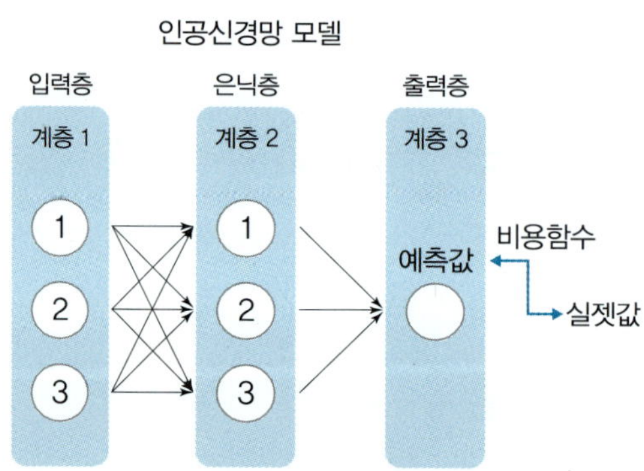

[그림 13-10] 비용함수

문제에 따라 올바른 비용함수를 선택하는 것이 중요한데 신경망은 단순히 비용함수를 최소화하기 위해 진행하므로 그 과정에서 원하지 않는 부수적인 효과가 발생할 수 있습니다. 동일한 조건이라면 정형화된 문제에 대해서는 비용함수는 보통 아래와 같이 사용합니다.

- ✓ 연속형: MSE(Mean Squared Error)
- ✓ 이진 분류: binary crossentropy
- ✓ 다중 분류: categorical crossentropy
- ✓ 회귀 문제: CTC(Connection Temporal Classification)

옵티마이저

역전파 과정에서 가중치를 업데이트하는데 필요한 하이퍼파라미터를 옵티마이저라고 합니다. 역전파는 신경망에서 다시 거꾸로 되돌아가서 가중치를 수정하는 기능입니다. 비용함수의 값을 줄여나가면서 학습하는 방법은 어떤 옵티마이저를 사용하느냐에 따라 달라집니다. 딥러닝에서 다시 설명하겠습니다.

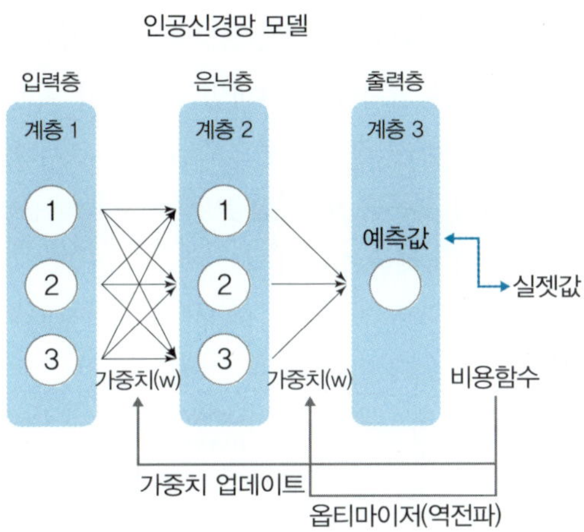

[그림 13-11] 옵티마이저

옵티마이저는 아래와 같은 방법이 있습니다.

- ✓ 배치 경사 하강법(Batch Gradient Descent)
- ✓ 확률적 경사 하강법(Stochastic Gradient Descent, SGD)
- ✓ 미니 배치 경사 하강법(Mini-Batch Gradient Descent)
- ✓ 아다그라드(Adagrad)
- ✓ 알엠에스프롭(RMSprop)
- ✓ 아담(Adam)

활성화 함수

활성화 함수(Activation Function)는 입력층에서 정보를 입력을 받아 활성, 비활성을 결정하는데 사용되는 함수입니다. 입력값에 따라 출력값의 모양이 어떤가에 따라 선형과 비선형으로 나눌 수 있습니다. 선형 함수는 입력의 상수 배만큼 변하는 것으로 선형회귀에서 살펴본 f(x) = x, f(x) = ax 또는 f(x) = ax + b 등의 1차 함수가 있으며 모두 1개의 직선 모양입니다. 반면 비선형은 2개 이상의 직선 또는 곡선 모양을 가지고 있습니다. 비선형 함수에는 시그모이드(Sigmoid), ReLU 등이 있습니다. 인공신경망에서 활성화 함수는 반드시 선형 함수가 아닌 '비선형 함수'를 사용해야 합니다. 왜냐하면 은닉층이 여러 개 다층으로 구성되어 활성화 함수로 선형 함수를 이용하는 경우 단층으로 구성한 것과 똑같이 결과를 도출하여 성능 향상이 어렵습니다. 따라서 깊은망 또는 심층망(Deep Laeyer)를 구성하려면 반드시 1개 이상의 비선형 활성화 함수를 사용해야 합니다.

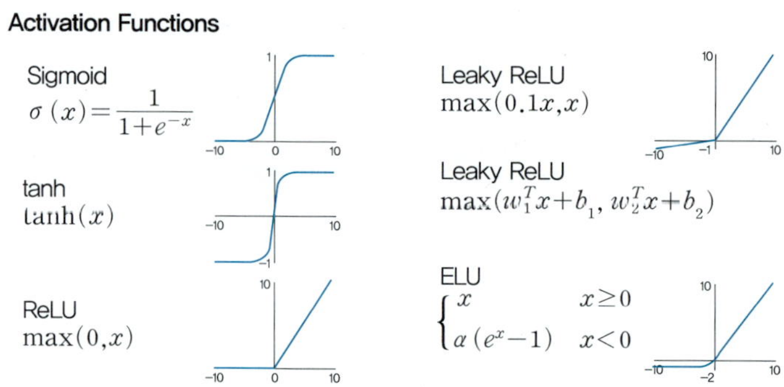

[그림 13-12] 대표적 활성화 함수들

가중치 감소와 규제

과대 적합이란 머신러닝(여기서는 신경망) 모델이 너무 과한 학습으로 인해 훈련 데이터에만 지나치게 적응되어 그 이외의 시험 데이터에 대해서는 제대로 대응하지 못하는 것을 의미한다고 했습니다.

훈련 데이터가 매우 많다면 과대 적합을 줄일 수 있지만, 현실적인 이유로 많이 확보하지 못하는 경우가 많습니다. 이런 상황에서 과대 적합을 줄이도록 하는 여러 기법 중 하나가 바로 가중치 감소(Weight decay)입니다. 가중치 감소는 학습 과정에서 큰 가중치에 대해서 그에 상응하는 큰 페널티를 부과하여 과대 적합을 억제하는 방법입니다. 과대 적합은 가중치 매개변수의 값이 커서 발생하는 경우가 많기 때문입니다. 가중치 감소를 위해 사용되는 방법이 가중치 규제입니다. [그림 13-13]은 규제 전(좌), 규제 후(우) 모델 성능을 비교하고 있습니다. 규제 전에 훈련 데이터에서 우수한 성능을 나타냈지만 테스트에서는 성능이 하락하며 차이를 보이고 있습니다. 반면 규제 후(우) 성능은 훈련 데이터에서 성능이 떨어졌지만 오히려 테스트 데이터에서 다소 좋은 성능을 보이고 있습니다.

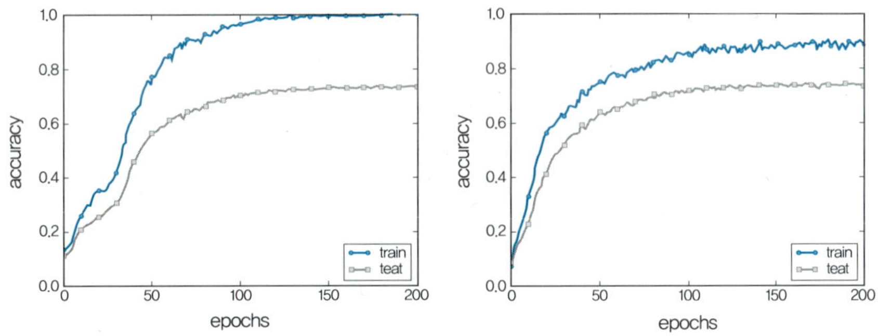

[그림 13-13] 가중치 규제 전(좌측), 가중치 규제 후(우측)

가중치 규제는 비용함수에 몇 가지 공식을 추가하는 방법을 사용합니다. 보통 L1 규제(regularization), L2(regularization) 규제를 사용합니다.

L1 규제는 라쏘(Lasso)라고 하며, 기존 선형회귀 비용함수에 L1 항을 추가한 것입니다.(가중치 W들의 절댓값 합계를 비용함수에 추가)

$$J(\theta) = \frac{1}{2m}\left[\sum_{i=1}^{n}(h_\theta(x^{(i)}-y^{(i)})^2\right]$$

〈선형회귀 비용함수〉

$$J(\theta) = \frac{1}{2m}\sum_{i=1}^{m}\Big(h_\theta(x^{(i)}-y^{(i)}\Big)^2 + \frac{\lambda}{2}\sum_{j=1}^{n}|\theta_j|$$

〈L1 regularization(Lasso)〉

L2 규제는 리지(Ridge)라고 하며, 기존 L1 비용함수에 L2 항을 추가한 것입니다. L1과 비슷하지만 L1에 세타(theta) 값이 업데이트 되었습니다.(모든 가중치 W들의 제곱합을 비용함수에 추가)

$$J(\theta) = \frac{1}{2m}\sum_{i=1}^{m}\Big(h_\theta(x^{(i)}-y^{(i)}\Big)^2 + \frac{\lambda}{2}\sum_{j=1}^{n}\theta_j^2$$

〈L2 regularization(Ridge)〉

데이터 분할 반복

머신러닝 모델 생성 시 데이터가 너무 많으면 (메모리가 부족하기도 하고) 한 번의 계산으로 최적화된 값을 찾는 것이 어렵다는 점입니다. 머신러닝 최적화를 위해서는 한 번의 학습 과정보다 반복적으로 여러 번 학습 과정을 거치며 사용하는 '데이터 분할' 방식으로 성능 향상을 지원합니다.

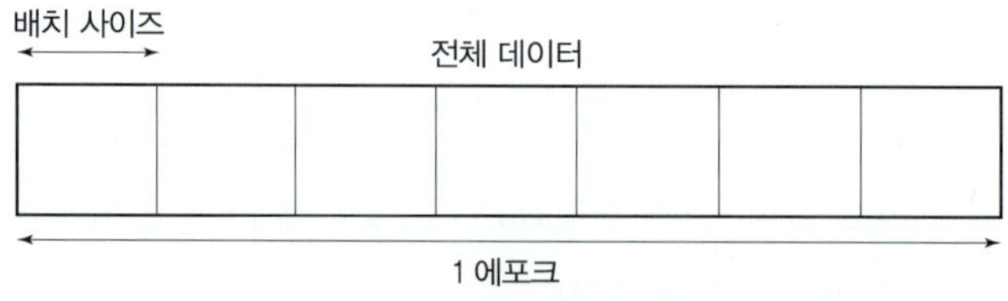

[그림 13-14] 데이터 분할 사이즈

- **배치 사이즈**

각 반복마다 사용하는 데이터 사이즈를 배치 사이즈(batch size)라고 하며 배치 사이즈는 한 번에 사용되는 데이터 샘플의 크기로 분할되는 데이터셋을 의미합니다.

- **에포크**

한 번의 에포크(epoch)는 인공신경망에서 전체 데이터셋에 대해 전진/후진(forward pass/backward pass) 과정을 거친 상태를 의미합니다. 즉, 전체 데이터셋에 대해 한 번 학습을 완료한 상태입니다.

- **반복**

반복(iteration)은 에포크를 나누어서 실행하는 횟수라고 생각하면 됩니다. 대용량 데이터는 메모리의 한계와 속도 저하 때문에 한 번의 에포크에 모든 데이터를 추가할 수는 없습니다. 따라서 데이터를 분할하게 되는데 이때 몇 번 분할하는가를 반복이라 합니다.

✓ 1 에포크: 모든 데이터셋을 한 번 학습

✓ 1 반복: 1회 학습

✓ 미니 배치(Mini batch): 작은 반복으로 데이터셋을 batch size 크기로 쪼개서 학습합니다.

플레이그라운드 머신러닝

머신러닝 개발자가 고민해야 하는 머신러닝 모델 최적화 성능과 관련된 이론들을 살펴보았습니다. 이번 실습에는 구글에서는 제공하는 텐서플로 플레이그라운드(Playground)를 사용해 머신러닝 이론들을 실습해 보겠습니다.

텐서플로 플레이그라운드는 구글에서 제작한 머신러닝 원리를 알려주는 클라우드 기반 프로그램으로 별도로 설치할 필요가 없습니다. 사용자가 선택한 특성(사용자의 예측 모델을 생성하기 위해 사용된 속성들), 노드의 출력을 정의하기 위한 뉴런 활성화 함수, 그리고 각 레이어에서 망의 깊이를 정의하기 위해 사용자가 선택한 개수의 히든 레이어와 뉴런을 이용해 4가지의 분류 문제와 2가지 회귀 문제를 실습할 수 있도록 제공합니다.

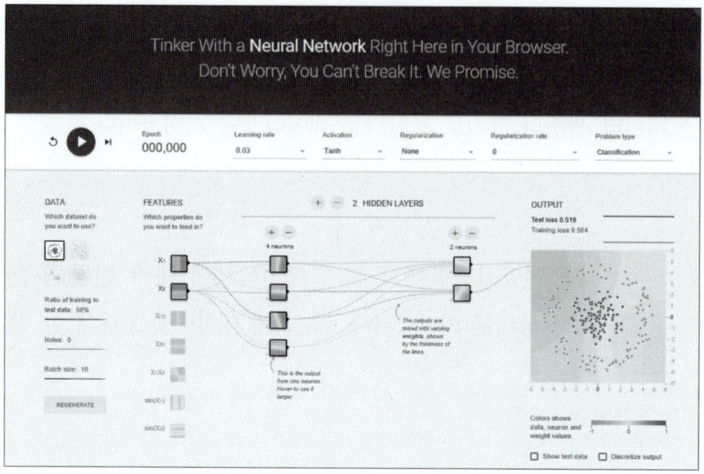

[그림 13-15] 텐서플로 플레이그라운드(https://playground.tensorflow.org/)

- DATA: 입력 데이터 세트
- FEATURES: 입력층
- HIDDEN LAYERS: 은닉층

웹사이트 상단에는 Epoch(에포크), Learning rate(학습률), Activation, Regularization(활성화 함수), Problem type(문제 유형)이 있습니다. Epoch(에포크)는 준비된 학습 예제를 한 번 반복하는 것입니다. 학습 예제 세트에 대해 학습을 한 번 실시할 때마다 에포크 수는 증가합니다. Learning rate(학습률)는 학습 속도를 결정합니다. Activation, Regularization(활성화 함수)은 해당 노드의 출력을 생성하는 함수를 정의합니다. ReLU, Tanh, Sigmoid, Linear 함수 등이 있습니다. Problem type(문제 유형)은 분류, 회귀 중 하나를 선택할 수 있습니다.

활성화 함수만 사용하여 신경망 선형모델과 비선형 모델 성능을 비교해 보겠습니다. 플레이그라운드 데이터 중 [그림 13-16]의 A, B 데이터를 환자 건강과 질병 데이터라고 하면, A 데이터의 각 짙은 점은 건강한 환자 데이터를 의미합니다. 옅은 점은 질병이 있는 환자 데이터라고 가정합니다. 대부분 짙은 점은 (0,0) 근처에 있고 옅은 점은 상대적으로 멀리 위치하고 있습니다.

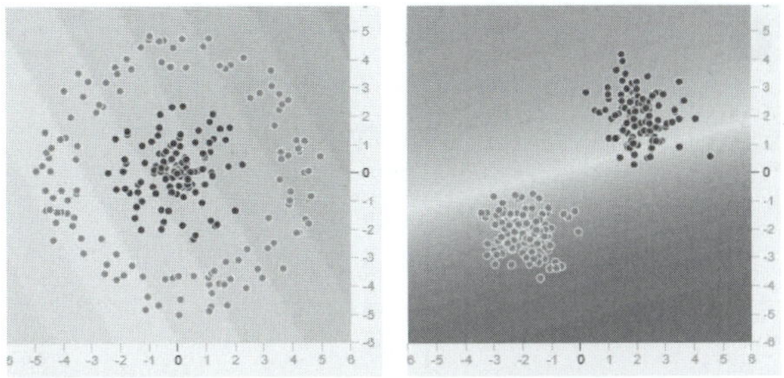

[그림 13-16] 플레이그라운드 입력 데이터 비교

1) 선형 분리가 불가능한 문제에 대한 모델 결과

먼저 선형 분리가 불가능한 문제(A 데이터)에 대한 선형 모델 결과를 신경망으로 구축해 보겠습니다.

① 입력 데이터: A 데이터 선택

② 입력 특징(변수): X1, X2

③ 단일 은닉층 구성: 1 Hidden Layer

④ **활성화 함수 – 선형Liner 선택**

⑤ 신경망 – 4neurons

⑥ 실행(Run) 버튼을 클릭하여 출력(output) 확인

선형 분리가 불가능한 문제(A 데이터)에 대한 선형 모델 결과를 보면 이 모델은 짙은(건강한 환자)과 옅은(암 환자) 점을 제대로 구분하지 못하는 것을 확인할 수 있습니다. 평면 전체의 색이 상대적으로 옅지만 중간에 희미한 경계선이 있으며, 이는 이 모델이 직선으로만 나눌 수 없음을 의미합니다. 따라서 문제(여기서는 데이터)를 직선으로 나누고자 한다면 다른 비선형 모델을 사용하여 이 문제를 해결해야 합니다.

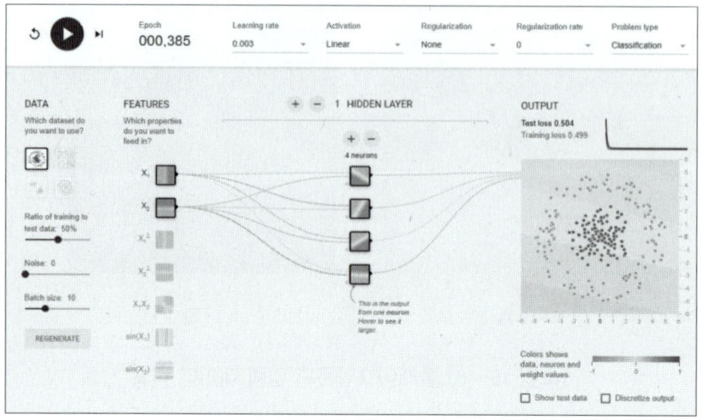

[그림 13-17] 선형 분리가 불가능한 문제(A 데이터)에 대한 선형 모델 결과

2) 선형 분리가 가능한 문제에 대한 모델 결과

이어 선형 분리가 가능한 문제(B 데이터)에 대한 선형 모델 결과를 확인해 보겠습니다.

① 입력 데이터: B 데이터 선택

② 입력 특징: X1, X2

③ 단일 은닉층 구성: 1 Hidden Layer

④ **활성화 함수 – 선형Liner 선택**

⑤ 신경망 – 4neurons

⑥ 실행(Run) 버튼을 클릭하여 출력(output) 확인

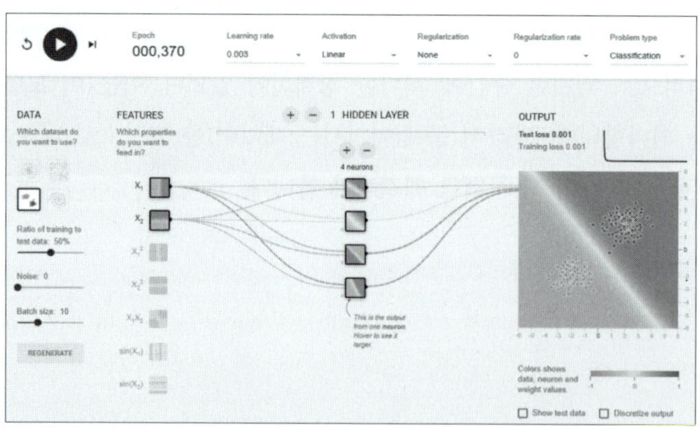

[그림 13-18] 선형 분리가 가능한 문제(B 데이터)에 대한 선형 모델 결과

[그림 13-18]에서 알 수 있듯이 선형 모델은 선형 분리가 가능한 데이터에서는 명확히 분류할 수 있는 모델입니다. 선형 모델은 선형 분리가 가능한 문제를 아주 효율적으로 해결할 수 있습니다. 하지만 복잡한 문제는 단순한 직선으로 구분할 수가 없습니다. 당연하지만 현실의 문제는 대부분 선형으로는 해결 불가능 문제들입니다.

3) 선형 분리가 불가능한 문제에 비선형 모델 결과

다음 하단의 선형 분리가 불가능한 문제(A 데이터)를 비선형 활성화 함수인 ReLU 함수를 적용하여 결과를 확인해 보겠습니다.

① 입력 데이터: A 데이터 선택

② 입력 특징: X1, X2

③ 단일 은닉층 구성: 1 Hidden Layer

④ **활성화 함수 - ReLu 선택**

⑤ 신경망 - 4neurons

⑥ 실행(Run) 버튼을 클릭하여 출력(output) 확인

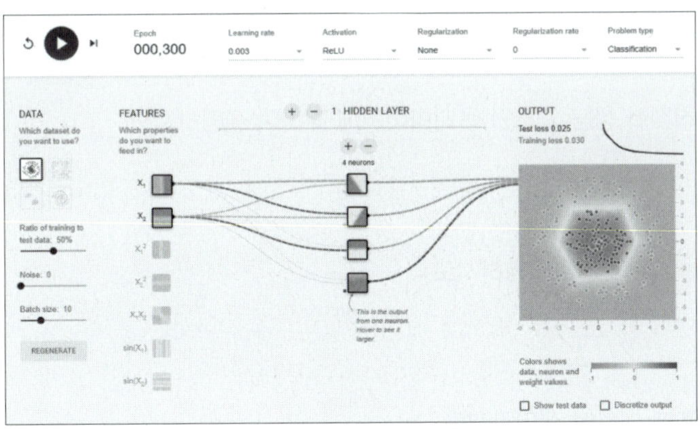

[그림 13-19] 선형 분리가 불가능한 문제(A 데이터)에 비선형 모델 적용 결과

실험 결과를 보면 선형 분리가 불가능한 문제(A 데이터)에 비선형 함수인 ReLu를 적용한 결과 epoch 50회를 넘으면 바로 분류되는 결과를 확인할 수 있습니다. 이와 같이 동일 신경망 모델에서도 하이퍼파라미터 조정을 통해 활성화 함수만 변경해도 우수한 성능의 모델을 만들 수 있습니다.

연습문제

1 지도 학습과 비지도 학습의 차이점을 설명하고 예제를 설명하시오.

2 지도 학습 중 K-최근접 이웃에 대하여 설명하시오.

3 비지도 학습 중 K-means 알고리즘에 대하여 설명하시오.

4 인공신경망을 회귀 모델과 비교하여 무엇인지 설명하시오.

5 케라스를 사용한 신경망 작업 절차를 설명하시오.

6 머신러닝 최적화 성능 요소인 옵티마이저에 대하여 설명하시오.

7 에포크(epoch)에 대하여 설명하시오.

8 배치 사이즈에 대하여 설명하시오.

9 구글 플레이그라운드 1) 다양한 활성화 함수를 사용하고, 2) 은닉층을 추가하여 선형 분리가 가능한 입력 데이터를 활용하여 실습하시오.

14장 딥러닝 텐서플로

1 딥러닝

심층망의 시작

딥러닝 방식(Deep Learning Methods)은 딥 뉴럴 네트워크(Deep Neural Networks)라고도 하며 인공신경망을 확장하여 인간 두뇌의 뉴런 네트워크에서 아이디어를 얻어 개발되었습니다.[1] 심층 신경망 모델인 딥러닝(DNN, Deep Neural Networks)은 인공신경망과 같은 원리입니다. 연속된 층(Layer)에서 점진적으로 학습을 하는 강점이 있으며, 딥러닝에서 딥(Deep)은 연속된 층으로 학습한다는 의미입니다. 컴퓨팅 기술의 발달로 초기 신경망 대비 수십, 수백 개의 은닉층 구성이 가능해졌습니다. 딥러닝은 복잡도가 높은 비정형 빅데이터에 적합하며 더욱 우수한 성능을 발휘할 수 있었기 때문에 오늘날 제2의 인공지능 전성기를 새롭게 개척한 모델입니다. 최근 딥러닝 기술들은 이미지 분석, 자연어 처리, 음성 인식 등 대부분 머신러닝에서 핵심 기술로 발전하고 있습니다.

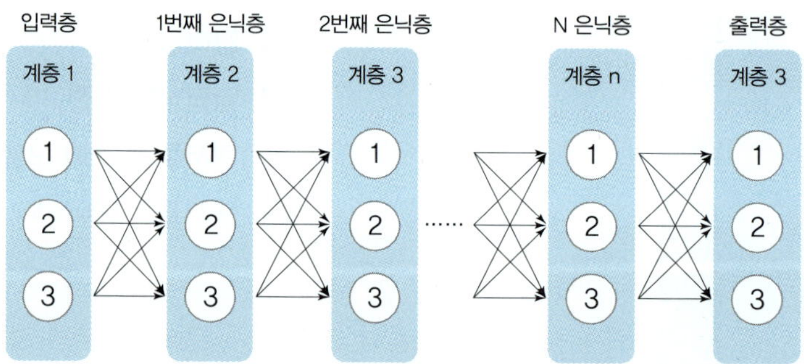

[그림 14-1] DNN(Deep Neural Networks)

텐서플로

텐서플로는 딥러닝을 위해 구글에서 제공하는, 가장 많이 사용하는 딥러닝 프레임워크이며 누구나 사용할 수 있는 머신러닝 오픈소스 라이브러리입니다. 텐서플로에서 텐서(Tensor)는

1) Lee JG, Jun S, Cho YW, Lee H, Kim GB, Seo JB, Kim N. Deep Learning in Medical Imaging: General Overview. Korean J Radiol. 2017 Jul-Aug;18(4):570-584. doi: 10.3348/kjr.2017.18.4.570. Epub 2017 May 19. PMID: 28670152; PMCID: PMC5447633.

데이터를 의미하는데 다차원 배열로 나타내는 데이터를 뜻합니다. 텐서의 원래 의미는 영상 분야에서 RGB 이미지를 삼차원 배열로 나타나는 '텐서 이미지'를 의미합니다.

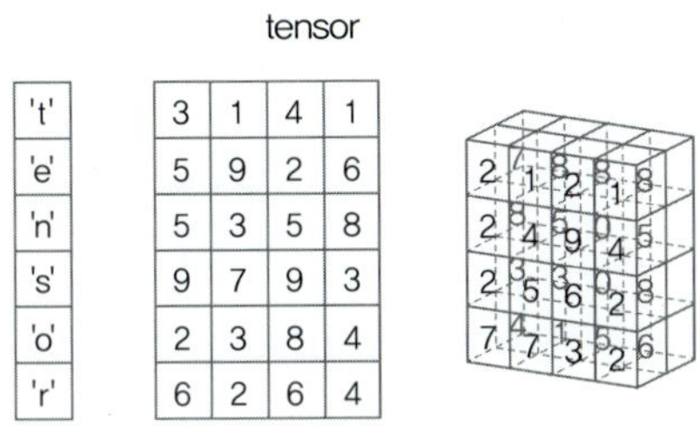

[그림 14-2] 텐서 이미지[2)]

또한 텐서플로에서 플로(Flow)는 데이터의 흐름을 의미합니다. 텐서플로에서 계산은 데이터플로그래프(Dataflow graph)로 진행합니다. 자료 구조에서 배운 그래프를 생각하면 됩니다. 그래프 각각의 노드는 수식(operator)을 의미하며 그래프의 간선(edge)은 시스템을 따라 흘러가는 데이터로 텐서(tensor)를 나타냅니다. 따라서 텐서플로는 그래프를 따라 데이터가 노드를 거쳐 흘러가면서 계산을 수행하는 원리입니다.

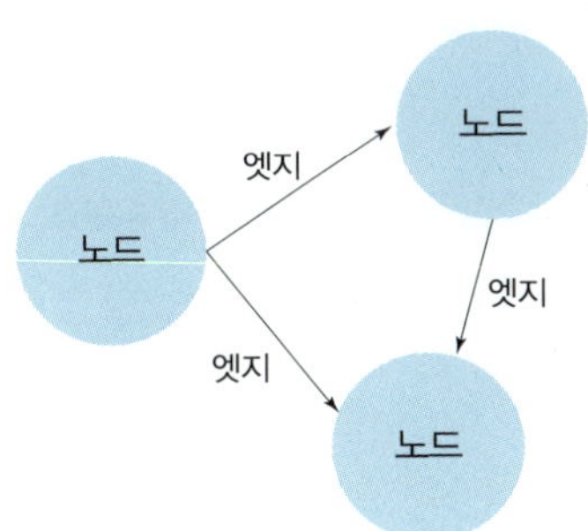

[그림 14-3] 자료 구조 그래프 구조

2) https://medium.com/data-science-bootcamp/understand-tensors-and-matrices-2ea361e303b8

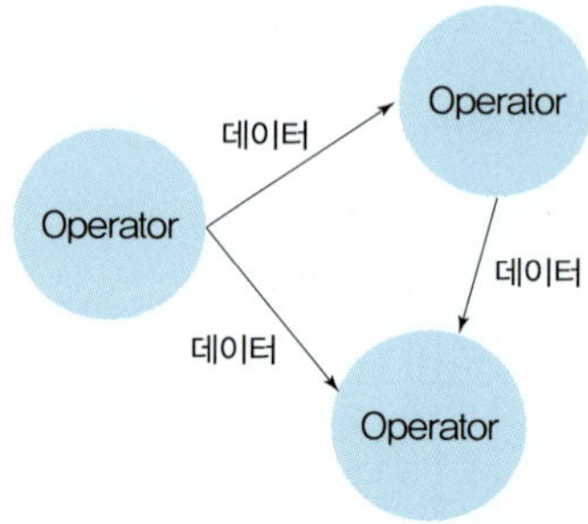

[그림 14-4] 데이터 플로우 그래프(Dataflow graph)

이해를 돕기 위해 텐서플로 신경망 내부를 보겠습니다. 5와 3을 곱하고(mu), 더해(add) 23이 되는 데이터플로그래프 기반 연산(Data Flow Graph Computation)을 텐서플로를 구현할 경우 다음과 같은 내부 구조를 가지게 됩니다.

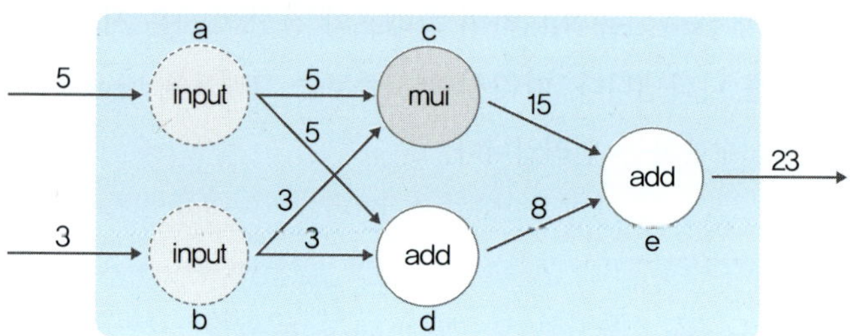

[그림 14-5] 텐서플로 내부 구조

텐서플로 DNN 모델 만들기

1) 데이터 준비 및 분할

텐서플로에서 MNIST 데이터를 DNN 모델 학습을 통해 이미지 인식을 해보겠습니다. 먼저 텐서플로 라이브러리를 임포트합니다. 텐서플로는 케라스가 매우 밀접하게 연관되었고, 다양한 데이터셋은 케라스 라이브러리를 통해 활용할 수 있습니다.

x_train에는 총 60,000장의 28×28 크기의 이미지가 있으며, y_train에는 이 x_train의 60,000장에 대한 값(0~9)이 담겨 있는 레이블 데이터셋입니다. 그리고 x_test와 y_test에는

각각 10,000장의 이미지와 레이블 데이터셋이 있습니다. 먼저 x_train와 y_train을 통해 모델을 학습하고 x_test, y_test를 이용해 학습된 모델의 정확도를 평가해 보겠습니다.

```
import tensorflow as tf
(x_train, y_train), (x_test, y_test) = tf.keras.datasets.mnist.load_data()
x_train, x_test = x_train / 255.0, x_test / 255.0
```

2) DNN 모델링

텐서플로 모델은 총 4개의 레이어로 신경망이 구성되어 있습니다.

1번째 레이어는 입력 이미지의 크기가 28×28이므로 이를 1차원 텐서로 나열합니다.

2번째 레이어는 1번째 레이어에서 제공되는 784개의 값(28×28)을 입력받아 128개의 값으로 인코딩하고 활성화 함수로 ReLU를 사용합니다. 2번째 레이어의 실제 연산은 1번째 레이어에서 제공받은 784개의 값을 784×128 행렬과 곱하고 편향 값을 더하여 얻은 128개의 출력값을 다시 ReLU 함수에 입력해 얻은 128개의 출력입니다.

3번째 레이어는 과대 적합 방지를 위한 드롭아웃 과정으로 128개의 뉴런 중 무작위로 0.2가 의미하는 20%를 다음 레이어의 입력에서 규제합니다. 이렇게 20% 정도가 규제된 값이 4번째 레이어에 입력되어 총 10개의 값을 출력합니다.

4번째 레이어는 활성화 함수로 Softmax를 사용합니다. Softmax는 마지막 레이어의 결괏값을 다중 분류를 위한 확률값으로 해석할 수 있도록 하기 위해 사용합니다. 10개의 값을 출력하는 이유는 입력 이미지가 0~9까지의 어떤 숫자를 의미하는지에 대한 각각의 확률을 계산하려는 목적입니다.

```
model = tf.keras.models.Sequential([
    tf.keras.layers.Flatten(input_shape=(28, 28)),
    tf.keras.layers.Dense(128, activation='relu'),
    tf.keras.layers.Dropout(0.2),
    tf.keras.layers.Dense(10, activation='softmax')
])
```

다음 정의된 모델을 학습하기에 앞서 컴파일합니다. 모델 학습 중에 역전파를 통한 가중치 최적화를 위한 기울기 방향에 대한 경사 하강을 위한 방법으로 'Adam'을 사용합니다. 비용 함수로 다중 분류의 Cross Entropy Error인 'sparse_categorical_crossentropy'를 사용했습니다. 그리고 모델 평가를 위한 평가 지표로 'accuracy'를 설정합니다.

```
model.compile(optimizer='adam',
              loss='sparse_categorical_crossentropy',
              metrics=['accuracy'])
```

3) 모델 학습

학습에 사용되는 데이터와 학습 반복 횟수로 5회 에포크(반복 학습 단위)를 설정합니다. 학습이 완료되면 다음과 같은 내용이 출력됩니다. 모델 피팅이 완료되면 평가를 위한 데이터셋을 지정하고, 평가 데이터셋에 대한 손실 값과 정확도를 확인합니다.

```
# 에포트 횟수가 반복될수록 비용함수는 줄어들고 정확도는 향상되고 있습니다.
hist=model.fit(x_train, y_train, epochs=5)
```

```
Train on 60000 samples
Epoch 1/5
60000/60000 [==============================] - 9s 146us/sample - loss: 0.0415 - accuracy: 0.9857
Epoch 2/5
60000/60000 [==============================] - 9s 153us/sample - loss: 0.0379 - accuracy: 0.9871
Epoch 3/5
60000/60000 [==============================] - 9s 145us/sample - loss: 0.0362 - accuracy: 0.9879
Epoch 4/5
60000/60000 [==============================] - 9s 150us/sample - loss: 0.0346 - accuracy: 0.9889
Epoch 5/5
60000/60000 [==============================] - 9s 153us/sample - loss: 0.0318 - accuracy: 0.9891
```

4) 모델 평가

```
# 최종 인식 정확도는 98.1%로 도출되었습니다.
test_loss, test_acc = model.evaluate(x_test, y_test,verbose=2)
print('test_acc:',test_acc)
```

```
10000/1 - 1s - loss: 0.0343 - accuracy: 0.9810
test_acc:  0.981
```

```
model.summary()
```

```
Model: "sequential_1"
_________________________________________________________________
Layer (type)                 Output Shape              Param #
=================================================================
flatten_1 (Flatten)          (None, 784)               0
_________________________________________________________________
dense_2 (Dense)              (None, 128)               100480
_________________________________________________________________
dropout_1 (Dropout)          (None, 128)               0
_________________________________________________________________
dense_3 (Dense)              (None, 10)                1290
=================================================================
Total params: 101,770
Trainable params: 101,770
Non-trainable params: 0
```

5) 모델 시각화

손실률과 정확도를 시각화해서 좀 더 확인해 보겠습니다.

```
import matplotlib as mpl
import matplotlib.pylab as plt

plt.figure(figsize=(8, 4))
plt.subplot(1, 2, 1)
plt.plot(hist.history['loss'])
plt.title("loss")
plt.subplot(1, 2, 2)

plt.title("accuracy")
plt.plot(hist.history['accuracy'], 'b-', label="training")
```

```
#plt.plot(model.history['val_accuracy'], 'r:', label="validation")
plt.legend()
plt.tight_layout()
plt.show()
```

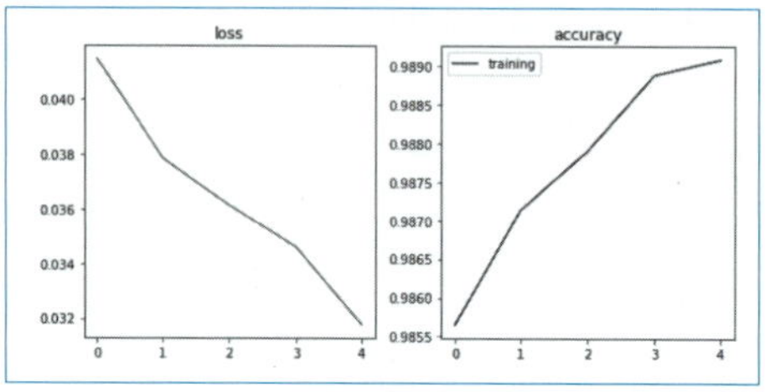

2 딥러닝의 발전

딥러닝의 문제점

앞에서 학습한 바와 같이 기본 인공신경망은 입력에서 출력으로 가중치를 업데이트하면서 활성화 함수를 통해 결괏값을 가지고 왔습니다. 이렇게 앞에서 순서대로 신호를 전달하는 것을 순전파(foward)라고 하며 말 그대로 앞쪽으로 입력값을 전달해 보내는 방식이었습니다. 하지만 모델 피팅(fitting)에서 이야기했듯 한 번 순전파가 전달되고 출력값이 정확하지 않으면 다시 역(reverse)으로 즉 입력 방향으로 오차를 거꾸로 보내며 가중치를 업데이트합니다. 여기서 결과에 영향을 많이 미친 노드(뉴런)에 더 많은 오차를 조정하는데, 이때 다시 되돌아가는 신호를 오차 역전파(Error Backpropagation)라고 합니다. 한 번 돌아와서 학습을 완료하는 것을 1에포트 주기라고 했으며 에포크를 늘릴수록 가중치가 계속 업데이트(학습) 되면서 점점 오차가 줄어들게 됩니다.

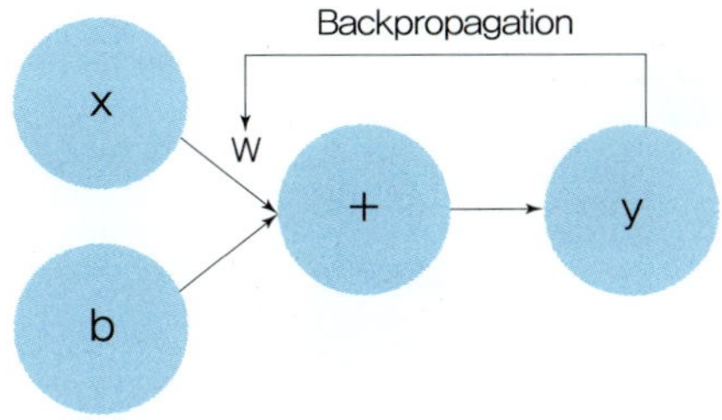

[그림 14-6] 피드포워드 신경망(feed-forward neural network)

딥러닝 알고리즘은 이런 간단한 피드포워드 신경망(feed-forward neural network)부터 출발했습니다. 우리 뇌에 있는 뉴런들이 층층이 연결되어 있는 것을 모방한 것이었습니다. 하지만, 신경망의 층수가 늘어나면서 경사 감소 소멸(Gradient Descent Vanishing) 문제가 발생합니다. 경사 감소 소멸은 역전파(BP, back propagation)를 통해 신경망 내의 가중치들이 제대로 훈련이 되지 않아서 신경망 층이 늘어나면서 출력층의 정보가 역전되는 과정에서 판별력이 소멸되는 문제가 발생하는 것입니다.

이 문제를 해결하기 위해서 신뢰심층망(DBN, deep belief network)과 SAE(Stacked Auto-Encoder) 등의 방법이 제안되었습니다. DBN과 SAE는 각 층의 가중치들을 우선 사전 학습(pre-training)을 통해 어느 정도 정확하게 근접한 값으로 보정한 후에 다시 조정 튜닝(fine-tuning)과정을 통해 최종 가중치를 계산하는 방식들입니다.

이후 좀 더 앞선 방식으로 컨볼루션 신경망(CNN, convolutional neural network)이 개발되었습니다. CNN은 GPU 발전과 더불어 컴퓨터 비전 딥러닝 분야 기술을 완전 정복한 오늘날 대표적인 딥러닝 모델이 되었습니다. 이후 CNN 구조를 개선한 AlexNet 등 여러 딥러닝 알고리즘들이 지속적인 발전을 거듭하고 있습니다.

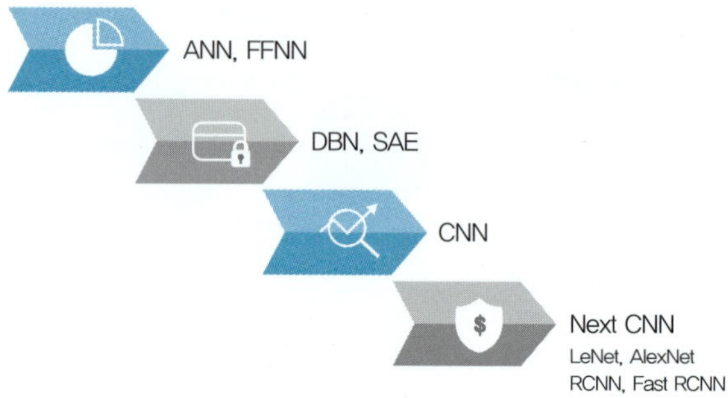

[그림 14-7] 딥러닝의 발전

CNN 모델

머신러닝 분야에서 CNN은 이미지 분류를 위해 많이 사용되어 특정 이미지를 CNN 모델에 입력하면 그 이미지가 강아지인지 고양이인지를 분류해내는 목적으로 사용되었습니다. 기존 피드포워드 신경망의 경우 이미지 픽셀값들을 그대로 입력받아 어떤 클래스에 속하는지 분류했습니다. 하지만 같은 강아지 이미지라도 약간 회전되어 있거나, 크기가 다르고 이미지 변형이 약간만 있어도 분류하는 데 어려움을 겪었습니다. 이 경우 훈련 데이터가 많이 필요했고, 그만큼 훈련 시간도 상당히 길어진다는 단점이 있었습니다. 그래서 이미지 픽셀값들을 그대로 입력받는 것보다는 이미지를 대표할 수 있는 특성들을 도출해서 신경망에 추가하는 기술이 등장하게 됩니다. 어떤 특성을 도출해야 분류에 도움이 될지는 사용자의 판단에 따라 결정됩니다. 예를 들어 사과와 배를 분류하는 문제라면 색에 대한 특성, 길이에 대한 특성, 형태에 대한 특성들을 도출하는 식이었습니다. CNN은 이 특성 도출 과정을 자동화했습니다. 기본 구조를 먼저 살펴보겠습니다.

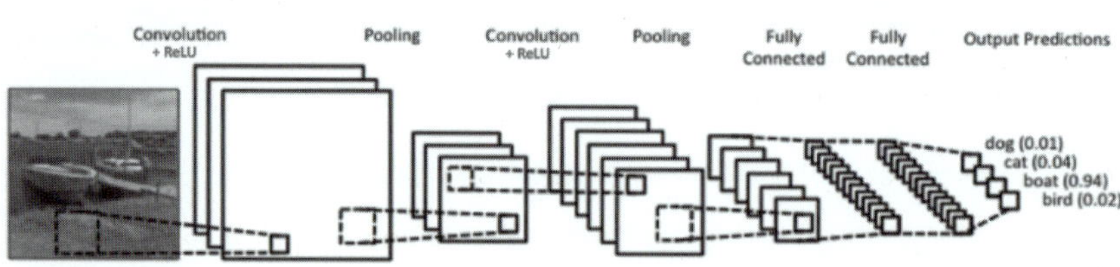

[그림 14-8] CNN 구조

1) 컨볼루셔널 계층(Convolutional Layer)

- 원본 이미지에 컨벌루션(Convolution) 연산을 수행하는 레이어로 필터의 개수, 필터의 크기, 패딩 방법을 정의합니다. 여기에 입력 이미지와 출력 이미지의 해상도가 달라지는 것을 방지하기 위해서 패딩(Padding)을 입력 이미지에 적용합니다.
- 패딩(Padding): 입력 이미지 매트릭스의 상하, 좌우로 '0'을 추가하는 것을 패딩이라고 합니다.
- 필터(Filter): 일반적으로 3X3, 5X5 필터를 사용합니다. 보통 필터의 개수는 레이어가 추가될 때마다 두 배로 늘어납니다.
- Activation Layer: 0보다 작은 값은 0으로 만들어서 사물의 경계선만을 특징으로 선택합니다. 보통 ReLU 함수를 사용합니다.

컨볼루셔널 연산(convolutional operation)

컨볼루셔널 계층에서 수행하는 연산은 다음과 같은 2단계 수학 연산입니다.

- 1단계: 컨볼루셔널 필터 및 입력 행렬의 슬라이스 등 요소별 곱셈(입력 행렬의 슬라이스는 컨벌루셔널 필터와 순위 및 크기가 동일함.)
- 2단계: 곱셈의 결과로 얻어지는 행렬 내 모든 값의 합계

다음과 같은 5x5 입력 행렬을 예로 들어보겠습니다.

128	97	53	201	198
35	22	25	200	195
37	24	28	197	182
33	28	92	195	179
31	40	100	192	177

여기에 다음과 같은 2x2 컨볼루셔널 필터가 있다고 가정합니다.

1	0
0	1

각 컨볼루셔널 연산은 입력 행렬의 단일 2x2 슬라이스와 연관됩니다. 예를 들어 입력 행렬의 왼쪽 상단에 있는 2x2 슬라이스를 사용해 보겠습니다. 이 슬라이스의 컨볼루션 연산은 다음과 같습니다.

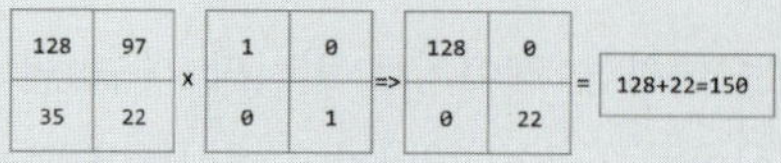

컨볼루셔널 레이어는 일련의 컨볼루셔널 연산으로 이루어지며, 각 연산은 입력 행렬의 서로 다른 슬라이스에 적용됩니다.

2) 풀링 계층(Pooling Layer)

레이어가 추가될 때마다 필터 개수는 두 배로 늘리고 해상도는 반으로 줄이도록 설계한 계층입니다. 사물의 특징을 보존하면서 해상도를 줄이는 역할을 수행합니다. 맥스풀링(Max pooling)은 필터 값이 없는 윈도가 이미지 위에서 이동하면서 내부의 값들 중에 최댓값을 선택하는 방식입니다.

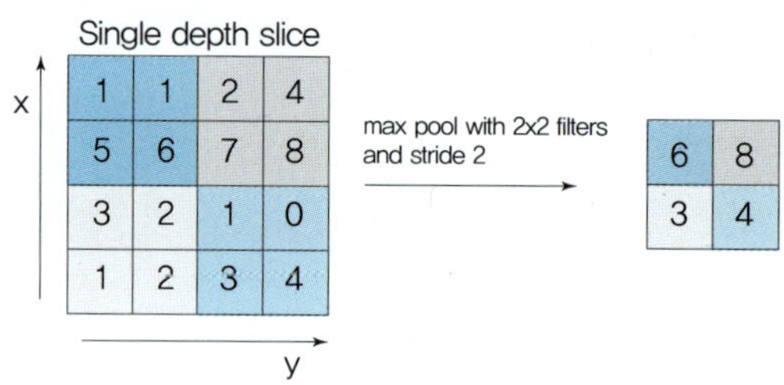

[그림 14-9] Max pooling

3) 완전 연결 층

완전 연결 층(FC Layer: Fully Connected Layer)은 덴스(Dense)하게 연결되어 있다는 뜻이며 히든 레이어(Hidden layer)로써 모든 유닛이 빠짐없이 연결되어 있습니다.

4) 출력층

출력층(Output Layer)은 강아지 또는 고양이의 0과 1의 분류 문제이기 때문에 시그모이드 함수를 사용합니다.

5) 드롭아웃

드롭아웃(Dropout)은 대표적인 과대 적합을 방지하기 위한 규제 방법입니다. 주어진 확률로 임의로 유닛(unit)을 선택해서 중지합니다. 예를 들어 레이어의 유닛 수가 32개이고 Dropout의 확률이 0.25이면 입력이 들어올 때마다 8개의 유닛을 랜덤하게 선택해 규제합니다. 훈련 과정에서만 적용해야 합니다.

이상과 같은 CNN 모델링 단계를 요약하면 다음과 같습니다.

① CONV = 3X3 filter, padding = 'same', activation='relu'로 정의
② CONV 32 X2: 32개의 필터로 CONV를 두 번 수행
③ POOL = 2X2 window, dropout = 0.25로 정의
④ POOL: POOL을 수행한다. 1/4 확률로 랜덤하게 유닛을 규제
⑤ CONV 64 X2: 64개의 필터로 CONV를 두 번 수행
⑥ POOL: POOL을 수행한다. 1/4 확률로 랜덤하게 유닛을 규제.
⑦ FC = activation='relu', 3. dropout = 0.25로 정의
⑧ FC 512: 512개의 units로 뉴럴 네트워크 레이어를 정의. 1/4 확률로 랜덤하게 유닛을 규제
⑨ OUTPUT: 시그모이드(Sigmoid)로 출력 레이어를 정의

필터 모델 개념 실습

필터 개념은 네이버 스노우, 카카오톡 치즈 등 최근 스마트폰 카메라 앱을 사용했다면 금방 이해할 수 있습니다. 필터 기술은 이미지 처리뿐만 아니라 음성 인식 등 여러 신호 처리(Signal Processing) 분야에서 필수 기술로 사용됩니다. 보통 노이즈를 제거하는 등 원본 자료를 가공할 때 사용합니다. CNN의 C의 의미인 컨벌루젼(Convolution) 역시 신호 처리 기본 함수로 자주 사용됩니다.

필터 모델 확인을 위해 사이킷 이미지(Scikit-image)로 실습해보겠습니다. 사이킷 이미지는 파이썬 오픈 소스 이미지 라이브러리입니다. 세분화, 기하학적 변형, 색 공간 조작, 분석, 필터링, 형태학, 형상 감지 등의 알고리즘 기능이 포함되어 있으며 넘파이(NumPy) 및 사이파이

(SciPy)와 상호 운용되도록 설계되어 있습니다. 사이킷 이미지에는 많은 이미지를 제공하고 있으니 변경하여 필터 모델을 만들어 봅시다.

```
import numpy as np
import matplotlib.pylab as plt
from skimage.data import coffee
from skimage.filters import sobel_h, sobel_v
from skimage.color import rgb2gray

# 커피 이미지를 INPUT
image = coffee()
grey_image = rgb2gray(image)

# CONV
edge_h = sobel_h(grey_image)
edge_v = sobel_v(grey_image)

# ReLU
edge_h = np.where(edge_h < 0, 0, edge_h)
edge_v = np.where(edge_v < 0, 0, edge_v)
plt.figure(figsize=(12,4))
plt.subplot(1,3,1)
plt.imshow(image)
plt.xticks([])
plt.yticks([])
plt.subplot(1,3,2)
plt.imshow(edge_h, cmap=plt.cm.gray)
plt.xticks([])
plt.yticks([])
plt.subplot(1,3,3)
plt.imshow(edge_v, cmap=plt.cm.gray)
plt.xticks([])
plt.yticks([])
plt.show()
```

```
# 각각 필터링 된 이미지를 비교해 보세요.
```

3 텐서플로 CNN 모델 만들기

1) 데이터 준비 및 분할

MNIST 데이터셋을 다운로드하고 준비합니다.

```
from tensorflow.keras import datasets, layers, models
(train_images, train_labels), (test_images, test_labels) = datasets.mnist.
load_data()

train_images = train_images.reshape((60000, 28, 28, 1))
test_images = test_images.reshape((10000, 28, 28, 1))

# 픽셀값을 0~1 사이로 정규화합니다.
train_images, test_images = train_images / 255.0, test_images / 255.0
```

2) CNN 모델링

컨볼루션 모델은 보통 6계층으로 구성되는데 Conv2D와 MaxPooling2D 층을 쌓는 일반적인 패턴으로 합성곱 층을 정의합니다. CNN은 이미지 높이, 이미지 너비, 컬러 채널 크기의 텐서(tensor)로 입력으로 받습니다. MNIST 데이터는 (흑백 이미지이기 때문에) 컬러 채널(channel)이 하나지만 컬러 이미지는 (R, G, B) 세 개의 채널을 가집니다. 이 예에서는 MNIST

이미지 포맷인 (28, 28, 1) 크기의 입력을 처리하는 CNN을 정의합니다. 이 값을 첫 번째 층의 input_shape 매개변수로 전달합니다.

```
model = models.Sequential()
model.add(layers.Conv2D(32, (3, 3), activation='relu', input_shape=(28, 28, 1)))
model.add(layers.MaxPooling2D((2, 2)))
model.add(layers.Conv2D(64, (3, 3), activation='relu'))
model.add(layers.MaxPooling2D((2, 2)))
model.add(layers.Conv2D(64, (3, 3), activation='relu'))
```

- 초기 구성 층

Conv2D와 MaxPooling2D 층의 출력은 (높이, 너비, 채널) 크기의 3D 텐서로 높이와 너비 차원은 네트워크가 깊어질수록 감소하는 경향을 가집니다. Conv2D 층에서 출력 채널의 수는 첫 번째 매개변수에 의해 결정됩니다.(예를 들면, 32 또는 64) 일반적으로 높이와 너비가 감소함에 따라 (계산 비용 측면에서) Conv2D 층의 출력 채널을 증가시킵니다.

```
model.summary()
```

```
Model: "sequential_2"
_________________________________________________________________
Layer (type)                 Output Shape              Param #
=================================================================
conv2d_6 (Conv2D)            (None, 26, 26, 32)        320
_________________________________________________________________
max_pooling2d_4 (MaxPooling2 (None, 13, 13, 32)        0
_________________________________________________________________
conv2d_7 (Conv2D)            (None, 11, 11, 64)        18496
_________________________________________________________________
max_pooling2d_5 (MaxPooling2 (None, 5, 5, 64)          0
_________________________________________________________________
conv2d_8 (Conv2D)            (None, 3, 3, 64)          36928
=================================================================
Total params: 55,744
Trainable params: 55,744
Non-trainable params: 0
_________________________________________________________________
```

- **최종 구성 층**

마지막에 Dense 층을 추가하여 모델을 완성하고 합성곱 층의 출력 텐서[크기 (3, 3, 64)]를 하나 이상의 Dense 층에 추가하여 분류를 수행해 봅니다. Dense 층은 벡터(1D)를 입력으로 받는데 현재 출력은 3D 텐서가 됩니다. 먼저 3D 출력을 1D로 확장하고 다음 하나 이상의 Dense 층을 그 위에 추가합니다. MNIST 데이터는 10개의 클래스가 있으므로 마지막에 Dense 층에 10개의 출력과 소프트맥스 활성화 함수를 사용합니다.

```
model.add(layers.Flatten())
model.add(layers.Dense(64, activation='relu'))
model.add(layers.Dense(10, activation='softmax'))
```

최종 모델의 구조를 확인해 보겠습니다. 아래에서 볼 수 있듯이 두 개의 Dense 층을 통과하기 전에 (3, 3, 64) 출력을 (576) 크기의 벡터로 확장했습니다.

```
model.summary()
```

```
Model: "sequential_2"
_________________________________________________________________
Layer (type)                 Output Shape              Param #
=================================================================
conv2d_6 (Conv2D)            (None, 26, 26, 32)        320
_________________________________________________________________
max_pooling2d_4 (MaxPooling2 (None, 13, 13, 32)        0
_________________________________________________________________
conv2d_7 (Conv2D)            (None, 11, 11, 64)        18496
_________________________________________________________________
max_pooling2d_5 (MaxPooling2 (None, 5, 5, 64)          0
_________________________________________________________________
conv2d_8 (Conv2D)            (None, 3, 3, 64)          36928
_________________________________________________________________
flatten (Flatten)            (None, 576)               0
_________________________________________________________________
dense (Dense)                (None, 64)                36928
_________________________________________________________________
dense_1 (Dense)              (None, 10)                650
=================================================================
Total params: 93,322
Trainable params: 93,322
Non-trainable params: 0
_________________________________________________________________
```

3) 모델 정의

정의된 모델을 학습하기에 앞서 컴파일합니다. 모델의 학습 중에 역전파를 통한 가중치 최적화를 위한 기울기 방향에 대한 경사 하강을 위한 방법으로 'Adam'을 사용합니다. 비용함수로 다중 분류인 'sparse_categorical_crossentropy'를 사용하며 모델 평가를 위한 평가 지표로 'accuracy'를 설정합니다.

```
model.compile(optimizer='adam', loss='sparse_categorical_crossentropy',
              metrics=['accuracy'])
```

4) 모델 학습 및 피팅

학습에 사용되는 데이터와 학습 반복 횟수로 5회 에포크(반복 학습 단위)를 설정합니다. 학습이 완료되면 다음과 같은 내용이 출력됩니다. 모델 피팅이 완료되면 평가를 위한 데이터셋을 지정하고, 평가 데이터셋에 대한 손실 값과 정확도를 확인합니다.

```
# 에포트 횟수가 반복될수록 손실함수는 줄어들고 정확도는 향상되고 있습니다.
model.fit(train_images, train_labels, epochs=5)
```

```
Train on 60000 samples
Epoch 1/5
60000/60000 [==============================] - 185s 3ms/sample - loss: 0.0168 - accuracy: 0.9948
Epoch 2/5
60000/60000 [==============================] - 186s 3ms/sample - loss: 0.0130 - accuracy: 0.9959
Epoch 3/5
60000/60000 [==============================] - 199s 3ms/sample - loss: 0.0119 - accuracy: 0.9963
Epoch 4/5
60000/60000 [==============================] - 183s 3ms/sample - loss: 0.0092 - accuracy: 0.9970
Epoch 5/5
60000/60000 [==============================] - 183s 3ms/sample - loss: 0.0082 - accuracy: 0.9975
```

5) 모델 평가

기본 DNN 모델이 98.1% 정확도인데 비하여 99.1%로 CNN 모델의 우수한 성능이 도출되었습니다.

```
# 최종 인식 정확도는 99.1%로 나타났습니다.
test_loss, test_acc = model.evaluate(test_images, test_labels, verbose=2)
print('test_acc:',test_acc)
```

```
10000/1 - 16s - loss: 0.0173 - accuracy: 0.9912
test_acc: 0.9912
```

6) 시각화 평가

```
import matplotlib as mpl
import matplotlib.pylab as plt

plt.figure(figsize=(8, 4))
plt.subplot(1, 2, 1)
plt.plot(hist.history['loss'])
plt.title("loss")
plt.subplot(1, 2, 2)

plt.title("accuracy")
plt.plot(hist.history['accuracy'], 'b-', label="training")
#plt.plot(model.history['val_accuracy'], 'r:', label="validation")
plt.legend()
plt.tight_layout()
plt.show()
```

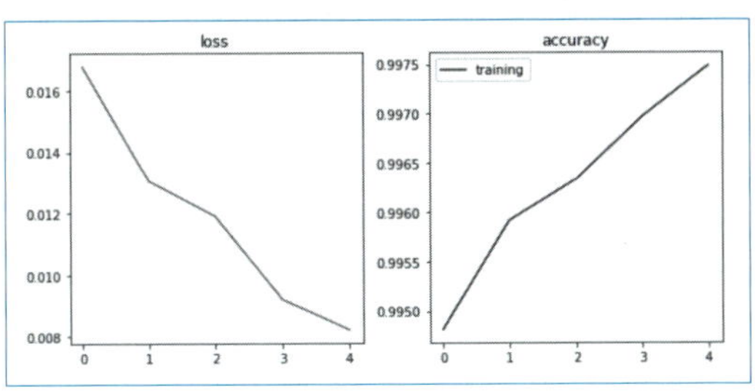

4 텐서플로 Estimator

텐서플로 Estimator(tf.estimator)는 사이킷런과 비슷한 고수준 API입니다. 머신러닝에 기본인 모델 학습, 평가, 예측, 배포 기능을 제공합니다.[3] 사이킷런 API와 호환을 통해 파이썬의 인기 있는 라이브러리들을 사용할 수 있으며 구글 직원들도 많이 사용하고 있다고 합니다. 텐서플로 2.0에서 케라스 API는 배우기 쉬운 API이므로 새로 시작하는 경우 케라스로 시작하는 것을 추천합니다.

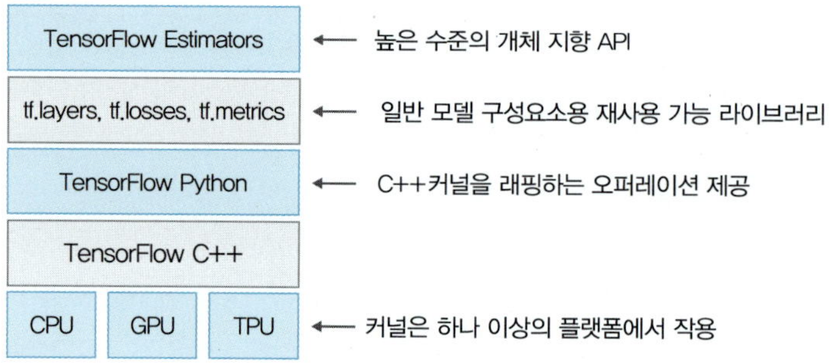

[그림 14-10] 텐서플로 Estimator 구조

Estimators를 사용하여 텐서플로에서 아이리스(Iris) 분류 예측 문제를 실습합니다. 아이리스 변수 구성은 다음과 같습니다.

〈표 14-1〉 아이리스 데이터

변수	설명	변수 구분
sepal length	꽃받침의 길이	
sepal width	꽃받침의 너비	
petal length	꽃잎의 길이	
petal width	꽃잎의 너비	
Species	꽃의 종류	Setosa,versicolor,virginica 3종

3) https://www.tensorflow.org/api_docs/python/tf/estimator

1) 라이브러리 및 데이터 불러오기

```
from __future__ import absolute_import, division, print_function, unicode_
literals
import tensorflow as tf
import pandas as pd

CSV_COLUMN_NAMES = ['SepalLength', 'SepalWidth', 'PetalLength', 'PetalWidth',
'Species']
SPECIES = ['Setosa', 'Versicolor', 'Virginica']
train_path = tf.keras.utils.get_file(
     "iris_training.csv", "https://storage.googleapis.com/download.
tensorflow.org/data/iris_training.csv")
test_path = tf.keras.utils.get_file(
     "iris_test.csv", "https://storage.googleapis.com/download.tensorflow.
org/data/iris_test.csv")

train = pd.read_csv(train_path, names=CSV_COLUMN_NAMES, header=0)
test = pd.read_csv(test_path, names=CSV_COLUMN_NAMES, header=0)
```

2) 데이터 보기

```
train.head()
```

	SepalLength	SepalWidth	PetalLength	PetalWidth	Species
0	6.4	2.8	5.6	2.2	2
1	5.0	2.3	3.3	1.0	1
2	4.9	2.5	4.5	1.7	2
3	4.9	3.1	1.5	0.1	0
4	5.7	3.8	1.7	0.3	0

3) 데이터 분할

```
train_y = train.pop('Species')
test_y = test.pop('Species')
train.head()
```

	SepalLength	SepalWidth	PetalLength	PetalWidth
0	6.4	2.8	5.6	2.2
1	5.0	2.3	3.3	1.0
2	4.9	2.5	4.5	1.7
3	4.9	3.1	1.5	0.1
4	5.7	3.8	1.7	0.3

4) 데이터 입력 기능 모듈 생성

```
def input_evaluation_set():
    features = {'SepalLength': np.array([6.4, 5.0]),
                'SepalWidth':  np.array([2.8, 2.3]),
                'PetalLength': np.array([5.6, 3.3]),
                'PetalWidth':  np.array([2.2, 1.0])}
    labels = np.array([2, 1])
    return features, labels

def input_fn(features, labels, training=True, batch_size=256):
    """An input function for training or evaluating"""
    # Convert the inputs to a Dataset.
    dataset = tf.data.Dataset.from_tensor_slices((dict(features), labels))

    # Shuffle and repeat if you are in training mode.
    if training:
        dataset = dataset.shuffle(1000).repeat()

    return dataset.batch(batch_size)

# Feature columns describe how to use the input.
```

```
my_feature_columns = []
for key in train.keys():

my_feature_columns.append(tf.feature_column.numeric_column(key=key))
```

5) DNN 모델 생성

```
# 30, 10 유닛으로 구성된 2개 계층 DNN 생성
classifier = tf.estimator.DNNClassifier(
    feature_columns=my_feature_columns,
        hidden_units=[30, 10],
    # 3개 클래스 다중 분류
    n_classes=3)
```

```
INFO:tensorflow:Using default config.
WARNING:tensorflow:Using temporary folder as model directory: C:\Users\Gachon\AppData\Local\Temp\tmpp_jxbe9g
INFO:tensorflow:Using config: {'_model_dir': 'C:\\Users\\Gachon\\AppData\\Local\\Temp\\tmpp_jxbe9g', '_tf_ra
ndom_seed': None, '_save_summary_steps': 100, '_save_checkpoints_steps': None, '_save_checkpoints_secs': 60
0, '_session_config': allow_soft_placement: true
graph_options {
  rewrite_options {
    meta_optimizer_iterations: ONE
  }
}
, '_keep_checkpoint_max': 5, '_keep_checkpoint_every_n_hours': 10000, '_log_step_count_steps': 100, '_train_
distribute': None, '_device_fn': None, '_protocol': None, '_eval_distribute': None, '_experimental_distribut
e': None, '_experimental_max_worker_delay_secs': None, '_session_creation_timeout_secs': 7200, '_service': N
one, '_cluster_spec': <tensorflow.python.training.server_lib.ClusterSpec object at 0x000001DFB55E5D48>, '_ta
sk_type': 'worker', '_task_id': 0, '_global_id_in_cluster': 0, '_master': '', '_evaluation_master': '', '_is
_chief': True, '_num_ps_replicas': 0, '_num_worker_replicas': 1}
```

6) DNN 모델 훈련

```
classifier.train(input_fn=lambda: input_fn(train, train_y, training=True),
steps=5000)
```

```
hange just this layer, pass dtype='float64' to the layer constructor. If you are the au
you can disable autocasting by passing autocast=False to the base Layer constructor.

INFO:tensorflow:Done calling model_fn.
INFO:tensorflow:Create CheckpointSaverHook.
INFO:tensorflow:Graph was finalized.
INFO:tensorflow:Running local_init_op.
INFO:tensorflow:Done running local_init_op.
INFO:tensorflow:Saving checkpoints for 0 into C:\Users\Gachon\AppData\Local\Temp\tmpp_j
INFO:tensorflow:loss = 1.2691388, step = 0
INFO:tensorflow:global_step/sec: 355.557
INFO:tensorflow:loss = 1.035496, step = 100 (0.281 sec)
INFO:tensorflow:global_step/sec: 672.935
INFO:tensorflow:loss = 0.9515369, step = 200 (0.149 sec)
INFO:tensorflow:global_step/sec: 677.481
INFO:tensorflow:loss = 0.89870644, step = 300 (0.148 sec)
INFO:tensorflow:global_step/sec: 686.763
INFO:tensorflow:loss = 0.85972357, step = 400 (0.146 sec)
INFO:tensorflow:global_step/sec: 686.762
INFO:tensorflow:loss = 0.8217279, step = 500 (0.147 sec)
```

7) 모델 평가

```
eval_result = classifier.evaluate(input_fn=lambda: input_fn(test, test_y,
training=False))

print('\nTest set accuracy: {accuracy:0.3f}\n'.format(**eval_result))
```

```
INFO:tensorflow:Calling model_fn.
WARNING:tensorflow:Layer dnn is casting an input tensor from dtype float64 to the layer's dtype of float32,
which is new behavior in TensorFlow 2.  The layer has dtype float32 because it's dtype defaults to floatx.

If you intended to run this layer in float32, you can safely ignore this warning. If in doubt, this warning
is likely only an issue if you are porting a TensorFlow 1.X model to TensorFlow 2.

To change all layers to have dtype float64 by default, call `tf.keras.backend.set_floatx('float64')`. To cha
nge just this layer, pass dtype='float64' to the layer constructor. If you are the author of this layer, you
can disable autocasting by passing autocast=False to the base Layer constructor.

INFO:tensorflow:Done calling model_fn.
INFO:tensorflow:Starting evaluation at 2020-02-23T13:35:38Z
INFO:tensorflow:Graph was finalized.
INFO:tensorflow:Restoring parameters from C:₩Users₩Gachon₩AppData₩Local₩Temp₩tmpp_jxbe9g₩model.ckpt-5000
INFO:tensorflow:Running local_init_op.
INFO:tensorflow:Done running local_init_op.
INFO:tensorflow:Finished evaluation at 2020-02-23-13:35:38
INFO:tensorflow:Saving dict for global step 5000: accuracy = 0.76666665, average_loss = 0.530466, global_ste
p = 5000, loss = 0.530466
INFO:tensorflow:Saving 'checkpoint_path' summary for global step 5000: C:₩Users₩Gachon₩AppData₩Local₩Temp₩tm
pp_jxbe9g₩model.ckpt-5000

Test set accuracy: 0.767
```

8) 모델 평가

```
# X값 입력으로 모델 예측 (변경해 보세요.)
# Prediction is "Setosa" (84.3%), expected "Setosa"
# Prediction is "Versicolor" (46.5%), expected "Versicolor"
# Prediction is "Virginica" (59.5%), expected "Virginica"

expected = ['Setosa', 'Versicolor', 'Virginica']
predict_x = {
    'SepalLength': [5.1, 5.9, 6.9],
    'SepalWidth': [3.3, 3.0, 3.1],
    'PetalLength': [1.7, 4.2, 5.4],
    'PetalWidth': [0.5, 1.5, 2.1],
}

def input_fn(features, batch_size=256):
```

```python
    """An input function for prediction."""
    # Convert the inputs to a Dataset without labels.
    return tf.data.Dataset.from_tensor_slices(dict(features)).batch(batch_size)

predictions = classifier.predict(
    input_fn=lambda: input_fn(predict_x))

for pred_dict, expec in zip(predictions, expected):
    class_id = pred_dict['class_ids'][0]
    probability = pred_dict['probabilities'][class_id]

    print('Prediction is "{}" ({:.1f}%), expected "{}"'.format(
        SPECIES[class_id], 100 * probability, expec))
```

```
INFO:tensorflow:Calling model_fn.
INFO:tensorflow:Done calling model_fn.
INFO:tensorflow:Graph was finalized.
INFO:tensorflow:Restoring parameters from C:₩Users₩Gachon₩AppData₩Local₩Temp₩tmpp_jxbe9g₩model.ckpt-5000
INFO:tensorflow:Running local_init_op.
INFO:tensorflow:Done running local_init_op.
Prediction is "Setosa" (84.3%), expected "Setosa"
Prediction is "Versicolor" (46.5%), expected "Versicolor"
Prediction is "Virginica" (59.5%), expected "Virginica"
```

연습문제

1 딥러닝이 무엇인지 알아보고, 딥러닝 알고리즘에 대하여 설명하시오.

2 텐서플로 아키텍처를 설명하시오.

3 심층 신경망(DNN, Deep Neural Network)의 문제점을 설명하시오.

4 MNIST 단순 DNN과 CNN 결과를 비교하시오.

5 CNN 모델의 구조를 설명하시오.

6 컨볼루셔널 계층(Convolutional Layer)에 대하여 설명하시오.

7 풀링 계층(Pooling Layer)에 대하여 설명하시오.

8 드롭아웃을 설명하시오.

9 텐서플로 Estimator가 무엇인지 설명하시오.

15장 미래 머신러닝

1 인공지능의 미래

강/약 인공지능

인공지능은 약한 인공지능(Weak AI)과 강한 인공지능(Strong AI: 범용 인공지능)으로 구분합니다. 이 단어는 버클리대 존 설(John R. Searle) 교수가 최초로 사용한 개념입니다.

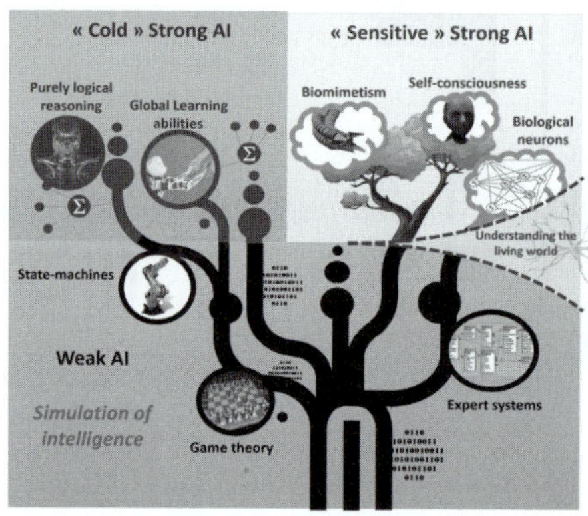

[그림 15-1] 강/약 인공지능[1]

약 인공지능(Weak AI)은 미리 정의된 규칙이나 모음, 알고리즘을 이용해서 지능을 모방한 것입니다. 따라서 실질적으로 지성은 없지만 제한된 영역에서 지능적인 행동을 보이거나 작업을 수행할 수 있습니다. 그리고 인간 지능의 극히 일부만을 구현해낸 것으로도 볼 수 있습니다. 흔히 볼 수 있는 인공지능 게임들도 약 인공지능이고, 2016년 세상을 놀라게 한 알파고도 결국 인간의 조작 영역에 있었기 때문에 약 인공지능으로 구분됩니다. 어떤 이들은 "약 인공지능은 인공지능이 아니다."라고 합니다. 오늘날 약 인공지능은 바둑, X-Ray 사진 판독, 사람 얼굴 구별 등 특정 분야의 일만 할 수 있고, 또 그렇게 설계되어 있는 지능을 의미합니다. 스스로 무엇을 할지 판단하지 않고 인간이 지시한 명령의 틀 안에서만 일하기 때문에 예측과 관리가 모두 쉽습니다. 현대 기술의 발달로 알파고와 같은 특정 분야에서 매우 우수한 성능을 보이는 약 인공지능이 진보를 거듭하고 있습니다.

1) https://twitter.com/eraser/status/881466742949781504

강 인공지능(Strong AI)은 인간의 지성 전체나 그것에 맞먹는 수준의 지능을 구현한 것입니다. 강 인공지능은 인간이 할 수 있는 일은 거의 다 할 수 있습니다. 따라서 기계가 자아를 지니거나 적극적이며 자율 판단에 의거해 문제없이 작업을 수행할 수 있습니다. 강 인공지능은 아직 개발되지 않았으며, 강 인공지능의 개발이 가능한지에 대해서도 오늘날 전문가들의 의견이 나누어집니다. 강 인공지능이 인공지능의 미래가 될지 여러분들도 고민해 보시기 바랍니다.

설명 가능 AI(XAI)

컴퓨팅 성능 향상으로 신경망 모델이 더욱 정교해지고 뚜렷한 성과도 나오고 있습니다. 하지만 신경망 모델은 몇 가지 문제점을 가지고 있습니다.

이미 결정한 최종 결과의 근거와 도출 과정의 타당성을 제공하지 못하고 있는 점입니다. 또 오류 원인을 즉각적으로 알지 못하고 어떻게 이런 결정을 했는지 개발자조차 파악하지 못하면서 블랙박스가 존재하는 머신러닝에 의존할 수 없다는 인식 또한 커지고 있습니다. 이에 머신러닝이 내린 결정이나 답을 스스로가 사람이 이해하는 형태로 설명하고 제시할 수 있는 '설명 가능한 AI(eXplainable Artificial Intelligence, 이하 XAI)'가 대안으로 대두되고 있습니다.

미국 방위고등연구계획국(DARPA, Defense Advanced Research Projects Agency)은 2016년 XAI 투자 프로그램을 발표하고 XAI 개발에 박차를 가하고 있습니다.[2)]

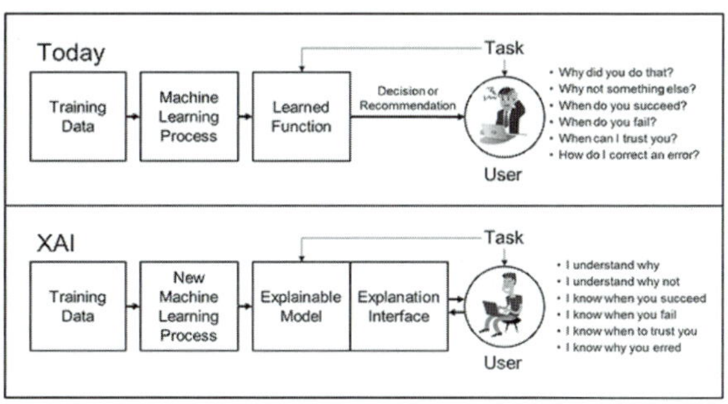

[그림 15-2] AI와 XAI

2) https://www.darpa.mil/program/explainable-artificial-intelligence

머신러닝 모델

구글, 페이스북, 마이크로소프트 등 IT 거인들은 머신러닝 인프라에 막대한 자금을 투입했습니다. 기존 광고 예측이나 검색 엔진에 대한 경험이 있기 때문에 이미 머신러닝 시스템과 친숙합니다. 그래서 간단한 기술 전환만으로 머신러닝 시스템을 딥러닝으로 바꿀 수 있습니다. 또한 머신러닝 애플리케이션을 성공한 경험 때문에 딥러닝이 회사 내의 더 넓은 영역에 적용될 수 있다는 것에 대해 긍정적입니다.

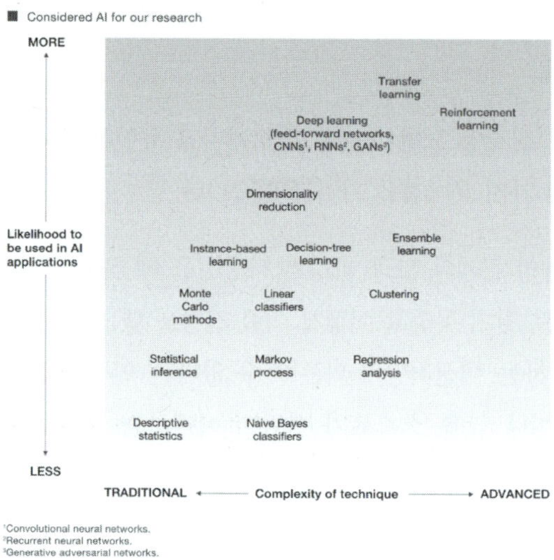

[그림 15-3] 머신러닝 모델의 발전[3)]

동시에 과거 머신러닝을 많이 사용하지 않았던 산업에서도 널리 딥러닝을 사용하기 시작했습니다. 딥러닝은 머신러닝 기법과 달리 복잡한 피처 전처리 과정을 줄여 다양한 산업에서 주목하고 있으며, 많은 혁신적인 스타트업이 두각을 나타내기 위해 엄청난 노력을 하고 있습니다.

3) https://www.mckinsey.com/featured-insights/artificial-intelligence/notes-from-the-ai-frontier-applications-and-value-of-deep-learning

제로샷 학습

제로샷 학습(Zero shot learning)은 아직 경험하지 못한 클래스를 분류하도록 학습하는 방법입니다. 제로샷 학습으로 인공지능이 훈련 데이터 없이 객체, 행동, 환경 패턴을 자동적으로 인식하고 대응할 수 있게 됩니다. 복잡하고 일회성인 데이터 환경에서 인공지능이 최선의 조치를 반복적으로 수행할 수 있도록 강화 학습과 점점 더 결합할 것으로 예상됩니다.

제로샷 학습을 가능하게 하는 것은 통계적 또는 의미적 접근법을 통해 발견하고 용도를 변경할 수 있는 사전 지식의 존재입니다. 제로샷 학습은 사전 지식을 사용해(훈련한) 본 인스턴스(훈련 데이터에 있는 인스턴스)와 보이지 않는 인스턴스(훈련 데이터에 없는 인스턴스)를 모두 포함하는 특징(feature)을 예측합니다. 앞으로 제로샷 학습이 발전하면 AI 개발자는 훈련 데이터에 대한 의존도가 낮아질 것입니다. 데이터 과학자도 더는 많은 양의 최신 교육 데이터를 수집, 준비, 분류할 필요 없이, 기존의 통계와 의미 지식을 구성해 더 지능적인 인공지능에 기반한 서비스들을 만들 수 있게 됩니다.

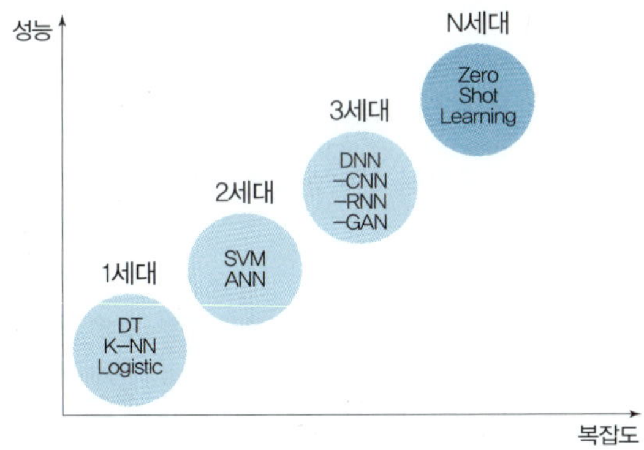

[그림 15–4] 머신러닝 모델의 미래

2 클라우드 머신러닝

클라우드 컴퓨팅

위키백과의 클라우드 컴퓨팅 정의를 살펴볼까요?

클라우드 컴퓨팅(Cloud Computing)은 인터넷 기반 컴퓨팅의 일종으로 정보를 자신의 컴퓨터가 아닌 인터넷에 연결된 다른 컴퓨터로 처리하는 기술을 의미합니다. 공유 컴퓨터 처리 자원과 데이터를 컴퓨터와 다른 장치들에 요청 시 제공해줍니다. 구성 가능한 컴퓨팅 자원(예: 컴퓨터 네트워크, 서버, 스토리지, 애플리케이션, 서비스)에 대해 어디서나 접근이 가능한, 주문형 접근을 가능케 하는 모델이며 최소한의 관리 노력으로 빠르게 예비 및 릴리스를 가능케 합니다. 클라우드 컴퓨팅과 스토리지 솔루션들은 사용자와 기업들에게 개인 소유나 타사 데이터 센터의 데이터를 저장, 가공하는 다양한 기능을 제공하며 도시를 거쳐 전 세계로까지 위치해 있을 수 있습니다. 클라우드 컴퓨팅은 전기 망을 통한 전력망과 비슷한 일관성 및 규모의 경제를 달성하기 위해 자원의 공유에 의존합니다.

클라우드 컴퓨팅 서비스

클라우드 서비스는 자원 활용 방법과 제공 여부에 따라 크게 세 가지로 구분됩니다. 중앙의 컴퓨팅 활용도에 따라 'IaaS(Infrastructure as a Service)', 'PaaS(Platform as a Service)', 'SaaS(Service as a Service)'로 나누어집니다. SaaS가 이미 만들어진 레고 모형, IaaS가 레고 공장이라면, PaaS는 레고 블록이라 할 수 있습니다. IaaS는 서비스로써의 인프라로 클라우드 IT 기본 요소들을 포함하고 일반적으로 네트워킹 기능, 컴퓨터(가상 또는 전

[그림 15-5] 클라우드 서비스

용 하드웨어) 및 데이터 스토리지 공간을 제공합니다. PaaS는 소프트웨어 서비스를 개발할 때 필요한 플랫폼을 제공하는 서비스입니다. 사용자는 PaaS에서 필요한 서비스를 선택해 애플리케이션을 개발하고, PaaS 운영 업체는 개발자가 소프트웨어를 개발할 때 필요한 API를 제공해 좀 더 편하게 개발할 수 있게 지원합니다. SaaS는 클라우드 환경에서 운영되는 애플리케이션 서비스입니다. 모든 서비스가 클라우드에서 이루어지며 소프트웨어를 구입해서 PC에 설치하지 않아도 웹에서 소프트웨어를 빌려 쓸 수 있는 환경입니다.

클라우드 머신러닝

오늘날 인공지능 영역에서 머신러닝은 수많은 데이터를 주고 스스로 공식을 만들게 해서 문제를 푸는 방식입니다. 때문에 데이터를 모으는 것이 중요한데 클라우드는 머신러닝에 필요한 데이터를 쉽게 모을 수 있기에 인공지능 기술들을 고도화시키는 데 유용합니다. 아울러 인공지능 기술들을 보편화하는 데에도 큰 역할을 하고 있습니다. 개인 스마트 기기에서 인공지능을 구현하는 것은 거의 불가능합니다. 사용자가 높은 사양을 요구하는 고가 기기를 구입해 인공지능을 위한 환경을 갖춰야 하기 때문입니다. 그런데 클라우드는 인공지능의 이러한 한계점을 극복하게 합니다. 클라우드에 인공지능을 구축하고 이를 사용자가 이용하게끔 하면 사용자는 중앙 서버의 컴퓨팅 자원으로 인공지능 서비스를 쉽게 받을 수 있습니다. 이와 같은 서비스를 AIaaS(AI as a Service)즉 'AI를 클라우드에 구현해서 제공하는 서비스'로 정의하기도 합니다.

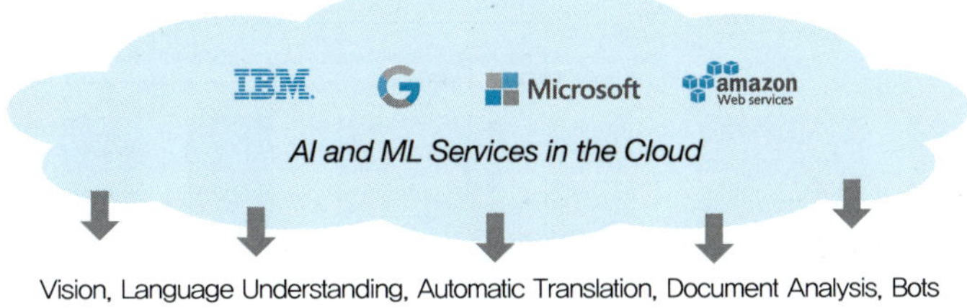

[그림 15-6] 빅4 클라우드 머신러닝

3 GPU가 필요해

중앙 처리 장치 또는 CPU(Central Processing Unit)는 컴퓨터 시스템을 통제하고 프로그램의 연산을 실행하고 처리하는 가장 핵심적인 컴퓨터의 제어 장치, 혹은 그 기능을 내장한 칩을 말합니다. CPU는 명령어가 입력된 순서대로 처리하는 '직렬 연산'(Serial Processing)에 최적화된 몇 개의 고성능 코어로 구성됩니다. 최근 출시된 CPU에는 코어당 1개씩, 총 8개 이상의 ALU(Arithmetic Logic Unit)가 탑재되어 있습니다.

반면 GPU는 여러 명령어를 동시에 처리하는 '병렬 처리 방식'을 가지고 있습니다. 1개의 코어에는 수백, 수천 개의 ALU가 장착되어 있습니다. 이 병렬 구조로 빠르게 처리하는 GPU가 CPU보다 더 적합하다는 사실이 드러났습니다. 머신러닝의 발전과 함께 GPU가 급부상한 이유입니다. GPU의 빠른 병렬 연산 능력을 그래픽 연산뿐 아니라 일반 컴퓨팅 영역까지 확장한 것을 GPGPU(General Perpose GPU)라고 합니다. 엔비디아의 GPU 프로그램인 CUDA(Compute Unified Device Architecture)가 대표적인 GPGPU입니다.

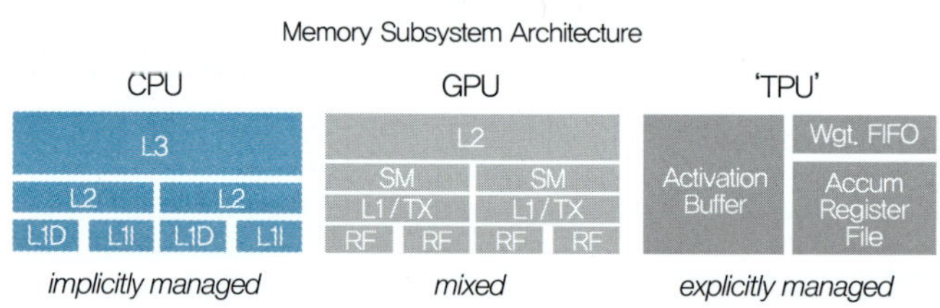

[그림 15-7] 하드웨어 비교

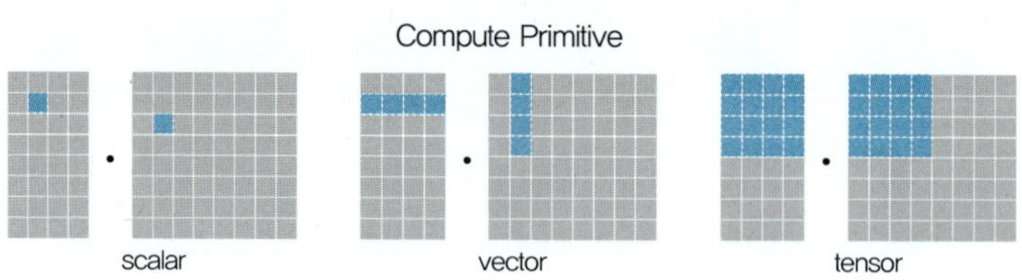

[그림 15-8] 데이터 처리 CPU: 1X1 / GPU: 1XN / TPU: NXN

〈표 14-1〉 연산 비교

구분	설명
CPU	한 사이클당 10개 연산 가능
GPU	한 사이클당 수만 개 연산 가능
TPU	한 사이클당 128,000개 이상 연산 가능

GPU의 발전을 지켜본 글로벌 IT 공룡들은 인공지능 컴퓨팅에 적합한 반도체 개발에 힘을 쏟고 있습니다. 구글의 TPU(Tensor Processing Unit)가 대표적인 예입니다. 이세돌 9단과 대결했던 '알파고 리'와 후속작인 '알파고 제로' 등에도 모두 TPU가 장착되어 있습니다. 알파고 리에는 TPU가 48개가 부착됐으나 알파고 제로에는 엔진 최적화를 통해 4개만 장착된 것으로 알려졌습니다. CPU로 가장 유명한 인텔 역시 너바나, 모빌아이 등을 인수 합병하며 인공지능 반도체 개발에 나섰고 인텔은 2019년 AI 프로젝트와 관련 작업용으로 너바나 NNP(Nervana Neural Network Processor)를 발표하기도 했습니다.

코랩

구글에서 제공하는 colaboratory 서비스인 코랩(colab)은 머신러닝 개발자들을 위해 무료로 GPU 등을 사용할 수 있도록 하는 클라우드 서비스입니다. 웹에서 주피터 노트북을 구글 서버에서 가동하고 개발자가 마음대로 사용할 수 있도록 무료로 제공하는 구글 클라우드 기반 SaaS(Software as a Service) 서비스입니다. 이용하려면 먼저 구글 지메일(gmail) 계정이 있어야 하고 웹에서 별다른 설치 없이 바로 시작합니다. 코랩에서는 케라스, 텐서플로, 파이토치, OpenCV 등 다양한 머신러닝 라이브러리들을 무료로 사용할 수 있습니다.

1) 코랩 서비스의 특징

- 공유가 쉬워 연구 및 교육용으로 많이 이용됩니다.
- 별도의 파이썬 설치 없이 웹 브라우저만을 이용해 주피터 노트북과 동일하게 작업이 가능합니다.
- 판다스, 사이킷런, 텐서플로, 케라스 등 앞서 배운 패키지들이 사전에 설치되어 있습니다.

- K80 무료 GPU(GPU 11.4GB)를 제공합니다. 한 번에 12시간 동안만 무료로 GPU를 백엔드로 사용할 수 있습니다. 여기서 12시간 제한은 단일 가상머신으로 CPU, GPU, STORAGE 모두 클라우드 구성 요소에 적용됩니다. 하지만, 일일 제한이 없으므로 12시간 동안 가상 머신 사용 후 바로 다른 가상머신을 사용할 수 있습니다.
- 구글 독스나 구글 스프레드시트 등과 같은 방법으로 공유와 편집이 가능합니다.

2) 코랩 시작

지메일 계정이 있으면 로그인을 하고 지메일 계정이 없다면 지메일 생성 후 다음 계정(http://colab.research.google.com)에 로그인하여 시작합니다.

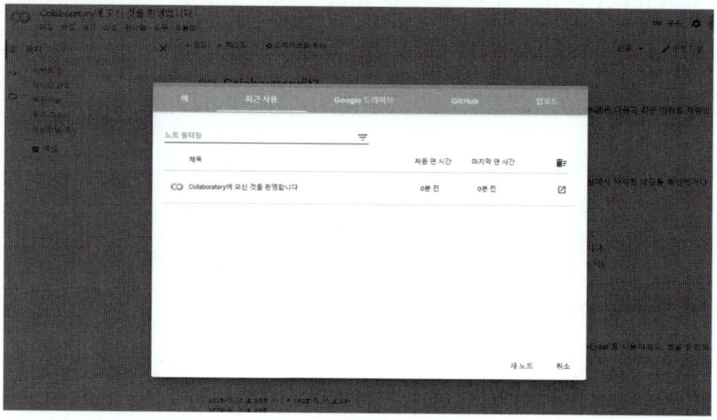

[그림 15-9] 코랩 시작

코랩 클라우드 환경

사용하게 될 클라우드 가상머신 환경을 여러분들 PC와 비교해 보시기 바랍니다.

운영체제

```
# OS
!cat /etc/issue.net
```

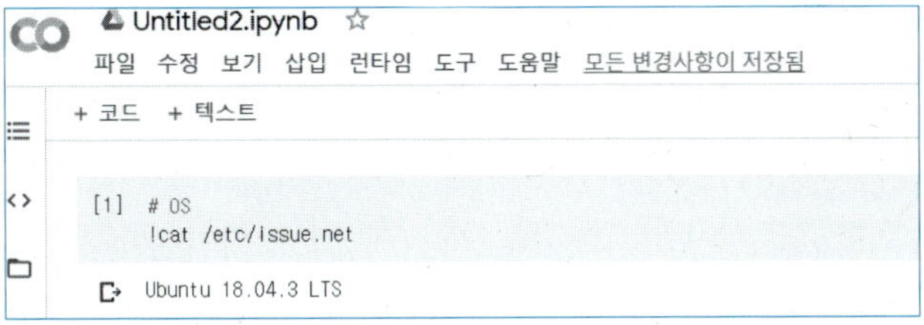

CPU

```
# CPU 성능
!head /proc/cpuinfo
```

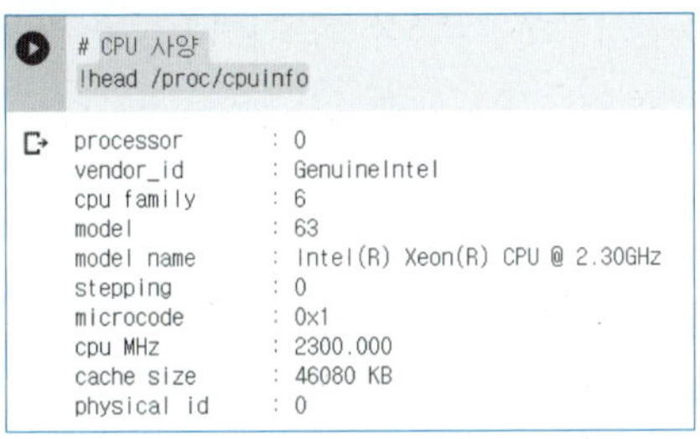

메모리

```
# 메모리 성능
!head -n 3 /proc/meminfo
```

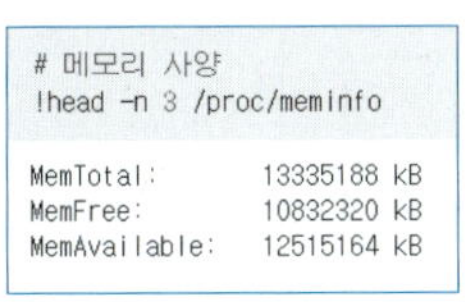

디스크

```
# 디스크
!df -h
!head -n 3 /proc/meminfo
```

```
Filesystem     Size  Used Avail Use% Mounted on
overlay        359G   32G  309G  10% /
tmpfs          6.4G     0  6.4G   0% /dev
tmpfs          6.4G     0  6.4G   0% /sys/fs/cgroup
/dev/sda1      365G   39G  327G  11% /opt/bin
tmpfs          6.4G   12K  6.4G   1% /var/colab
shm            6.0G  8.0K  6.0G   1% /dev/shm
tmpfs          6.4G     0  6.4G   0% /sys/firmware
drive          202G  107G   96G  53% /content/drive
```

파이썬 버전

```
# 파이썬 버전 확인
!python --version
```

```
!python --version

Python 3.6.9
```

- GPU 확인

새 노트 생성

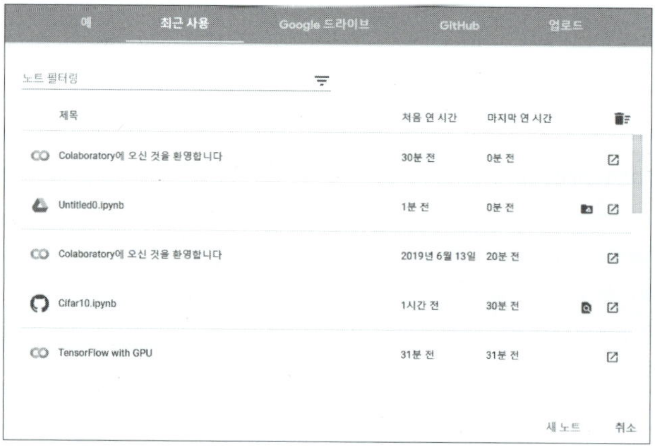

[그림 15-10] 코랩 시작

새 노트 - 런타임에서 노트 설정 - GPU 선택

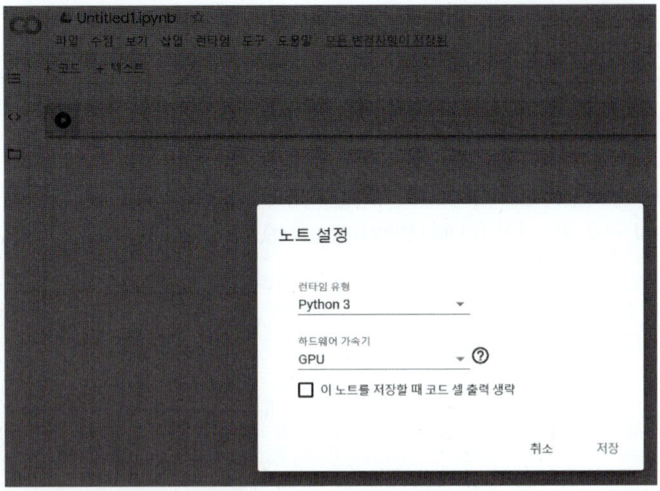

[그림 15-11] GPU 설정

아래 !nvidia-smi 명령 GPU 확인(실행은 삼각형 클릭)

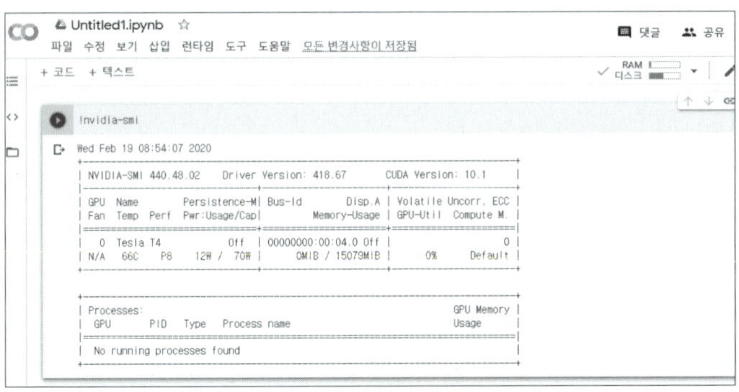

[그림 15-12] GPU 확인

- 클라우드 환경 CPU, GPU 비교

런타임 노트 설정으로 클라우드 머신러닝 환경을 GPU로 변경하였다면 코랩에서 제공하는 코드[4]로 CPU와 GPU를 비교할 수 있습니다. 코랩 'Tensorflow with GPU'에서 실행하거나 노트북이나 열고 다음 코드를 입력합니다.

4) https://colab.research.google.com/notebooks/gpu.ipynb#scrollTo=sXnDmXR7RDr2

```
%tensorflow_version 2.x
import tensorflow as tf
device_name = tf.test.gpu_device_name()
if device_name != '/device:GPU:0':
  raise SystemError('GPU device not found')
print('Found GPU at: {}'.format(device_name))
```

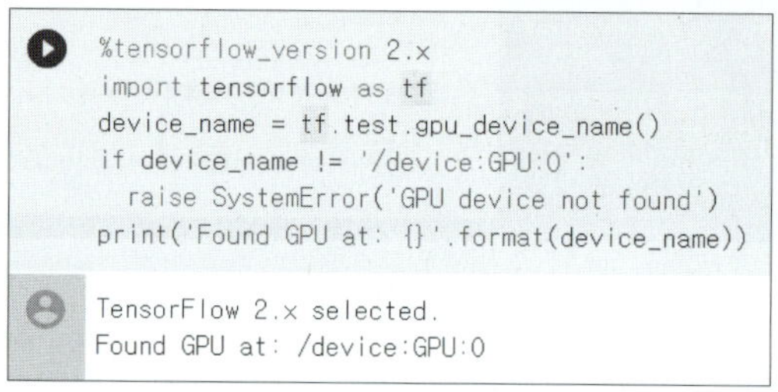

[그림 15-13] GPU 환경 선택

CNN 코드 사례로 비교 결과 CPU에서는 3.43초 정도 소요되었던 CNN 모델이 GPU 환경에서는 단 0.0985초로 줄어들었습니다. CPU 대비 GPU 속도가 34배 너 빠르다는 것을 나타내고 있습니다.

```
%tensorflow_version 2.x
import tensorflow as tf
import timeit

device_name = tf.test.gpu_device_name()
if device_name != '/device:GPU:0':
  print(
      '\n\nThis error most likely means that this notebook is not '
      'configured to use a GPU.  Change this in Notebook Settings via the '
      'command palette (cmd/ctrl-shift-P) or the Edit menu.\n\n')
  raise SystemError('GPU device not found')

def cpu():
```

```
  with tf.device('/cpu:0'):
    random_image_cpu = tf.random.normal((100, 100, 100, 3))
    net_cpu = tf.keras.layers.Conv2D(32, 7)(random_image_cpu)
    return tf.math.reduce_sum(net_cpu)

def gpu():
  with tf.device('/device:GPU:0'):
    random_image_gpu = tf.random.normal((100, 100, 100, 3))
    net_gpu = tf.keras.layers.Conv2D(32, 7)(random_image_gpu)
    return tf.math.reduce_sum(net_gpu)

# We run each op once to warm up; see: https://stackoverflow.com/a/45067900
cpu()
gpu()

# Run the op several times.
print('Time (s) to convolve 32×7×7×3 filter over random 100×100×100×3 images '
      '(batch x height x width x channel). Sum of ten runs.')
print('CPU (s):')
cpu_time = timeit.timeit('cpu()', number=10, setup="from __main__ import cpu")
print(cpu_time)
print('GPU (s):')
gpu_time = timeit.timeit('gpu()', number=10, setup="from __main__ import gpu")
print(gpu_time)
print('GPU speedup over CPU: {}x'.format(int(cpu_time/gpu_time)))
```

```
Time (s) to convolve 32x7x7x3 filter over random 100x100x100x3 images (batch x height x width x channel). Sum of ten runs.
CPU (s):
3.4345717720000266
GPU (s):
0.09851809500003128
GPU speedup over CPU: 34x
```

[그림 15-14] CPU 대비 GPU 속도

```
%tensorflow_version 2.x
import tensorflow as tf
import timeit

device_name = tf.test.gpu_device_name()
if device_name != '/device:GPU:0':
  print(
      '\n\nThis error most likely means that this notebook is not '
      'configured to use a GPU.  Change this in Notebook Settings via the '
      'command palette (cmd/ctrl-shift-P) or the Edit menu.\n\n')
  raise SystemError('GPU device not found')

def cpu():
  with tf.device('/cpu:0'):
    random_image_cpu = tf.random.normal((100, 100, 100, 3))
    net_cpu = tf.keras.layers.Conv2D(32, 7)(random_image_cpu)
    return tf.math.reduce_sum(net_cpu)

def gpu():
  with tf.device('/device:GPU:0'):
    random_image_gpu = tf.random.normal((100, 100, 100, 3))
    net_gpu = tf.keras.layers.Conv2D(32, 7)(random_image_gpu)
    return tf.math.reduce_sum(net_gpu)

# We run each op once to warm up; see: https://stackoverflow.com/a/45067900
cpu()
gpu()

# Run the op several times.
print('Time (s) to convolve 32x7x7x3 filter over random 100x100x100x3 images '
      '(batch x height x width x channel). Sum of ten runs.')
print('CPU (s):')
cpu_time = timeit.timeit('cpu()', number=10, setup="from __main__ import cpu")
print(cpu_time)
print('GPU (s):')
gpu_time = timeit.timeit('gpu()', number=10, setup="from __main__ import gpu")
print(gpu_time)
print('GPU speedup over CPU: {}x'.format(int(cpu_time/gpu_time)))
```

[그림 15-15] CPU, GPU 비교 코랩 코드

8 GPU CNN 모델 만들기

코랩에서는 텐서플로로 구현한 Cifar10 이미지 분류를 위한 레퍼런스 코드[5]를 제공합니다. 하지만 MNIST에 비해 복잡한 코드이기 때문에 초보자들은 따라가기 어렵습니다. CNN 모델을 코딩하기보다는 코랩에서 제공하는 기본 CNN 과정을 따라 해 보시기 바랍니다. 주의할 점은 Cifar10 데이터는 사이즈가 상당히 크기 때문에 학습 단계에 시간이 많이 소요됩니다.

5) https://github.com/tensorflow/models/tree/master/tutorials/image/cifar10

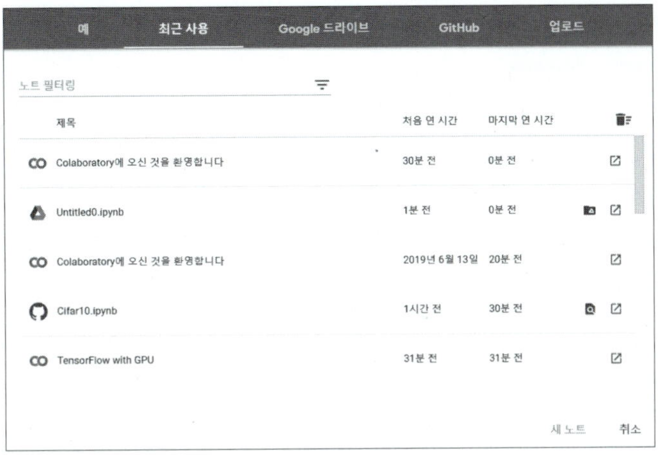

[그림 15-16] 코랩 시작에서 cifar10 선택

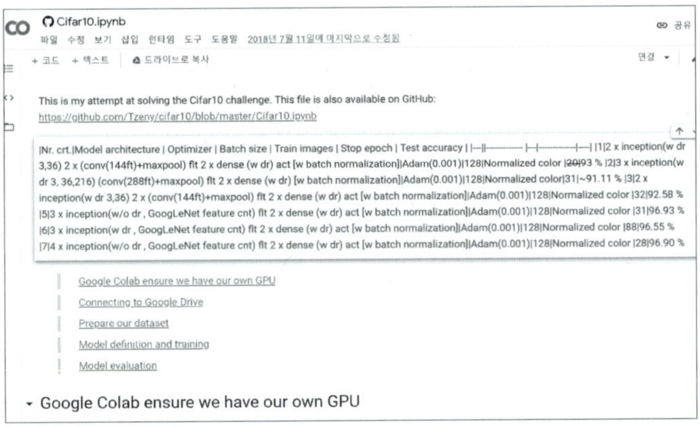

[그림 15-17] cifar10 실습

전체 실행 단계는 지금까지 머신러닝 파이프라인 진행 과정과 유사합니다.

① 코랩 GPU 초기화

코랩 환경에서 대상 GPU 환경을 초기화합니다.

Google Colab ensure we have our own GPU

```
!ln -sf /opt/bin/nvidia-smi /usr/bin/nvidia-smi
!pip install gputil
!pip install psutil
!pip install humanize
import psutil
import humanize
import os
import GPUtil as GPU
GPUs = GPU.getGPUs()
# XXX: only one GPU on Colab and isn' t guaranteed
gpu = GPUs[0]
def printm():
 process = psutil.Process(os.getpid())
 print("Gen RAM Free: " + humanize.naturalsize( psutil.virtual_memory().available ), " | Proc size: " + humanize.naturalsize( process.memory_info().rss))
 print("GPU RAM Free: {0:.0f}MB | Used: {1:.0f}MB | Util {2:3.0f}% | Total {3:.0f}MB".format(gpu.memoryFree, gpu.memoryUsed, gpu.memoryUtil*100, gpu.memoryTotal))
printm()
```

```
Collecting gputil
  Downloading https://files.pythonhosted.org/packages/45/99/837428d26b47ebd6b66d6e1b180e98ec4a557767a93a81a02ea9d6242611/GPUtil-1.3.0.tar.gz
Requirement already satisfied: numpy in /usr/local/lib/python3.6/dist-packages (from gputil) (1.14.5)
Building wheels for collected packages: gputil
  Running setup.py bdist_wheel for gputil ... done
  Stored in directory: /content/.cache/pip/wheels/17/0f/04/b79c006972335e35472c0b835ed52bfc0815258d409f560108
Successfully built gputil
Installing collected packages: gputil
Successfully installed gputil-1.3.0
Requirement already satisfied: psutil in /usr/local/lib/python3.6/dist-packages (5.4.6)
Collecting humanize
  Downloading https://files.pythonhosted.org/packages/8c/e0/e512e4ac6d091fc990bbe13f9e0378f34cf6eecd1c6c268c9e598dcf5bb9/humanize-0.5.1.tar.gz
Building wheels for collected packages: humanize
  Running setup.py bdist_wheel for humanize ... done
  Stored in directory: /content/.cache/pip/wheels/69/86/6c/f8b8593bc273ec4b0c653d3827f7482bb2001a2781a73b7f44
Successfully built humanize
Installing collected packages: humanize
Successfully installed humanize-0.5.1
Gen RAM Free: 12.8 GB  | Proc size: 139.5 MB
GPU RAM Free: 11439MB | Used: 0MB | Util   0% | Total 11439MB
```

[그림 15-18] 코랩 cifar10 선택

② 드라이브 연결(Connecting to Google Drive)

클라우드 환경에서 머신러닝 모델을 작업할 대상 구글 드라이브를 연결합니다.

Connecting to Google Drive

```
# Install a Drive FUSE wrapper.
# https://github.com/astrada/google-drive-ocamlfuse
!apt-get install -y -qq software-properties-common python-software-properties module-init-tools
!add-apt-repository -y ppa:alessandro-strada/ppa 2>&1 > /dev/null
!apt-get update -qq 2>&1 > /dev/null
!apt-get -y install -qq google-drive-ocamlfuse fuse

# Generate auth tokens for Colab
from google.colab import auth
auth.authenticate_user()

# Generate creds for the Drive FUSE library.
from oauth2client.client import GoogleCredentials
creds = GoogleCredentials.get_application_default()
import getpass
!google-drive-ocamlfuse -headless -id={creds.client_id} -secret={creds.client_secret} < /dev/null 2>&1 | grep URL
vcode = getpass.getpass()
!echo {vcode} | google-drive-ocamlfuse -headless -id={creds.client_id} -secret={creds.client_secret}

# Create a directory and mount Google Drive using that directory.
!mkdir -p my_drive
!google-drive-ocamlfuse my_drive
!ls my_drive/ai
```

```
gpg: keybox '/tmp/tmp88mi_mqq/pubring.gpg' created
gpg: /tmp/tmp88mi_mqq/trustdb.gpg: trustdb created
gpg: key AD5F235DF639B041: public key "Launchpad PPA for Alessandro Strada" imported
gpg: Total number processed: 1
gpg:               imported: 1
Warning: apt-key output should not be parsed (stdout is not a terminal)
Selecting previously unselected package libfuse2:amd64
```

[그림 15-19] 드라이브 연결

③ 데이터 불러오기(Prepare our dataset)

Cifar10 이미지 데이터를 불러와서 확인해 봅니다.

Prepare our dataset

```
import pandas as pd
import numpy as np
%matplotlib inline
import matplotlib.pyplot as plt

np.random.seed(451)

from keras.datasets import cifar10

(x_train, y_train), (x_test, y_test) = cifar10.load_data()

x_train = x_train / 255.0
x_test = x_test / 255.0
```

```
Using TensorFlow backend.
Downloading data from https://www.cs.toronto.edu/~kriz/cifar-10-python.tar.gz
170500096/170498071 [==============================] - 21s 0us/step
```

[그림 15-20] 데이터 불러오기

```
#gray = 0.2989 * r + 0.5870 * g + 0.1140 * b
x_train_gray = np.dot(x_train[:,:,:,:3], [0.299, 0.587, 0.114])
x_test_gray = np.dot(x_test[:,:,:,:3], [0.299, 0.587, 0.114])

x_train_gray = x_train_gray.reshape(-1,32,32,1)
x_test_gray = x_test_gray.reshape(-1,32,32,1)

from keras.utils.np_utils import to_categorical

y_train_cat = to_categorical(y_train)
y_test_cat = to_categorical(y_test)

plt.imshow(x_train[1])
plt.show()

plt.imshow(x_train_gray[1,:,:,0], cmap='gray')
plt.show()
```

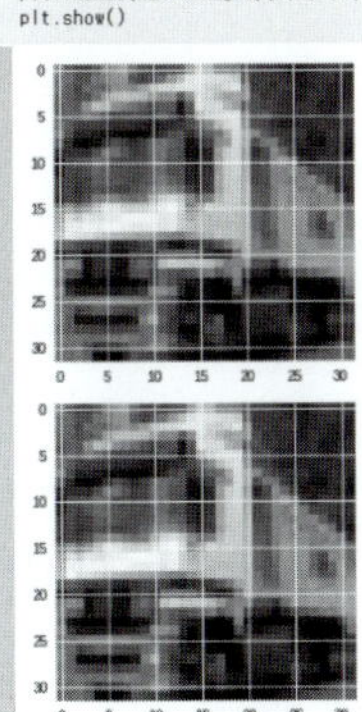

[그림 15-21] Cifar10 데이터 확인

④ 모델 정의 및 학습(Model definition and training)

CNN 모델을 정의합니다. 손실함수는 'binary_crossentropy', 옵티마이저는 'Adam'을 사용합니다. 텐서플로로 모델 학습을 시작합니다.

Model definition and training

```
[ ] np.random.seed(451)

    import datetime

    from keras.layers import Flatten, Activation, Conv2D, MaxPool2D, AvgPool2D, Dense, Dropout, BatchNormalization, Input, MaxPooling2D, Flatten, Acti
    from keras.optimizers import Adam, SGD
    from keras.models import Sequential
    import keras.backend as K
    from keras.regularizers import l1,l2
    from keras.callbacks import EarlyStopping, ModelCheckpoint, TensorBoard, ReduceLROnPlateau
    from keras.models import model_from_json, Model

    def build_tower(input_layer, features_nr, shape, tower_nr,
                    dropout=False, normalization=False, regularization="l2", dropout_ratio=0.25):
        #3x3 kernel tower
        tower = Conv2D(features_nr, (1,1), padding='same', activation='relu',
                       kernel_regularizer=regularization, name='tower_%d_%dx%da'%(tower_nr, shape[0], shape[1]))(input_layer)
        tower = Conv2D(features_nr*2, shape, padding='same', activation='relu',
                       kernel_regularizer=regularization, name='tower_%d_%dx%db'%(tower_nr, shape[0], shape[1]))(tower)
        #condidional dropout/normalization
        if dropout:
            tower = Dropout(dropout_ratio, name='tower_%d_%dx%ddrop'%(tower_nr, shape[0], shape[1]))(tower)
        if normalization:
            tower = BatchNormalization(name='tower_%d_%dx%dnorm'%(tower_nr, shape[0], shape[1]))(tower)

        return tower

    def build_simple_tower(input_layer, features_nr, shape, tower_nr,
                    dropout=False, normalization=False, regularization="l2", dropout_ratio=0.25):
        #3x3 kernel tower
        tower = Conv2D(features_nr, shape, padding='same', activation='relu',
                       kernel_regularizer=regularization,
                      name='tower_simple_%d_%dx%db'%(tower_nr, shape[0], shape[1]))(input_layer)
        #condidional dropout/normalization
        if dropout:
            tower = Dropout(dropout_ratio, name='tower_%d_%dx%ddrop'%(tower_nr, shape[0], shape[1]))(tower)
        if normalization:
            tower = BatchNormalization(name='tower_%d_%dx%dnorm'%(tower_nr, shape[0], shape[1]))(tower)

        return tower

    def build_tower_subsample(input_layer, features_nr, shape, tower_nr,
                          dropout=False, normalization=False, regularization='l2', dropout_ratio=0.25):
        tower = build_tower(input_layer, features_nr, shape, tower_nr,
                        dropout, normalization, regularization, dropout_ratio)
        pool = MaxPooling2D((2,2), padding='same', name='tower_%d_2x2subsample'%(tower_nr))(tower)
```

[그림 15-22] 모델 정의

```
[ ] import tensorflow as tf

    with tf.device('/gpu:0'):
      model.fit(x_train, y_train_cat, batch_size=128, epochs=100, validation_split=0.2,verbose=1,callbacks=callbacks)  # starts training

    result = model.evaluate(x_test, y_test_cat)

    print("Accuracy on test set: ",result[1]*100,"%")

    #copy our generated model and logs to GoogleDrive
    !cp -R models my_drive/ai/projects/cifar10
    !cp -R logs my_drive/ai/projects/cifar10

    print("Copied model and logs to Google Drive")

    Epoch 00011: val_loss did not improve from 0.20512
    Epoch 12/100
     2816/40000 [=>............................] - ETA: 1:04 - loss: 0.1659 - acc: 0.966540000/40000 [==============================] - 76s 2ms/step - loss: 0.1711 -

    Epoch 00012: val_loss did not improve from 0.20512
    Epoch 13/100
    34944/40000 [=========================>....] - ETA: 8s - loss: 0.1675 - acc: 0.964840000/40000 [==============================] - 76s 2ms/step - loss: 0.1676 - ac

    Epoch 00013: val_loss did not improve from 0.20512
    Epoch 14/100
    40000/40000 [==============================] - 76s 2ms/step - loss: 0.1624 - acc: 0.9665 - val_loss: 0.2299 - val_acc: 0.9438

    Epoch 00014: val_loss did not improve from 0.20512
    Epoch 15/100
     2688/40000 [=>............................] - ETA: 1:04 - loss: 0.1479 - acc: 0.972140000/40000 [==============================] - 76s 2ms/step - loss: 0.1301 -

    Epoch 00015: val_loss improved from 0.20512 to 0.14681, saving model to ./models/cifar10-nrcrt7-10:06AM_July-11-2018.hdf5
    Epoch 16/100
    27648/40000 [===================>..........] - ETA: 21s - loss: 0.1120 - acc: 0.981640000/40000 [==============================] - 76s 2ms/step - loss: 0.1101 - a

    Epoch 00016: val_loss improved from 0.14681 to 0.13798, saving model to ./models/cifar10-nrcrt7-10:06AM_July-11-2018.hdf5
    Epoch 17/100
    33664/40000 [========================>.....] - ETA: 11s - loss: 0.0993 - acc: 0.984840000/40000 [==============================] - 76s 2ms/step - loss: 0.0987 - a

    Epoch 00017: val_loss improved from 0.13798 to 0.13321, saving model to ./models/cifar10-nrcrt7-10:06AM_July-11-2018.hdf5
    Epoch 18/100
```

[그림 15-23] 모델 학습

⑤ 모델 평가(Model evaluation)

학습에서 96.8% 정확도를 보였고, 평가에서 96.9% 정확도로 다소 향상되었습니다.

Model evaluation

```
[ ] model.load_weights('./models/cifar10-nrcrt7-10:06AM_July-11-2018.hdf5')

    result = model.evaluate(x_test, y_test_cat)

    print(result)
```

```
10000/10000 [==============================] - 9s 898us/step
[0.13607451148033142, 0.9690500011444092]
```

[그림 15-24] 모델 평가

연습문제

1 강/약 인공지능의 미래를 설명하시오.

2 제로샷 학습을 설명하시오.

3 클라우드 컴퓨팅 서비스에 대하여 설명하시오.

4 클라우드 머신러닝이 무엇인지 설명하시오.

5 CPU와 GPU의 차이를 설명하시오.

6 코랩이 무엇인지 설명하시오.

7 코랩 클라우드 환경을 구축하고 PC와 구축 환경을 비교해 보시오.

8 코랩을 활용하여 실제 CPU에서만 training 해 볼 때와 GPU boosting 했을 때의 구축 시간을 확인하시오.

참고 문헌

01장

1) https://www.networkworld.com/article/3147892/one-autonomous-car-will-use-4000-gb-of-dataday.html
2) Patel JA, Sharma P. Online Analytical Processing for Business Intelligence in Big Data. Big Data. 2020 Dec;8(6):501-518. doi: 10.1089/big.2020.0045. PMID: 33347370.
3) http://www.datanet.co.kr/news/articleView.html?idxno=114558
4) Wu C. Development of a medical informatics data warehouse. AMIA Annu Symp Proc. 2006;2006:1148. PMID: 17238767; PMCID: PMC1839498.
5) https://data-flair.training/blogs/hadoop-ecosystem-components/
6) https://www.bbvaopenmind.com/en/technology/artificial-intelligence/the-last-mile-of-IoT-artificial- intelligence-ai/
7) Kumar R, Wang W, Kumar J, Yang T, Khan A, Ali W, Ali I. An Integration of blockchain and AI for secure data sharing and detection of CT images for the hospitals. Comput Med Imaging Graph. 2020 Nov 10;87:101812. doi: 10.1016/j.compmedimag.2020.101812. Epub ahead of print. PMID: 33279761.
8) https://www.fintechnews.org/how-can-ai-blockchain-and-machine-learning-go-hand-in-hand/
9) https://www.mygreatlearning.com/blog/what-is-machine-learning/

02장

1) https://www.monterail.com/blog/what-is-python-and-why-is-it-so-popular
2) Sun Q, Zhang X, Banerjee S, Bao P, Barbry M, Blunt NS, Bogdanov NA, Booth GH, Chen J, Cui ZH, Eriksen JJ, Gao Y, Guo S, Hermann J, Hermes MR, Koh K, Koval P, Lehtola S, Li Z, Liu J, Mardirossian N, McClain JD, Motta M, Mussard B, Pham HQ, Pulkin A, Purwanto W, Robinson PJ, Ronca E, Sayfutyarova ER, Scheurer M, Schurkus HF, Smith JET, Sun C, Sun SN, Upadhyay S, Wagner LK, Wang X, White A, Whitfield JD, Williamson MJ, Wouters S, Yang J, Yu JM, Zhu T, Berkelbach TC, Sharma S, Sokolov AY, Chan GK.
3) Recent developments in the PySCF program package. J Chem Phys. 2020 Jul 14;153(2):024109. doi: 10.1063/5.0006074. PMID: 32668948.
4) https://www.anaconda.com/distribution/
5) https://www.fiverr.com/the_faisalkhan/do-any-python-library-task
6) https://github.com/lovit/soynlp

7) https://jupyter.org/try

04장

1) https://www.m-files.com/blog/what-is-structured-data-vs-unstructured-data/
2) https://www.igneous.io/blog/structured-data-vs-unstructured-data
3) https://www.allerin.com/blog/top-5-sources-of-big-data
4) https://panoply.io/data-warehouse-guide/3-ways-to-build-an-etl-process/
5) https://www.kaggle.com/ranjeetjain3/seaborn-tips-dataset
6) https://corochann.com/mnist-dataset-introduction-1138.html
7) https://www.cs.toronto.edu/~kriz/cifar.html
8) https://pandas.pydata.org/pandas-docs/stable/user_guide/io.html
9) https://data.seoul.go.kr/dataList/OA-15182/F/1/datasetView.do

05장

1) https://pandas.pydata.org/Pandas_Cheat_Sheet.pdf
2) https://www.forbes.com/sites/gilpress/2016/03/23/data-preparation-most-time-consuming-least- enjoyable-data-science task survey-says/#6f630e766f63
3) http://vita.had.co.nz/papers/tidy-data.pdf

06장

1) https://www.technewsiit.com/hidden-history-abraham-wald-and-survivorship-bias
2) Groenwold RHH, Dekkers OM. Missing data: the impact of what is not there. Eur J Endocrinol. 2020 Oct;183(4):E7-E9. doi: 10.1530/EJE-20-0732. PMID: 32688333.
3) You S, Cho BH, Yook S, Kim JY, Shon YM, Seo DW, Kim IY. Unsupervised automatic seizure detection for focal-onset seizures recorded with behind-the-ear EEG using an anomaly-detecting generative adversarial network. Comput Methods Programs Biomed. 2020 Sep;193:105472. doi: 10.1016/j.cmpb.2020.105472. Epub 2020 Mar 23. PMID: 32344271.
4) http://mres.uni-potsdam.de/index.php/2017/02/14/outliers-and-correlation-coefficients/
5) https://www.streamanalytix.com/blogs/new-approaches-to-real-time-anomaly-detection-for-streaming-data/

07장

1) Zhang L, Zou Y, He N, Chen Y, Chen Z, Li L. DeepKhib: A Deep-Learning Framework for Lysine 2-Hydroxyisobutyrylation Sites Prediction. Front Cell Dev Biol. 2020 Sep 9;8:580217. doi: 10.3389/fcell.2020.580217. PMID: 33015075; PMCID: PMC7509169.
2) Pourahmadi M, Noorbaloochi S. Multivariate time series analysis of neuroscience data: some challenges and opportunities. Curr Opin Neurobiol. 2016 Apr;37:12-15. doi: 10.1016/j.conb.2015.12.006. Epub 2016 Jan 2. PMID: 26752736.

08장

1) https://en.wikipedia.org/wiki/John_Snow
2) Li JK, Ma KL. P5: Portable Progressive Parallel Processing Pipelines for Interactive Data Analysis and Visualization. IEEE Trans Vis Comput Graph. 2020 Jan;26(1):1151-1160. doi: 10.1109/TVCG.2019.2934537. Epub 2019 Aug 22. PMID: 31442985.
3) https://obamawhitehouse.archives.gov/interactive-budget
4) https://www.autodeskresearch.com/publications/samestats
5) https://ko.wikipedia.org/wiki/%EC%95%A4%EC%8A%A4%EC%BB%B4_%EC%BD%B0%EB%A5%B4%ED %85%9F
6) https://python-graph-gallery.com/
7) https://matplotlib.org/api/markers_api.html
8) https://seaborn.pydata.org/
9) https://www.data-to-viz.com/
10) https://www.youtube.com/watch?v=jbkSRLYSojo&t=5s
11) https://www.gapminder.org/
12) http://www.pygal.org/en/latest/index.html
13) https://docs.bokeh.org/en/latest/index.html
14) https://mybinder.org/v2/gh/bokeh/bokeh-notebooks/master?filepath=tutorial%2F00%20-%20Introduction%20and%20Setup.ipynb
15) http://holoviews.org/index.html
16) http://holoviews.org/gallery/demos/matplotlib/verhulst_mandelbrot.html
17) https://developers.google.com/chart
18) https://developers.google.com/chart/interactive/docs/gallery/calendar

19) https://www.nytimes.com/interactive/2017/07/28/climate/more-frequent-extreme-summer-heat.html

20) https://www.machinelearningplus.com/time-series/time-series-analysis-python/

09장

1) Eller RJ, Janga SC, Walsh S. Odyssey: a semi-automated pipeline for phasing, imputation, and analysis of genome-wide genetic data. BMC Bioinformatics. 2019 Jun 28;20(1):364. doi: 10.1186/s12859-019-2964-5. PMID: 31253090; PMCID: PMC6599316.

2) https://www.kaggle.com/c/titanic

10장

1) https://thenotes.tistory.com/entry/Ttest-in-python

2) https://m.blog.naver.com/PostView.nhn?blogId=parksehoon1971&logNo=220984787036&proxyReferer=https:%2F%2Fwww.google.co.kr%2F

11장

1) Schober P, Boer C, Schwarte LA. Correlation Coefficients: Appropriate Use and Interpretation. Anesth Analg. 2018 May;126(5):1763-1768. doi: 10.1213/ANE.0000000000002864. PMID: 29481436.

2) Horenko I. On a Scalable Entropic Breaching of the Overfitting Barrier for Small Data Problems in Machine Learning. Neural Comput. 2020 Aug;32(8):1563-1579. doi: 10.1162/neco_a_01296. Epub 2020 Jun 10. PMID: 32521216.

12장

1) https://medium.com/ibm-data-science-experience/deep-learning-with-data-science-experience-8478cc0f81ac

2) Fabris F, Magalhaes JP, Freitas AA. A review of supervised machine learning applied to ageing research. Biogerontology. 2017 Apr;18(2):171-188. doi: 10.1007/s10522-017-9683-y. Epub 2017 Mar 6. PMID: 28265788; PMCID: PMC5350215.

3) https://twitter.com/ipfconline1/status/1075556498984628226

4) https://scikit-learn.org/stable/index.html

13장

1) https://www.superdatascience.com/blogs/self-organizing-maps-soms-k-means-clustering-refresher/
2) https://scikit-learn.org/stable/modules/clustering.html#clustering
3) Kriegeskorte N, Golan T. Neural network models and deep learning. Curr Biol. 2019 Apr 1;29(7):R231-R236. doi: 10.1016/j.cub.2019.02.034. PMID: 30939301.
4) The mostly complete chart of Neural Networks, explained (2017,8)

14장

1) Lee JG, Jun S, Cho YW, Lee H, Kim GB, Seo JB, Kim N. Deep Learning in Medical Imaging: General Overview. Korean J Radiol. 2017 Jul-Aug;18(4):570-584. doi: 10.3348/kjr.2017.18.4.570. Epub 2017 May 19. PMID: 28670152; PMCID: PMC5447633.
2) https://medium.com/data-science-bootcamp/understand-tensors-and-matrices-2ea361e303b8
3) https://www.tensorflow.org/api_docs/python/tf/estimator

15장

1) https://twitter.com/eraser/status/881466742949781504
2) https://www.darpa.mil/program/explainable-artificial-intelligence
3) https://www.mckinsey.com/featured-insights/artificial-intelligence/notes-from-the-ai-frontier-applications-and-value-of-deep-learning
4) https://colab.research.google.com/notebooks/gpu.ipynb#scrollTo=sXnDmXR7RDr2
5) https://github.com/tensorflow/models/tree/master/tutorials/image/cifar10

찾아보기

memo